博士后蓝皮书
BLUE BOOK OF POSTDOCTOR

中国博士后发展报告

Annual Report on China Postdoctoral Development

（2022）

中国博士后科学基金会　指导

南京信息工程大学人才大数据研究院
东部战区总医院博士后科研工作站
组织编写

主　编　王修来

副主编　马宁玲　张玉韬　张爱莉　付新彦

中国人事出版社

图书在版编目（**CIP**）数据

中国博士后发展报告．2022／王修来主编．－－北京：中国人事出版社，2024
ISBN 978－7－5129－1993－8

Ⅰ．①中…　Ⅱ．①王…　Ⅲ．①博士后－教育制度－研究报告－中国－2022
Ⅳ．①G644.8

中国国家版本馆 CIP 数据核字（2024）第 055627 号

中国人事出版社出版发行
（北京市惠新东街 1 号　邮政编码：100029）
*
北京市艺辉印刷有限公司印刷装订　新华书店经销
787 毫米 ×1092 毫米　16 开本　22.25 印张　331 千字
2024 年 4 月第 1 版　2024 年 4 月第 1 次印刷
定价：89.00 元

营销中心电话：400-606-6496
出版社网址：http://www.class.com.cn

《中国博士后发展报告（2022）》指导专家

夏文峰　王明政　王　霄　刘　武　杨　杙　张文进　陈　恽
包晓宇　刘　杰　王一岷　魏升军　刘　栋　黄文娟　何金库
郭颖勤　黄挺颖　孙　绘　蒋裕斌　王淑晖　别春妮　龙　涛
冯　岚　时宏明　朱道红　易　君　徐　波　鲁　谋　李　伟
缪延鑫　党江平　张剑莉　王小丰　乔云泽　李晓峰　袁　媛

《中国博士后发展报告（2022）》编写人员

（按照姓氏拼音排序）

蔡书成　曹　阳　陈　威　崔　娉　戴　逸　董鹏华　付新彦
韩　华　季　斌　姜　叶　李　慧　李　筱　林　菁　刘登清
刘　俊　刘晓琳　马宁玲　莫家磊　莫家敏　钱欣宇　唐　迪
唐　涛　陶程云　王　俊　王晓薇　王修来　王　洋　王业甫
邢　凯　邢　雪　徐佳睿　薛　茜　殷　凯　张爱莉　张　肄
张玉韬　朱恬瑶　朱咸军

前　言

党的二十大报告着眼深入实施科教兴国、人才强国、创新驱动发展战略，强化现代化建设人才支撑，强调坚持为党育人、为国育才，全面提高人才自主培养质量，加快建设国家战略人才力量，努力培养造就更多大师、战略科学家、一流科技领军人才和创新团队、青年科技人才、卓越工程师、大国工匠、高技能人才。贯彻落实党的二十大会议精神，培养造就数量更多、质量更高的青年科技人才，应以国家战略人才需求为导向，以更成熟的制度机制、更优质的管理服务工作，有效汇聚博士后力量，释放博士后创新能量。为此，在中国博士后科学基金会的指导下，我们继续编写了博士后蓝皮书系列报告的第八部——《中国博士后发展报告（2022）》（以下简称《报告 2022》），旨在延续记录中国博士后制度发展历史轨迹，客观报告博士后管理服务最新进展，及时展现博士后专项工作亮丽业绩，深入探究博士后人才育用管的最新对策，为全面建设社会主义现代化国家提供强有力的人才和智力支撑。

《报告 2022》的读者定位，依然是全国和各地博士后工作管理部门的领导，各博士后设站单位与博士后科研流动站、工作站的管理者和广大博士后研究人员，以及热心于中国博士后制度创新发展的研究者、长期关注中国博士后发展事业的社会公众。

《报告 2022》的基本架构和主要内容：第一章是中国博士后工作创新发展综述，从八个侧面综述了 2021 年 11 月至 2022 年 12 月中国博士后工作情况，强调以问题导向推动博士后事业创新发展；

第二章至第八章是中国博士后专项工作，全面记录了全国博士后育用平台与载体建设、博士后进出站、中国博士后科学基金资助等专项工作的最新进展；第九章是第一届全国博士后创新创业大赛，描述了举办大赛的背景、组织工作、赛事安排、实施流程、特色影响等；第十章是博士后育用管情况调查研究，着重调研了招引海外优秀博士后、博士后经费多元化投入、博士后企业创新联合体构建等重要问题；另附了博士后培养最新数据统计。

《报告 2022》的编纂出版，得到人力资源社会保障部领导的关心和专业技术人员管理司及全国博士后管委会办公室的支持，中国博士后科学基金会给予了有力指导。南京信息工程大学人才大数据研究院、东部战区总医院博士后科研工作站做了大量细致的组织协调工作，其部分研究人员参加了数据信息采集、整理加工及报告编写工作。编写过程中，参考引用了中国博士后官网、中国博士后科学基金会官网、第一届全国博士后创新创业大赛官网，以及中央和地方媒体公开发布的一些数据和信息。河南省郑州市人力资源和社会保障局专业技术人员管理处、天津市人力资源和社会保障局、安徽省六安市人力资源和社会保障局提供了帮助。中国人事出版社编辑部的领导和责任编辑，为本报告的出版发行付出了辛勤劳动。值此机会，一并表示最诚挚的谢意！

最后需要说明的是，囿于编写者的理论水平、专业素养和写作能力，加之数据信息采集存在一定局限，本报告中难免会有一些疏漏和不足，敬请各位领导、专家学者和广大读者批评指正，以便我们续编中国博士后发展报告时加以改进。

编者

2023 年 9 月

目　录

第一章　中国博士后工作创新发展综述

2021年11月至2022年12月，在人力资源社会保障部的高度重视和全国博士后管理委员会的正确领导下，在各省、自治区、直辖市及新疆生产建设兵团、中央直属机关等博士后工作管理部门、各博士后设站单位、博士后工作管理人员和广大博士后的共同努力下，中国博士后工作不断创新发展并取得许多新成绩。全面回顾和认真总结一年多来全国博士后工作，充分认清并努力解决现存的突出问题，促使中国博士后事业不断迈上新台阶，对于贯彻落实中央人才工作会议和党的二十大会议精神，深入实施科教兴国战略、人才强国战略、创新驱动发展战略，充分发挥博士后制度在推动经济发展和科技进步中的重要作用，持续培养具有国际竞争力的青年科技人才，为加快国家现代化建设提供人才和智力支撑，具有重要意义。

一、博士后育用平台和载体建设稳步推进

博士后科研流动站、博士后科研工作站和博士后创新实践基地（简称“两站一基地”）是培养和用好博士后研究人员的重要平台和有效载体。2021年11月至2022年12月，全国各地在持续加强原有“两站一基地”建设的同时，调整优化博士后科研流动站点布局，积极鼓励申报新设博士后科研工作站和新建博士后创新实践基地；对新批准设立的博士后科研工作站、新建成的博士后创新实践基地，以及进入新建站（基地）的博士后研究人员给予补贴或奖励；对设站3年以上、近3年累计招收博士后研究人员较多、博士后工作成效突出的站点和基地给予高额奖励；对在全国和省级博士后工作综合评估中获得优秀等次的站点给予重奖；对博士后科研流动站期满出站博士后研究人员数量较多的，按人头标准对设站单位予以奖励。这些有效措施，促使全国博士后育用平台和载体建设稳步推进。截至2022年12月，全

国已在所有“双一流”高校以及国家重点科研院所设立博士后科研流动站3 207家（不含军队系统），分布在全国31个省、自治区、直辖市，覆盖了13个学科门类。其中，在北京市、江苏省和上海市有关单位设立的博士后科研流动站超过200家，在湖北省、广东省、陕西省、山东省、湖南省、辽宁省、四川省、浙江省有关单位设立的博士后科研流动站分别达100家以上。在全国大型企业、科研型事业单位、经济开发区、经济园区设立博士后科研工作站4 408家（不含军队系统），相比2021年10月底新增558家。国家级博士后创新实践基地保持3家，各省（区、市）批准设立的博士后创新实践基地5 620余家，相比2021年10月底新增292家。[①] 从总体上看，全国已建成的“两站一基地”数量规模适当，分布结构合理，质量不断提升，为博士后研究人员开展科研工作提供了良好载体，为其创新创业提供了广阔舞台，有力地推动了产、学、研、用深度融合，促进了博士后研究人员科研成果（项目）转移转化，带动了各地企业转型、产业升级和科研型事业单位的技术创新。

二、博士后进站和出站的总人数再创新高

统计数据显示，截至2022年12月，全国累计进站博士后研究人员的数量已达316 451人（不含地方自主招收和军队系统进站人数），其中招收留学回国博士进站做博士后研究工作的有56 800余人，吸引外籍来华博士进站做博士后研究工作的有19 782人。全国累计出站博士后181 014人（不含地方自主招收和军队系统出站人数），其中绝大多数已成为相关单位的领军人才、学术带头人和科研骨干。出站博士后已成长为两院院士的有150人，他们成为院士的平均年龄较其他院士年轻3岁左右。

2022年度全国新进站博士后研究人员32 340人。其中，从高校新近毕业博士研究生[②] 中招收进站25 670人，留学归国（境）博士进站5 356人，

---

① 这里及以下参考引用的数据信息主要源自中国博士后网上办公系统、中国博士后科学基金会官网，作者对相关数据信息进行了认真核对和整理加工。

② “博士研究生”与“博士”不是同一个概念。“博士研究生”指的是一种学历且是最高学历，而“博士”指的是一种学位。高校博士研究生毕业后大多取得了博士学位，也有少量博士研究生毕业时没有取得博士学位。据有关资料显示，目前我国高校毕业博士研究生大约有100万人，已取得博士学位的大约有95万人。“博士后”既不是学历也不是学位，而是博士研究生毕业后或者取得博士学位后的一种工作或者半工作性质的经历。

外籍来华博士进站 1 314 人。从进站类型看，进入流动站的博士后研究人员 24 824 人，约占全年进站博士后总数的 76.76%；进入工作站的博士后研究人员 7 459 人，约占全年进站博士后总数的 23.06%；招收项目博士后 57 人，约占全年进站博士后总数的 0.18%。从地区分布看，进入北京市、广东省、江苏省、上海市、浙江省、山东省、河南省、四川省、陕西省、湖北省这 10 个省份博士后站的人数均超过 1 000 人，分别为 6 437 人、4 567 人、2 828 人、2 776 人、2 433 人、1 771 人、1 393 人、1 167 人、1 127 人、1 059 人。

2022 年度全国共出站博士后 20 105 人。其中，流动站出站博士后 16 670 人，约占全年出站总人数的 82.91%；工作站出站博士后 3 364 人，约占全年出站总人数的 16.73%；出站项目博士后 71 人，约占全年出站总人数的 0.35%。北京市、广东省、上海市出站博士后总人数位列全国前三名，分别为 4 823 人、3 251 人、1 895 人；江苏省、浙江省、山东省、陕西省、湖北省、四川省出站博士后总人数均超过 500 人。为进一步畅通博士后研究人员的“出口”，不少省（区、市）出台相关政策措施，明确鼓励事业单位使用人才专项编制引进出站博士后的，可按规定设置特设岗位，不受岗位结构比例限制。事业单位可结合实际对引进的出站博士后实行年薪制、协议工资制、项目工资等多种分配方式，所需特殊报酬实行单列管理，纳入所在单位绩效工资总量。出站博士后职务科技成果转化后，事业单位按规定给予其的现金奖励，纳入所在单位绩效工资总量，不受核定的绩效工资总量限制，不作为下年度核定绩效工资总量的基数。对国有企业引进博士后科技人才所需薪酬，据实计入当年工资总额，可不作为工资总额预算基数。这些政策措施落地，既缓解了部分企事业单位引进优秀博士后难的问题，又让新进站博士后研究人员看到了职业发展的光明前景。

三、博士后高质量科研成果产出更加丰硕

坚持面向世界科技前沿、面向经济主战场、面向国家重大需求、面向人民生命健康加强基础理论研究，紧跟世界科技前沿开展科技攻关，着眼高质量发展实现科研成果转化，这是博士后研究人员的主责主业，也是博士后工作管理人员的关注重点。2021 年 11 月至 2022 年 12 月，全国和各地博士后工作管理部门、各博士后设站单位、博士后科研流动站和工作站，持续加强博

士后研究人员的科研创新能力培养，积极为博士后研究人员开展科研工作创造有利条件，促使博士后研究人员高质量科研成果产出更加丰硕。

据不完全统计，仅2022年全国出站博士后研究人员共发表学术论文75 068篇，其中被国内外高质量期刊或检索系统等收录或检索66 070篇，约占发表学术论文总数的88.01%。出站博士后研究人员出版的学术著作共2 673部，其中独著和署名为第一责任人的学术著作1 170部，占出版学术著作总数的43.77%。出站博士后研究人员承担各类科研项目41 674项，人均承担科研项目约2.07项，其中国家级科研项目16 126项、省部级科研项目14 758项，合计约占出站博士后承担科研项目总数的74.11%。出站博士后研究人员申获各种专利11 592件，其中发明专利8 137件，约占授权专利总数的70.19%；实用新型专利1 655件，约占授权专利总数的14.28%；外观设计专利19件，约占授权专利总数的0.16%；未标明类型的专利1 781件，约占授权专利总数的15.36%。

四、博士后日常生活经费和科研经费进一步调增

2021年11月至2022年12月，国家批准名额内招收博士后研究人员的日常生活经费保持年人均8万元。由国家财政拨款资助博士后的科研经费约为9.16亿元，有9 420名博士后从中受益，资助比例约为17.13%。

2022年博士后科研资助项目主要包括：（1）中国博士后科学基金面上资助。2022年度分第71批、第72批两个批次组织进行，两批共有6 955人（不含军队和国防科工等系统人员）获得资助，资助总比例约为15.69%。资助标准分为一等和二等，其中自然科学资助标准为一等每项12万元、二等每项8万元，社会科学资助标准为一等每项8万元、二等每项5万元。（2）中国博士后科学基金面上资助“地区专项支持计划”。该项目与同批次面上资助同时组织开展，单独申报，对在西部地区、东北地区及贫困地区、边疆民族地区和革命老区博士后设站单位从事研究工作的博士后研究人员予以倾斜资助，其中对在西藏、新疆地区从事研究工作的博士后研究人员给予重点倾斜。2022年度获得“地区专项支持计划”资助的博士后研究人员共有297人，资助标准为自然科学每项8万元、社会科学每项5万元。（3）中国博士后科学基金特别资助。2022年度全国共有1 080人（不含军队和国防科工

等系统人员）获得中国博士后科学基金特别资助（含站前和站中），其中第4批特别资助（站前）资助350人，资助标准为每人18万元；第15批特别资助（站中）资助730人，资助标准为自然科学每人18万元、社会科学每人15万元。（4）优秀学术专著出版资助。2022年度共资助30部优秀学术专著出版，资助标准为每部专著8万元。（5）博士后创新人才支持计划（以下简称“博新计划”）资助。2022年度全国共有367名博士（不含军队和国防科工等系统人员）入选“博新计划”资助行列，国家给予每人两年共63万元资助，其中40万元为日常生活经费，20万元为科研经费，3万元为国际交流经费。（6）博士后国（境）外交流项目资助。具体包括博士后国际交流计划引进项目、派出项目、学术交流项目，以及“香江学者计划”“澳门青年学者计划”和“中德博士后交流项目”。其中，博士后国际交流计划引进项目资助351人，资助标准人均30万元（其中国家资助每人每年20万元，引进单位配套资助每人每年10万元）；派出项目资助73人，资助标准为每人30万元；学术交流项目资助50人，资助标准为每人2万元；“香江学者计划”共资助50人，为期两年，资助每人36万元人民币和43.92万元港币；“澳门青年学者计划”共资助25人，为期两年，资助每人36万元人民币和42万元澳门元；“中德博士后交流项目”共资助30人（候补4人），为期两年，中方资助每人30万元人民币，德方按月资助每人1 500欧元。

为解决国家财政投入与博士后实际需求的缺口，2021年11月至2022年12月，各省、自治区、直辖市通过完善博士后经费多元化投入保障机制，想方设法调整或增加博士后科研经费投入。比如，浙江省省属设站单位博士后研究人员日常经费资助，在国家标准8万元的基础上每人每年增加7万元，这样每人两年获经费资助可达30万元；另对国有企业引进博士后人才的，一次性资助20万元。江苏省从2022年起，对入选“卓越博士后计划”的博士后研究人员，省财政按每人两年30万元标准，分两年予以资助，资助经费主要用于入选者的生活补助，从入选者完成进站手续并到岗起按月计算，在原博士后岗位薪酬基础上叠加发放。2022年重庆市对在急需紧缺岗位上的博士后研究人员，部分薪酬待遇已增加到50万元以上。广东省对优秀海外博士来粤从事博士后研究工作的，给予每人60万元生活补贴，分两年发放到设站单位；对已享受省财政博士后日常经费每人每年15万元生活补贴的，按差额给予补助。安徽省对入选博士后国际交流计划引进项目的人员，除了国家资助每人每年 20 万元之外，省级财政和设站单位分别资助每人每年 10 万元，使配套资助经费增加了 1 倍。为强化博士后科研项目资助，该省从 2020 年起每年择优遴选省级博士后科研活动经费资助项目 100 个左右，按照每个项目 5 万 ~ 20 万元标准给予资助，其中规定企业博士后科研工作站项目资助比例不低于 60%；安徽省还定期择优遴选一批科研成果转化成功并取得显著经济效益的博士后研究项目，分别给予博士后研究人员一次性 5 万元奖励。四川省自 2020 年起开展博士后科研项目特别资助，每年资助 100 项，资助标准分为特等资助 20 万元 / 项、一等资助 10 万元 / 项、二等资助 8 万元 / 项、三等资助 5 万元 / 项；此外，对入选四川省博士后创新人才支持项目的，给予每人两年 40 万元科研经费资助。

五、博士后创新创业平台数量更多且层次更高

为进一步激发博士后创新潜能，释放博士后创业活力，2021 年 11 月至 2022 年 12 月，全国和各地博士后工作管理部门，统筹协调多方面优势力量资源，在已建成的国家、省级博士后创新实践基地以及博士后创新联合体的基础上，搭建数量更多且层次更高的博士后创新创业平台，调动和激发了广大博士后研究人员创新创业的热情。

2021 年 5 月至 12 月，人力资源社会保障部与广东省人民政府联合，在广东省佛山市举办了第一届全国博士后创新创业大赛。本次大赛以“博采科技精华、创新引领未来”为主题，共设创新赛、创业赛、海外（境外）赛和揭榜领题赛 4 个组别，围绕新一代信息技术、高端装备制造、新材料等 8 个专业领域进行比赛。12 月 18 日至 20 日举行决赛，经过 3 天激烈角逐，共产生了 57 个金奖、91 个银奖、125 个铜奖、441 个优胜奖。与大赛决赛同步，还举办了博士后工作成果展示会、全国博士后人才交流与科研成果转化对接、博士后创新发展峰会等活动，全国 31 个省（区、市）和新疆生产建设兵团，以及北京大学、清华大学等知名高校和中国科学院、中国农科院、之江实验室等科研院所与重点实验室，中国（河北）博士后成果转化基地、全国博士后创新（江门）示范中心等创新平台一同参展。本次大赛还开通了博士后人才交流线上平台，全国超过 1 800 家单位线上发布岗位 8 000 多个。大

赛设置的博士后工作成果展示专区，吸引了200多家企业和40余家知名创投机构参加技术交易对接，692个成果转化项目一对一洽谈对接，现场签约项目54个，意向合作金额达11.27亿元。

为促进博士后科研成果与企业创新发展需求深入对接，推进"卡脖子"关键技术难题破解和博士后科研成果转化，全国博士后管委会办公室、中国博士后科学基金会于2022年6月27日印发《关于开展全国博士后揭榜领题常态化活动的通知》(博管办〔2022〕65号)，对开展揭榜领题常态化活动的总体目标、主要内容、工作安排、激励政策、工作要求等作出全面安排。2022年11月20日，作为全国博士后揭榜领题现场交流对接系列活动之一的博士后揭榜领题优秀方案评选，在安徽省合肥市拉开帷幕。评选工作围绕新一代信息技术、生物医药与大健康、高端装备制造、新材料、新能源(新能源汽车)、节能环保、现代农业与食品、文化创意及其他九大领域，组织评审专家对公布的博士、博士后个人及团队的256个技术攻关揭榜方案、51个科研成果转化项目进行评选。评选活动采用专家现场评审，选手线上"路演+答辩"的方式进行，最终评选出金奖项目4个、银奖项目12个、铜奖项目25个。根据常态化活动的总体计划安排，项目路演及资本对接、工业互联网创新发展论坛等系列活动于2022年12月在合肥市举办，相关活动邀请优秀方案评选获奖项目代表、有对接意向的企业、投资及孵化机构、国内工业互联网领域知名专家学者和企业家等参加。

为实现产学研用的深度融合，推动博士后科研创新成果转化，2022年度，山东省、上海市、河南省、陕西省、湖北省等多地首次或接续举办博士后创新创业大赛。比如，2022年5月至8月，山东省人力资源和社会保障厅、青岛市人民政府和山东大学联合在青岛市接续举办了2022年中国·山东博士后创新创业大赛。大赛以"博揽英才　创领未来"为主题，分创新组、创业组、揭榜组3个组别，主要围绕新一代信息技术、高端装备制造、新材料、新能源(含新能源汽车)、生物医药与大健康、现代农业与食品、节能环保以及其他产业领域8个专业领域展开角逐。此次大赛除山东省内多个项目入围外，还吸引了来自全国22个省份以及美国、英国、德国、日本等12个国家的博士后参赛，包括麻省理工学院、牛津大学、剑桥大学、清华大学、北京大学等国内外知名高校的青年才俊。

2022 年 6 月 1 日，由中共河南省委人才工作领导小组办公室、河南省人力资源和社会保障厅、河南省财政厅联合举办的第一届河南省博士后创新创业大赛正式启动。大赛以“博汇中原　智创未来”为主题，分设创新赛、创业赛、揭榜领题赛 3 个组别，围绕国家和河南省战略性新兴产业，对接产业和企业一线需求，分现代农业与食品、生物医药与大健康、新材料及新能源（含新能源汽车）、高端装备制造及其他领域（含新一代信息技术、节能环保等其他产业领域）4 个赛道进行比赛；创业赛和揭榜领题赛组别不划分专业领域，分别设 1 个赛道。河南省有关部门出台相关激励政策，对于获得本次大赛金奖的项目核心成员（前 3 名）为博士后的，可不受事业单位岗位结构比例限制申报正高级职称；获得银奖、铜奖和优胜奖的项目核心成员（前 3 名）为博士后的，可不受事业单位岗位结构比例限制申报副高级职称；获得金奖、银奖、铜奖的项目可作为博士后参加职称评审的工作业绩；获奖项目落地，各地人才项目予以优先支持，并享受减免场租等政策支持；大赛获奖项目择优推荐给各类投资机构，大赛合作银行等金融机构择优给予贷款授信支持。这些举措的出台和落地，进一步激发了全省博士后创新创业的热忱。

2022 年 8 月 5 日，由陕西省委组织部、陕西省人力资源和社会保障厅、陕西省委教育工委（省教育厅）主办，西咸新区管委会、西安交通大学承办的第一届陕西省博士后创新创业大赛正式启动。大赛以“才聚秦创原　博创新未来”为主题，设立创新赛、创业赛、揭榜领题赛、海外邀请赛 4 个组别，围绕新一代信息技术、高端装备制造、新材料、新能源和节能环保、生物医药工程、陕西省其他重点产业领域 6 个专业领域展开竞赛。大赛期间，还同步举办了秦创原博士后创新成果转移转化高端论坛、博士后工作成果展示、成果转化对接等活动。根据陕西省有关部门制定的相关激励政策，对在大赛中获金奖的博士后研究人员，可优先推荐申报省级高层次人才计划，入选者纳入省级高层次人才服务保障范畴；省属企事业单位获金奖的博士后破格晋升为高一级职称，可不受岗位结构比例限制直接聘用。获奖项目可获优先支持入驻陕西省博士后创新创业园，实质性入驻项目将享受入驻、空间、研发、金融、人才居住、人才留用 6 个方面的支持。这些对于激发博士后创新潜能、释放博士后创业活力，起到了积极推动作用。

2022 年 9 月，由中共湖北省委人才工作领导小组办公室指导、湖北省人力资源和社会保障厅主办的首届湖北省博士后创新创业大赛正式启动。本次大赛的主题是“博聚楚天　共创荆彩”。大赛设创新赛、创业赛和揭榜领题赛3项赛事，按预选、复赛、决赛、总决赛4个阶段实施。创新赛划分为新一代信息技术、高端装备制造、新材料、新能源（含新能源汽车）、生物医药与大健康、现代农业与食品、节能环保以及其他产业领域8个专业领域；创业赛和揭榜领题赛不划分专业领域。大赛设特等奖、金奖、银奖、铜奖、优胜奖，最高奖励50万元；对晋级总决赛的项目设网络投票通道，评选最佳人气奖。向获奖项目团队核心成员中的省内博士后研究人员颁发“湖北省创新创业优秀博士后”证书；对于特等奖、金奖核心成员中的省内博士后研究人员，优先将其纳入“湖北省博士后卓越人才跟踪培养计划”；对于银奖、铜奖核心成员中的省内博士后研究人员，优先将其纳入博士后创新岗位；对于其他获奖博士后研究人员，在博士后人才项目评审时对其会给予倾斜；对于组织参赛的地方及单独组队单位工作突出的向其颁发优秀组织奖。

从2021年11月至2022年12月举办的全国或区域性博士后创新创业大赛的情况看，大赛普遍具有以下5个特点：一是总体目标明确，立意规格高；二是赛事覆盖面广，参赛规模大；三是对接产业发展，专业性很强；四是组别设置合理，参赛项目要素全；五是激励政策跟进，后续影响深远。业内外人士普遍认为，通过举办博士后创新创业大赛，不仅可以搭建起高水平交流展示的平台，拓展培养选拔高层次创新型人才的有效渠道，激发博士后创新创业的潜能和活力，有利于以需求和问题为导向，重点聚焦前沿技术和关键共性难题，有效推动产学研融合和博士后科研成果的转化，助力科技自立自强，还可以提高各地各单位对博士后工作的重视程度，增强抓好青年人才工作的积极性和主动性。可谓一举多得，作用巨大，影响深远。

六、企业博士后工作的整体优势更加凸显

我国企业博士后工作肇始于1994年。经过28年创建发展，企业博士后工作的优势逐步显现出来，有效促进了产学研结合和博士后科技成果（项目）转移转化，带动了以科研创新为动力的企业发展和经济效益提高，企业与高校、研究机构的合作关系不断巩固，推动了企业生产实践与理论的有机结合，通过改革完善企业博士后制度，建立了企业科研梯队和人才平台，博士后已

成为企业科技人才队伍的重要来源。但在发展进程中也暴露出一些明显不足。为此，人力资源社会保障部、全国博士后管理委员会于2021年11月8日专门印发《关于进一步加强企业博士后科研工作站建设的通知》（人社部发〔2021〕88号），要求全国各地深入贯彻中央人才工作会议精神，大力实施新时代人才强国战略，加快建设国家战略人才力量，努力培养具有国际竞争力的青年科技人才后备军，促进产学研深度融合，推进企业创新联合体建设，进一步发挥博士后制度在推动企业创新和科技进步中的重要作用。

各省、自治区、直辖市人力资源和社会保障厅（局）及其博士后工作管理部门，认真贯彻落实人力资源社会保障部和全国博士后管理委员会的通知精神，从6个方面大力加强企业博士后工作：一是加强各级党委的统一领导，发挥政府部门的职能作用，积极协调各有关部门及所属单位力量资源，精心组织推动企业博士后各项工作的开展。二是健全国家、地方和博士后设站单位三级管理体制，进一步明确和细化博士后工作管理者的职责分工，压实各级管理主体责任，充分发挥企业设站单位的主人翁作用，重视发挥地级市、设区市博士后工作管理部门承上启下作用。三是进一步落实国务院关于"放管服"改革的要求，鼓励企业通过股权、期权、分红等多种激励方式，增加企业博士后的获得感，调动他们创新创造的积极性。通过举办博士后创新创业大赛、健全"揭榜挂帅"等措施，吸引全国博士后参加关键核心技术和"卡脖子"领域研究，让博士后研究人员在承担重大科研项目、完成重要科研任务中，加快成长为具有国际竞争力的青年科技人才后备军。四是适应各个行业和领域中领军企业、龙头企业对高层次青年科技人才的共性需求，有效整合博士后科研流动站、工作站和博士后创新实践基地的人才、技术和资金资源，研究并构建具有博士后特色的企业创新联合体。五是加强省级博士后工作综合评估，健全"以外促内、以评促建"的评估机制。完善企业博士后设站单位退出机制，对无法继续开展博士后工作的站点予以注销。六是充分发挥博士后管理信息系统和服务平台的功能作用，对博士后创新实践基地的增设、注销、博士后进出站等进行科学管理，提供智慧化服务。

2021年11月至2022年12月，我国企业博士后工作整体优势更加凸显，主要表现在以下方面：一是全面实行了博士后工作分级管理。各省、自治区、直辖市根据人力资源社会保障部关于全面推行博士后工作分级管理的要求，进一步明确了各个责任主体的管理职责和权限。已经开展博士后工作分级管理的省份，通过进一步完善各项管理制度，加大博士后工作投入，提高了对企业博士后科研工作站的服务水平。以前尚未开展博士后工作分级管理的省份，2022 年度分别制定了实施博士后工作分级管理的细则，并开展相关工作。二是改进了博士后科研工作站设站方式。针对企业博士后科研工作站设站方式及监管存在的不足，自 2022 年起，全国不再统一组织博士后科研工作站新设站评审，按照坚持“四个面向”，实行“条件控制、科学评估、动态管理”的方式，灵活、高效、便捷地开展新设站备案工作。从各省、自治区、直辖市的信息反馈得知，此项工作进展顺利。在新设博士后科研工作站的过程中，各省、自治区、直辖市大力支持研发实力强、对高层次人才需求迫切、承担重大科研攻关项目的重点企业优先设站，加大了对高新技术企业，特别是民营中小型高科技企业设站的支持力度。三是优化了对博士后创新实践基地的管理服务。为进一步优化对博士后创新实践基地的管理服务，促进博士后科研成果（项目）转化转移，各地根据人力资源社会保障部和全国博士后管理委员会的通知精神，按照统筹规划、稳步发展、确保质量的原则，优先支持技术开发条件较好的园区或有较强技术实力的企业建设基地，激发企业创新潜能，引导更多高层次青年科技人才向企业流动。各个省级博士后工作管理部门，大力加强对本地区博士后创新实践基地的设立、考核、管理、动态调整及服务工作，支持博士后创新实践基地与流动站联合招收，采取有力措施，切实保障了企业博士后的合法权益和培养质量。四是推动了企业博士后工作高质量发展。全国各地坚持党管人才原则，充分发挥博士后制度优势，坚持产学研相结合，“放管服”相结合，培养与使用相结合；围绕企业博士后工作需要，在授权上求实效，在监管上求创新，在服务上求提升；支持有需求的企业依托重大科技任务和创新平台设立博士后创新岗位，加大对企业博士后工作的政策、项目和资金支持力度；加强创新链、产业链、人才链融合，鼓励博士后在企业从事关键核心技术和“卡脖子”领域研究，取得了一大批重要科研成果，增强了企业科技进步和创新的能力。

七、博士后管理服务保障水平进一步提升

为进一步提升博士后管理服务保障水平，2021 年 11 月至 2022 年 12 月

全国和各地博士后工作管理部门采取了许多得力举措，不断提升博士后工作管理能力和公共服务水平。（1）为整体提高博士后工作管理人员的管理能力、业务能力和服务水平，各省、自治区、直辖市积极开展博士后工作管理和业务培训，突出新设博士后科研工作站管理人员的业务培训，促使博士后工作管理人员做精做细各项服务保障工作。（2）持续组织博士后挂职服务活动。为引导博士后研究人员更好地服务经济社会发展，充分施展个人才华，2022 年全国博士后管委会办公室、中国博士后科学基金会经与有关省（区、市）协商，继续组织部分优秀博士后赴辽宁省葫芦岛市和广西壮族自治区钦州市开展挂职服务，取得明显成效。（3）深入开展博士后科技服务基层活动。2022 年，全国博士后管委会办公室、中国留学人员和专家服务中心、中国博士后科学基金会先后组织开展 10 批次中国博士后科技服务团地方行活动，组织优秀博士后分赴湖北省宜昌市、黑龙江省鸡西市、安徽省金寨县、广东省横琴粤澳深度合作区、湖南省娄底市、河南省新乡市、云南省昆明市、重庆市永川区、甘肃省张掖市、辽宁省葫芦岛市等地开展科技服务活动，既推动了博士后科研成果转化和科研项目落地，又促进了当地经济社会发展和科技进步。（4）出台专项政策全面落实博士后待遇保障。不少省（区、市）和中央直属机关在国家博士后优惠政策的基础上，紧密结合本地区、本单位实际，提高在站博士后研究人员的生活补贴标准，有些省份对出站就业、创新创业的博士后人才，比照新进博士研究生人才发放生活补贴。各地积极落实在站和出站博士后人才享受高层次人才落户、旅游年卡、配偶安置、子女入园入学等优惠政策，允许博士后配偶和未成年子女随迁入户，经认定后的在站博士后子女可享受高层次人才子女就学管理支持政策，鼓励将博士后纳入各地人才安居工程实施范围。（5）妥善解决博士后研究人员职称评定问题。不少省（区、市）发文，进一步明确对进站前未进行过职称评定的博士后研究人员，设站单位应予以认定中级职称，博士后研究人员进站满 1 年，研究成果或业绩突出，经 2 名导师署名推荐、设站单位考核合格，可破格申报评审副高级职称，具有副高级职称的可破格申报评审正高级职称；博士后研究人员出站后从事专业技术工作满 3 年，研究成果或业绩突出，经 2 名同行专家署名推荐、用人单位考核合格，可破格申报评审正高级职称。依法签订事业单位聘用合同的博士后研究人员，不占聘用单位高级专业技术岗位比例。

（6）建立健全博士后管理信息化、智慧化服务体系。通过改造升级全国和省级博士后管理服务数据和信息系统，对博士后进出站和科研工作进行动态化管理。在高层次人才“一站式”平台上设立博士后服务专区，提供智慧化服务管理。中国博士后网、中国博士后科学基金网、中国专家服务网和各地人才网、人才大数据网站，即时发布博士后相关政策和创新创业需求信息，为广大博士后提供更加快捷、优质、高效的服务。

八、以问题导向推动博士后事业创新发展

2021 年 11 月至 2022 年 12 月，我国博士后工作取得了许多新成绩，积累了许多新经验，但与中央人才工作会议、党的二十大会议提出的新要求相比，还有一定差距。深入贯彻落实中央人才工作会议和党的二十大会议精神，深入实施科教兴国战略、人才强国战略、创新驱动发展战略，开辟博士后事业新领域、新赛道，塑造博士后发展新动能、新优势，要求我们坚持以问题为导向，以更加完善的制度机制、更加得力的措施，持续推动中国博士后事业创新发展。

1. 进一步提升企业博士后工作总体质量。贯彻落实党的二十大关于强化企业科技创新主体地位，发挥科技型骨干企业引领支撑作用，营造有利于科技型中小微企业成长的良好环境，这就要求我们进一步提升企业博士后工作的总体质量，为企业集聚数量更多、质量更高的青年科技人才。从调查掌握的情况看，当下我国企业博士后科研工作站的数量已达 4 408 家，但尚不能满足全国数十万家大中型企业、科研型事业单位、经济开发区、经济园区对高层次青年科技人才的新需求；部分企业对新设博士后科研工作站、新建博士后创新实践基地的热情不高；不少企业博士后科研工作站和博士后创新实践基地“招引难、留人难”的问题没有从根本上得到解决；多数企业博士后设站单位的管理人员没有单列编制，日常管理工作一般由企业人事部门代管，加之管理机制不够完善，导致许多现实问题难以及时得到有效解决。从招收培养和使用情况看，企业博士后科研工作站需与博士后科研流动站联合招收培养博士后，具有独立招收资格的企业博士后设站单位比较少，因参与招收培养博士后的各方都有各自的利益诉求，协调难度较大，容易产生分歧；企业普遍注重实践应用、技术研发、成果转化，而博士后则比较注重基础研究，

擅长理论研究，不能满足企业的现实诉求。这些问题的客观存在，无不影响企业博士后工作的创新发展和整体质量的提升，必须引起博士后工作管理部门和博士后设站单位的高度重视。

2. 下大力提升中国博士后国际化发展水平。应当肯定的是，经过多年的努力，我国在招引海外优秀博士后方面取得了很大进步，逐步开拓了一条具有中国特色的博士后国际化发展道路。但由于受历史条件、思维理念、制度机制、经费保障等多种因素影响，中国博士后国际化水平同美国、日本以及欧洲发达国家相比，仍存在较大差距，突出表现在：招收海外优秀博士进站的总人数偏少且占进站博士后总人数的比例不高，吸引外籍来华博士进站的总人数较少且来自西方发达国家的博士后人数更少。以 2022 年度为例，全国相关博士后设站单位招收留学回国博士进站从事博士后研究工作的有 5 361 人，是有史以来留学回国博士进站人数最多的一年，但占进站博士后总人数的比例只有 16.58%。吸引外籍来华博士进站从事博士后研究工作的有 1 314 人，是有史以来外籍来华博士进站总人数第二高的年份，但仅占全年进站博士后总人数的 4.06%，且欧洲各国来华博士进站的只有 64 人，占外籍来华博士进站总人数的 4.87%。更为严峻的是，自 2018 年以来，以美国为首的西方少数国家，加紧对我国进行全面“封堵”，以“国家安全”等各种理由阻止我国青年科技人才走出国门，阻挠出国留学优秀博士回国和外籍优秀博士来华做博士后研究工作。面对高层次青年科技人才国际化竞争的新态势、新挑战，如何从加强外宣、制度创新、管理服务、经费保障等多个方面入手，加大海外优秀博士后招引力度，下大力提升中国博士后国际化发展水平，应成为未来中国博士后工作高度关注和着重解决的问题。

3. 多措并举解决博士后经费投入不足问题。充足的博士后日常经费和科研资助经费，是招收、培养、使用博士后研究人员，鼓励他们从事科研创新、完成各项科研任务的必要保障。长期以来，我国一直存在博士后资助经费投入渠道单一、政府投入不足的问题。主要表现在：（1）招引博士后人数增长较快，而国家和地方的财政投入增长速度相对缓慢，导致博士后日常经费和科研资助经费捉襟见肘。（2）博士后经费投入来源渠道单一，金融行业、风投机构及民间机构对博士后经费投入缺乏兴趣和意愿。（3）博士后日常经费资助强度、比例和实际值不断下滑，有些地区博士后生活费已低于在岗一般职工的工资，很大程度上影响了优秀博士进站的积极性。（4）博士后科研资助经费总体投入不足，资助数额不高且比例偏低，资助的地区与学科不太均衡（详情参见第十章中“二、建立博士后经费多元化投入保障机制的思考”）。这些问题的存在，直接影响和制约着新阶段我国博士后设站规模、招收方式、培养质量和使用效益。各级政府有关部门要在现有博士后经费投入基础上，不断提高日常生活经费和科研资助经费投入规模和比重，动员一切可以调动的科技财力和金融资源，加紧构建以中央和地方财政投入为主的博士后经费多元化投入保障机制，多措并举解决博士后经费投入不足的问题。

4. 推进博士后产学研用深度融合。多年来，我们一直强调实现博士后产学研用相结合，但从现实情况看，“学”和“研”结合相对要好一些，但与“产”和“用”的融合不够。多数博士后的科研成果难以在短期内走向市场、应用到生产实践中去，即使是一些应用性较强的成果，也因科研成果研发与需求信息不对称、企事业单位本身技术推广能力有限、专业开发人才缺乏等原因，造成科研成果推广速度较为缓慢。究其原因，从博士后自身看，部分博士后研究人员在科研方向以及科研项目的确定上，没有选择自身最为擅长、社会经济发展最为需要的项目，导致科研成果不能及时转化为技术投入生产；部分博士后研究人员在科研项目确定的过程中存在盲目跟风的现象，导致其科研项目在转化过程中因同质性、重复性过高而缺乏市场竞争力；部分博士后因为缺乏与研发方、使用方之间交流沟通的有效平台，大量的研发成果不能得到及时推广使用。从政策层面分析，博士后专利转让以及产权下移等方面的制度与措施建设还不健全，博士后科研成果转化工作制度尚不完善，对博士后科研成果转化过程中出现的问题缺乏针对性指导，部分博士后设站单位的内部考核评价机制与相关政策配合不默契，这些在很大程度上阻碍了博士后科研成果转化，反过来又影响了产学研用的深度融合。今后，要始终坚持博士后培养与使用相结合，努力打通博士后科技成果转化“最后一公里”，疏通应用技术研究与产业化连接的快车道，把博士后科技成果充分应用到现代化建设事业之中。

5. 全面构建具有博士后特色的企业创新联合体。构建具有博士后特色的企业创新联合体，是时代发展的需要，也是国家有关部门的明确要求。近年来，全国各地对此进行了有益探索。比如，2020 年 5 月 26 日成立的中国石油－西南石油大学创新联合体，近两年联合培养了550名硕士、博士、博士后和科研助理，成为校企高层次科研人才的重要集聚地和“蓄水池”，为深入推进产学研用一体化提供了高水平的人才支撑。2021年4月20日，天津市新医科和生物医药产业博士后创新联合体在天津大学正式成立，搭建了天津市首家博士后人才“联招、联育、联考、联用”平台。2021年12月19日，在广东省珠海市横琴粤澳深度合作区举办的中医药博士后产学研用协同创新研讨会上，明确提出要通过建立联合体的方式加强博士后的沟通和交流，发挥重要企业的创新主体作用，推动创新要素向企业汇聚，促进产学研的深度融合，推动高校、科研院所的博士后科研流动站与企业的博士后科研工作站协同发展。2022年5月，安徽省六安市在深入调研论证的基础上，决定组建乡村振兴博士后联合体，并印发了《六安市乡村振兴博士后联合体建设工作实施方案》，对乡村振兴博士后联合体的工作目标、主要内容、创新举措、保障措施作出具体部署。实践表明，探索并组建具有博士后特色的企业创新联合体，完全契合党中央重大决策部署和国务院有关部门的要求，有利于推动企业博士后工作高质量发展，联合培养使用好高层次青年科技人才，有利于加快推进政产学研用一体化，促进企业科技进步和产业振兴发展。但从目前情况看，不少省、自治区、直辖市博士后工作管理部门、博士后设站单位对于博士后创新联合体的建构模式、基本形态、实施方案等还没有认真思考，对于博士后创新联合体运作过程中可能遇到的矛盾和难题，诸如博士后创新联合体的组织管理方式、科研成果界定与利益分享、各级政府定向政策支持以及运行发展生态环境营造等都还没有深入探究。当下和今后一个时期，全国和各地政府有关部门应深入调研、总结经验，及时出台相关政策和具体举措，在全国范围内加紧构建具有博士后特色的企业创新联合体，并以此为新平台支持企业博士后从事关键核心技术和“卡脖子”领域研究，推动领军企业、优势产业、特色行业创新链、产业链、资金链、人才链深度融合。

第二章　博士后育用平台与载体建设

2021 年 11 月至 2022 年 12 月，全国和各地博士后工作管理部门、各博士后设站单位贯彻落实中央人才工作会议和党的二十大会议精神，坚持为党育人、为国育才，着眼培养和造就大批具有国际竞争力的青年科技人才队伍，持续搭建博士后科研工作平台和创新创业载体，在保持规模适度的基础上，坚持建管结合，加强检查监督，开展科学评估，推动博士后“两站一基地”建设质量不断提升。①

一、博士后科研流动站建设

（一）博士后科研流动站的区域分布

截至 2022 年年底，由国家批准设立的博士后科研流动站为 3 207 家（不含军队系统），相比 2021 年 10 月减少了 1 家，其区域分布及占比情况详见表 2–1、图 2–1。

表 2–1　　2022 年全国博士后科研流动站区域分布情况

序号	省、自治区、直辖市	流动站数量 / 家
1	北京	588
2	天津	96
3	河北	49
4	山西	52
5	内蒙古	24
6	辽宁	119

① 这里及以下参考引用的数据信息，主要源自中国博士后网上办公系统、中国博士后科学基金会官网，作者对相关数据信息作了认真核对和整理加工。

续表

序号	省、自治区、直辖市	流动站数量 / 家
7	吉林	99
8	黑龙江	99
9	上海	238
10	江苏	302
11	浙江	104
12	安徽	76
13	福建	83
14	江西	34
15	山东	145
16	河南	75
17	湖北	192
18	湖南	122
19	广东	177
20	广西	25
21	海南	9
22	重庆	71
23	四川	110
24	贵州	14
25	云南	40
26	西藏	1
27	陕西	167
28	甘肃	52
29	青海	7
30	宁夏	3
31	新疆	34
合计		3 207

注：北京市博士后科研流动站数量含在京中央直属机关所属单位的流动站。

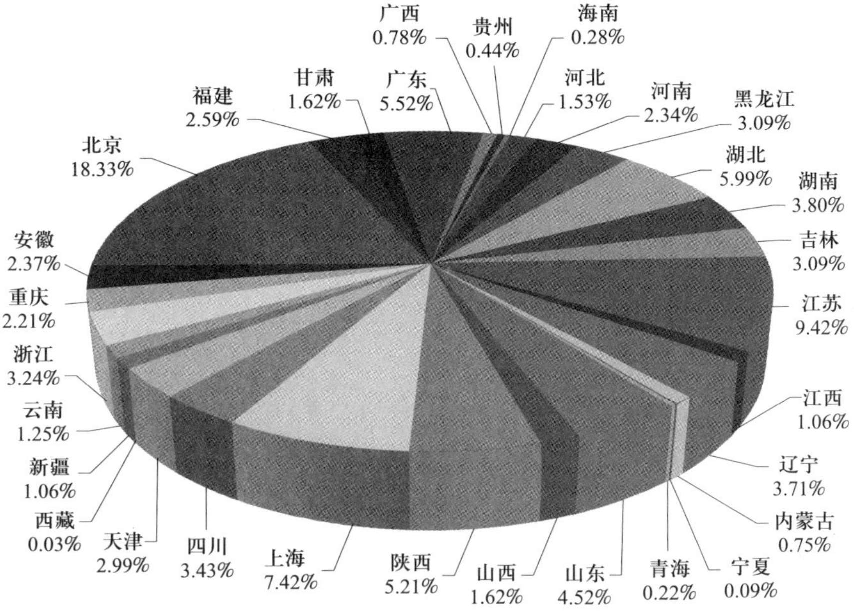

图 2–1　2022 年各省（区、市）设立的博士后科研流动站数量占比

由表 2–1、图 2–1 并结合其他信息分析可知，北京市（含在京中央直属机关所属单位）设立的博士后科研流动站数量最多，为 588 家，约占流动站总数的 18.33%；位居第二的是江苏省，为 302 家，约占流动站总数的 9.42%；上海市排名第三，为 238 家，约占流动站总数的 7.42%。设立博士后科研流动站达 100 家及以上的省（区、市）有 11 个，分别是北京市（588 家）、江苏省（302 家）、上海市（238 家）、湖北省（192 家）、广东省（177 家）、陕西省（167 家）、山东省（145 家）、湖南省（122 家）、辽宁省（119 家）、四川省（110 家）、浙江省（104 家）。博士后科研流动站少于 10 家的省（区、市）有海南省（9 家）、青海省（7 家）、宁夏回族自治区（3 家）、西藏自治区（1 家）。

（二）博士后科研流动站的学科分布

全国已设立的 3 207 家博士后科研流动站涉及 13 个学科门类①，其分布及占比详见表 2–2、图 2–2。

① 2021 年 1 月后新设置的"交叉学科"目前尚未建立博士后科研流动站。

表 2–2　　2022 年全国博士后科研流动站学科门类分布情况

序号	学科门类	设站数量 / 家	序号	学科门类	设站数量 / 家
1	工学	1 254	8	经济学	104
2	理学	603	9	历史学	100
3	医学	261	10	教育学	78
4	管理学	217	11	艺术学	64
5	法学	182	12	哲学	45
6	农学	178	13	军事学	2
7	文学	119	合计		3 207

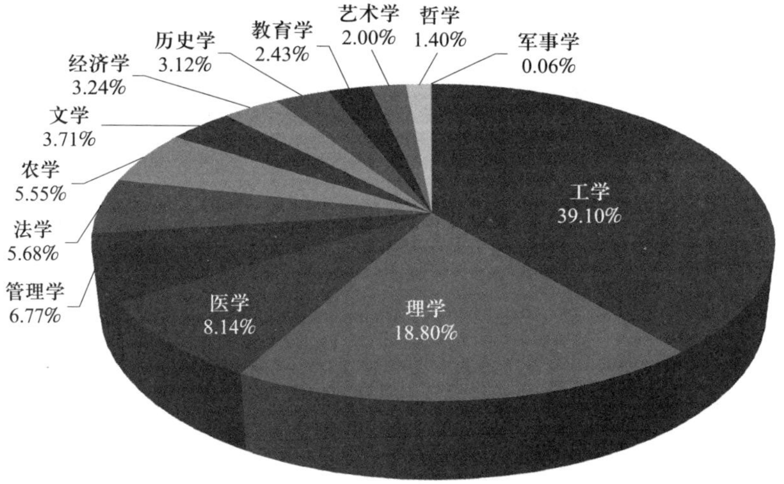

图 2–2　2022 年全国博士后科研流动站学科门类占比

由表 2–2、图 2–2 并结合其他信息分析可知，截至 2022 年年底，工学设立的博士后科研流动站数量最多，为 1 254 家，约占流动站总数的 39.10%；其次是理学，为 603 家，约占流动站总数的 18.80%；再次是医学，为 261 家，约占流动站总数的 8.14%；管理学为 217 家，约占流动站总数的 6.77%。其他学科门类设立的博士后科研流动站数量均在 200 家以下。地方高校设立的军事学博士后科研流动站有 2 家，分布在北京邮电大学和西安电子科技大学，均为军事指挥学博士后科研流动站，约占流动站总数的 0.06%。

二、博士后科研工作站建设

（一）博士后科研工作站的区域分布

截至2022年年底，由国家批准设立的博士后科研工作站有4 408家（不含军队系统），相比2021年10月新增558家，其区域分布及占比情况详见表2–3、图2–3。

表2–3　　2022年全国博士后科研工作站区域分布情况

序号	省、自治区、直辖市	工作站数量/家	序号	省、自治区、直辖市	工作站数量/家
1	北京	505	17	湖北	161
2	天津	82	18	湖南	105
3	河北	101	19	广东	449
4	山西	47	20	广西	57
5	内蒙古	41	21	海南	30
6	辽宁	101	22	重庆	89
7	吉林	39	23	四川	96
8	黑龙江	145	24	贵州	59
9	上海	181	25	云南	47
10	江苏	494	26	西藏	5
11	浙江	328	27	陕西	115
12	安徽	144	28	甘肃	51
13	福建	145	29	青海	11
14	江西	113	30	宁夏	18
15	山东	404	31	新疆	64
16	河南	181	合计		4 408

注：北京市博士后科研工作站数量含在京中央直属机关所属单位的工作站。

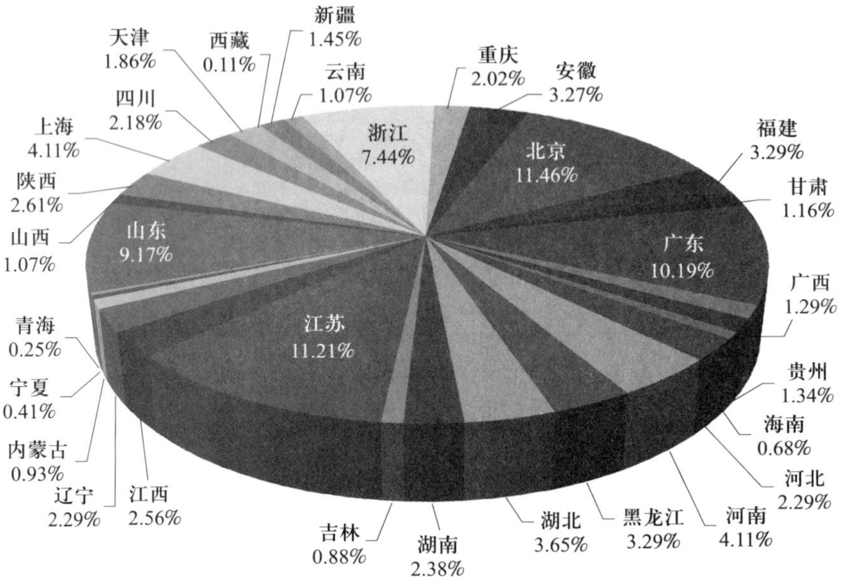

图 2–3　2022 年各省（区、市）设立的博士后科研工作站数量占比

由表 2–3、图 2–3 并结合其他信息分析可知，截至 2022 年年底，北京市（含在京中央直属机关所属单位）设立的博士后科研工作站数量最多，为 505 家，约占工作站总数的 11.46%；位居第二的是江苏省，为 494 家，约占工作站总数的 11.21%；广东省排名第三，为 449 家，约占工作站总数的 10.19%。设立博士后科研工作站达 100 家及以上的省（区、市）有 16 个，分别是北京市（505 家）、江苏省（494 家）、广东省（449 家）、山东省（404 家）、浙江省（328 家）、河南省（181 家）、上海市（181 家）、湖北省（161 家）、福建省（145 家）、黑龙江省（145 家）、安徽省（144 家）、陕西省（115 家）、江西省（113 家）、湖南省（105 家）、河北省（101 家）、辽宁省（101 家）。

（二）2020 年增设国家级博士后科研工作站情况

2021 年 11 月 8 日，人力资源社会保障部、全国博士后管理委员会印发《关于进一步加强企业博士后科研工作站建设的通知》，对增设国家级博士后科研工作站作出新的安排和部署。各省、自治区、直辖市及新疆生产建设兵团认真贯彻落实通知精神，严格按照《博士后科研工作站新设站工作指南（试行）》的基本条件，坚持“四个面向”，实行“条件控制、科学评估、动态管理”的方式，灵活、高效、便捷地开展新设站备案工作。全国博士后管委会办公室于 2022 年 10 月公布了增设国家级博士后科研工作站备案情况。

1. 北京市增设国家级博士后科研工作站情况。2022 年度，北京市共有 39 个单位增设国家级博士后科研工作站，详见表 2–4。

表 2–4　2022 年北京市增设国家级博士后科研工作站单位

序号	增设博士后科研工作站单位	序号	增设博士后科研工作站单位
1	中关村科技园区西城园管理委员会	18	中国生物技术发展中心
2	中关村科技园区大兴园管理委员会	19	北京证券交易所有限责任公司
3	首都博物馆	20	北京师范大学出版社（集团）有限公司
4	昆仑数智科技有限责任公司	21	生态环境部卫星环境应用中心
5	中联煤层气国家工程研究中心有限责任公司	22	生态环境部环境规划院
6	北汽福田汽车股份有限公司	23	中国商用飞机有限责任公司北京民用飞机技术研究中心
7	北京科兴中维生物技术有限公司	24	中国电力工程顾问集团有限公司
8	斯贝福（北京）生物技术有限公司	25	中交一公局集团有限公司
9	昌平实验室	26	中铁建设集团有限公司
10	中关村实验室	27	中国电信集团有限公司
11	怀柔实验室	28	中国国际技术智力合作集团有限公司
12	中国工业互联网研究院	29	全国农业展览馆（中国农业博物馆）
13	习近平经济思想研究中心	30	中国国投高新产业投资有限公司
14	北京航天试验技术研究所	31	中国融通农业发展集团有限公司
15	中信出版集团股份有限公司	32	钢研纳克检测技术股份有限公司
16	国能智深控制技术有限公司	33	中国石油集团经济技术研究院
17	北京智芯微电子科技有限公司	34	中国南水北调集团中线有限公司

续表

序号	增设博士后科研工作站单位	序号	增设博士后科研工作站单位
35	通用技术集团机床工程研究院有限公司	38	中国能源建设集团有限公司
36	国家电力投资集团有限公司	39	国药中生生物技术研究院有限公司
37	北京国家会计学院		

2. 天津市增设国家级博士后科研工作站情况。2022 年度，天津市共有 6 个单位增设国家级博士后科研工作站，详见表 2–5。

表 2–5　　2022 年天津市增设国家级博士后科研工作站单位

序号	增设博士后科研工作站单位	序号	增设博士后科研工作站单位
1	天津市捷威动力工业有限公司	4	天津光电通信技术有限公司
2	天津久日新材料股份有限公司	5	中交第一航务工程勘察设计院有限公司
3	华海智汇技术有限公司	6	天津光电集团有限公司

3. 河北省增设国家级博士后科研工作站情况。2022 年度，河北省共有 8 个单位增设国家级博士后科研工作站，详见表 2–6。

表 2–6　　2022 年河北省增设国家级博士后科研工作站单位

序号	增设博士后科研工作站单位	序号	增设博士后科研工作站单位
1	河北金力新能源科技股份有限公司	5	河北普阳钢铁有限公司
2	辛集市澳森钢铁集团有限公司	6	雄安创新研究院
3	河北常山生化药业股份有限公司	7	河北兰升生物科技有限公司
4	廊坊华日家具股份有限公司	8	河北省药品医疗器械检验研究院

4. 山西省增设国家级博士后科研工作站情况。2022 年度，山西省共有 4 个单位增设国家级博士后科研工作站，详见表 2–7。

表 2–7　　2022 年山西省增设国家级博士后科研工作站单位

序号	增设博士后科研工作站单位	序号	增设博士后科研工作站单位
1	山西交通科学研究院集团有限公司	3	山西银光华盛镁业股份有限公司
2	山西云时代技术有限公司	4	山西汾西重工有限责任公司

5. 内蒙古自治区增设国家级博士后科研工作站情况。2022 年度，内蒙古自治区共有 9 个单位增设国家级博士后科研工作站，详见表 2–8。

表 2–8　　2022 年内蒙古自治区增设国家级博士后科研工作站单位

序号	增设博士后科研工作站单位	序号	增设博士后科研工作站单位
1	包头稀土研究院	6	内蒙古兰格格乳业有限公司
2	内蒙古鄂尔多斯电力冶金集团股份有限公司	7	内蒙古康宁爆破有限责任公司
3	中国农业科学院草原研究所	8	内蒙占久泰新材料科技股份有限公司
4	水利部牧区水利科学研究所	9	鄂尔多斯市城市矿产研究开发有限责任公司
5	内蒙古霍煤鸿骏铝电有限责任公司		

6. 辽宁省增设国家级博士后科研工作站情况。2022 年度，辽宁省共有 12 个单位增设国家级博士后科研工作站，详见表 2–9。

表 2–9　　2022 年辽宁省增设国家级博士后科研工作站单位

序号	增设博士后科研工作站单位	序号	增设博士后科研工作站单位
1	沈阳铝镁设计研究院有限公司	7	大连赛姆生物工程技术有限公司
2	中钢集团鞍山热能研究院有限公司	8	中国医科大学附属盛京医院
3	迈格钠磁动力股份有限公司	9	沈阳风驰软件股份有限公司
4	沈阳飞驰电气设备有限公司	10	沈阳兴齐眼药股份有限公司
5	大连度达理工安全系统有限公司	11	延长中科（大连）能源科技股份有限公司
6	东软集团股份有限公司	12	辽宁宏成电力股份有限公司

7. 吉林省增设国家级博士后科研工作站情况。2022 年度，吉林省共有 3 个单位增设国家级博士后科研工作站，详见表 2-10。

表 2-10　　2022 年吉林省增设国家级博士后科研工作站单位

序号	增设博士后科研工作站单位	序号	增设博士后科研工作站单位
1	吉林省长发现代农业科技集团有限公司	3	长春圣博玛生物材料有限公司
2	迪瑞医疗科技股份有限公司		

8. 黑龙江省增设国家级博士后科研工作站情况。2022 年度，黑龙江省共有 8 个单位增设国家级博士后科研工作站，详见表 2-11。

表 2-11　　2022 年黑龙江省增设国家级博士后科研工作站单位

序号	增设博士后科研工作站单位	序号	增设博士后科研工作站单位
1	哈尔滨东盛金材科技股份有限公司	5	哈尔滨红光锅炉总厂有限责任公司
2	佳木斯电机股份有限公司	6	黑龙江省药品检验研究院
3	中航工业产融控股股份有限公司	7	大庆华理生物技术股份有限公司
4	建龙北满特殊钢有限责任公司	8	谷实生物集团股份有限公司

9. 上海市增设国家级博士后科研工作站情况。2022 年度，上海市共有 5 个单位增设国家级博士后科研工作站，详见表 2-12。

表 2-12　　2022 年上海市增设国家级博士后科研工作站单位

序号	增设博士后科研工作站单位	序号	增设博士后科研工作站单位
1	临港实验室	4	上海泓济环保科技股份有限公司
2	浦江实验室	5	北京大学上海微电子研究院
3	上海海立电器有限公司		

10. 江苏省增设国家级博士后科研工作站情况。2022 年度，江苏省共有 28 个单位增设国家级博士后科研工作站，详见表 2-13。

表 2–13　　2022 年江苏省增设国家级博士后科研工作站单位

序号	增设博士后科研工作站单位	序号	增设博士后科研工作站单位
1	江苏神王集团钢缆有限公司	15	征图新视（江苏）科技股份有限公司
2	金埔园林股份有限公司	16	江苏凯伦建材股份有限公司
3	南京市口腔医院	17	南通中远海运川崎船舶工程有限公司
4	苏州通富超威半导体有限公司	18	江苏绿材谷新材料科技发展有限公司
5	南京大学盐城环保技术与工程研究院	19	江苏铁锚玻璃股份有限公司
6	江苏原力数字科技股份有限公司	20	江苏爱朋医疗科技股份有限公司
7	美埃（中国）环境科技股份有限公司	21	南京海融医药科技股份有限公司
8	南京贝迪新材料科技股份有限公司	22	江苏扬子鑫福造船有限公司
9	无锡帝科电子材料股份有限公司	23	宿迁市金田塑业有限公司
10	东南大学附属中大医院	24	江苏恒力化纤股份有限公司
11	艾德克斯电子（南京）有限公司	25	江苏亨通海洋光网系统有限公司
12	维尔利环保科技集团股份有限公司	26	中天科技海缆股份有限公司
13	江苏中创清源科技有限公司	27	南京市妇幼保健院
14	苏州国际发展集团有限公司	28	安佑生物科技集团股份有限公司

11. 浙江省增设国家级博士后科研工作站情况。2022 年度，浙江省共有 63 个单位增设国家级博士后科研工作站，详见表 2–14。

表 2–14　　2022 年浙江省增设国家级博士后科研工作站单位

序号	增设博士后科研工作站单位	序号	增设博士后科研工作站单位
1	杭州国际城市学研究中心（杭州研究院）	3	宁波能之光新材料科技股份有限公司
2	雪龙集团股份有限公司	4	宁波伏尔肯科技股份有限公司

续表

序号	增设博士后科研工作站单位	序号	增设博士后科研工作站单位
5	中机智能装备创新研究院（宁波）有限公司	27	杭州协合医疗用品有限公司
6	宁波如意股份有限公司	28	永杰新材料股份有限公司
7	宁波达尔机械科技有限公司	29	乐歌人体工学科技股份有限公司
8	浙江正理生能科技有限公司	30	宁波宝工电器有限公司
9	中国联合工程有限公司	31	宁波容百新能源科技股份有限公司
10	浙江省邵逸夫医院	32	宁波慈星股份有限公司
11	中国能源建设集团浙江省电力设计院有限公司	33	宁波星箭航天机械有限公司
12	杭州中美华东制药有限公司	34	浙江华友钴业股份有限公司
13	浙江启尔机电技术有限公司	35	宝业集团股份有限公司
14	海正生物制药有限公司	36	浙江华康药业股份有限公司
15	浙江惠嘉生物科技股份有限公司	37	新界泵业（浙江）有限公司
16	浙江省立同德医院	38	丽水市中心医院
17	浙江大学医学中心（余杭）	39	宇恒电池有限公司
18	浙江天蓝环保技术股份有限公司	40	浙江省儿童医院
19	宁波杉杉新材料科技有限公司	41	浙江省发展规划研究院
20	西北工业大学宁波研究院	42	杭州联川生物技术股份有限公司
21	浙江升华云峰新材股份有限公司	43	浙江晶科能源有限公司
22	中钢新型材料股份有限公司	44	浙江三锋实业股份有限公司
23	浙江花园生物高科股份有限公司	45	浙江省第二医院
24	浙江伟星新型建材股份有限公司	46	浙江核新同花顺网络信息股份有限公司
25	浙江省第一医院	47	浙江大学建筑设计研究院有限公司
26	杭州市第一人民医院（浙江大学医学院附属杭州市第一人民医院）	48	浙江大学计算机创新技术研究院

续表

序号	增设博士后科研工作站单位	序号	增设博士后科研工作站单位
49	宁波三生生物科技股份有限公司	57	浙江大学杭州国际科创中心
50	宁波东力传动设备有限公司	58	国科大杭州高等研究院
51	超达阀门集团股份有限公司	59	北京理工大学长三角研究院（嘉兴）
52	浙江大学温州研究院	60	浙江中成控股集团有限公司
53	国科温州研究院（温州生物材料与工程研究所）	61	浙江自立控股有限公司
54	永兴特种材料科技股份有限公司	62	浙商银行股份有限公司
55	八环科技集团股份有限公司	63	杭州市农业科学研究院
56	恒生电子股份有限公司		

12. 安徽省增设国家级博士后科研工作站情况。2022 年度，安徽省共有 22 个单位增设国家级博士后科研工作站，详见表 2–15。

表 2–15　　2022 年安徽省增设国家级博士后科研工作站单位

序号	增设博士后科研工作站单位	序号	增设博士后科研工作站单位
1	安徽锐能科技有限公司	12	合肥实验室
2	界首市天鸿新材料股份有限公司	13	安徽医科大学第一附属医院
3	安徽舜禹水务股份有限公司	14	安徽省城建设计研究总院股份有限公司
4	安徽欣创节能环保科技股份有限公司	15	联宝（合肥）电子科技有限公司
5	安徽恒宇环保设备制造股份有限公司	16	中国科学技术大学附属第一医院（安徽省立医院）
6	安徽相邦复合材料有限公司	17	中国科学技术大学国际金融研究院
7	合肥埃科光电科技股份有限公司	18	安徽科达机电股份有限公司
8	合肥乐凯科技产业有限公司	19	安徽东风机电科技股份有限公司
9	安徽元琛环保科技股份有限公司	20	安徽捷迅光电技术有限公司
10	安徽翰联色纺股份有限公司	21	会通新材料股份有限公司
11	安徽尚纬电缆有限公司	22	安徽佳通乘用子午线轮胎有限公司

13. 福建省增设国家级博士后科研工作站情况。2022年度，福建省共有9个单位增设国家级博士后科研工作站，详见表2–16。

表2–16　　2022年福建省增设国家级博士后科研工作站单位

序号	增设博士后科研工作站单位	序号	增设博士后科研工作站单位
1	清源创新实验室	6	嘉庚创新实验室
2	厦门松霖科技股份有限公司	7	安踏（中国）有限公司
3	信泰（福建）科技有限公司	8	福建安溪铁观音集团股份有限公司
4	福建圣农控股集团有限公司	9	海安橡胶集团股份公司
5	福建邵武经济开发区管委会		

14. 江西省增设国家级博士后科研工作站情况。2022年度，江西省共有9个单位增设国家级博士后科研工作站，详见表2–17。

表2–17　　2022年江西省增设国家级博士后科研工作站单位

序号	增设博士后科研工作站单位	序号	增设博士后科研工作站单位
1	江西蓝星星火有机硅有限公司	6	江西明正变电设备有限公司
2	赣州虹飞钨钼材料有限公司	7	九江德福科技股份有限公司
3	江西宏柏新材料股份有限公司	8	南昌矿机集团股份有限公司
4	江西安驰新能源科技有限公司	9	江西江南新材料科技股份有限公司
5	江西远大保险设备实业集团有限公司		

15. 河南省增设国家级博士后科研工作站情况。2022年度，河南省共有16个单位增设国家级博士后科研工作站，详见表2–18。

表2–18　　2022年河南省增设国家级博士后科研工作站单位

序号	增设博士后科研工作站单位	序号	增设博士后科研工作站单位
1	河南翔宇医疗设备股份有限公司	9	信阳市谷麦光电子科技有限公司
2	焦作科瑞森重装股份有限公司	10	郑州安图生物工程股份有限公司
3	河南龙成集团有限公司	11	信阳市文新茶叶有限责任公司
4	河南皓泽电子股份有限公司	12	郑州大学第一附属医院
5	龙佰集团股份有限公司	13	平顶山市农业科学院
6	神农种业实验室	14	河南光远新材料股份有限公司
7	恒天重工股份有限公司	15	河南欣维捷科技有限公司
8	郑州市污水净化有限公司	16	中铝洛阳铜加工有限公司

16. 湖北省增设国家级博士后科研工作站情况。2022年度，湖北省共有14个单位增设国家级博士后科研工作站，详见表2-19。

表2-19 2022年湖北省增设国家级博士后科研工作站单位

序号	增设博士后科研工作站单位	序号	增设博士后科研工作站单位
1	武汉大学中南医院	8	中国信息通信科技集团有限公司
2	中国长江电力股份有限公司	9	武汉高德红外股份有限公司
3	武汉理工光科股份有限公司	10	武汉材料保护研究所有限公司
4	襄阳光瑞汽车零部件有限公司	11	泰晶科技股份有限公司
5	东风商用车有限公司	12	华中科技大学同济医学院附属同济医院
6	武汉精测电子集团股份有限公司	13	武汉达梦数据库股份有限公司
7	黄石湖理环保节能产业技术研究院有限公司	14	中铁十一局集团第四工程有限公司

17. 湖南省增设国家级博士后科研工作站情况。2022年度，湖南省共有10个单位增设国家级博士后科研工作站，详见表2-20。

表2-20 2022年湖南省增设国家级博士后科研工作站单位

序号	增设博士后科研工作站单位	序号	增设博士后科研工作站单位
1	株洲欧科亿数控精密刀具股份有限公司	6	赛恩斯环保股份有限公司
2	南华大学附属第一医院	7	湖南省地质调查所
3	湖南省社会科学院	8	株洲华锐精密工具股份有限公司
4	陈克明食品股份有限公司	9	湖南省博物馆
5	湖南星邦智能装备股份有限公司	10	国网湖南省电力有限公司

18. 广东省增设国家级博士后科研工作站情况。2022年度，广东省共有32个单位增设国家级博士后科研工作站，详见表2-21。

19. 广西壮族自治区增设国家级博士后科研工作站情况。2022年度，广西壮族自治区共有5个单位增设国家级博士后科研工作站，详见表2-22。

20. 海南省增设国家级博士后科研工作站情况。2022年度，海南省共有3个单位增设国家级博士后科研工作站，详见表2-23。

表 2-21　2022 年广东省增设国家级博士后科研工作站单位

序号	增设博士后科研工作站单位	序号	增设博士后科研工作站单位
1	广州实验室	17	顺丰科技有限公司
2	珠海高新技术产业开发区南屏科技工业园管理委员会	18	佛山隆深机器人有限公司
3	广州医科大学附属脑科医院	19	中科中山药物创新研究院
4	珠海华发投资控股有限公司	20	OPPO 广东移动通信有限公司
5	广东格兰仕集团有限公司	21	广州万孚生物技术股份有限公司
6	高州市人民医院	22	佛山市妇幼保健院
7	广东蒙泰高新纤维股份有限公司	23	季华实验室
8	广东省药品检验所	24	江门市中心医院
9	佳都科技集团股份有限公司	25	茂名市人民医院
10	北京大学深圳医院	26	深圳市第三人民医院
11	香港大学深圳医院	27	奥比中光科技集团股份有限公司
12	深圳市高新投集团有限公司	28	资本市场学院
13	佛山市中医院	29	广东佛山市陶瓷研究所控股集团股份有限公司
14	松山湖材料实验室	30	江门市五邑中医院
15	广州市设计院集团有限公司	31	肇庆高新技术产业开发区管理委员会
16	比亚迪汽车工业有限公司	32	清远市人民医院

表 2-22　2022 年广西壮族自治区增设国家级博士后科研工作站单位

序号	增设博士后科研工作站单位	序号	增设博士后科研工作站单位
1	中国有色桂林矿产地质研究院有限公司	4	自然资源部第四海洋研究所（中国－东盟国家海洋科技联合研发中心）
2	广西水利电力勘测设计研究院有限责任公司	5	广西国际壮医医院
3	梧州市红十字会医院		

表 2-23　2022 年海南省增设国家级博士后科研工作站单位

序号	增设博士后科研工作站单位	序号	增设博士后科研工作站单位
1	海南省崖州湾种子实验室	3	三亚中国农业科学院国家南繁研究院
2	中国海洋大学三亚海洋研究院		

21. 重庆市增设国家级博士后科研工作站情况。2022 年度，重庆市共有 16 个单位增设国家级博士后科研工作站，详见表 2–24。

表 2–24　　2022 年重庆市增设国家级博士后科研工作站单位

序号	增设博士后科研工作站单位	序号	增设博士后科研工作站单位
1	重庆国际免疫研究院	9	北京大学重庆大数据研究院
2	重庆登康口腔护理用品股份有限公司	10	重庆新国大研究院
3	重庆杰品科技股份有限公司	11	重庆大学产业技术研究院
4	重庆医科大学附属第二医院	12	哈尔滨工业大学重庆研究院
5	电子科技大学重庆微电子产业技术研究院	13	重庆大学附属三峡医院
6	重庆医科大学附属儿童医院	14	马上消费金融股份有限公司
7	重庆水泵厂有限责任公司	15	重庆医科大学附属第三医院
8	重庆建工集团股份有限公司	16	华润微电子（重庆）有限公司

22. 贵州省增设国家级博士后科研工作站情况。2022 年度，贵州省共有 13 个单位增设国家级博士后科研工作站，详见表 2–25。

表 2–25　　2022 年贵州省增设国家级博士后科研工作站单位

序号	增设博士后科研工作站单位	序号	增设博士后科研工作站单位
1	贵州省疾病预防控制中心	8	江南机电设计研究所
2	贵州安吉航空精密铸造有限责任公司	9	中伟新材料股份有限公司
3	贵州大龙汇成新材料有限公司	10	遵义钛业股份有限公司
4	贵州盘江煤电集团有限责任公司	11	贵州新安航空机械有限责任公司
5	中国电建集团贵阳勘测设计研究院有限公司	12	贵阳永青仪电科技有限公司
6	贵州航宇科技发展股份有限公司	13	贵州航天电子科技有限公司
7	贵州群建精密机械有限公司		

23. 云南省增设国家级博士后科研工作站情况。2022 年度，云南省在中国有色金属工业昆明勘察设计研究院有限公司增设了 1 家国家级博士后科研工作站。

24. 西藏自治区增设国家级博士后科研工作站情况。2022 年度，西藏自治区在西藏大学增设了 1 家国家级博士后科研工作站。

25. 陕西省增设国家级博士后科研工作站情况。2022 年度，陕西省共有 9 个单位增设国家级博士后科研工作站，详见表 2–26。

表 2–26 2022 年陕西省增设国家级博士后科研工作站单位

序号	增设博士后科研工作站单位	序号	增设博士后科研工作站单位
1	陕西宏远航空锻造有限责任公司	6	中国石油集团测井有限公司
2	陕西省环境科学研究院	7	西安诺瓦星云科技股份有限公司
3	西安凯立新材料股份有限公司	8	西安稀有金属材料研究院有限公司
4	西部金属材料股份有限公司	9	西安航天自动化股份有限公司
5	陕西省煤田地质集团有限公司		

26. 甘肃省增设国家级博士后科研工作站情况。2022 年度，甘肃省共有 9 个单位增设国家级博士后科研工作站，详见表 2–27。

表 2–27 2022 年甘肃省增设国家级博士后科研工作站单位

序号	增设博士后科研工作站单位	序号	增设博士后科研工作站单位
1	三和数码测绘地理信息技术有限公司	6	酒泉奥凯种子机械股份有限公司
2	兰州佛慈制药股份有限公司	7	兰州大学第一医院
3	中核四〇四有限公司	8	中国农业科学院兰州畜牧与兽药研究所
4	兰州万里航空机电有限责任公司	9	甘肃奥林贝尔生物科技集团有限公司
5	光大兴陇信托有限责任公司		

27. 青海省增设国家级博士后科研工作站情况。2022 年度，青海省共有 3 个单位增设国家级博士后科研工作站，详见表 2–28。

表 2–28 2022 年青海省增设国家级博士后科研工作站单位

序号	增设博士后科研工作站单位	序号	增设博士后科研工作站单位
1	青海电子材料产业发展有限公司	3	五矿信托国际有限公司
2	青海宝恒绿色建筑产业股份有限公司		

28. 宁夏回族自治区增设国家级博士后科研工作站情况。2022 年度，宁夏回族自治区共有 2 个单位增设国家级博士后科研工作站，详见表 2–29。

表 2–29　2022 年宁夏回族自治区增设国家级博士后科研工作站单位

序号	增设博士后科研工作站单位
1	宁夏交通建设股份有限公司
2	宁夏农林科学院

29. 新疆维吾尔自治区增设国家级博士后科研工作站情况。2022 年度，新疆维吾尔自治区共有 4 个单位增设国家级博士后科研工作站，详见表 2–30。

表 2–30　2022 年新疆维吾尔自治区增设国家级博士后科研工作站单位

序号	增设博士后科研工作站单位	序号	增设博士后科研工作站单位
1	新疆希普生物科技股份有限公司	3	国投新疆罗布泊钾盐有限责任公司
2	新疆希望电子有限公司	4	新疆维吾尔药业有限责任公司

三、博士后创新实践基地建设

2022 年度国家级博士后成果转化基地、创新示范中心保持为 3 家，省级博士后创新实践基地约为 5 620 家，相比 2021 年 10 月底增加 292 家。这些基地的建成与发展，在促进产学研用深度融合、推动博士后研究人员科研成果的转移转化、带动企业单位转型升级和科研型事业单位的技术创新等方面发挥了重要作用。

（一）2022 年黑龙江省增设博士后创新实践基地情况

根据黑龙江省博士后工作总体规划，2022 年黑龙江省人力资源和社会保障厅、省博士后管理委员会批准在 40 个载体单位增设博士后创新实践基地，详见表 2–31。

（二）2022 年山东省增设博士后创新实践基地情况

根据《山东省博士后创新实践基地管理办法》（鲁人社字〔2022〕91 号）有关规定，2022 年山东省增设 86 家博士后创新实践基地，详见表 2–32。

表 2–31　2022 年黑龙江省增设博士后创新实践基地载体单位

序号	增设博士后创新实践基地载体单位	序号	增设博士后创新实践基地载体单位
1	哈尔滨新光光电科技股份有限公司	21	桦南县农业投资有限公司
2	哈尔滨工大宏图橡塑科技有限公司	22	黑龙江建龙钢铁有限公司
3	黑龙江君宜农业有限责任公司	23	萝北奥星新材料有限公司
4	哈尔滨珍宝制药有限公司	24	鹤岗市人民医院
5	哈尔滨市阳光惠远知识产权代理有限公司	25	鹤岗市振金石墨烯新材料研究院
6	黑龙江亿林网络股份有限公司	26	黑龙江省华升石墨集团股份有限公司
7	哈尔滨鸿盛建筑材料制造股份有限公司	27	牡丹江市北药资源开发与应用协同创新中心
8	哈尔滨宇航精创科技有限公司	28	牡丹江医学院附属红旗医院
9	黑龙江立高科技股份有限公司	29	哈尔滨剑桥学院
10	齐齐哈尔市第一医院	30	黑龙江龙煤矿业控股集团有限责任公司
11	甘南县向日葵技术服务中心	31	黑龙江和泽生物科技有限公司
12	齐齐哈尔黑龙国际冰雪装备有限公司	32	黑龙江农投大数据科技有限公司
13	克东禹王大豆蛋白食品有限公司	33	黑龙江省龙科种业集团有限公司
14	黑龙江幼儿师范高等专科学校	34	黑龙江省五建建筑工程有限责任公司
15	牡丹江鑫北方石油钻具有限责任公司	35	黑龙江大数据产业发展有限公司
16	黑龙江仁合堂企业管理集团有限公司	36	中国龙江森林工业集团有限公司
17	牡丹江灵泰药业股份有限公司	37	黑龙江中医药大学附属第四医院
18	多多药业有限公司	38	黑龙江省自然资源权益调查监测院
19	北大荒集团黑龙江七星农场有限公司	39	黑龙江省原子能研究院
20	黑龙江孙斌鸿源农业开发集团有限责任公司	40	黑龙江省金融控股集团有限公司

表 2–32　2022 年山东省增设博士后创新实践基地载体单位

序号	增设博士后创新实践基地载体单位	序号	增设博士后创新实践基地载体单位
1	青岛农村商业银行股份有限公司	3	青岛华大基因研究院
2	青岛蓝海软通信息技术有限公司	4	青岛市中心医院

续表

序号	增设博士后创新实践基地载体单位	序号	增设博士后创新实践基地载体单位
5	青岛中电绿网新能源有限公司	30	禹城保立康生物饲料有限公司
6	颐中烟草（集团）有限公司	31	青岛正望新材料股份有限公司
7	青岛华赛伯曼医学细胞生物有限公司	32	西安电子科技大学青岛计算技术研究院
8	烟台哈尔滨工程大学研究院	33	山东阳光博士太阳能工程有限公司
9	淄博市中心医院	34	枣庄市天柱五金科技股份有限公司
10	山东格新精工有限公司	35	山东福藤食品有限公司
11	山东源泉机械有限公司	36	龙口市江达汽车配件有限公司
12	山东绿森塑木复合材料有限公司	37	山东中康国创先进印染技术研究院有限公司
13	山东敏德化工有限公司	38	日照市中医医院
14	山东大丰园农业有限公司	39	山东英科环保再生资源股份有限公司
15	山东电力工程咨询院有限公司	40	烟台新药创制山东省实验室
16	中建八局第二建设有限公司	41	山东宜居新材料科技有限公司
17	赛克赛斯生物科技股份有限公司	42	山东玉宝生物科技股份有限公司
18	烟台水禾土生物科技有限公司	43	山东红太阳酒业集团有限公司
19	山东省第八地质勘查院	44	威海市天罡仪表股份有限公司
20	山东沂水机床厂有限公司	45	山东高质新能源检测有限公司
21	山东龙昌动物保健品有限公司	46	北京大学现代农业研究院
22	青岛博士后产业投资发展集团有限公司	47	艾坦姆流体控制技术（山东）有限公司
23	天科新能源有限责任公司	48	山东杨嘉汽车制造有限公司
24	山东海科创新研究院有限公司	49	山东义能煤矿有限公司
25	山东益生种畜禽股份有限公司	50	山东恒丰新型纱线及面料创新中心有限公司
26	山东云门酒业股份有限公司	51	青岛永展医药科技有限公司
27	山东绿金生物科技有限责任公司	52	青岛德固特节能装备股份有限公司
28	山东康源堂中药饮片股份有限公司	53	纳肽得（青岛）生物医药有限公司
29	日照市规划设计研究院集团有限公司	54	农博菌社生物科技有限公司

续表

序号	增设博士后创新实践基地载体单位	序号	增设博士后创新实践基地载体单位
55	荣成惠德环保科技有限公司	71	山东东岳有机硅材料股份有限公司
56	山东荣信水产食品集团股份有限公司	72	中科环渤海（烟台）药物高等研究院
57	日照银行股份有限公司	73	诸城东晓生物科技有限公司
58	莱州市宏顺梅花种植科技有限公司	74	山东蓬勃生物科技有限公司
59	山东胜利生物工程有限公司	75	浙江大学山东（临沂）现代农业研究院
60	威海栖桐科技发展有限公司	76	山东兴泉油脂有限公司
61	山东春光磁电科技有限公司	77	山东新升实业发展有限责任公司
62	黄河三角洲京博化工研究院有限公司	78	山东卓越精工集团有限公司
63	山东国创精密机械有限公司	79	山东瑞程数据科技有限公司
64	山东城际轨道交通科技股份有限公司	80	山东北方创信防水科技集团股份有限公司
65	山东辰龙药业有限公司	81	单县湖西产业技术研究院（山东产业技术研究院湖西分院）
66	山东豪门铝业有限公司	82	长裕控股集团有限公司
67	山东省宇捷轴承制造有限公司	83	山东星宇手套有限公司
68	山东达驰高压开关有限公司	84	山东键邦新材料股份有限公司
69	中化学交通建设集团有限公司	85	鲁特电工股份有限公司
70	山东大学第二医院	86	山东沾化奥仕化学有限公司

（三）2022 年河南省增设博士后创新实践基地情况

为深入实施创新驱动、科教兴省、人才强省战略，进一步加大博士后工作对提高企事业单位创新能力的支持力度，推动产学研深度融合，2022 年河南省人力资源和社会保障厅同意郑州公用事业投资发展集团有限公司等 135 个单位增设博士后创新实践基地，详见表 2–33。

表 2–33　2022 年河南省增设博士后创新实践基地载体单位

序号	增设博士后创新实践基地载体单位	序号	增设博士后创新实践基地载体单位
1	郑州公用事业投资发展集团有限公司	3	郑州浩创农业科技有限公司
2	郑州安源工程技术有限公司	4	郑州轻研合金科技有限公司

续表

序号	增设博士后创新实践基地载体单位	序号	增设博士后创新实践基地载体单位
5	郑州三和水工机械有限公司	31	洛阳鸿元轴承科技有限公司
6	郑州银丰电子科技有限公司	32	河南平芝高压开关有限公司
7	郑州中科新兴产业技术研究院	33	河南仁华生物科技有限公司
8	河南省鼎元种牛育种有限公司	34	河南神马尼龙化工有限责任公司
9	河南金苑种业股份有限公司	35	河南兴安邦机电装备制造有限公司
10	河南联合精密材料股份有限公司	36	河南真实生物科技有限公司
11	河南升旭建设科技有限公司	37	平顶山市第二人民医院
12	哈工大郑州研究院	38	平顶山市第一人民医院
13	浙江大学中原研究院	39	天瑞集团信息科技有限公司
14	中科大数据研究院	40	铁福来装备制造集团股份有限公司
15	黄河水利职业技术学院	41	叶县先进制造业开发区科技研发中心
16	开封市食品药品检验所	42	宝丰徽汝汝窑文化发展有限公司
17	开封市中心医院	43	内黄县中医院
18	河南省贝威科技有限公司	44	河南金百合生物科技股份有限公司
19	河南省锐达医药科技有限公司	45	河南华泰粮油机械股份有限公司
20	开封市奥科宝特种油剂有限公司	46	河南滑丰种业科技有限公司
21	开封市鑫旺棉业有限公司	47	河南垂天科技有限公司
22	河南远见农业科技有限公司	48	河南飞天农业开发股份有限公司
23	中色科技股份有限公司	49	河南省淇花食用油有限公司
24	洛阳万基铝加工有限公司	50	河南省向上食品有限公司
25	隆华科技集团（洛阳）股份有限公司	51	河南鑫洋实业有限责任公司
26	洛阳中超新材料股份有限公司	52	鹤壁联昊新材料有限公司
27	洛阳洛北重工机械有限公司	53	新拓洋生物工程有限公司
28	洛阳华清天木生物科技有限公司	54	新乡市瑞丰新材料股份有限公司
29	洛阳尚奇机器人科技有限公司	55	河南百合特种光学研究院有限公司
30	洛阳铜一金属材料发展有限公司	56	河南德邻生物制品有限公司

续表

序号	增设博士后创新实践基地载体单位	序号	增设博士后创新实践基地载体单位
57	河南博源新材料有限公司	83	三门峡宏鑫新材料科技有限公司
58	河南金水电缆集团有限公司	84	国投金城冶金有限责任公司
59	河南东海复合材料有限公司	85	河南康拜恩电器股份有限公司
60	河南龙佰智能装备制造有限公司	86	河南科源电子铝箔有限公司
61	焦作金鑫恒拓新材料股份有限公司	87	河南中分仪器股份有限公司
62	濮阳市油田总医院	88	民权县综合检验检测中心
63	天能集团（濮阳）再生资源有限公司	89	天明民权葡萄酒有限公司
64	河南中坤实业有限公司	90	浙江善时生物药械（商丘）有限公司
65	海王百草堂药业有限公司	91	河南联塑实业有限公司
66	濮阳市华乐科技有限公司	92	河南省四通锅炉有限公司
67	天驰药业有限公司	93	驻马店市中心医院
68	濮阳大数据与人工智能研究院	94	驻马店市中医院
69	河南硅烷科技发展股份有限公司	95	河南尚品食品有限公司
70	许昌市中心医院	96	河南乐山电缆有限公司
71	许昌职业技术学院	97	河南蓝翎环科防水材料有限公司
72	河南四达电力设备股份有限公司	98	河南维诺生物科技有限公司
73	河南鼎研泽田农业科技开发有限公司	99	正阳县新天地草业有限公司
74	许绝电工股份有限公司	100	河南荣盛包装材料有限公司
75	许昌智能继电器股份有限公司	101	南阳中通智能科技集团有限公司
76	河南鸿昌电子有限公司	102	邓州市农业技术推广中心
77	漯河职业技术学院	103	南阳农业职业学院
78	漯河市农业科学院	104	南阳金博减振科技有限公司
79	漯河市卫龙商贸有限公司	105	河南度帮中药生物科技股份有限公司
80	河南颍川新材料股份有限公司	106	镇平想念食品有限公司
81	河南豫中新材料有限公司	107	南阳金牛电气有限公司
82	际华三五一五皮革皮鞋有限公司	108	西峡县猕猴桃研究所

续表

序号	增设博士后创新实践基地载体单位	序号	增设博士后创新实践基地载体单位
109	南阳中天防爆电气股份有限公司	123	河南赛山悟道生态茶业科技有限公司
110	河南新正方电子科技有限公司	124	河南甾体生物科技有限公司
111	河南丹圣源农业开发有限公司	125	河南凯源水务科技有限公司
112	河南省恒辉农牧设备有限公司	126	息县中心医院
113	南阳标点食品有限公司	127	河南河大纳米材料工程研究中心有限公司
114	南阳勤大钢管科技有限公司	128	河南金利重工科技有限公司
115	邓州市光照酒业有限公司	129	河南联创化工有限公司
116	河南省淅川水泥有限公司	130	济源市阳光兔业科技有限公司
117	潢川县鹏升畜产品有限公司	131	河南日报报业集团有限公司
118	商城北纳创联生物科技有限公司	132	中原信托有限公司
119	信阳市灵石科技有限公司	133	河南化工技师学院
120	新县产业集聚区管理委员会	134	河南招标采购服务有限公司
121	信阳中毅高热材料有限公司	135	中州水务控股有限公司
122	信阳市谷麦光电子科技有限公司		

（四）2022 年广西壮族自治区增设博士后创新实践基地情况

为加强高层次创新型青年人才队伍建设，提高企事业单位自主创新能力，促进产学研深度融合，2022 年广西壮族自治区批准桂林电力电容器有限责任公司等 18 个单位增设博士后创新实践基地，详见表 2-34。

表 2-34　2022 年广西壮族自治区增设博士后创新实践基地载体单位

序号	增设博士后创新实践基地载体单位	序号	增设博士后创新实践基地载体单位
1	桂林电力电容器有限责任公司	10	贺州学院
2	广西金陵农牧集团有限公司	11	广西交通职业技术学院
3	广西桂垦牧业有限公司	12	广西工业职业技术学院
4	桂林银行股份有限公司	13	广西百色高新技术产业开发区
5	中国—东盟信息港股份有限公司	14	广西壮族自治区建筑工程质量检测中心
6	桂林恒保健康防护有限公司	15	右江民族医学院附属医院
7	广西艺术学院	16	广西壮族自治区南溪山医院
8	玉林师范学院	17	防城港市中医医院
9	河池学院	18	玉林市中西医结合骨科医院

（五）2022 年四川省增设博士后创新实践基地情况

根据四川省人力资源和社会保障厅发布的《关于批准设立 2022 年度博士后创新实践基地的通知》（川人社函〔2022〕752 号），2022 年四川省增设 25 家博士后创新实践基地，详见表 2-35。

表 2-35　　2022 年四川省增设博士后创新实践基地载体单位

序号	增设博士后创新实践基地载体单位	序号	增设博士后创新实践基地载体单位
1	安岳县柠檬产业发展中心	14	中国航发成都发动机有限公司
2	中储粮成都储藏研究院有限公司	15	成都玫锦科技有限公司
3	巴中市通江银耳科学技术研究所	16	宜宾凯翼汽车有限公司
4	阿坝州农业科学技术研究所	17	龙佰四川矿冶有限公司
5	甘孜藏族自治州海螺沟智慧景区信息中心	18	四川安宁铁钛股份有限公司
6	广安经济技术开发区管理委员会	19	南充三环电子有限公司
7	四川省疾病预防控制中心	20	成都四方伟业软件股份有限公司
8	四川大学华西广安医院	21	四川长虹电子控股集团有限公司
9	遂宁市中心医院	22	四川永星电子有限公司
10	四川奥邦药业有限公司	23	宏图智能物流股份有限公司
11	四川锦美环保股份有限公司	24	四川省交通勘察设计研究院有限公司
12	四川君和环保股份有限公司	25	四川泸天化股份有限公司
13	绵阳富临精工股份有限公司		

四、博士后创新联合体建设

2020 年 11 月出台的《中共中央关于制定国民经济和社会发展第十四个五年规划和二〇三五年远景目标的建议》，着眼提升企业技术创新能力，作出了支持企业牵头组建创新联合体的重要决策。2021 年 6 月，针对我国原始创新能力还不强、创新体系整体效能还不高、科技创新资源整合还不够的问题，习近平总书记强调，要确立企业创新主体地位，发挥企业出题者作用，推进重点项目协同和研发活动一体化，加快构建龙头企业牵头、高校院所支撑、各创新主体相互协同的创新联合体，发展高效强大的共性技术供给体系，提高科技成果转移转化成效。

贯彻落实习近平总书记重要指示和国家关于组建企业创新联合体的决策部署，部分省份紧密结合实际，积极探索建立具有博士后特色的企业创新联合体，以满足博士后研究人员创新创造创业的新需求。比如，江苏省聚焦量子通信、芯片、5G、人工智能、新材料等关键核心技术和人工智能、石墨烯、区块链等“卡脖子”领域的青年科技人才培养，支持鼓励博士后参与协同创新，为全力提升企业技术创新能力、促进产业转型升级提供了强大动能，使之成为江苏省企业博士后工作的一张亮丽名片。2021 年 4 月，由天津市人力资源和社会保障局、天津大学、滨海新区联合主办的天津市新医科和生物医药产业博士后创新联合体正式成立，首批加入联合体的 30 家高校、科研院所及 72 家企业博士后设站单位，融合了人才链、产业链、创新链和价值链，初步形成了产学研用一体推进的创新生态体系，为发挥博士后在创新联合体中的生力军作用蹚出了一条新路。

为进一步发挥博士后制度在推动企业创新和科技进步中的重要作用，人力资源社会保障部、全国博士后管理委员会于 2021 年 11 月 8 日印发《关于进一步加强企业博士后科研工作站建设的通知》，明确支持博士后在企业从事关键核心技术和“卡脖子”领域研究，加强创新链、产业链、人才链融合，加快构建具有博士后特色的企业创新联合体，推动企业博士后工作高质量发展。贯彻落实人力资源社会保障部通知精神，2022 年 5 月，安徽省六安市在深入调研论证的基础上，正式印发《六安市乡村振兴博士后联合体建设工作实施方案》（六政办秘〔2022〕70 号），全面展开乡村振兴博士后联合体建设工作，对于深化实施人才强市、科技兴农战略，全面推动六安市乡村振兴起到了积极推动作用。

实践表明，构建具有博士后特色的企业创新联合体，既契合国家关于组建企业创新联合体的总体决策部署，也符合博士后研究人员创新创造创业的强烈愿望，不仅有助于加快推进政产学研用一体化，形成关键核心技术攻坚体制并打造更有针对性的科技创新平台，而且有利于领军企业、龙头企业联合培养使用青年科技管理人才，推动新阶段我国企业博士后工作创新发展。但从目前现实情况看，除少部分省份外，全国大多数龙头企业、领军企业、高校院所和创新主体，对构建博士后创新联合体的积极性、主动性不强，博士后工作管理部门对博士后创新联合体的创建模式、基本形态、实施方案等也没有认真加以思考，对博士后创新联合体运作过程中可能会遇到的矛盾和难题更没有深入探究，此项工作亟待加强。

第三章　全国博士后进站与出站工作

2021年11月至2022年12月，全国各博士后设站单位加大博士后招收宣传力度，完善博士后招收培养举措，优化博士后进出站工作流程，促使博士后进站与出站工作更加井然有序。

一、全国博士后进站总体情况

截至2022年12月，全国累计招收培养博士后316 451人（不含各省、自治区、直辖市等自主招收培养及军队系统进站人数）。2022年全国共招收进站博士后32 340人，其中招收留学归国（境）博士进站5 356人，占全年进站博士后总人数的16.56%；招收外籍来华博士进站1 314人，占全年进站博士后总人数的4.06%。从进站类型看，进入流动站的博士后有24 824人，占全年进站博士后总人数的76.76%；进入工作站的博士后有7 459人，占全年进站博士后总人数的23.06%；招收项目博士后57人，占全年进站博士后总人数的0.18%。①

（一）全国进站博士后的学科分布

2022年进站博士后的学科门类分布及占比情况详见表3-1。

表3-1　　2022年进站博士后的学科门类分布及占比情况

序号	学科门类	流动站进站人数/人	工作站进站人数/人	项目博士后进站人数/人	进站博士后总人数/人	流动站进站人数占比/%	工作站进站人数占比/%	项目博士后进站人数占比/%	进站博士后总人数占比/%
1	哲学	163	4	0	167	0.66	0.05	0	0.52
2	经济学	441	346	0	787	1.78	4.64	0	2.43

① 这里及以下参考引用的原始数据和相关信息，除特别注明出处外，均源自中国博士后网、中国博士后网上办公系统和中国博士后科学基金会官网，作者对相关数据和信息作了认真核对和处理加工。由于统计时差和口径等方面的原因，有些数据可能存在一定差异。

续表

序号	学科门类	流动站进站人数 / 人	工作站进站人数 / 人	项目博士后进站人数 / 人	进站博士后总人数 / 人	流动站进站人数占比 /%	工作站进站人数占比 /%	项目博士后进站人数占比 /%	进站博士后总人数占比 /%
3	法学	613	47	0	660	2.47	0.63	0	2.04
4	教育学	326	33	0	359	1.31	0.44	0	1.11
5	文学	418	20	0	438	1.68	0.27	0	1.35
6	历史学	266	26	0	292	1.07	0.35	0	0.90
7	理学	6 120	1 440	13	7 573	24.65	19.31	22.81	23.42
8	工学	9 778	3 620	32	13 430	39.39	48.53	56.14	41.53
9	农学	1 158	340	0	1 498	4.66	4.56	0	4.63
10	医学	4 454	1 401	12	5 867	17.94	18.78	21.05	18.14
11	军事学	4	1	0	5	0.02	0.01	0	0.02
12	管理学	935	162	0	1 097	3.77	2.17	0	3.39
13	艺术学	148	18	0	166	0.60	0.24	0	0.51
14	交叉学科	0	1	0	1	0	0.01	0	0
合计		24 824	7 459	57	32 340	100	100	100	100

由表 3–1 可知，2022 年流动站进站人数、工作站进站人数和进站博士后总人数最多的学科门类是工学，分别为 9 778 人、3 620 人、13 430 人，占比分别为 39.39%、48.53%、41.53%；其次是理学，流动站进站人数、工作站进站人数和进站博士后总人数分别是 6 120 人、1 440 人、7 573 人，占比分别为 24.65%、19.31%、23.42%；再次是医学，流动站进站人数、工作站进站人数和进站博士后总人数分别是 4 454 人、1 401 人、5 867 人，占比分别为 17.94%、18.78%、18.14%。招收的 57 名项目博士后，分布在工学、理学、医学 3 个学科门类，分别为 32 人、13 人、12 人，分别占项目博士后进站总人数的 56.14%、22.81%、21.05%。军事学进站博士后总人数仍为个位数。交叉学科进入工作站的博士后人数首次破零。

（二）全国进站博士后的区域分布

2022 年进站博士后的区域分布及占比情况详见表 3–2。

表 3–2 2022 年进站博士后的区域分布及占比情况

序号	省、自治区、直辖市	流动站进站人数 / 人	工作站进站人数 / 人	项目博士后进站人数 / 人	进站博士后总人数 / 人	流动站进站人数占比 /%	工作站进站人数占比 /%	进站博士后总人数占比 /%
1	北京	5 447	982	8	6 437	21.94	13.17	19.90
2	天津	492	176	2	670	1.98	2.36	2.07
3	河北	72	45	0	117	0.29	0.60	0.36
4	山西	84	122	1	207	0.34	1.64	0.64
5	内蒙古	8	12	0	20	0.03	0.16	0.06
6	辽宁	633	202	1	836	2.55	2.71	2.59
7	吉林	335	37	0	372	1.35	0.50	1.15
8	黑龙江	607	156	0	763	2.45	2.09	2.36
9	上海	2 556	216	4	2 776	10.30	2.90	8.58
10	江苏	2 019	800	9	2 828	8.13	10.73	8.74
11	浙江	1 470	956	7	2 433	5.92	12.82	7.52
12	安徽	679	138	0	817	2.74	1.85	2.53
13	福建	259	103	9	371	1.04	1.38	1.15
14	江西	117	69	1	187	0.47	0.93	0.58
15	山东	1 090	679	2	1 771	4.39	9.10	5.48
16	河南	1 101	292	0	1 393	4.44	3.91	4.31
17	湖北	934	122	3	1 059	3.76	1.64	3.27
18	湖南	554	94	2	650	2.23	1.26	2.01
19	广东	3 125	1 438	4	4 567	12.59	19.28	14.12
20	广西	110	56	0	166	0.44	0.75	0.51
21	海南	51	55	0	106	0.21	0.74	0.33
22	重庆	545	330	0	875	2.20	4.42	2.71
23	四川	1 046	119	2	1 167	4.21	1.60	3.61
24	贵州	63	39	1	103	0.25	0.52	0.32
25	云南	116	33	0	149	0.47	0.44	0.46

续表

序号	省、自治区、直辖市	流动站进站人数/人	工作站进站人数/人	项目博士后进站人数/人	进站博士后总人数/人	流动站进站人数占比/%	工作站进站人数占比/%	进站博士后总人数占比/%
26	西藏	2	1	0	3	0.01	0.01	0.01
27	陕西	1 051	75	1	1 127	4.23	1.01	3.48
28	甘肃	166	30	0	196	0.67	0.40	0.61
29	青海	5	3	0	8	0.02	0.04	0.02
30	宁夏	13	7	0	20	0.05	0.09	0.06
31	新疆	74	72	0	146	0.30	0.97	0.45
合计		24 824	7 459	57	32 340	100	100	100

注：北京市进站博士后研究人员含在京中央直属机关所属院校和科研院所的进站人数。

由表3–2可知，2022年全国进站博士后总人数位居前三的是北京市、广东省、江苏省，分别为6 437人、4 567人、2 828人，所占比例分别为19.90%、14.12%、8.74%。进入流动站的博士后人数位居前三的是北京市、广东省、上海市，分别为5 447人、3 125人、2 556人，所占比例分别为21.94%、12.59%、10.30%。进入工作站的博士后人数位居前三的是广东省、北京市、浙江省，分别是1 438人、982人、956人，所占比例分别为19.28%、13.17%、12.82%。项目博士后分布在16个省和直辖市，其中进站人数较多的是江苏省、福建省、北京市、浙江省，分别为9人、9人、8人、7人。

（三）全国进站博士后的年龄结构

2022年全国进站博士后的年龄结构及各年龄段占比情况详见表3–3、图3–1。

表3–3　2022年全国进站博士后的年龄结构情况

序号	年龄段	流动站进站博士后人数/人	工作站进站博士后人数/人	项目博士后进站人数/人	进站博士后总人数/人
1	30岁及以下	12 476	2 714	30	15 220
2	31～35岁	10 995	3 441	26	14 462
3	36～40岁	1 334	1 233	1	2 568
4	40岁以上	19	71	0	90
合计		24 824	7 459	57	32 340

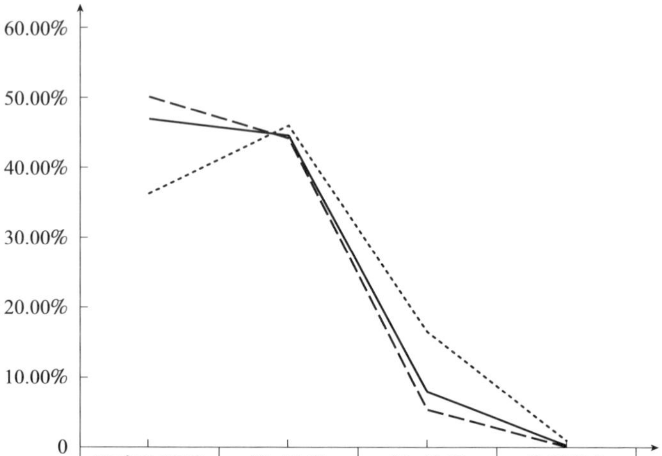

	30岁及以下	31~35岁	36~40岁	40岁以上
——— 流动站进站人数占比	50.26%	44.29%	5.37%	0.08%
-------- 工作站进站人数占比	36.39%	46.13%	16.53%	0.95%
——— 全国进站总人数占比	47.06%	44.72%	7.94%	0.28%

图 3-1　2022 年全国进站博士后各年龄段占比曲线

由表 3-3、图 3-1 可知，2022 年全国进站博士后年龄不超过 35 岁的有 29 682 人，占进站总人数的 91.78%。其中，流动站进站博士后年龄不超过 35 岁的有 23 471 人，占流动站进站总人数的 94.55%；工作站进站博士后年龄不超过 35 岁的有 6 155 人，占工作站进站总人数的 82.52%；项目博士后年龄不超过 35 岁的有 56 人，占项目博士后进站总人数的 98.25%。全国进站博士后和流动站进站的博士后年龄在 30 岁及以下的，分别为 15 220 人、12 476 人，占比分别为 47.06%、50.26%；工作站进站博士后年龄在 31 ~ 35 岁的有 3 441 人，占比为 46.13%；全国博士后进站年龄为 40 岁以上的有 90 人，其中流动站进站 19 人，工作站进站 71 人，占比均不足 1%。

二、留学归国（境）博士进站情况

（一）进站留学归国（境）博士获得学位的洲域、国家或地区分布

2022 年，全国相关设站单位共招收 5 361 名留学归国（境）博士进站开展博士后研究工作，占全年进站博士后总人数的 16.58%，是我国实施博士后制度以来招收留学归国（境）博士进站人数最多的年份。这些博士后进站前获得博士学位的洲域、国家或地区分布及占比情况详见表 3-4、图 3-2。

表 3-4　2022 年进站留学归国（境）博士获得学位的洲域、国家或地区分布情况

序号	洲域及总人数	获得博士学位的国家或地区	进站人数 / 人
1	亚洲（1 461 人）	中国香港	369
2		中国澳门	140
3		中国台湾	33
4		菲律宾	9
5		韩国	236
6		马来西亚	9
7		日本	416
8		沙特阿拉伯	8
9		泰国	19
10		巴基斯坦	7
11		印度	4
12		新加坡	197
13		以色列	4
14		蒙古国	2
15		乌兹别克斯坦	2
16		印度尼西亚	2
17		伊朗	4
18	欧洲（1 825 人）	罗马尼亚	1
19		斯洛文尼亚	2
20		匈牙利	4
21		希腊	3
22		冰岛	1
23		爱尔兰	21
24		爱沙尼亚	3
25		奥地利	12
26		白俄罗斯	3

续表

序号	洲域及总人数	获得博士学位的国家或地区	进站人数 / 人
27	欧洲（1 825 人）	比利时	88
28		波兰	5
29		丹麦	68
30		德国	410
31		俄罗斯	32
32		法国	243
33		芬兰	30
34		捷克	4
35		荷兰	136
36		立陶宛	1
37		挪威	15
38		瑞典	70
39		瑞士	43
40		乌克兰	2
41		葡萄牙	5
42		西班牙	53
43		意大利	80
44		英国	490
45	非洲（9 人）	南非	5
46		埃及	3
47		喀麦隆	1
48	北美洲（1 707 人）	加拿大	262
49		美国	1 443
50		墨西哥	1
51		古巴	1
52	南美洲（2 人）	巴西	2
53	大洋洲（357 人）	澳大利亚	327
54		新西兰	30
合计			5 361

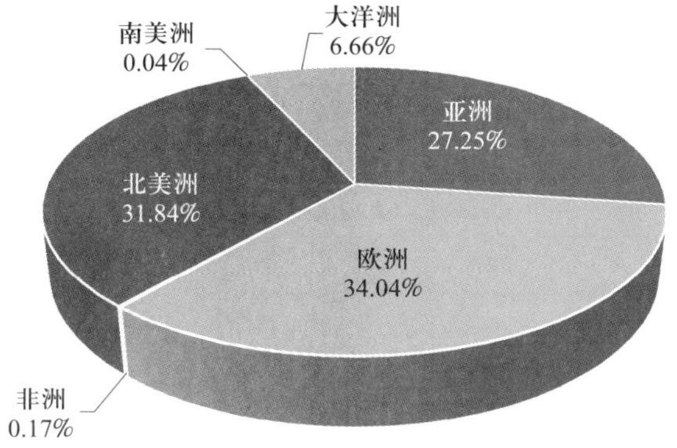

图 3–2　2022 年进站留学归国（境）博士获得学位的洲域及占比

由表 3–4、图 3–2 结合相关数据信息做进一步分析可知，2022 年进站留学归国（境）博士中在欧洲获得博士学位的人数最多，为 1 825 人，占留学归国（境）博士进站总人数的 34.04%，其中在英国、德国和法国获博士学位的较多，分别为 490 人、410 人、243 人；其次是北美洲，为 1 707 人，占留学归国（境）博士进站总人数的 31.84%，其中在美国、加拿大、墨西哥、古巴获得博士学位的分别为 1 443 人、262 人、1 人、1 人；再次是亚洲，为 1 461 人，占留学归国（境）博士进站总人数的 27.25%，其中在日本、中国香港、韩国、新加坡获得博士学位的分别为 416 人、369 人、236 人、197 人；在大洋洲获得博士学位后进站的有 357 人，占留学归国（境）博士进站总人数的 6.66%，其中在澳大利亚、新西兰获得博士学位的分别为 327 人、30 人；在非洲获得博士学位后进站的有 9 人，占留学归国（境）博士进站总人数的 0.17%；在南美洲获得博士学位后进站的有 2 人，占留学归国（境）博士进站总人数的 0.04%。从 2022 年进站留学归国（境）博士获得学位的国家或地区看，位居前十名的分别是美国、英国、日本、德国、中国香港、澳大利亚、加拿大、法国、韩国、新加坡，与往年情况基本相同。

（二）留学归国（境）博士进站后的学科门类分布

2022 年留学归国（境）博士进站后选择的学科研究领域及占比情况详见表 3–5、图 3–3。

由表 3–5、图 3–3 可知，2022 年留学归国（境）博士进站后选择的学科门类分布与往年相似，选择从事工学、理学、医学研究的人数位居前三名，

表 3–5　2022 年留学归国（境）博士进站后选择的学科研究领域

序号	学科门类	进站人数 / 人
1	哲学	59
2	经济学	133
3	法学	144
4	教育学	106
5	文学	115
6	历史学	51
7	理学	1 105
8	工学	2 477
9	农学	158
10	医学	677
11	管理学	274
12	艺术学	62
合计		5 361

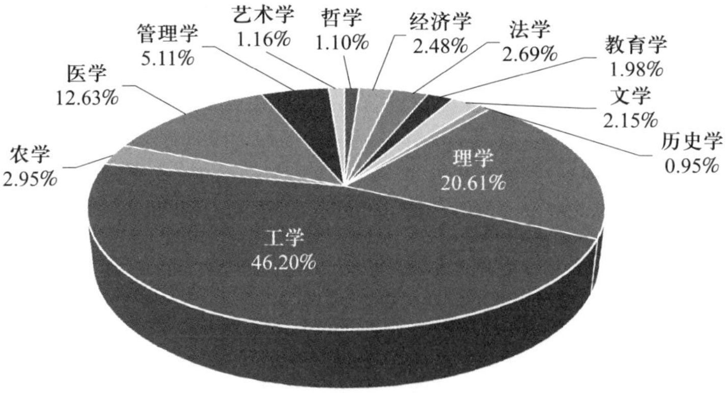

图 3–3　2022 年留学归国（境）博士进站后选择的学科研究领域及占比

其中在工学领域做研究的人数最多，为 2 477 人，约占留学归国（境）博士进站总人数的 46.20%；其次是理学，为 1 105 人，约占留学归国（境）博士进站总人数的 20.61%；再次是医学，为 677 人，约占留学归国（境）博士进站总人数的 12.63%。选择从事管理学研究的博士后为 274 人，约占留学归国（境）博士进站总人数的 5.11%；选择从事农学研究的博士后为 158 人，约占留学归国（境）博士进站总人数的 2.95%；选择从事法学研究的博士后为 144 人，约占留学归国（境）博士进站总人数的 2.69%；选择从事经济学研究的博士后为 133 人，约占留学归国（境）博士进站总人数的 2.48%；选择从事文学研究的博士后为 115 人，约占留学归国（境）博士进站总人数的 2.15%；选择从事教育学研究的博士后为 106 人，约占留学归国（境）博士进站总人数的 1.98%。其他学科门类进站人数均不超过 100 人，所占比例均未超过 2 个百分点。

（三）留学归国（境）博士进站后的区域分布

2022 年留学归国（境）博士进站后分布在全国 29 个省、自治区、直辖市，详见表 3–6、图 3–4。

表 3–6　2022 年留学归国（境）博士进站后的区域分布情况

序号	省、自治区、直辖市	进站人数 / 人
1	北京	1 017
2	天津	104
3	河北	11
4	山西	14
5	辽宁	98
6	吉林	48
7	黑龙江	111
8	上海	466
9	江苏	598
10	浙江	397
11	安徽	83
12	福建	55
13	江西	34
14	山东	259
15	河南	189
16	湖北	171
17	湖南	132
18	广东	873

续表

序号	省、自治区、直辖市	进站人数 / 人
19	广西	19
20	海南	10
21	重庆	137
22	四川	225
23	贵州	9
24	云南	20
25	西藏	1
26	陕西	247
27	甘肃	15
28	宁夏	1
29	新疆	17
合计		5 361

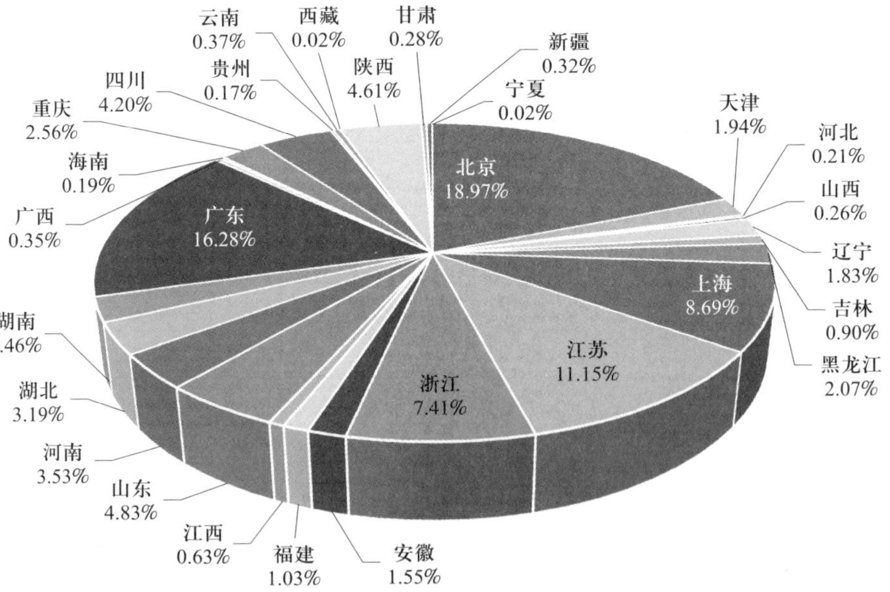

图 3-4　2022 年留学归国（境）博士进站后所在区域及占比

由表 3-6、图 3-4 可知，2022 年留学归国（境）博士进入北京市博士后站的人数最多，为 1 017 人，占留学归国（境）博士进站总人数的 18.97%；

其次是广东省，为 873 人，占留学归国（境）博士进站总人数的 16.28%；再次是江苏省，为 598 人，占留学归国（境）博士进站总人数的 11.15%。2022 年内蒙古自治区和青海省没有招到留学归国（境）博士进站。从总体上看，2022 年留学归国（境）博士进站区域集中在北京市、广东省、江苏省、上海市、浙江省、山东省、陕西省、四川省等地，与往年情况较为相似。

（四）留学归国（境）博士进站时的年龄结构

2022 年留学归国（境）博士进站时的年龄结构及占比情况详见表 3–7、图 3–5。

表 3–7　　2022 年留学归国（境）博士进站时的年龄结构

序号	年龄段	进站人数 / 人
1	30 岁及以下	2 029
2	31 ~ 35 岁	2 923
3	36 ~ 40 岁	398
4	40 岁以上	11
合计		5 361

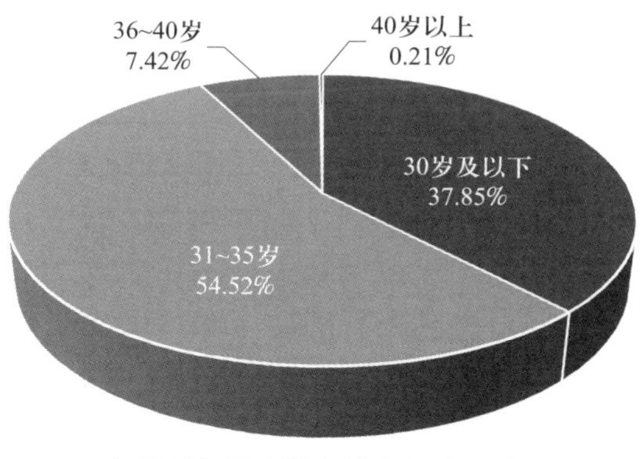

图 3–5　2022 年留学归国（境）博士进站时的年龄结构及占比

由表 3–7、图 3–5 可知，2022 年留学归国（境）博士进站时年龄在 35 岁及以下的有 4 952 人，约占留学归国（境）博士进站总人数的 92.37%。其中，31 ~ 35 岁的最多，为 2 923 人，约占留学归国（境）博士进站总人数的 54.52%；其次是 30 岁及以下的人员，为 2 029 人，约占留学归国（境）博士进站总人数的37.85%；36～40岁的有398人，约占留学归国（境）博士进站总人数的7.42%；40岁以上的有11人，约占留学归国（境）博士进站总人数的0.21%。

（五）招收留学归国（境）博士进站的方式

2022年招收留学归国（境）博士进站的主要方式包括：（1）流动站自主招收4 115人，约占留学归国（境）博士进站总人数的76.76%；（2）工作站独立招收332人，约占留学归国（境）博士进站总人数的6.19%；（3）流动站和工作站联合招收885人，约占留学归国（境）博士进站总人数的16.51%；（4）通过博士后国际交流计划派出项目、引进项目分别招收博士后2人、5人，分别占留学归国（境）博士进站总人数的0.04%、0.09%；（5）通过“香江学者计划”“澳门青年学者计划”各招收5人，分别占留学归国（境）博士进站总人数的0.09%；（6）通过“中德博士后交流项目”招收4人，约占留学归国（境）博士进站总人数的0.07%；（7）通过博士后创新人才支持计划招收6人，约占留学归国（境）博士进站总人数的0.11%。具体信息详见表3-8。

表3-8　2022年招收留学归国（境）博士进站的方式及进站人数

序号	招收方式	进站人数 / 人
1	流动站自主招收	4 115
2	工作站独立招收	332
3	流动站和工作站联合招收	885
4	博士后国际交流计划派出项目招收	2
5	博士后国际交流计划引进项目招收	5
6	“香江学者计划”招收	5
7	“澳门青年学者计划”招收	5
8	“中德博士后交流项目”招收	4
9	博士后创新人才支持计划招收	6
10	项目博士后招收	2
合计		5 361

三、外籍博士来华进站情况

（一）进站的外籍博士来华前所在洲域、国家或地区分布

2022 年全国共招引 1 314 名外籍来华博士进站从事博士后研究工作，分别来自亚洲、欧洲、非洲、北美洲、南美洲、大洋洲的 85 个国家或地区，另有 1 人未说明国籍，具体分布及占比情况详见表 3–9、图 3–6。

表 3–9 2022 年进站的外籍博士来华前所在洲域、国家或地区分布

序号	洲域及总人数	所在国家或地区	进站人数 / 人
1	亚洲（991 人）	印度	90
2		巴基斯坦	694
3		伊朗	64
4		韩国	10
5		新加坡	2
6		日本	17
7		以色列	2
8		孟加拉国	26
9		马来西亚	14
10		印度尼西亚	2
11		越南	6
12		尼泊尔	9
13		泰国	10
14		乌兹别克斯坦	2
15		阿富汗	1
16		菲律宾	1
17		蒙古国	1
18		巴勒斯坦	3
19		哈萨克斯坦	5
20		缅甸	4

续表

序号	洲域及总人数	所在国家或地区	进站人数 / 人
21	亚洲（991 人）	也门	10
22		伊拉克	3
23		叙利亚	4
24		柬埔寨	1
25		阿塞拜疆	1
26		老挝	1
27		黎巴嫩	1
28		塔吉克斯坦	2
29		斯里兰卡	4
30		约旦	1
31	欧洲（64 人）	法国	9
32		英国	7
33		意大利	8
34		俄罗斯	8
35		乌克兰	6
36		爱尔兰	1
37		奥地利	1
38		比利时	2
39		德国	4
40		芬兰	1
41		荷兰	1
42		捷克	2
43		罗马尼亚	1
44		瑞典	1
45		瑞士	1
46		土耳其	3
47		西班牙	2
48		希腊	2
49		匈牙利	1

续表

序号	洲域及总人数	所在国家或地区	进站人数 / 人
50	欧洲（64 人）	塞浦路斯	1
51		斯洛文尼亚	1
52		塞尔维亚	1
53	非洲（217 人）	埃及	35
54		苏丹	14
55		尼日利亚	36
56		突尼斯	9
57		埃塞俄比亚	21
58		加纳	41
59		喀麦隆	7
60		贝宁	3
61		阿尔及利亚	7
62		刚果	5
63		多哥	4
64		卢旺达	6
65		肯尼亚	5
66		摩洛哥	8
67		塞拉利昂	1
68		塞内加尔	1
69		马达加斯加	2
70		加蓬	4
71		科特迪瓦	4
72		津巴布韦	1
73		几内亚比绍	1
74		南非	1
75		布基纳法索	1
76	北美洲（18 人）	美国	11
77		加拿大	5
78		墨西哥	2

续表

序号	洲域及总人数	所在国家或地区	进站人数 / 人
79	南美洲（10 人）	巴西	2
80		玻利维亚	1
81		厄瓜多尔	1
82		秘鲁	1
83		智利	1
84		哥伦比亚	4
85	大洋洲（13 人）	澳大利亚	13
86	未知（1 人）	未知	1
合计			1 314

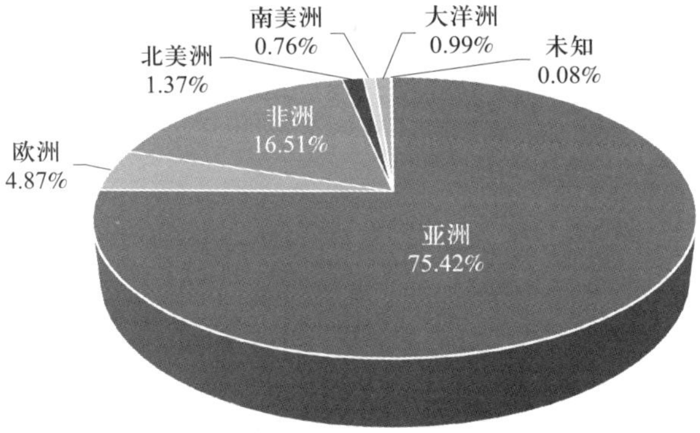

图 3–6　2022 年进站的外籍博士来华前所在洲域及占比

由表 3–9、图 3–6 可知，2022 年来华进站的 1 314 名外籍博士中，来自亚洲的人数最多，为 991 人，占外籍博士来华进站总人数的 75.42%，其中来自巴基斯坦的人数较多，为 694 人，占外籍博士来华进站总人数的 52.82%，来自亚洲其他国家或地区的均不超过 100 人；其次是来自非洲的博士，为 217 人，占外籍博士来华进站总人数的 16.51%，其中来自加纳的人数较多，为 41 人；再次是来自欧洲的博士，为 64 人，占外籍博士来华进站总人数的 4.87%，其中来自法国人数的较多，为 9 人；来自北美洲的博士有 18 人，占外籍博士来华进站总人数的 1.37%；来自南美洲的博士有 10 人，占外籍博士来华进站总人数的 0.76%；来自大洋洲的博士有 13 人，占外籍博士来华进站总人数的 0.99%。

（二）外籍博士来华进站后的学科门类分布

2022 年外籍博士来华进站后的学科门类分布及占比情况详见表 3–10、图 3–7。

表 3–10　　2022 年外籍博士来华进站后的学科门类分布

序号	学科门类	进站人数 / 人
1	哲学	6
2	经济学	17
3	法学	8
4	教育学	21
5	文学	6
6	历史学	12
7	理学	385
8	工学	559
9	农学	127
10	医学	97
11	管理学	73
12	艺术学	3
合计		1 314

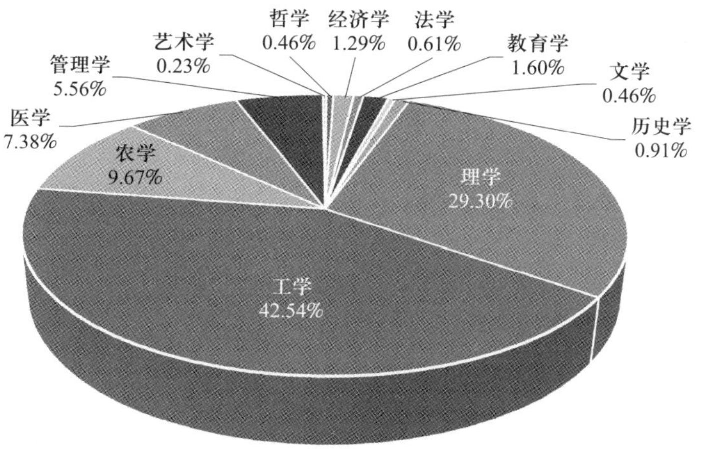

图 3–7　2022 年外籍博士来华进站后的学科门类及占比

由表 3–10、图 3–7 可知，2022 年外籍博士来华进站后从事工学研究的人数最多，为 559 人，约占外籍博士来华进站总人数的 42.54%；其次是理学，为 385 人，约占外籍博士来华进站总人数的 29.30%；二者合计数为 944 人，合计占比为 71.84%。其他学科门类中，从事农学研究的有 127 人，约占外籍博士来华进站总人数的 9.67%；从事医学研究的有 97 人，约占外籍博士来华进站总人数的 7.38%；从事管理学研究的有 73 人，约占外籍博士来华进站总人数的 5.56%；从事教育学研究的有 21 人，约占外籍博士来华进站总人数的 1.60%；从事经济学研究的有 17 人，约占外籍博士来华进站总人数的 1.29%；从事哲学、法学、文学和艺术学研究的外籍博士均不足 10 人，所占比例均不足 1%。

（三）外籍博士来华进站后的区域分布

2022 年外籍博士来华进站后分布在全国 27 个省、自治区、直辖市，详见表 3–11、图 3–8。

表 3–11　　2022 年外籍博士来华进站后的区域分布

序号	省、自治区、直辖市	进站人数 / 人
1	北京	108
2	天津	22
3	河北	4
4	山西	9
5	辽宁	21
6	吉林	8
7	黑龙江	24
8	上海	96
9	江苏	226
10	浙江	161
11	安徽	33
12	福建	14
13	江西	3
14	山东	59

续表

序号	省、自治区、直辖市	进站人数 / 人
15	河南	40
16	湖北	35
17	湖南	31
18	广东	211
19	广西	17
20	海南	23
21	重庆	27
22	四川	67
23	贵州	14
24	云南	15
25	陕西	20
26	甘肃	24
27	新疆	2
合计		1 314

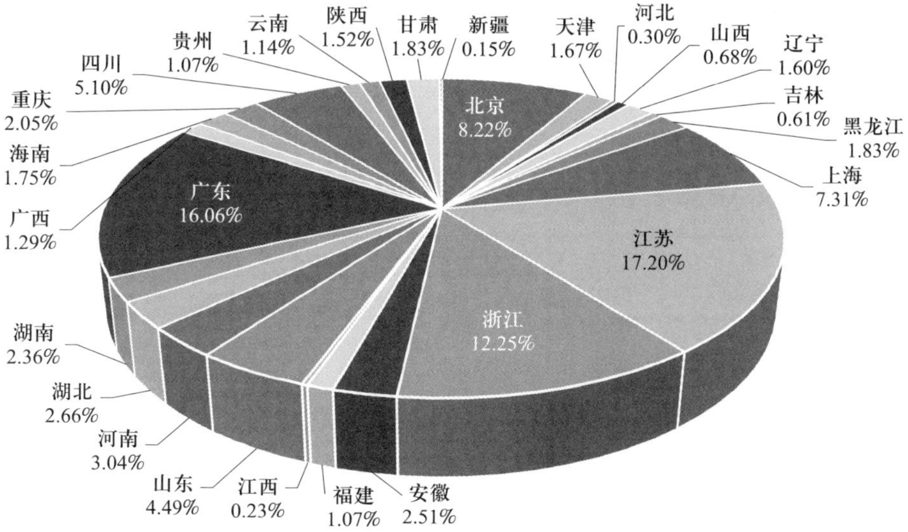

图 3–8　2022 年外籍博士来华进站后所在区域及占比

由表 3–11、图 3–8 可知，2022 年外籍博士来华进入江苏省、广东省、浙江省、北京市、上海市设站单位做博士后研究工作的人数较多。其中，在江苏省设站单位做博士后研究的外籍博士最多，为 226 人，占外籍博士来华进站总人数的 17.20%；其次是广东省，为 211 人，占外籍博士来华进站总人数的 16.06%；再次是浙江省，为 161 人，占外籍博士来华进站总人数的 12.25%；北京市位居第四，为 108 人，占外籍博士来华进站总人数的 8.22%；上海市位居第五，为 96 人，占外籍博士来华进站总人数的 7.31%。其他 22 个省、自治区、直辖市共招收外籍博士 512 人，约占外籍博士来华进站总人数的 38.96%。

2022 年河北省、山西省、吉林省、江西省招收进站的外籍博士均不超过 10 人；新疆维吾尔自治区仅招收 2 名外籍博士进站；内蒙古自治区、西藏自治区、青海省、宁夏回族自治区没有招收到外籍博士来华进站。

（四）外籍博士来华进站时的年龄结构

2022 年外籍博士来华进站时年龄在 35 岁及以下的有 1 096 人，约占外籍来华博士进站总人数的 83.41%。其中，30 岁及以下的 239 人，约占外籍博士来华进站总人数的 18.19%；31 ~ 35 岁的 857 人，约占外籍博士来华进站总人数的 65.22%；36 ~ 40 岁的 216 人，约占外籍博士来华进站总人数的 16.44%；40 岁以上的 2 人，约占外籍博士来华进站总人数的 0.15%，详见表 3–12、图 3–9。

表 3–12　　2022 年外籍博士来华进站时的年龄结构

序号	年龄段	进站人数 / 人
1	30 岁及以下	239
2	31 ~ 35 岁	857
3	36 ~ 40 岁	216
4	40 岁以上	2
合计		1 314

（五）招收外籍博士来华进站的方式

2022 年招收外籍博士来华进站的主要方式包括：（1）流动站自主招收 1 196 人，约占外籍博士来华进站总人数的 91.02%；（2）工作站独立招收 54 人，约占外籍博士来华进站总人数的 4.11%；（3）流动站和工作站联合招收 64 人，约占外籍博士来华进站总人数的 4.87%，详见表 3–13、图 3–10。

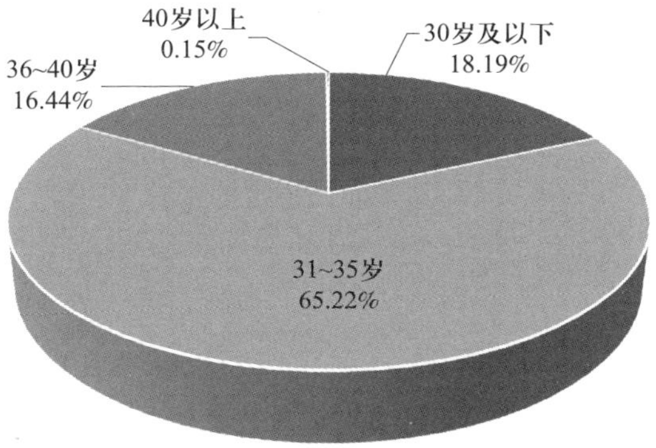

图 3-9　2022 年外籍博士来华进站时的年龄结构及占比

表 3-13　2022 年招收外籍博士来华进站的方式及数量

序号	招收方式	进站人数 / 人
1	流动站自主招收	1 196
2	工作站独立招收	54
3	流动站和工作站联合招收	64
合计		1 314

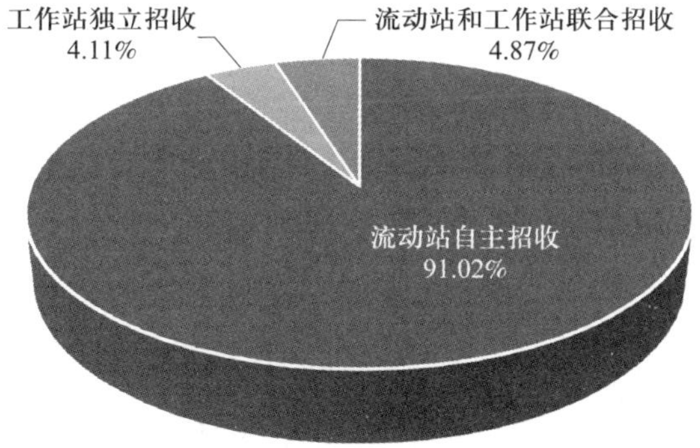

图 3-10　2022 年外籍博士来华进站的方式及占比

四、全国博士后出站情况

截至 2022 年 12 月，全国累计出站博士后 181 014 人（不含各省、自治区、直辖市等自主招收培养及军队系统出站人数）。2022 年全国共有 20 105 名博士后出站。其中，流动站出站博士后 16 670 人，约占出站博士后总人数的 82.91%；工作站出站博士后 3 364 人，约占出站博士后总人数的 16.73%；项目博士后出站 71 人，约占出站博士后总人数的 0.35%。

（一）出站博士后的学科门类分布

2022 年出站博士后所在学科门类分布及占比情况详见表 3–14。

表 3–14　　2022 年出站博士后的学科门类分布及占比情况

序号	学科门类	流动站出站博士后人数 / 人	工作站出站博士后人数 / 人	项目博士后出站人数 / 人	出站博士后总人数 / 人	流动站出站博士后人数占比 / %	工作站出站博士后人数占比 / %	出站博士后总人数占比 /%
1	哲学	121	1	0	122	0.73	0.03	0.61
2	经济学	408	246	0	654	2.45	7.31	3.25
3	法学	461	34	1	496	2.77	1.01	2.47
4	教育学	220	17	3	240	1.32	0.51	1.19
5	文学	365	10	0	375	2.19	0.30	1.87
6	历史学	157	28	0	185	0.94	0.83	0.92
7	理学	4 537	614	17	5 168	27.22	18.25	25.71
8	工学	6 648	1 749	34	8 431	39.88	51.99	41.93
9	农学	683	171	6	860	4.10	5.08	4.28
10	医学	2 358	351	7	2 716	14.15	10.43	13.51
11	军事学	8	0	0	8	0.05	0	0.04
12	管理学	622	124	3	749	3.73	3.69	3.73
13	艺术学	82	19	0	101	0.49	0.56	0.50
合计		16 670	3 364	71	20 105	100	100	100

由表 3–14 可知，2022 年流动站出站博士后人数、工作站出站博士后人数和出站博士后总人数最多的学科门类都是工学，分别是 6 648 人、1 749 人、8 431 人，所占比例分别是 39.88%、51.99%、41.93%；其次是理学，分别是 4 537 人、614 人、5 168 人，所占比例分别是 27.22%、18.25%、25.71%；再次是医学，分别是 2 358 人、351 人、2 716 人，所占比例分别是 14.15%、10.43%、13.51%。出站的 71 名项目博士后，工学有 34 人，理学有 17 人，医学有 7 人，农学有 6 人，教育学和管理学各有 3 人，法学有 1 人。

（二）出站博士后的区域分布

2022年出站博士后20 105人，分布在全国31个省、自治区、直辖市，具体分布及占比情况见表3-15。

表3-15　　2022年出站博士后的区域分布及占比情况

序号	省、自治区、直辖市	流动站出站博士后人数/人	工作站出站博士后人数/人	项目博士后出站人数/人	出站博士后总人数/人	流动站出站博士后人数占比/%	工作站出站博士后人数占比/%	出站博士后总人数占比/%
1	北京	4 123	680	20	4 823	24.73	20.21	23.99
2	天津	212	63	1	276	1.27	1.87	1.37
3	河北	54	24	0	78	0.32	0.71	0.39
4	山西	45	41	0	86	0.27	1.22	0.43
5	内蒙古	21	13	0	34	0.13	0.39	0.17
6	辽宁	422	62	0	484	2.53	1.84	2.41
7	吉林	228	19	3	250	1.37	0.56	1.24
8	黑龙江	296	88	1	385	1.78	2.62	1.91
9	上海	1 765	128	2	1 895	10.59	3.80	9.43
10	江苏	1 296	327	4	1 627	7.77	9.72	8.09
11	浙江	884	431	4	1 319	5.30	12.81	6.56
12	安徽	393	54	3	450	2.36	1.61	2.24
13	福建	202	65	0	267	1.21	1.93	1.33
14	江西	67	50	1	118	0.40	1.49	0.59
15	山东	834	222	2	1 058	5.00	6.60	5.26
16	河南	374	110	7	491	2.24	3.27	2.44
17	湖北	684	47	6	737	4.10	1.40	3.67
18	湖南	372	39	1	412	2.23	1.16	2.05
19	广东	2 632	613	6	3 251	15.79	18.22	16.17
20	广西	68	35	1	104	0.41	1.04	0.52
21	海南	14	8	0	22	0.08	0.24	0.11
22	重庆	227	57	2	286	1.36	1.69	1.42
23	四川	484	50	1	535	2.90	1.49	2.66

续表

序号	省、自治区、直辖市	流动站出站博士后人数 / 人	工作站出站博士后人数 / 人	项目博士后出站人数 / 人	出站博士后总人数 / 人	流动站出站博士后人数占比 /%	工作站出站博士后人数占比 /%	出站博士后总人数占比 /%
24	贵州	30	27	0	57	0.18	0.80	0.28
25	云南	111	17	0	128	0.67	0.51	0.64
26	西藏	0	3	0	3	0	0.09	0.01
27	陕西	712	56	5	773	4.27	1.66	3.84
28	甘肃	78	8	1	87	0.47	0.24	0.43
29	青海	1	2	0	3	0.01	0.06	0.01
30	宁夏	2	4	0	6	0.01	0.12	0.03
31	新疆	39	21	0	60	0.23	0.62	0.30
合计		16 670	3 364	71	20 105	100	100	100

由表 3–15 可知，2022 年流动站出站博士后人数、工作站出站博士后人数和出站博士后总人数最多的是北京市，分别为 4 123 人、680 人、4 823 人，所占比例分别为 24.73%、20.21%、23.99%。广东省流动站出站博士后人数、工作站出站博士后人数和出站博士后总人数位居全国第二位，分别为 2 632 人、613 人、3 251 人，所占比例分别为 15.79%、18.22%、16.17%。上海市流动站出站博士后人数和出站博士后总人数位居全国第三位，分别为 1 765 人、1 895 人，所占比例分别是 10.59%、9.43%，而工作站出站博士后人数位居全国第六位，为 128 人，占全国工作站出站博士后总人数的 3.80%。浙江省工作站出站博士后人数位居全国第三位，为 431 人，占全国工作站出站博士后总人数的 12.81%，流动站出站博士后人数和出站博士后总人数位居全国第五位，分别为 884 人、1 319 人，所占比例分别是 5.30%、6.56%。江苏省流动站出站博士后人数、工作站出站博士后人数和出站博士后总人数位居全国第四位，分别为 1 296 人、327 人、1 627 人，所占比例分别为 7.77%、9.72%、8.09%。出站的 71 名项目博士后分布在全国 19 个省、自治区、直辖市，其中北京市有 20 人，河南省有 7 人，广东省、湖北省各有 6 人，其他省（区、市）均不超过 5 人。

（三）出站博士后的去向选择

2022 年出站博士后的去向选择及占比情况详见表 3–16、图 3–11。

表 3–16　　2022 年出站博士后的去向选择情况

序号	出站去向	流动站出站博士后人数 / 人	工作站出站博士后人数 / 人	出站的项目博士后人数 / 人	出站的博士后总人数 / 人
1	留设站单位	4 778	1 110	4	5 892
2	流动到新单位	6 361	685	12	7 058
3	回原工作单位	3 047	1 329	48	4 424
4	进二站	498	33	0	531
5	出国	582	22	3	607
6	回原籍待业	1 404	185	4	1 593
合计		16 670	3 364	71	20 105

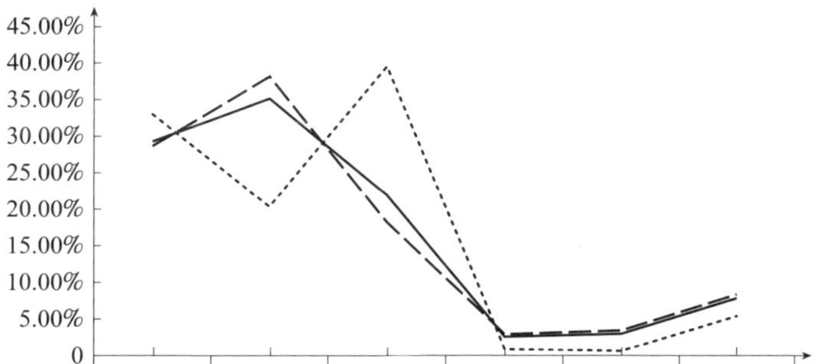

	留设站单位	流动到新单位	回原工作单位	进二站	出国	回原籍待业
流动站出站人数占比	28.66%	38.16%	18.28%	2.99%	3.49%	8.42%
工作站出站人数占比	33.00%	20.36%	39.51%	0.98%	0.65%	5.50%
出站总人数占比	29.31%	35.11%	22.00%	2.64%	3.02%	7.92%

图 3–11　2022 年出站博士后去向选择及占比曲线

由表 3–16、图 3–11 可知，2022 年流动站出站博士后的主要去向包括：（1）选择到新单位的为 6 361 人，占流动站出站人数的 38.16%；（2）选择留在设站单位的为 4 778 人，占流动站出站人数的 28.66%；（3）选择回原工作单位的为 3 047 人，占流动站出站人数的 18.28%；（4）选择回原籍待业、出国、进二站的分别为 1 404 人、582 人、498 人，所占比例分别为 8.42%、

3.49%、2.99%。

2022 年工作站出站博士后的主要去向包括：（1）选择回原工作单位的为 1 329 人，占工作站出站人数的 39.51%；（2）选择留在设站单位的为 1 110 人，占工作站出站人数的 33.00%；（3）选择到新单位的为 685 人，占工作站出站人数的 20.36%；（4）选择回原籍待业、进二站、出国的分别为 185 人、33 人、22 人，所占比例分别为 5.50%、0.98%、0.65%。

从总体情况分析，流动站出站博士后选择到新单位的人数最多，接近流动站出站人数的四成；选择留在设站单位的人数次之，接近流动站出站人数的三成；选择回原工作单位的人数排在第三位，不足流动站出站人数的两成。而工作站出站博士后选择回原工作单位的人数最多，接近工作站出站人数的四成；选择留在设站单位的人数次之，占工作站出站人数的三成多；选择到新单位的人数排在第三位，占工作站出站人数的两成多。

第四章　中国博士后科学基金资助工作

2021 年 11 月至 2022 年 12 月，在全国博士后管理委员会的领导下，中国博士后科学基金会牵头组织开展了第 70 批、第 71 批、第 72 批中国博士后科学基金面上资助（含“地区专项支持计划”）、第 15 批特别资助（站中）、第 4 批特别资助（站前）以及博士后创新人才支持计划的资助评审、经费管理和追踪问效等工作，对于培养高层次青年科技人才、促进全国博士后研究人员科研创新起到了重要作用。[①]

一、中国博士后科学基金面上资助工作

2021 年 11 月至 2022 年 12 月，中国博士后科学基金面上资助共分三个批次（第 70 批、第 71 批、第 72 批）组织进行。其中，2021 年第 70 批中国博士后科学基金面上资助（含“地区专项支持计划”[②]），共有 22 613 名博士后研究人员提交了申请，最终有 3 942 人获得资助（不含军队和国防科工等系统人员，下同），资助比例为 17.43%。2022 年第 71 批、第 72 批中国博士后科学基金面上资助分别有 23 106 名、23 105 名博士后提交了申请，共有 7 252 人获得资助（含“地区专项支持计划”资助 297 人，不含军队和国防科工等系统人员），资助总比例约为 15.69%。资助总金额为 5.648 2 亿元。

（一）第 70 批面上资助工作情况

第 70 批面上资助共有 22 613 名博士后研究人员提交了申请，3 942 人获得资助，资助比例为 17.43%。其中，获一等资助 177 人，约占本批资助总人

---

① 这里及以下参考引用的数据信息，除特别注明出处外，均源自中国博士后网上办公系统、中国博士后科学基金会官网，作者对相关数据信息进行了深度挖掘、整理加工。因统计时差、口径等原因，有些数据与实际情况可能存在一定差异。

② 2021 年将原“西部地区博士后人才资助计划”调整为“地区专项支持计划”，在《中国博士后发展报告（2021）》中已经说明，在此不再赘述。

数的 4.49%；获二等资助 3 616 人，约占本批资助总人数的 91.73%；获“地区专项支持计划”资助 149 人，约占本批资助总人数的 3.78%。资助总金额为 3.088 3 亿元。

1. 各学科门类申报第 70 批面上资助与获资助情况。申报第 70 批面上资助的 22 613 名博士后，其研究领域涵盖了 13 个学科门类。其中，工学申报和获资助人数最多，申报和获资助人数分别是 9 243 人、1 527 人（一等资助 70 人，二等资助 1 457 人），获资助比例为 16.52%，占本批面上资助总人数的 40.26%；其次是理学，申报和获资助人数分别是 5 305 人、1 037 人（一等资助 48 人，二等资助 989 人），获资助比例为 19.55%，占本批面上资助总人数的 27.34%；再次是医学，申报和获资助人数分别是 4 056 人、636 人（一等资助 32 人，二等资助 604 人），获资助比例为 15.68%，占本批面上资助总人数的 16.77%，详见表 4–1、图 4–1。

表 4–1　　各学科门类申报第 70 批面上资助与获资助情况

序号	学科门类	获一等资助人数 / 人	获二等资助人数 / 人	获资助总人数 / 人	申报人数 / 人	获资助比例 /%
1	哲学	0	22	22	137	16.06
2	经济学	3	69	72	448	16.07
3	法学	2	70	72	535	13.46
4	教育学	1	50	51	307	16.61
5	文学	3	59	62	444	13.96
6	历史学	4	30	34	212	16.04
7	理学	48	989	1 037	5 305	19.55
8	工学	70	1 457	1 527	9 243	16.52
9	农学	10	179	189	1 217	15.53
10	医学	32	604	636	4 056	15.68
11	军事学	0	1	1	2	50.00
12	管理学	4	68	72	650	11.08
13	艺术学	0	18	18	57	31.58
合计数及总体资助比例		177	3 616	3 793	22 613	16.77

注：1. 第 70 批面上资助中军事学有 1 人获得面上资助，是非军队系统的博士后；

2. 表中不含“地区专项支持计划”获资助人数，“地区专项支持计划”资助另有专门描述。

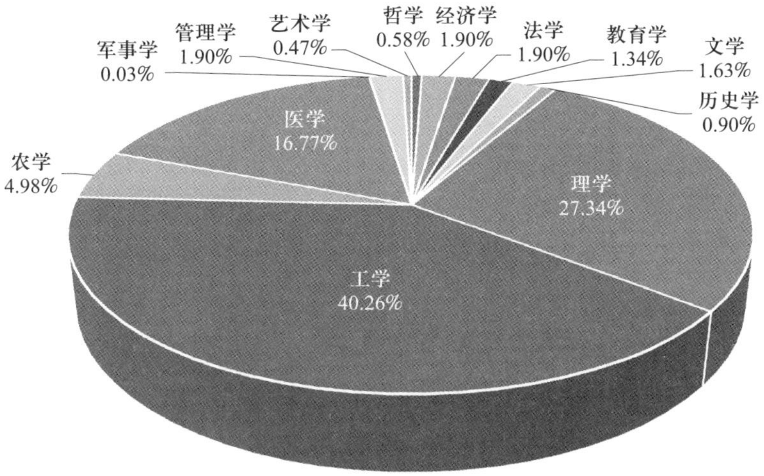

图 4–1　各学科门类获第 70 批面上资助的比例

由表 4–1、图 4–1 并同第 69 批面上资助情况比较可知，第 70 批面上资助申报人数增加了 1 484 人，增幅达 7.02%。除哲学、经济学、法学、军事学、管理学、艺术学分别减少 7 人、45 人、11 人、1 人、39 人、11 人外，其他学科门类的申报人数均有所增加，其中工学增加的人数最多，为 417 人，增幅为 4.72%；教育学增幅最高，为 18.08%，增加了 47 人。第 70 批面上资助获资助人数增加了 11 人，提高了 0.29%。其中理学获资助人数增量最多，为 65 人，提高了 6.69%；其次是医学，获资助人数增加了 55 人，提高了 9.47%；管理学获资助人数减少得最多，为 48 人，降低了 40%。

2. 各区域申报第 70 批面上资助与获资助情况。申报第 70 批面上资助的博士后分布在全国 31 个省、自治区、直辖市，获得资助的博士后分布在 29 个省、自治区、直辖市，西藏自治区和青海省无博士后获得资助。其中，北京市申报和获资助人数最多，分别为 4 478 人、799 人（一等资助 38 人，二等资助 761 人），获资助比例为 17.84%，占本批面上资助总人数的 21.07%；其次是广东省，申报和获资助人数分别为 3 630 人、585 人（一等资助 13 人，二等资助 572 人），获资助比例为 16.12%，占本批面上资助总人数的 15.42%；再次是上海市，申报和获资助人数分别为 2 157 人、397 人（一等资助 27 人，二等资助 370 人），获资助比例为 18.41%，占本批面上资助总人数的 10.47%；其他省、自治区、直辖市申报与获资助情况见表 4–2、图 4–2。

表 4-2　　各区域申报第 70 批面上资助与获资助情况

序号	省、自治区、直辖市	获一等资助人数 / 人	获二等资助人数 / 人	获资助总人数 / 人	申报人数 / 人	获资助比例 /%
1	北京	38	761	799	4 478	17.84
2	天津	2	74	76	424	17.92
3	河北	0	12	12	62	19.35
4	山西	0	16	16	116	13.79
5	内蒙古	0	1	1	10	10.00
6	辽宁	6	100	106	798	13.28
7	吉林	3	43	46	296	15.54
8	黑龙江	3	54	57	473	12.05
9	上海	27	370	397	2 157	18.41
10	江苏	21	333	354	1 938	18.27
11	浙江	10	183	193	1 072	18.00
12	安徽	6	85	91	545	16.70
13	福建	3	31	34	231	14.72
14	江西	2	16	18	133	13.53
15	山东	8	143	151	1 035	14.59
16	河南	5	112	117	725	16.14
17	湖北	9	177	186	1 016	18.31
18	湖南	3	77	80	431	18.56
19	广东	13	572	585	3 630	16.12
20	广西	0	3	3	103	2.91
21	海南	0	3	3	53	5.66
22	重庆	3	103	106	739	14.34
23	四川	6	123	129	747	17.27
24	贵州	0	7	7	42	16.67
25	云南	0	11	11	115	9.57
26	西藏	0	0	0	3	0
27	陕西	9	181	190	1 025	18.54

续表

序号	省、自治区、直辖市	获一等资助人数 / 人	获二等资助人数 / 人	获资助总人数 / 人	申报人数 / 人	获资助比例 /%
28	甘肃	0	18	18	128	14.06
29	青海	0	0	0	6	0
30	宁夏	0	1	1	6	16.67
31	新疆	0	6	6	76	7.89
合计数及总体资助比例		177	3 616	3 793	22 613	16.77

注：表中不含“地区专项支持计划”获资助人数，“地区专项支持计划”资助另有专门描述。

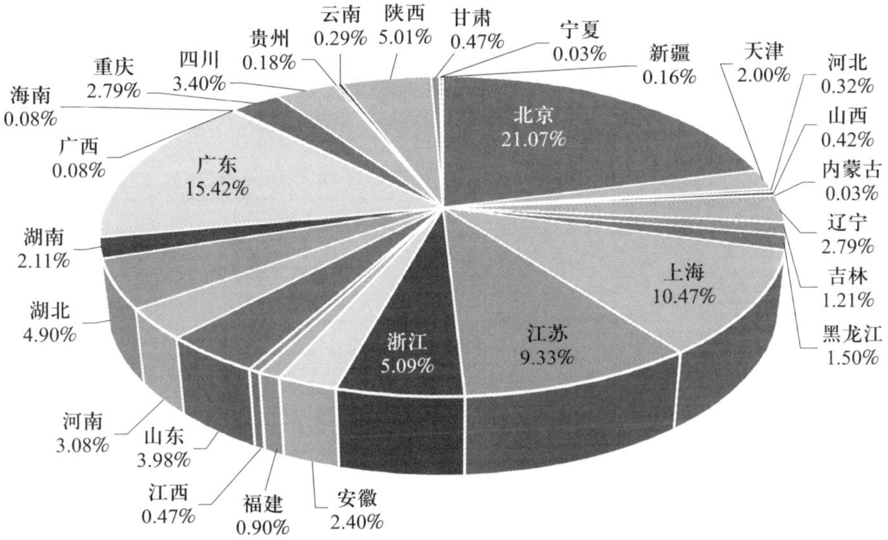

图 4–2　各区域获第 70 批面上资助人数占比

由表 4–2、图 4–2 并与第 69 批面上资助情况比较可知，申报第 70 批面上资助的省、自治区、直辖市为 31 个，增加了西藏自治区；获资助的省、自治区、直辖市由 28 个增至 29 个，新增了内蒙古自治区、宁夏回族自治区，减少了青海省，西藏自治区虽有 3 人申报但未能获得资助。在申报人数方面，第 70 批面上资助比第 69 批面上资助增加了 1 484 人。其中，北京市申报人数增加了 411 人，江苏省申报人数减少了 129 人。在获资助总人数方面，第 70 批面上资助比第 69 批面上资助增加了 11 人，北京市增加了 54 人，江苏省减少了 84 人，其他省、自治区、直辖市获资助人数均有不同数量增减。

3. 各设站单位申报第 70 批面上资助与获资助情况。申报第 70 批面上资助的 22 613 名博士后，有 19 309 人来自博士后科研流动站，占申报人数的 85.39%；3 304 人来自博士后科研工作站，占申报人数的 14.61%。获资助的 3 793 名博士后（不含"地区专项支持计划"），来自博士后科研流动站的有 3 354 人，占本批面上资助总人数的 88.43%；来自博士后科研工作站的有 439 人，占本批面上资助总人数的 11.57%。从设站单位类别看，一流大学建设高校申报和获资助人数最多，分别是 9 201 人、1 766 人（一等资助 95 人，二等资助 1 671 人），获资助比例为 19.19%，占本批面上资助总人数的 46.56%；其次是一流学科建设高校，申报和获资助人数分别是 4 380 人、735 人（一等资助 23 人，二等资助 712 人），获资助比例为 16.78%，占本批面上资助总人数的 19.38%；中国科学院、普通高校和其他设站单位申报和获资助人数及占比情况详见表 4–3、图 4–3。

表 4–3　　各设站单位申报第 70 批面上资助与获资助情况

序号	设站单位类别	获一等资助人数 / 人	获二等资助人数 / 人	获资助总人数 / 人	申报人数 / 人	获资助比例 /%
1	中国科学院	25	375	400	2 263	17.68
2	一流大学建设高校	95	1 671	1 766	9 201	19.19
3	一流学科建设高校	23	712	735	4 380	16.78
4	普通高校	15	385	400	2 980	13.42
5	其他	19	473	492	3 789	12.98
合计数及总体资助比例		177	3 616	3 793	22 613	16.77

注：表中不含"地区专项支持计划"获资助人数，"地区专项支持计划"资助另有专门描述。

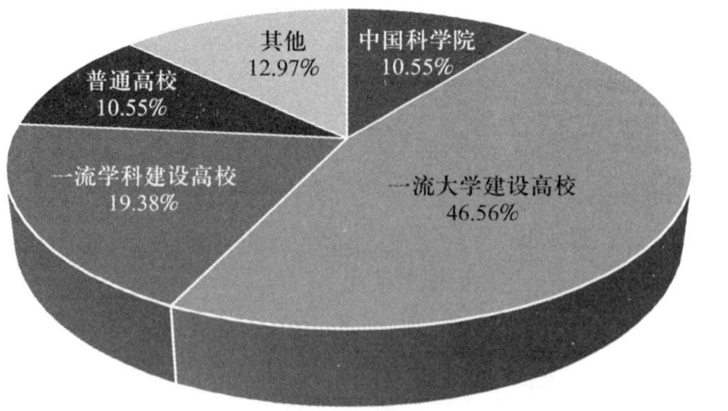

图 4–3　各设站单位获第 70 批面上资助人数占比

4. 获得第70批面上资助人数位居全国前十名的设站单位。获得第70批面上资助人数位居全国前十名的设站单位（见表4–4），共有980人获得资助（一等资助48人，二等资助932人），占本批面上资助总人数的25.84%。其中，清华大学获资助人数最多，为143人（一等资助2人，二等资助141人），获资助比例为18.26%；中山大学申报人数最多，为852人，获资助129人（一等资助4人，二等资助125人），获资助比例为15.14%；西安交通大学有302人申报，获资助86人（一等资助4人，二等资助82人），获资助比例最高，为28.48%。

表4–4 获得第70批面上资助人数位居全国前十名的设站单位申报和获资助情况

名次	设站单位	获一等资助人数/人	获二等资助人数/人	获资助总人数/人	申报人数/人	获资助比例/%
1	清华大学	2	141	143	783	18.26
2	中山大学	4	125	129	852	15.14
3	北京大学（含医学部）	7	108	115	540	21.30
4	浙江大学	9	103	112	573	19.55
5	上海交通大学（含医学院）	3	98	101	545	18.53
6	复旦大学	10	89	99	519	19.08
7	西安交通大学	4	82	86	302	28.48
8	中国科学技术大学	4	69	73	351	20.80
9	四川大学	3	63	66	320	20.63
10	南方医科大学	2	54	56	256	21.88
合计数及总体资助比例		48	932	980	5 041	19.44

由表4–4并与第69批面上资助情况比较可知，获资助人数位居全国前十名的设站单位由11家减少至10家，减少了山东大学和南京大学，新增了南方医科大学。中山大学虽然申报人数最多，但因获资助比例较低，获资助总人数位居第二。西安交通大学虽然申报人数位居第九，但获资助比例较高，获资助总人数位居第七。

（二）第70批面上资助“地区专项支持计划”资助情况

1. 第70批面上资助“地区专项支持计划”资助的学科分布。获第70批面上资助“地区专项支持计划”资助的博士后研究人员共有 149 人，涵盖了 9 个学科门类，比第 69 批面上资助“地区专项支持计划”增加了教育学。其中，工学获资助人数最多，为 55 人，占本批“地区专项支持计划”资助总人数的 36.91%；医学次之，为 52 人，占本批“地区专项支持计划”资助总人数的 34.90%；再次是农学，有 18 人获得资助，占本批“地区专项支持计划”资助总人数的 12.08%，详见表 4–5、图 4–4。

表 4–5 第 70 批面上资助“地区专项支持计划”资助学科门类及获资助人数

序号	学科门类	获资助人数 / 人
1	经济学	3
2	法学	3
3	教育学	1
4	历史学	3
5	理学	11
6	工学	55
7	农学	18
8	医学	52
9	管理学	3
合计		149

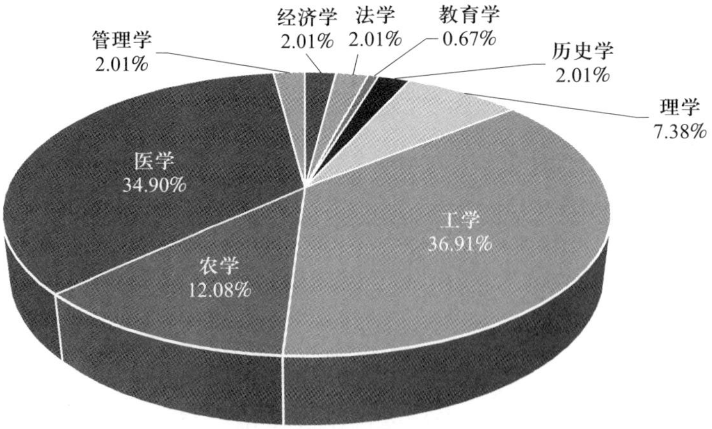

图 4–4 第 70 批面上资助“地区专项支持计划”资助学科门类及占比

2. 第 70 批面上资助“地区专项支持计划”资助的区域分布。获第 70 批面上资助“地区专项支持计划”资助的博士后分布在全国 13 个省、自治区、直辖市。其中，辽宁省获资助人数最多，为 32 人，占本批“地区专项支持计划”资助总人数的 21.48%；其次是重庆市，有 30 人获得资助，占本批“地区专项支持计划”资助总人数的 20.13%；再次是黑龙江省，有 22 人获得资助，占本批“地区专项支持计划”资助总人数的 14.77%，其他省、自治区、直辖市的获资助情况详见表 4–6、图 4–5。

表 4–6　第 70 批面上资助“地区专项支持计划”获资助者的区域分布及获资助人数

序号	省、自治区、直辖市	获资助人数 / 人
1	内蒙古	1
2	辽宁	32
3	吉林	3
4	黑龙江	22
5	广西	14
6	重庆	30
7	四川	9
8	贵州	3
9	云南	4
10	西藏	1
11	陕西	19
12	甘肃	1
13	新疆	10
合计		149

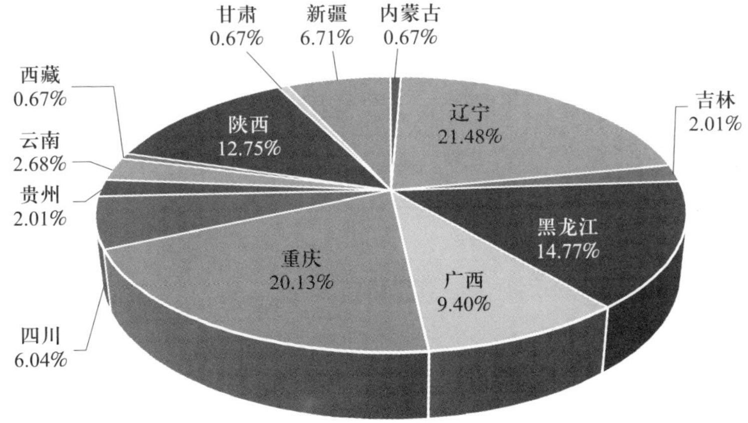

图 4–5　第 70 批面上资助“地区专项支持计划”获资助者所在区域及占比

（三）第 71 批面上资助工作情况

2022 年第 71 批中国博士后科学基金面上资助共有 23 106 名博士后提交了申请，有 3 602 人获得资助，资助比例为 15.59%。其中，获一等资助 164 人，占本批资助总人数的 4.55%；获二等资助 3 289 人，占本批资助总人数的 91.31%；获本批地区专项支持计划资助 149 人，占本批资助总人数的 4.14%。资助总金额为 28 050 万元。

1. 各学科门类申报第 71 批面上资助与获资助情况。提交第 71 批面上资助申请的博士后，其研究领域涵盖 12 个学科门类，各学科门类均有不同数量的人员获得资助。其中，工学申报与获资助人数最多，分别是 9 552 人、1 304 人（一等资助 66 人，二等资助 1 238 人），获资助比例为 13.65%，占本批面上资助总人数的 37.76%；其次是理学，申报与获资助人数分别是 4 961 人、934 人（一等资助 45 人，二等资助 889 人），获资助比例为 18.83%，占本批面上资助总人数的 27.05%；再次是医学，申报与获资助人数分别是 4 183 人、561 人（一等资助 19 人，二等资助 542 人），获资助比例为 13.41%，占本批面上资助总人数的 16.25%；其他学科门类申报与获资助情况详见表 4–7、图 4–6。

表 4–7　　各学科门类申报第 71 批面上资助与获资助情况

序号	学科门类	获一等资助人数 / 人	获二等资助人数 / 人	获资助总人数 / 人	申报人数 / 人	获资助比例 /%
1	哲学	0	21	21	137	15.33
2	经济学	5	72	77	530	14.53
3	法学	2	79	81	534	15.17
4	教育学	0	41	41	331	12.39
5	文学	4	62	66	402	16.42
6	历史学	3	28	31	205	15.12
7	理学	45	889	934	4 961	18.83
8	工学	66	1 238	1 304	9 552	13.65
9	农学	11	189	200	1 339	14.94
10	医学	19	542	561	4 183	13.41

续表

序号	学科门类	获一等资助人数 / 人	获二等资助人数 / 人	获资助总人数 / 人	申报人数 / 人	获资助比例 /%
11	管理学	8	101	109	751	14.51
12	艺术学	1	27	28	181	15.47
合计数及总体资助比例		164	3 289	3 453	23 106	14.94

注：1. 表中不含“地区专项支持计划”获资助人数，“地区专项支持计划”资助另有专门描述；
2. 表中申报人数不含军队系统人员，获资助总人数不含军队和国防科工等系统人员。

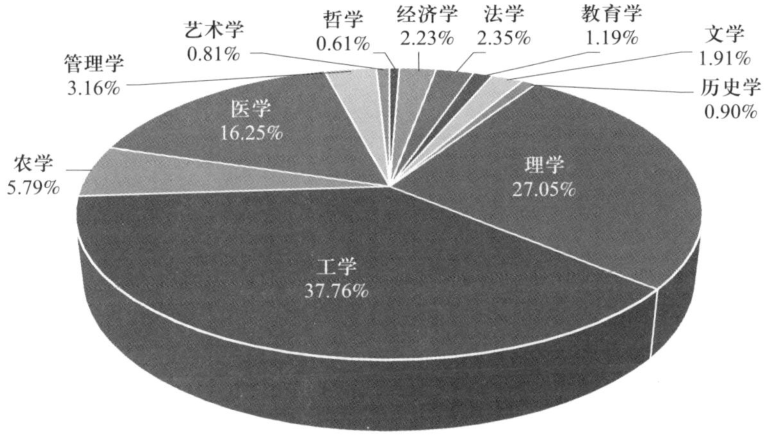

图 4–6　各学科门类获第 71 批面上资助的比例

由表 4–7、图 4–6 并与第 70 批面上资助情况比较可知，第 71 批面上资助申报人数增加了 493 人，增幅为 2.18%。各学科门类的申报人数增减不一，其中工学申报人数增加最多，为 309 人，增幅为 3.34%；申报人数减少最多的是理学，为 344 人，减少了 6.48%。因第 71 批面上资助获资助人数不含军队和国防科工等系统人员数据，从公开的数据来看，在获资助总人数方面，第 71 批面上资助比第 70 批面上资助减少 340 人。其中，工学获资助人数减少最多，为 223 人；其次是理学，减少了 103 人。

2. 各区域申报第 71 批面上资助与获资助情况。申报第 71 批面上资助的博士后分布在全国 31 个省、自治区、直辖市；获得资助的博士后分布在全国 28 个省、自治区、直辖市，其中内蒙古自治区、西藏自治区、宁夏回族自治区分别有 9 人、2 人、9 人申报，但均未获得资助。其中，北京市申报和获资助人数最多，分别是 4 354 人、636 人（一等资助 20 人，二等资助 616 人），获资助比例为 14.61%，占本批面上资助总人数的 18.42%；其次是广东省，申报与获资助人数分别是 3 300 人、480 人（一等资助 24 人，二等资助 456 人），获资助比例为 14.55%，占本批面上资助总人数的 13.90%；江苏省申报人数位居第三，为 2 364 人，获资助人数位居第四，为 368 人（一等资助 15 人，二等资助 353 人），获资助比例为 15.57%，占本批面上资助总人数的 10.66%；上海市申报人数位居第四，为 2 092 人，获资助人数位居第三，为 382 人（一等资助 14 人，二等资助 368 人），获资助比例为 18.26%，占本批面上资助总人数的 11.06%；其他省、自治区、直辖市申报与获资助情况详见表 4–8、图 4–7。

表 4–8　　各区域申报第 71 批面上资助与获资助情况

序号	省、自治区、直辖市	获一等资助人数 / 人	获二等资助人数 / 人	获资助总人数 / 人	申报人数 / 人	获资助比例 /%
1	北京	20	616	636	4 354	14.61
2	天津	2	75	77	458	16.81
3	河北	0	9	9	76	11.84
4	山西	0	10	10	142	7.04
5	内蒙古	0	0	0	9	0
6	辽宁	4	79	83	795	10.44
7	吉林	2	38	40	314	12.74
8	黑龙江	2	23	25	549	4.55
9	上海	14	368	382	2 092	18.26
10	江苏	15	353	368	2 364	15.57
11	浙江	13	164	177	1 118	15.83
12	安徽	2	66	68	416	16.35
13	福建	3	39	42	241	17.43
14	江西	0	16	16	125	12.80
15	山东	13	186	199	1 196	16.64
16	河南	9	139	148	965	15.34
17	湖北	9	160	169	915	18.47
18	湖南	5	84	89	508	17.52

续表

序号	省、自治区、直辖市	获一等资助人数 / 人	获二等资助人数 / 人	获资助总人数 / 人	申报人数 / 人	获资助比例 /%
19	广东	24	456	480	3 300	14.55
20	广西	0	7	7	127	5.51
21	海南	2	7	9	54	16.67
22	重庆	4	86	90	773	11.64
23	四川	7	129	136	852	15.96
24	贵州	0	7	7	45	15.56
25	云南	0	9	9	93	9.68
26	西藏	0	0	0	2	0
27	陕西	12	138	150	961	15.61
28	甘肃	1	20	21	148	14.19
29	青海	0	3	3	13	23.08
30	宁夏	0	0	0	9	0
31	新疆	1	2	3	92	3.26
合计数及总体资助比例		164	3 289	3 453	23 106	14.94

注：1. 表中不含“地区专项支持计划”获资助人数，“地区专项支持计划”资助另有专门描述；

2. 表中申报人数包括国防科工等系统人员数据，但获资助总人数不含国防科工等系统人员数据。

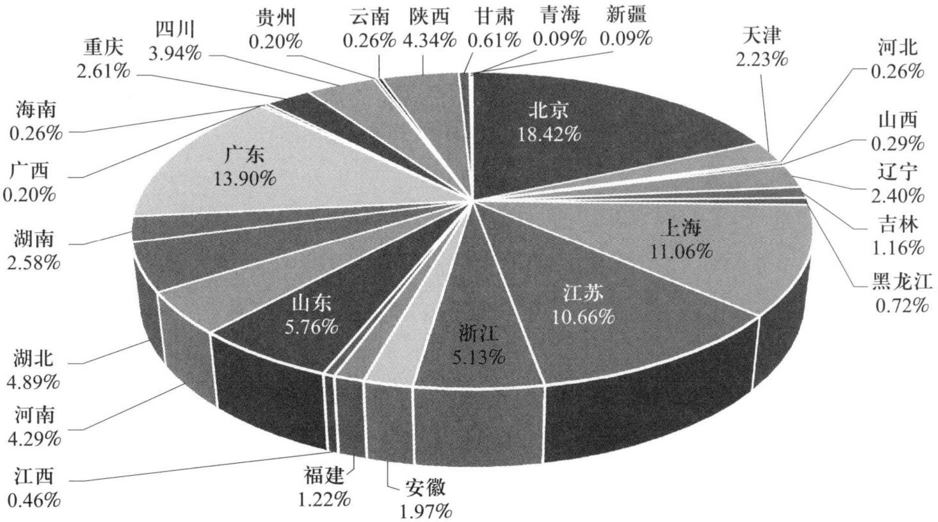

图 4–7　各区域获第 71 批面上资助人数占比

由表4–8、图4–7并与第70批面上资助情况比较可知，申报第71批面上资助的省、自治区、直辖市依然是31个；获资助的省、自治区、直辖市由29个减至28个，减少了内蒙古自治区和宁夏回族自治区，新增了青海省。申报人数增加493人，其中申报人数增量最多的是江苏省，为426人，增幅为21.98%；申报人数减少最多的是广东省，为330人，减少了9.09%。获资助总人数减少340人，其中获资助人数减少得最多的是北京市，为163人，减少了20.40%；其次是广东省，减少105人，减少了17.95%。

3. 各设站单位申报第71批面上资助与获资助情况。申报第71批面上资助的23 106名博士后，有19 146人来自博士后科研流动站，占申报人数的82.86%；3 960人来自博士后科研工作站，占申报人数的17.14%。3 453名获资助人员（不含“地区专项支持计划”）中，来自博士后科研流动站的有2 956人，占获资助总人数的85.61%；497人来自博士后科研工作站，占获资助总人数的14.39%。从设站单位的类别来看，一流大学建设高校申报和获资助的人数最多，分别是9 103人、1 575人（一等资助66人，二等资助1 509人），资助比例为17.30%，占本批面上资助总人数的45.61%；其他设站单位申报人数位居第二，获资助人数位居第三，分别是4 413人、540人（一等资助17人，二等资助523人），获资助比例是12.24%，占本批面上资助总人数的15.64%；一流学科建设高校申报人数位居第三，获资助人数位居第二，分别是4 383人、649人（一等资助38人，二等资助611人），获资助比例是14.81%，占本批面上资助总人数的18.80%，详见表4–9、图4–8。

表4–9　各设站单位申报第71批面上资助与获资助情况

序号	设站单位类别	获一等资助人数 / 人	获二等资助人数 / 人	获资助总人数 / 人	申报人数 / 人	获资助比例 /%
1	中国科学院	22	283	305	1 937	15.75
2	一流大学建设高校	66	1 509	1 575	9 103	17.30
3	一流学科建设高校	38	611	649	4 383	14.81
4	普通高校	21	363	384	3 270	11.74
5	其他	17	523	540	4 413	12.24
合计数及总体资助比例		164	3 289	3 453	23 106	14.94

注：表中不含“地区专项支持计划”获资助人数，“地区专项支持计划”资助另有专门描述。

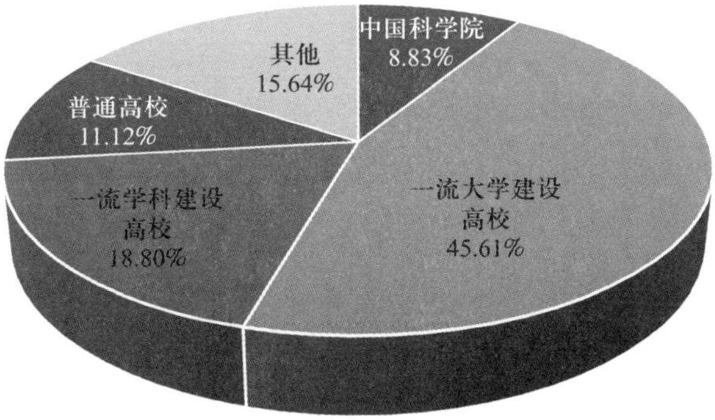

图 4–8　各设站单位获第 71 批面上资助人数占比

由表 4–9、图 4–8 并与第 70 批面上资助情况比较可知，中国科学院申报人数减少 326 人，减少 14.41%；一流学科建设高校申报人数增加 3 人，增加了 0.07%；一流大学建设高校申报人数减少 98 人，减少 1.07%；普通高校申报人数增加 290 人，增加了 9.73%；其他设站单位申报人数增加 624 人，增加了 16.47%，获资助人数增加 48 人。中国科学院、一流大学建设高校、一流学科建设高校、普通高校获资助人数比第 70 批分别减少 95 人、191 人、86 人、16 人。

4. 获得第 71 批面上资助人数位居全国前十名的设站单位。获得第 71 批面上资助人数位居全国前十名的设站单位（见表 4–10），共有 917 人获得资助（一等资助 39 人，二等资助 878 人），占本批面上资助总人数的 26.56%。其中，清华大学申报和获资助人数最多，分别为 779 人、137 人（一等资助 4 人，二等资助 133 人），获资助比例是 17.59%；中山大学申报人数次之，为 656 人，获资助人数位居第五，为 104 人（一等资助 2 人，二等资助 102 人），获资助比例为 15.85%；西安交通大学有 261 人申报，获资助 69 人（一等资助 6 人，二等资助 63 人），获资助比例最高，为 26.44%。

表 4–10　获得第 71 批面上资助人数位居全国前十名的设站单位申报和获资助情况

名次	设站单位	获一等资助人数 / 人	获二等资助人数 / 人	获资助总人数 / 人	申报人数 / 人	获资助比例 /%
1	清华大学	4	133	137	779	17.59
2	上海交通大学（含医学院）	4	108	112	492	22.76
3	复旦大学	0	106	106	582	18.21

续表

名次	设站单位	获一等资助人数 / 人	获二等资助人数 / 人	获资助总人数 / 人	申报人数 / 人	获资助比例 /%
4	浙江大学	7	98	105	558	18.82
5	中山大学	2	102	104	656	15.85
6	北京大学（含医学部）	5	86	91	460	19.78
7	西安交通大学	6	63	69	261	26.44
8	郑州大学	2	65	67	322	20.81
9	四川大学	3	62	65	364	17.86
10	山东大学	6	55	61	269	22.68
合计数及总体资助比例		39	878	917	4 743	19.33

由表 4–10 并与第 70 批面上资助情况比较可知，获资助人数位居全国前十名的设站单位都是一流大学建设高校；从设站单位来看，新增了山东大学、郑州大学，减少了中国科学技术大学、南方医科大学。其他设站单位排名位次有所变化；其中，中山大学申报人数减少较多，减少了 196 人；郑州大学申报人数增加了 82 人。复旦大学获资助人数位居第三，但无人获得一等资助。

（四）第 71 批面上资助“地区专项支持计划”资助情况

1. 第 71 批面上资助“地区专项支持计划”资助的学科分布。获第 71 批面上资助“地区专项支持计划”资助的博士后共有 149 人，研究领域涵盖 9 个学科门类。其中，工学获资助人数最多，为 58 人，占本批“地区专项支持计划”资助总人数的 38.93%；医学次之，为 44 人，占本批“地区专项支持计划”资助总人数的 29.53%；再次是农学，有 18 人获得资助，占本批“地区专项支持计划”资助总人数的 12.08%；其他学科情况见表 4–11、图 4–9。

表 4–11　第 71 批面上资助“地区专项支持计划”资助学科门类及获资助人数

序号	学科门类	获资助人数 / 人
1	哲学	1
2	经济学	4
3	法学	1

续表

序号	学科门类	获资助人数 / 人
4	历史学	2
5	理学	17
6	工学	58
7	农学	18
8	医学	44
9	管理学	4
合计		149

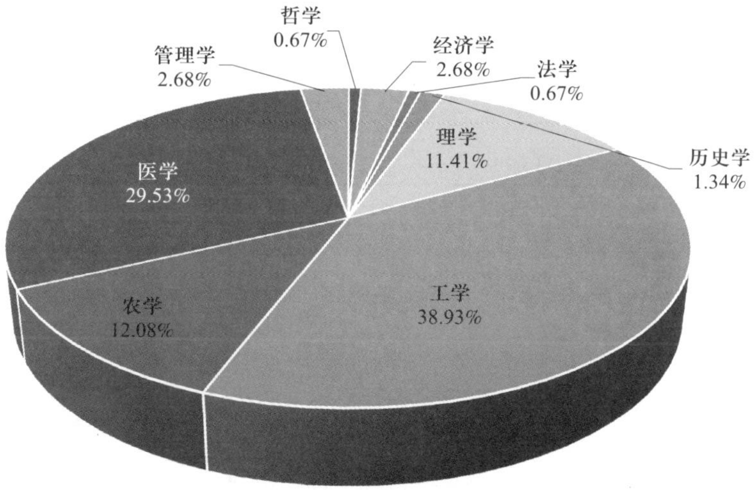

图 4-9 第 71 批面上资助“地区专项支持计划”资助学科门类及占比

2. 第 71 批面上资助“地区专项支持计划”资助的区域分布。获第 71 批面上资助“地区专项支持计划”资助的博士后分布在全国 13 个省、自治区、直辖市。其中，重庆市获资助人数最多，为 39 人，占本批“地区专项支持计划”资助总人数的 26.17%；其次是陕西省，有 26 人获得资助，占本批“地区专项支持计划”资助总人数的 17.45%；再次是辽宁省，有 25 人获得资助，占本批“地区专项支持计划”资助总人数的 16.78%，其他省、自治区、直辖市的获资助人数均不超过 20 人，详见表 4-12、图 4-10。

表 4-12 第 71 批面上资助“地区专项支持计划”获资助者的区域分布及获资助人数

序号	省、自治区、直辖市	获资助人数 / 人
1	内蒙古	1
2	辽宁	25
3	吉林	1
4	黑龙江	18
5	广西	13
6	重庆	39
7	四川	10
8	贵州	3
9	云南	4
10	西藏	1
11	陕西	26
12	甘肃	3
13	新疆	5
合计		149

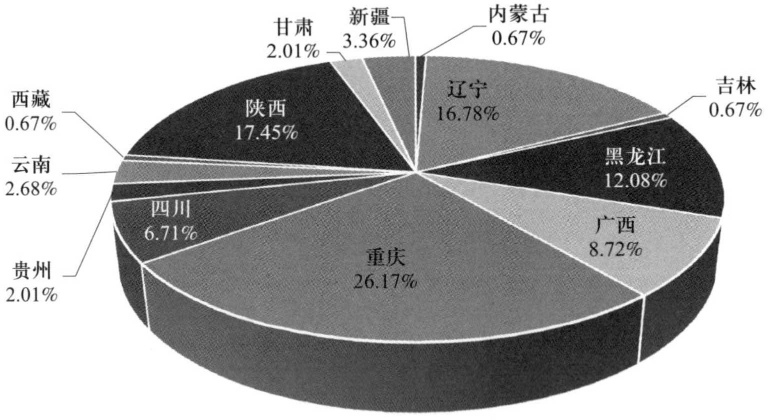

图 4-10 第 71 批面上资助“地区专项支持计划”获资助者所在区域及占比

（五）第 72 批面上资助工作情况

2022 年第 72 批中国博士后科学基金面上资助共有 23 105 人提交了申请，3 650 人获得资助（申报人数不含军队系统人员，获资助总人数不含军队、国防科工等系统人员，下同），资助比例约为 15.80%。其中，获一等资助 171 人，约占本批资助总人数的 4.68%；获二等资助 3 331 人，约占本批资助总人数的 91.26%；获“地区专项支持计划”资助 148 人，约占本批资助总人数的 4.05%。资助金额共计 28 532 万元。

1. 各学科门类申报第 72 批面上资助与获资助情况。提交第 72 批面上资助申请的博士后，其研究领域涵盖 13 个学科门类。其中，工学申报与获资助人数最多，分别是 9 154 人、1 275 人（一等资助 65 人，二等资助 1 210 人），获资助比例为 13.93%，占本批面上资助总人数的 36.41%；其次是理学，申报与获资助人数分别是 5 036 人、887 人（一等资助 42 人，二等资助 845 人），获资助比例为 17.61%，占本批面上资助总人数的 25.33%；再次是医学，申报与获资助人数分别是 4 651 人、698 人（一等资助 32 人，二等资助 666 人），获资助比例为 15.01%，占本批面上资助总人数的 19.93%；其他学科门类申报与获资助情况详见表 4–13、图 4–11。

表 4–13　　各学科门类申报第 72 批面上资助与获资助情况

序号	学科门类	获一等资助人数 / 人	获二等资助人数 / 人	获资助总人数 / 人	申报人数 / 人	获资助比例 /%
1	哲学	0	17	17	109	15.60
2	经济学	3	75	78	508	15.35
3	法学	3	71	74	480	15.42
4	教育学	1	31	32	312	10.26
5	文学	3	55	58	377	15.38
6	历史学	3	34	37	222	16.67
7	理学	42	845	887	5 036	17.61
8	工学	65	1 210	1 275	9 154	13.93
9	农学	12	200	212	1 390	15.25
10	军事学	0	2	2	—	—
11	医学	32	666	698	4 651	15.01
12	管理学	7	104	111	722	15.37
13	艺术学	0	21	21	144	14.58
合计数及总体资助比例		171	3 331	3 502	23 105	15.16

注：1. 表中不含“地区专项支持计划”获资助人数，“地区专项支持计划”资助另有专门描述；
2. 表中申报人数包括国防科工等系统人员数据，获资助总人数不含国防科工等系统人员数据；
3. 表中军事学获资助的 2 名博士后为非军事系统人员。

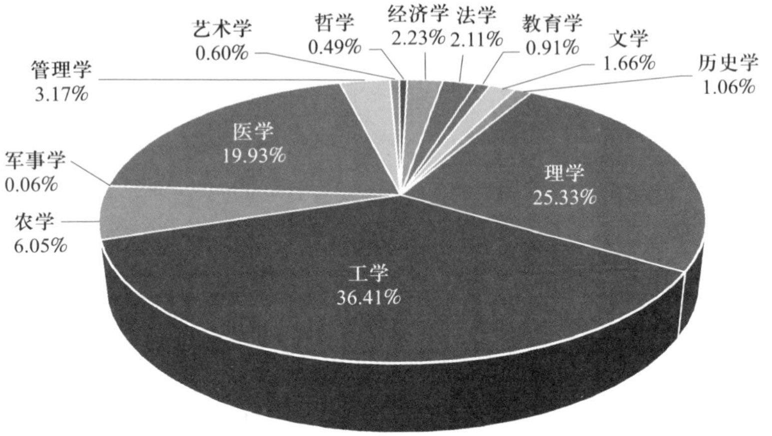

图 4–11　各学科门类获第 72 批面上资助的比例

由表 4–13、图 4–11 并与第 71 批面上资助情况比较可知，第 72 批面上资助申报人数减少 1 人，各学科门类申报人数增减不一。其中，医学申报人数增量最多，为 468 人，增加了 11.19%；工学申报人数减少最多，为 398 人，减少了 4.17%。获资助总人数增加 49 人，提高了 1.42%；医学获资助人数增量最多，为 137 人，增加了 24.42%；理学获资助人数减少最多，为 47 人，减少了 5.03%。

2. 各区域申报第 72 批面上资助与获资助情况。申报第 72 批面上资助的博士后分布在全国 31 个省、自治区、直辖市；获得资助的博士后分布在 29 个省、自治区、直辖市，其中内蒙古自治区、西藏自治区分别有 7 人、2 人申报，但均未获得资助。北京市申报与获资助人数最多，分别为 4 356 人、707 人（一等资助 44 人，二等资助 663 人），获资助比例为 16.23%，占本批面上资助总人数的 20.19%；其次是广东省，申报与获资助人数分别为 3 494 人、516 人（一等资助 18 人，二等资助 498 人），获资助比例为 14.77%，占本批面上资助总人数的 14.73%；江苏省申报人数位居第三，为 2 203 人，获资助人数位居第四，为 353 人（一等资助 18 人，二等资助 335 人），获资助比例为 16.02%，占本批面上资助总人数的 10.08%；上海市申报人数位居第四，为 2 045 人，获资助人数位居第三，为 383 人（一等资助 26 人，二等资助 357 人），获资助比例为 18.73%，占本批面上资助总人数的 10.94%；其他省、自治区、直辖市申报与获资助情况详见表 4–14、图 4–12。

表 4–14 各区域申报第 72 批面上资助与获资助情况

序号	省、自治区、直辖市	获一等资助人数 / 人	获二等资助人数 / 人	获资助总人数 / 人	申报人数 / 人	获资助比例 /%
1	北京	44	663	707	4 356	16.23
2	天津	2	75	77	457	16.85
3	河北	0	7	7	54	12.96
4	山西	0	20	20	175	11.43
5	内蒙古	0	0	0	7	0
6	辽宁	4	73	77	630	12.22
7	吉林	2	45	47	301	15.61
8	黑龙江	0	17	17	537	3.17
9	上海	26	357	383	2 045	18.73
10	江苏	18	335	353	2 203	16.02
11	浙江	14	201	215	1 312	16.39
12	安徽	4	97	101	517	19.54
13	福建	4	34	38	262	14.50
14	江西	0	12	12	113	10.62
15	山东	4	168	172	1 210	14.21
16	河南	3	123	126	974	12.94
17	湖北	7	174	181	905	20.00
18	湖南	4	82	86	458	18.78
19	广东	18	498	516	3 494	14.77
20	广西	0	3	3	133	2.26
21	海南	0	2	2	57	3.51
22	重庆	3	75	78	763	10.22
23	四川	6	118	124	797	15.56
24	贵州	1	3	4	45	8.89
25	云南	0	6	6	113	5.31
26	西藏	0	0	0	2	0
27	陕西	5	124	129	935	13.80

续表

序号	省、自治区、直辖市	获一等资助人数 / 人	获二等资助人数 / 人	获资助总人数 / 人	申报人数 / 人	获资助比例 /%
28	甘肃	2	15	17	162	10.49
29	青海	0	1	1	7	14.29
30	宁夏	0	1	1	16	6.25
31	新疆	0	2	2	65	3.08
合计数及总体资助比例		171	3 331	3 502	23 105	15.16

注：1. 表中不含“地区专项支持计划”获资助人数，“地区专项支持计划”资助另有专门描述；
2. 表中申报人数包括国防科工等系统人员数据，但资助总人数不含国防科工等系统人员数据。

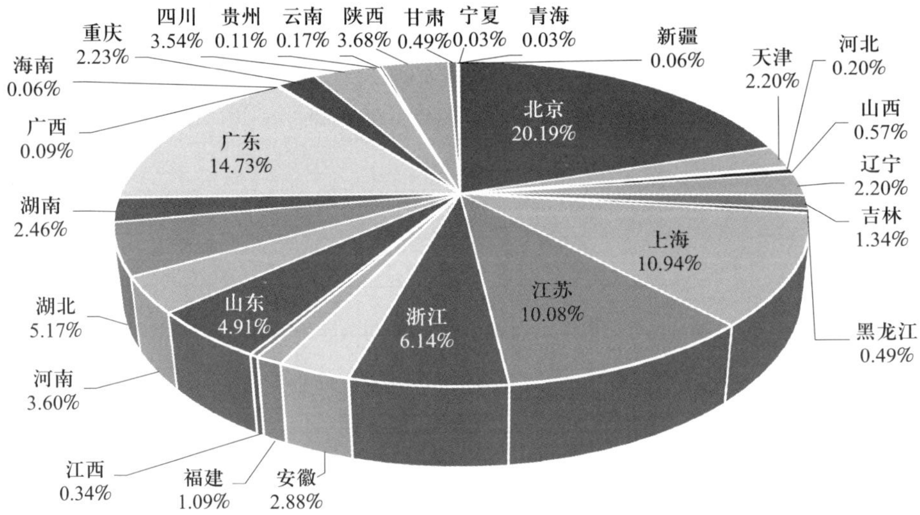

图 4–12　各区域获第 72 批面上资助人数占比

由表 4–14、图 4–12 并与第 71 批面上资助情况比较可知，申报第 72 批面上资助的省、自治区、直辖市依然是 31 个；获资助的省、自治区、直辖市由 28 个增至 29 个，新增了宁夏回族自治区。申报人数减少 1 人，其中申报人数增量最多的是广东省和浙江省，均为 194 人，分别提高了 5.88%、17.35%；申报人数减少最多的是辽宁省，为 165 人，减少了 20.75%。获资助总人数增加 49 人，其中获资助人数增加最多的是北京市，为 71 人，增加了 11.16%；获资助人数减少最多的是山东省，为 27 人，减少了 13.57%。

3. 各设站单位申报第 72 批面上资助与获资助情况。申报第 72 批面上资助的 23 105 名博士后，有 19 195 人来自博士后科研流动站，占申报人数的 83.08%；3 910 人来自博士后科研工作站，占申报人数的 16.92%。3 502 名获资助人员（不含“地区专项支持计划”）中，来自博士后科研流动站的有 3 012 人，占获资助总人数的 86.01%；490 人来自博士后科研工作站，占获资助总人数的 13.99%。从设站单位的类别来看，一流大学建设高校申报和获资助的人数最多，分别是 8 977 人、1 563 人（一等资助 92 人，二等资助 1 471 人），获资助比例为 17.41%，占本批面上资助总人数的 44.63%；其他设站单位申报人数位居第二，获资助人数位居第三，分别是 4 326 人、544 人（一等资助 13 人，二等资助 531 人），获资助比例是 12.58%，占本批面上资助总人数的 15.53%；一流学科建设高校申报人数位居第三，获资助人数位居第二，分别是 4 311 人、687 人（一等资助 24 人，二等资助 663 人），获资助比例是 15.94%，占本批面上资助总人数的 19.62%，详见表 4–15、图 4–13。

表 4–15　各设站单位申报第 72 批面上资助与获资助情况

序号	设站单位类别	获一等资助人数 / 人	获二等资助人数 / 人	获资助总人数 / 人	申报人数 / 人	获资助比例 /%
1	中国科学院	26	285	311	2 041	15.24
2	一流大学建设高校	92	1 471	1 563	8 977	17.41
3	一流学科建设高校	24	663	687	4 311	15.94
4	普通高校	16	381	397	3 450	11.51
5	其他	13	531	544	4 326	12.58
合计数及总体资助比例		171	3 331	3 502	23 105	15.16

注：表中不含“地区专项支持计划”获资助人数，“地区专项支持计划”资助另有专门描述。

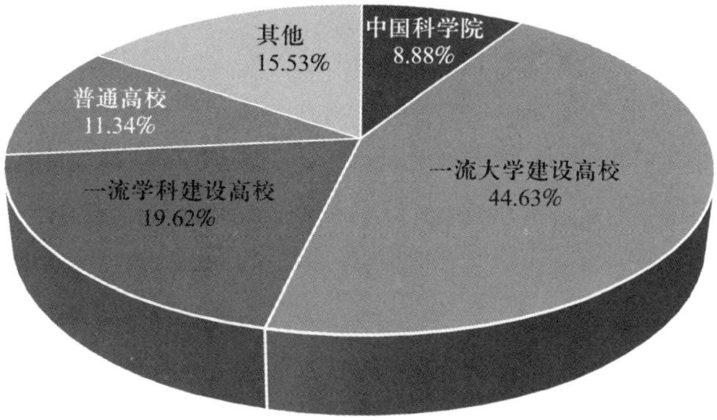

图 4–13　各设站单位获第 72 批面上资助人数占比

由表4–15、图4–13并与第71批面上资助情况比较可知，普通高校申报人数增加最多，为180人，增加了5.50%；其次是中国科学院，申报人数增加104人，增加了5.37%；一流大学建设高校申报人数减少126人，减少了1.38%；一流学科建设高校申报人数减少72人，减少了1.64%；其他设站单位申报人数减少87人，减少了1.97%。除一流大学建设高校获资助人数减少了12人外，中国科学院、一流学科建设高校、普通高校、其他设站单位获资助人数均有增加，分别增加6人、38人、13人、4人。

4. 获得第72批面上资助人数位居全国前十名的设站单位。获得第72批面上资助人数位居全国前十名的设站单位共有926人获得资助，占本批面上资助总人数的26.44%。其中，清华大学申报和获资助人数最多，分别为781人、150人（一等资助11人，二等资助139人），获资助比例是19.21%；中山大学申报和获资助人数次之，分别为765人、117人（一等资助5人，二等资助112人），获资助比例为15.29%；西安交通大学有253人申报，54人获得资助（一等资助3人，二等资助51人），获资助比例为21.34%，位居第十位；其他单位申报和获资助情况详见表4–16。

表4–16　获得第72批面上资助人数位居全国前十名的设站单位申报和获资助情况

名次	设站单位	获一等资助人数/人	获二等资助人数/人	获资助总人数/人	申报人数/人	获资助比例/%
1	清华大学	11	139	150	781	19.21
2	中山大学	5	112	117	765	15.29
3	北京大学（含医学部）	8	105	113	504	22.42
4	上海交通大学（含医学院）	10	99	109	527	20.68
5	浙江大学	7	95	102	634	16.09
6	复旦大学	6	89	95	452	21.02
7	中国科学技术大学	4	64	68	314	21.66
8	四川大学	3	58	61	310	19.68
9	南方医科大学	3	54	57	303	18.81
10	西安交通大学	3	51	54	253	21.34
合计数及总体资助比例		60	866	926	4 843	19.12

由表 4–16 并与第 71 批面上资助情况比较可知，获资助人数位居全国前十名的设站单位除南方医科大学为普通高校外，其他均为一流大学建设高校。从具体设站单位看，新增了中国科学技术大学、南方医科大学，减少了山东大学、郑州大学，其他设站单位不变，但排名次序发生了变化。其中，中山大学申报人数增加最多，增加了 109 人，获资助人数增加 13 人，排名次序由第五位升至第二位；复旦大学申报人数缩减最多，减少了 130 人，获资助人数减少 11 人，排名次序由第三位降至第六位。西安交通大学获资助比例为 21.34%，明显低于其获第 71 批面上资助比例（26.44%）、第 70 批面上资助比例（28.48%），排名降至第十位。

（六）第 72 批面上资助“地区专项支持计划”资助情况

1. 第 72 批面上资助“地区专项支持计划”资助学科分布。获第 72 批面上资助“地区专项支持计划”资助的博士后共有 148 人，研究领域涵盖 8 个学科门类，比第 71 批面上资助增加了教育学，减少了哲学、法学和历史学。其中，工学和医学获资助人数最多，均为 56 人，占本批“地区专项支持计划”资助总人数的 37.84%；农学次之，为 15 人，占本批“地区专项支持计划”资助总人数的 10.14%；再次是理学，有 12 人获得资助，占本批“地区专项支持计划”资助总人数的 8.11%；其他学科均未超过 10 人，详见表 4–17、图 4–14。

表 4–17　第 72 批面上资助“地区专项支持计划”资助学科门类及获资助人数

序号	学科门类	获资助人数 / 人
1	经济学	3
2	教育学	2
3	文学	1
4	理学	12
5	工学	56
6	农学	15
7	医学	56
8	管理学	3
合计		148

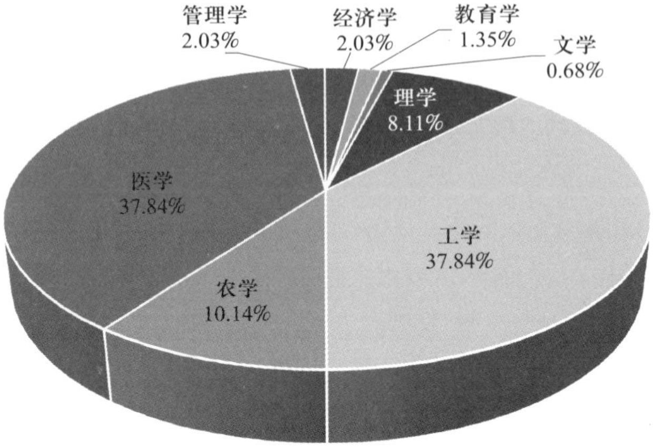

图 4-14 第 72 批面上资助“地区专项支持计划”资助学科门类及占比

2. 第 72 批面上资助“地区专项支持计划”资助的区域分布。获第 72 批面上资助“地区专项支持计划”资助的博士后分布在全国 12 个省、自治区、直辖市。其中，陕西省获资助人数最多，为 36 人，占本批“地区专项支持计划”资助总人数的 24.32%；其次是重庆市，有 32 人获得资助，占本批“地区专项支持计划”资助总人数的 21.62%；再次是辽宁省，有 25 人获得资助，占本批“地区专项支持计划”资助总人数的 16.89%；黑龙江省有 20 人获得资助，占本批“地区专项支持计划”资助总人数的 13.51%，其他省、自治区、直辖市的获资助人数均不超过 20 人，详见表 4-18、图 4-15。

表 4-18 第 72 批面上资助“地区专项支持计划”获资助者的区域分布及获资助人数

序号	省、自治区、直辖市	获资助人数 / 人
1	辽宁	25
2	吉林	1
3	黑龙江	20
4	广西	10
5	重庆	32
6	四川	9
7	贵州	3
8	云南	4

续表

序号	省、自治区、直辖市	获资助人数 / 人
9	陕西	36
10	甘肃	3
11	宁夏	1
12	新疆	4
合计		148

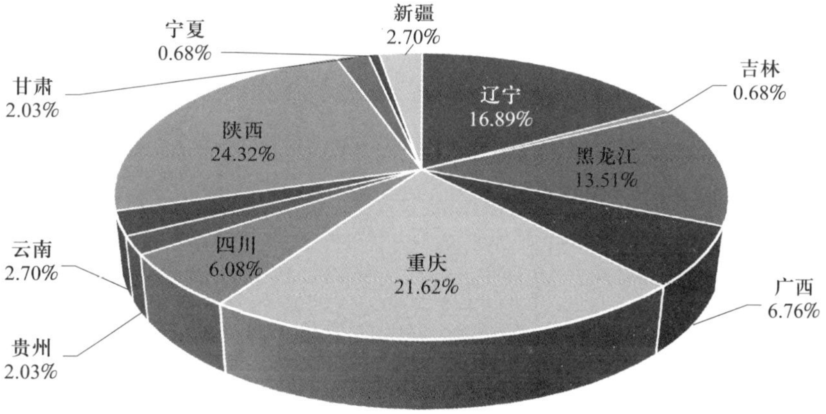

图 4–15　第 72 批面上资助“地区专项支持计划”获资助者所在区域及占比

二、中国博士后科学基金特别资助工作

中国博士后科学基金特别资助（含站前和站中）在 2022 年分两批进行，全国共有 6 487 名博士后提交了申报材料，有 1 080 人获得资助，资助总金额为 1.918 2 亿元。

（一）第 4 批特别资助（站前）工作情况

2022 年第 4 批特别资助（站前）的申请条件与 2021 年基本相同，资助的研究方向和数量并没有大的调整，详见表 4–19。

根据 2022 年第 4 批特别资助（站前）的申请条件，各相关设站单位组织 2 119 名拟进站的博士及新进站的博士后研究人员提交了申报材料，经过严格评审，确定了获资助人员。中国博士后科学基金会公开发布的获资助人员为 350 人（不含军队系统）。

表 4–19　　第 4 批特别资助（站前）获资助项目的研究方向

序号	学科领域	研究方向
1	基础研究	基础数学
2		核心计算基础数学
3		运筹学与控制论
4		理论物理
5		量子物理的新发现和研究理论物理
6		物理化学
7		材料化学
8	基础前沿交叉	超常环境下系统力学问题研究与验证
9		功能体系的分子工程与分子成像
10		能源化学转化的动态本质与调控
11	先进材料	高性能材料结构设计、制备与应用探索
12		变革性纳米产业制造技术聚焦
13		新能源汽车
14	能源	煤炭清洁高效利用技术与示范
15		未来先进核裂变能
16		基于高效热工转换的先进动力技术
17		可再生能源与多能互补应用示范
18	生命与健康	脑科学与类脑智能研究
19		生物超大分子复合体的结构、功能与调控
20		病原微生物与宿主免疫
21		器官修复与再造
22		生物合成
23		健康保障技术与装备
24		战略生物资源评价与转化利用
25	信息	量子通信
26		网络空间安全关键技术与应用
27		高效能计算与网络通信关键技术及应用

续表

序号	学科领域	研究方向
28	信息	大数据与人工智能
29		区块链
30		人机交互与虚拟现实
31		集成电路与核心基础器件
32		机器人与超精密极端制造
33	光电空间	空间科学先导
34		月球与首次火星科学探测
35		平流层飞艇

1. 各学科门类申报第 4 批特别资助（站前）与获资助情况。2022 年提交第 4 批特别资助（站前）申请的博士后，研究领域涵盖了理学、工学、农学、医学 4 个学科门类，其中工学申报和获资助人数最多，分别是 1 059 人、160 人，获资助比例为 15.11%，获资助人数占本批特别资助总人数的 45.71%；其次是理学，申报和获资助人数分别是 534 人、94 人，获资助比例为 17.60%，获资助人数占本批特别资助总人数的 26.86%；再次是医学，申报和获资助人数分别是 466 人、86 人，获资助比例为 18.45%，获资助人数占本批特别资助总人数的 24.57%；农学申报和获资助人数分别是 60 人、10 人，获资助比例为 16.67%，获资助人数占本批特别资助总人数的 2.86%，详见表 4–20、图 4–16。

表 4–20　各学科门类申报第 4 批特别资助（站前）与获资助情况

序号	学科门类	申报人数 / 人	获资助人数 / 人	获资助比例 /%
1	理学	534	94	17.60
2	工学	1 059	160	15.11
3	农学	60	10	16.67
4	医学	466	86	18.45
合计数及总体资助比例		2 119	350	16.52

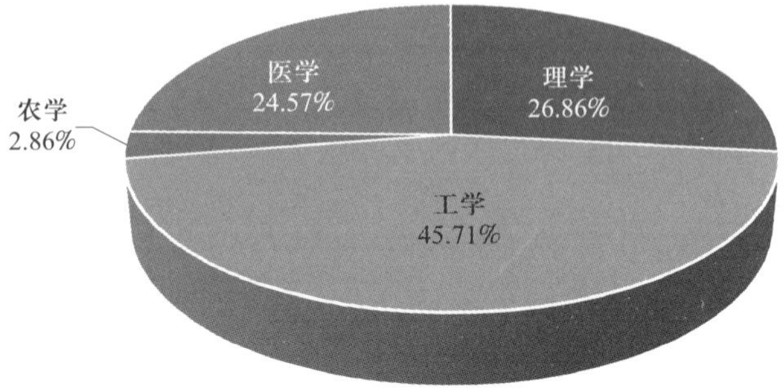

图 4–16 各学科门类获第 4 批特别资助（站前）的比例

由表 4–20、图 4–16 并与 2021 年第 3 批特别资助（站前）情况比较可知，第 4 批特别资助（站前）申报人数增加了 266 人，申报的学科门类相同，依然是理学、工学、农学、医学，其中理学申报人数增加 71 人，提高 13.30%；工学申报人数增加 139 人，提高 13.13%；农学申报人数增加 22 人，提高 36.67%；医学申报人数增加 134 人，提高 28.76%。计划资助人数为 400 人，与 2021 年相同。

2. 各区域申报第 4 批特别资助（站前）与获资助情况。2022 年，共有 26 个省、自治区、直辖市新进站博士后和拟进站的博士申报了第 4 批特别资助（站前）。内蒙古自治区、贵州省、西藏自治区、宁夏回族自治区、青海省均无人申报。山西省、江西省、广西壮族自治区、海南省、云南省、新疆维吾尔自治区分别有 3 人、5 人、1 人、1 人、3 人、4 人申报，但都没有人获得资助。其他省、直辖市均有不同数量的博士后获得资助。其中，北京市申报和获资助人数最多，分别是 435 人、76 人，获资助比例为 17.47%，获资助人数占本批资助总人数的 21.71%；江苏省申报人数位居第二，为 246 人，获资助人数位居第四，为 31 人，资助比例约为 12.60%，获资助人数占本批资助总人数的 8.86%；上海市申报人数位居第三，为 231 人，获资助人数位居第二，为 40 人，获资助比例为 17.32%，获资助人数占本批资助总人数的 11.43%，详见表 4–21、图 4–17。

由表 4–21、图 4–17 并与第 3 批特别资助（站前）情况比较可知，第 4 批特别资助（站前）申报省、自治区、直辖市依然是 26 个，新增了甘肃省，减少了青海省。获资助的省、自治区、直辖市为 20 个，新增了甘肃省，减少了江西省和海南省。各省、自治区、直辖市申报人数增减不一，其中增量最多的是河南省，为 85 人，增加了 84.16%；缩减数量最多的是天津市，为 8 人，减少了 22.22%。

表 4–21　各区域申报第 4 批特别资助（站前）与获资助情况

序号	省、自治区、直辖市	申报人数 / 人	获资助人数 / 人	获资助比例 /%
1	北京	435	76	17.47
2	天津	28	4	14.29
3	河北	2	1	50.00
4	山西	3	0	0
5	辽宁	49	7	14.29
6	吉林	53	14	26.42
7	黑龙江	56	1	1.79
8	上海	231	40	17.32
9	江苏	246	31	12.60
10	浙江	115	22	19.13
11	安徽	43	11	25.58
12	福建	17	5	29.41
13	江西	5	0	0
14	山东	49	12	24.49
15	河南	186	35	18.82
16	湖北	73	18	24.66
17	湖南	63	11	17.46
18	广东	216	27	12.50
19	广西	1	0	0
20	海南	1	0	0
21	重庆	37	8	21.62
22	四川	116	12	10.34
23	云南	3	0	0
24	陕西	84	14	16.67
25	甘肃	3	1	33.33
26	新疆	4	0	0
合计数及总体资助比例		2 119	350	16.52

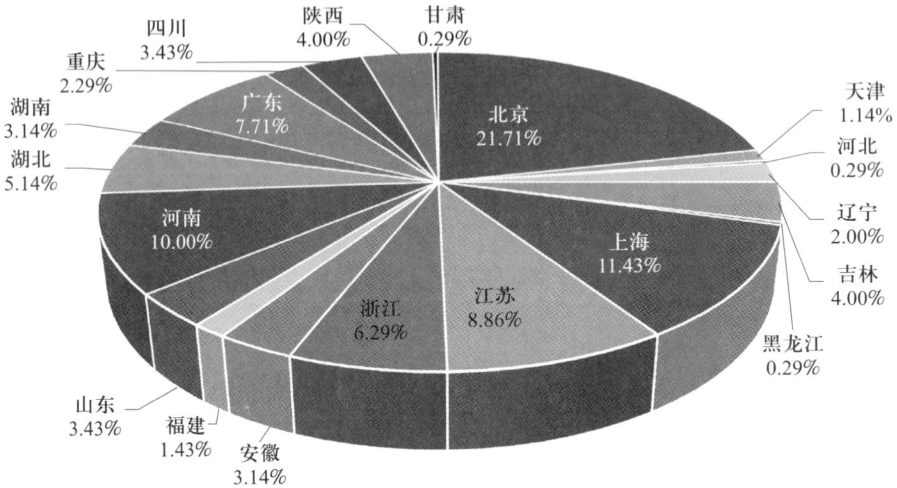

图 4–17　各区域获第 4 批特别资助（站前）人数占比

3. 各设站单位申报第 4 批特别资助（站前）与获资助情况。申报第 4 批特别资助（站前）的 2 119 名博士和博士后中，有 1 899 人属于新进入或拟进入博士后科研流动站的人员，占申报人数的 89.62%；有 204 人是新进入或拟进入博士后科研工作站的人员，占申报人数的 9.63%；还有 16 人未公布具体申报单位，占申报人数的 0.76%。在公开发布的 350 名获资助人员中，新进入或拟进入博士后科研流动站的有 316 人，占获资助人数的 90.29%；新进入或拟进入博士后科研工作站的有 34 人，占获资助人数的 9.71%。从设站单位类别来看，一流大学建设高校申报与获资助人数最多，分别为 1 164 人、211 人，获资助比例为 18.13%，获资助人数占本批资助总人数的 60.29%；其次是一流学科建设高校，申报和获资助人数分别是 382 人、48 人，获资助比例是 12.57%，获资助人数占本批资助总人数的 13.71%；再次是其他设站单位，有 248 人申报，36 人获资助，获资助比例是 14.52%，获资助人数占本批资助总人数的 10.29%；中国科学院系统有 172 人申报，有 32 人获资助，获资助比例是 18.60%，获资助人数占本批资助总人数的 9.14%；普通高校有 153 人申报，有 23 人获资助，获资助比例为 15.03%，获资助人数占本批资助总人数的 6.57%，详见表 4–22、图 4–18。

4. 获第 4 批特别资助（站前）10 人及以上的设站单位的申报和获资助情况。获第 4 批特别资助（站前）10 人及以上的设站单位共有 689 人申报，

表 4-22 各设站单位申报第 4 批特别资助（站前）与获资助情况

序号	设站单位类别	申报人数 / 人	获资助人数 / 人	获资助比例 /%
1	中国科学院	172	32	18.60
2	一流大学建设高校	1 164	211	18.13
3	一流学科建设高校	382	48	12.57
4	普通高校	153	23	15.03
5	其他	248	36	14.52
合计数及总体资助比例		2 119	350	16.52

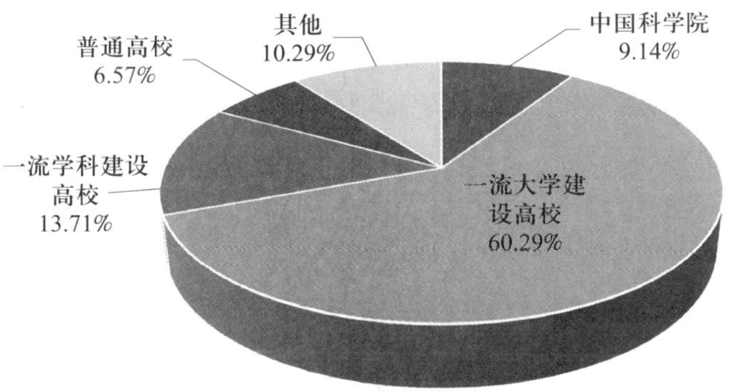

图 4-18 各设站单位获第 4 批特别资助（站前）人数占比

151 人获资助，获资助比例为 21.29%，高于全国总体资助比例 16.52%。其中，获资助人数排在前三位的分别是郑州大学、清华大学、北京大学（含医学部），申报人数分别是 154 人、93 人、71 人，获资助人数分别为 31 人、21 人、17 人，获资助比例分别是 20.13%、22.58%、23.94%，详见表 4-23。

表 4-23 获第 4 批特别资助（站前）10 人及以上的设站单位的申报和获资助情况

名次	设站单位	申报人数 / 人	获资助人数 / 人	获资助比例 /%
1	郑州大学	154	31	20.13
2	清华大学	93	21	22.58
3	北京大学（含医学部）	71	17	23.94
4	复旦大学	80	16	20.00
5	上海交通大学（含医学院）	53	14	26.42

续表

名次	设站单位	申报人数 / 人	获资助人数 / 人	获资助比例 /%
6	武汉大学	27	11	40.74
7	中山大学	79	11	13.92
8	吉林大学	44	10	22.73
9	浙江大学	51	10	19.61
10	中国科学技术大学	37	10	27.03
合计数及总体资助比例		689	151	21.29

由表 4–23 可知，新进站博士后或拟进站的博士获第 4 批特别资助（站前）10 人及以上的 10 家设站单位都是一流大学建设高校。郑州大学的申报人数高达 154 人，且获资助人数最多，比位居第二的清华大学多 10 人。武汉大学只有 27 人申报，但获资助人数达到 11 人，获资助比例高达 40.74%。

（二）第 15 批特别资助（站中）工作情况

2022 年实施的第 15 批特别资助（站中）的申报条件、计划资助人数与往年基本相同，共有 4 368 名博士后研究人员（不含军队系统）申报，比第 14 批增加了 398 人，增幅约 10.03%；获资助 730 人（不含军队系统），获资助比例约为 16.71%，资助金额共计 1.288 2 亿元。

1. 各学科门类申报第 15 批特别资助（站中）与获资助情况。提交第 15 批特别资助（站中）申请的博士后，研究领域涵盖了 12 个学科门类，无军事学和交叉学科。其中，工学申报和获资助人数最多，分别是 1 902 人、303 人，获资助比例为 15.93%，获资助人数占本批特别资助总人数的 41.51%；其次是理学，申报和获资助人数分别是 1 008 人、172 人，获资助比例为 17.06%，获资助人数占本批特别资助总人数的 23.56%；再次是医学，申报和获资助人数分别是 702 人、135 人，获资助比例为 19.23%，获资助人数占本批特别资助总人数的 18.49%，详见表 4–24、图 4–19。

由表 4–24、图 4–19 并与第 14 批特别资助（站中）情况比较可知，第 15 批特别资助（站中）申报人数增加了 398 人，其中工学申报人数增加最多，为 165 人，增加了 9.50%；文学申报人数减少最多，为 34 人，减少了 40%。

表 4-24 各学科门类申报第 15 批特别资助（站中）与获资助情况

序号	学科门类	申报人数 / 人	获资助人数 / 人	获资助比例 /%
1	哲学	20	4	20.00
2	经济学	85	15	17.65
3	法学	108	20	18.52
4	教育学	57	10	17.54
5	文学	51	9	17.65
6	历史学	44	8	18.18
7	理学	1 008	172	17.06
8	工学	1 902	303	15.93
9	农学	235	36	15.32
10	医学	702	135	19.23
11	管理学	138	15	10.87
12	艺术学	18	3	16.67
合计数及总体资助比例		4 368	730	16.71

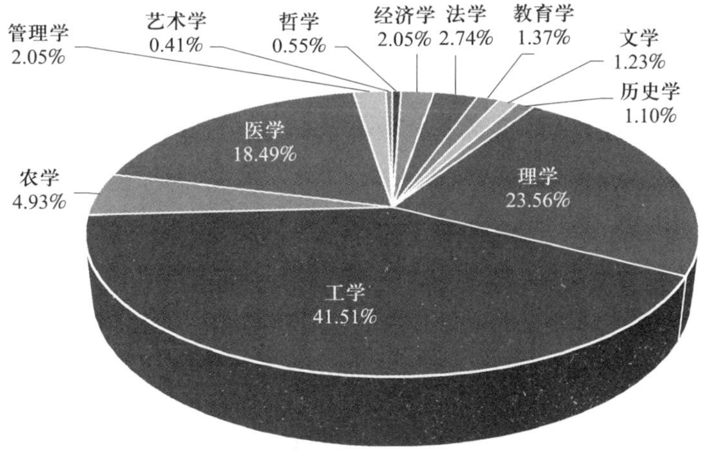

图 4-19 各学科门类获第 15 批特别资助（站中）的比例

2. 各区域申报第 15 批特别资助（站中）与获资助情况。2022 年，全国 31 个省、自治区、直辖市的相关设站单位组织博士后申报了第 15 批特别资助（站中）。河北省、广西壮族自治区、西藏自治区、青海省、宁夏回族自治区分别有 9 人、23 人、1 人、4 人、3 人申报，但无人获得资助。北京市申报和获资助人数最多，分别为 775 人、153 人，获资助比例为 19.74%，获资助人数占本批资助总人数的 20.96%；广东省申报人数位居第二，为 475 人，获资助人数位居第三，为 80 人，获资助比例为 16.84%，获资助人数占本批资助总人数的 10.96%；江苏省申报人数位居第三，为 462 人，获资助人数位居第四，为 64 人，获资助比例为 13.85%，获资助人数占本批资助总人数的 8.77%；上海市申报人数位居第四，为 353 人，获资助人数为 83 人，获资助比例为 23.51%，获资助人数占本批资助总人数的 11.37%，详见表 4–25、图 4–20。

表 4–25　各区域申报第 15 批特别资助（站中）与获资助情况

序号	省、自治区、直辖市	申报人数 / 人	获资助人数 / 人	获资助比例 /%
1	北京	775	153	19.74
2	天津	95	17	17.89
3	河北	9	0	0
4	山西	23	1	4.35
5	内蒙古	4	1	25.00
6	辽宁	116	19	16.38
7	吉林	96	20	20.83
8	黑龙江	178	18	10.11
9	上海	353	83	23.51
10	江苏	462	64	13.85
11	浙江	200	34	17.00
12	安徽	102	24	23.53
13	福建	45	7	15.56
14	江西	33	2	6.06
15	山东	263	22	8.37
16	河南	178	27	15.17
17	湖北	199	54	27.14
18	湖南	103	20	19.42

续表

序号	省、自治区、直辖市	申报人数 / 人	获资助人数 / 人	获资助比例 /%
19	广东	475	80	16.84
20	广西	23	0	0
21	海南	4	2	50.00
22	重庆	99	16	16.16
23	四川	186	29	15.59
24	贵州	14	2	14.29
25	云南	21	2	9.52
26	西藏	1	0	0
27	陕西	257	31	12.06
28	甘肃	25	1	4.00
29	青海	4	0	0
30	宁夏	3	0	0
31	新疆	22	1	4.55
合计数及总体资助比例		4 368	730	16.71

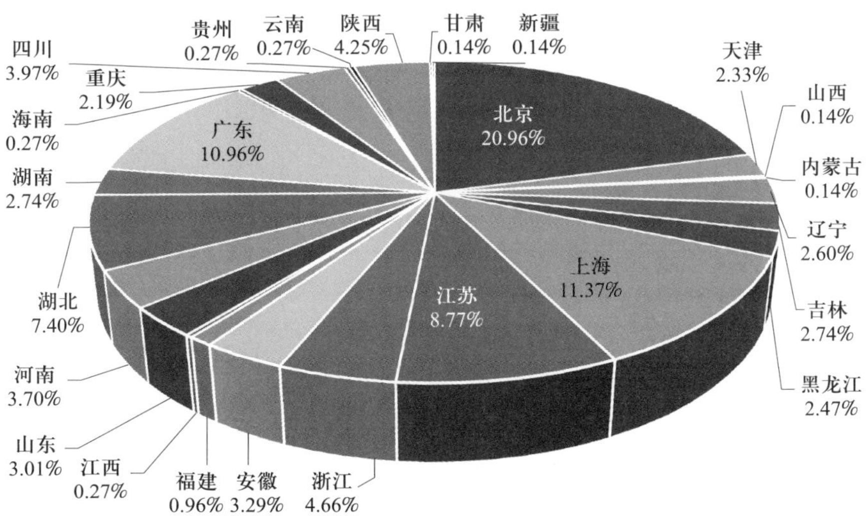

图 4–20　各区域获第 15 批特别资助（站中）人数占比

由表 4–25、图 4–20 并与第 14 批特别资助（站中）情况比较可知，第 15 批特别资助（站中）申报省（自治区、直辖市）依然是 31 个，获资助的省（自治区、直辖市）增至 26 个。河北省、山西省、江西省、广东省、贵州省、云南省、宁夏回族自治区申报人数分别减少 2 人、1 人、3 人、5 人、2 人、5 人、1 人，吉林省和西藏自治区申报人数与上批特别资助申报人数持平，其他省份申报人数均有所增加。其中，北京市申报人数增加最多，为 90 人，增幅为 13.14%；其次是江苏省，为 51 人，增幅为 12.41%，其他省份增加的人数均不超过 40 人。

3. 各设站单位申报第 15 批特别资助（站中）与获资助情况。申报第 15 批特别资助（站中）的 4 368 名博士后研究人员中，有 3 716 人来自博士后科研流动站，占申报人数的 85.07%；652 人来自博士后科研工作站，占申报人数的 14.93%；730 名获资助的博士后研究人员中，667 人来自博士后科研流动站，占获资助总人数的 91.37%；63 人来自博士后科研工作站，占获资助总人数的 8.63%。从设站单位类别看，一流大学建设高校的申报与获资助人数最多，分别是 1 832 人、370 人，获资助比例为 20.20%，获资助人数占本批资助总人数的 50.68%；一流学科建设高校的申报与获资助人数分别是 842 人、141 人，获资助比例为 16.75%，获资助人数占本批资助总人数的 19.32%；普通高校申报和获资助人数分别是 626 人、75 人，获资助比例是 11.98%，获资助人数占本批资助总人数的 10.27%；中国科学院的申报与获资助人数分别是 338 人、65 人，获资助比例为 19.23%，获资助人数占本批资助总人数的 8.90%；其他设站单位申报和获资助人数分别是 730 人、79 人，获资助比例是 10.82%，获资助人数占本批资助总人数的 10.82%，详见表 4–26、图 4–21。

表 4–26　各设站单位申报第 15 批特别资助（站中）与获资助情况

序号	单位类别	申报人数 / 人	获资助人数 / 人	获资助比例 /%
1	中国科学院	338	65	19.23
2	一流大学建设高校	1 832	370	20.20
3	一流学科建设高校	842	141	16.75
4	普通高校	626	75	11.98
5	其他	730	79	10.82
合计数及总体资助比例		4 368	730	16.71

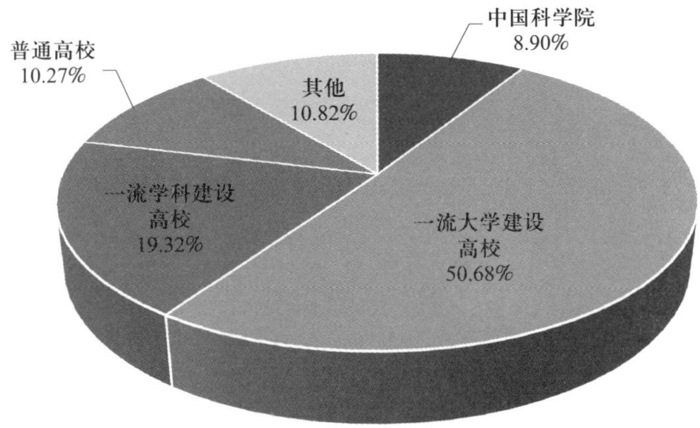

图 4–21　各设站单位获第 15 批特别资助（站中）人数占比

4. 获第 15 批特别资助（站中）人数位居前十名的设站单位的申报和获资助情况。2020 年获第 15 批特别资助（站中）人数位居前十名的设站单位共有 16 家，有 1 224 人申报，277 人获得资助，获资助比例为 22.63%，高于全国平均资助比例 16.71%。其中，获资助人数排在前三位的分别是清华大学、上海交通大学（含医学院）、浙江大学，申报人数分别是 145 人、90 人、116 人，获资助人数分别为 31 人、28 人、24 人，获资助比例分别是 21.38%、31.11%、20.69%，详见表 4–27。

表 4–27　获第 15 批特别资助（站中）人数位居前十名的设站单位的申报和获资助情况

名次	设站单位	申报人数 / 人	获资助人数 / 人	获资助比例 /%
1	清华大学	145	31	21.38
2	上海交通大学（含医学院）	90	28	31.11
3	浙江大学	116	24	20.69
4	北京大学（含医学部）	114	23	20.18
5	复旦大学	80	20	25.00
	中国科学技术大学	62	20	32.26
6	中山大学	94	18	19.15
7	武汉大学	53	14	26.42
8	华中科技大学	53	13	24.53
	吉林大学	63	13	20.63

续表

名次	设站单位	申报人数 / 人	获资助人数 / 人	获资助比例 /%
8	南京大学	44	13	29.55
	西安交通大学	84	13	15.48
	郑州大学	60	13	21.67
9	中南大学	32	12	37.50
10	电子科技大学	46	11	23.91
	四川大学	88	11	12.50
合计数及总体资助比例		1 224	277	22.63

注：表中排名先后按获资助总人数排列，其中复旦大学和中国科学技术大学并列第 5 名，华中科技大学、吉林大学、南京大学、西安交通大学、郑州大学并列第 8 名，电子科技大学和四川大学并列第 10 名。

由表 4–27 并与第 14 批特别资助（站中）情况比较可知，获第 15 批特别资助（站中）人数位居前十名的设站单位由 14 家增至 16 家，新增了武汉大学、郑州大学、中南大学、电子科技大学，减少了山东大学、哈尔滨工业大学，都属于一流大学建设高校。中国科学技术大学申报人数位居第十，但获资助比例较高，获资助人数位居第五；西安交通大学获本批资助的比例为 15.48%，获资助人数位居第八。

三、出（退）站博士后获资助与结题情况

中国博士后科学基金面上资助、特别资助以及新冠肺炎疫情防控专项资助，都是为了鼓励博士后研究人员增强创新研究能力，尤其支持在站期间取得重大自主创新研究成果或研究能力表现突出的优秀博士后研究人员。全面掌握和科学分析出（退）站博士后获中国博士后科学基金资助及其结题（项）情况，既利于检查评估博士后资助基金使用成效，也利于不断改进中国博士后科学基金资助工作。

（一）出（退）站博士后获基金资助情况

2022 年，出（退）站 23 256 名（含退站 3 151 人，不含军队系统）博士后研究人员中，有 8 118 人获中国博士后科学基金资助，约占出（退）站博士后总人数的 34.91%。其中，有 6 919 人只获面上资助，约占出（退）站博士后获资助人数的 85.23%；有 237 人只获特别资助，约占出（退）站博士后获

资助人数的 2.92%；有 44 人只获新冠肺炎疫情防控专项资助，约占出（退）站博士后获资助人数的 0.54%；有 918 人既获面上资助又获特别资助或新冠肺炎疫情防控专项资助（以下简称为“双资助”），约占出（退）站博士后获资助人数的 11.31%，详见表 4–28、图 4–22。

表 4–28　　2022 年出（退）站博士后获基金资助类别及人数

序号	资助类别	出（退）站博士后获各类资助人数 / 人	退站博士后获各类资助人数 / 人
1	面上资助	6 919	416
2	特别资助	237	15
3	新冠肺炎疫情防控专项资助	44	2
4	“双资助”	918	70
合计		8 118	503

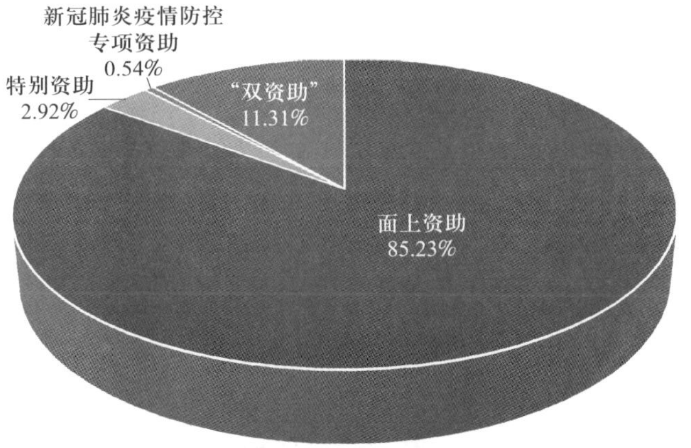

图 4–22　2022 年出（退）站博士后获各类基金资助的比例

（二）出（退）站博士后获基金资助者结题情况

2022 年出（退）站博士后应提交中国博士后科学基金结题（项）报告 9 034 份，实际提交结题（项）报告 8 441 份，未提交结题（项）报告 593 份，提交率约为 93.44%。其中，工学未提交结题（项）报告最多，为 187 份，约占未提交总数的 31.53%；其次是理学，为 169 份，约占未提交总数的 28.50%；再次是医学，为 112 份，约占未提交总数的 18.89%；其他学科门类未提交结题（项）报告都在 30 份以下，详见表 4–29、图 4–23。

表 4-29　2022 年出（退）站博士后提交和未提交结题（项）报告的学科门类和数量

序号	学科门类	提交结题（项）报告数量 / 份	未提交结题（项）报告数量 / 份
1	哲学	53	11
2	经济学	211	11
3	法学	225	20
4	教育学	115	13
5	文学	241	14
6	历史学	68	10
7	理学	2 141	169
8	工学	3 389	187
9	农学	452	26
10	医学	1 254	112
11	军事学	2	0
12	管理学	274	20
13	艺术学	16	0
合计		8 441	593

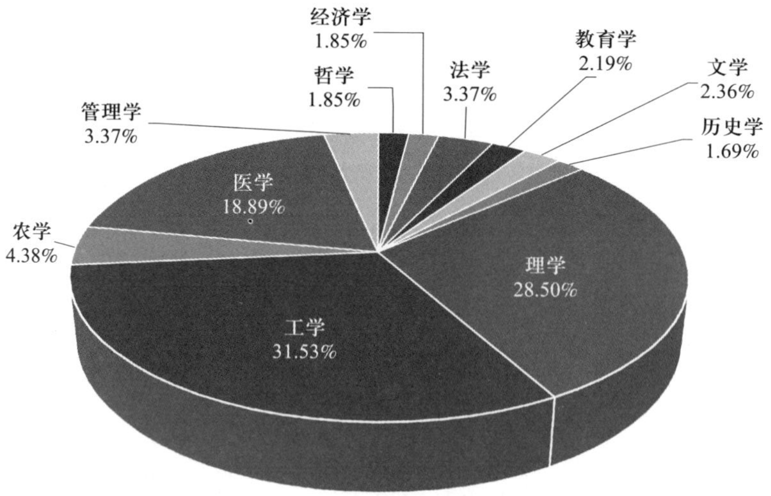

图 4-23　2022 年出（退）站博士后未提交结题（项）报告的学科门类及占比

从未提交结题（项）报告的区域来看，北京市未提交结题（项）报告最多，有 83 份，约占未提交总数的 14.00%；其次是广东省，有 76 份，约占未提交总数的 12.82%；再次是山东省，有 68 份，约占未提交总数的 11.47%；其他省、自治区、直辖市未提交结题（项）报告都在 50 份以下，详见表 4–30、图 4–24。

表 4–30　2022 年出（退）站博士后提交和未提交结题（项）报告的区域分布和数量

序号	省、自治区、直辖市	提交结题（项）报告数量 / 份	未提交结题（项）报告数量 / 份
1	北京	1 580	83
2	天津	126	11
3	河北	21	1
4	山西	36	2
5	内蒙古	5	4
6	辽宁	216	10
7	吉林	139	11
8	黑龙江	146	14
9	上海	805	35
10	江苏	888	33
11	浙江	405	35
12	安徽	174	9
13	福建	114	6
14	江西	53	5
15	山东	443	68
16	河南	243	16
17	湖北	411	47
18	湖南	190	25
19	广东	1 269	76
20	广西	53	5
21	海南	1	0
22	重庆	150	10

续表

序号	省、自治区、直辖市	提交结题（项）报告数量 / 份	未提交结题（项）报告数量 / 份
23	四川	251	27
24	贵州	24	2
25	云南	42	9
26	西藏	1	0
27	陕西	583	47
28	甘肃	40	1
29	青海	2	0
30	宁夏	3	0
31	新疆	27	1
合计		8 441	593

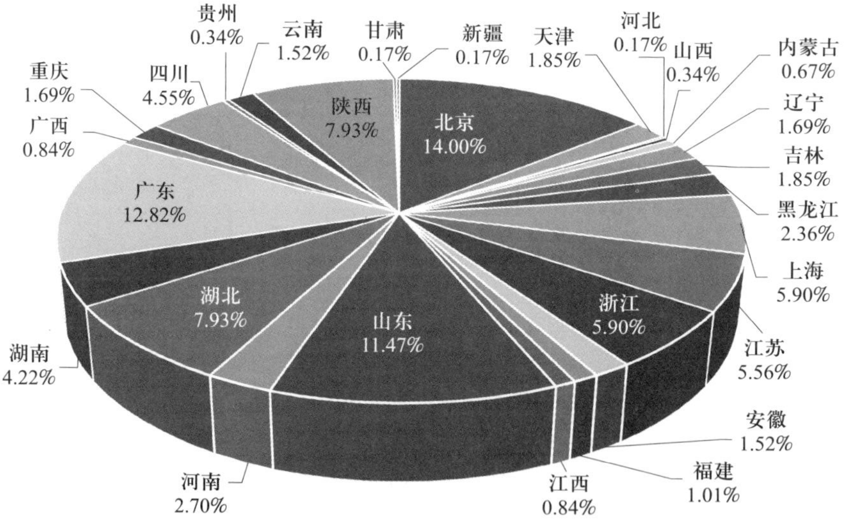

图 4–24　2022 年出（退）站博士后未提交结题（项）报告的区域分布及占比

2022 年出（退）站博士后中，获面上一等资助人员未提交结题（项）报告 54 份（含“双资助”人员的 14 份），获面上二等资助人员未提交结题（项）报告 450 份（含“双资助”人员的 31 份），获特别资助人员未提交结题（项）报告 83 份（含“双资助”人员的 58 份），获新冠肺炎疫情防控专项资助人员未提交结题（项）报告6份（含“双资助”人员的1份），详见表4–31。

表4–31　2022年出（退）站博士后获资助类别与未提交结题（项）报告情况（一）

序号	资助类别	未提交结题（项）报告数量/份	获“双资助”人员未提交结题（项）报告数量/份
1	面上一等资助	54	14
2	面上二等资助	450	31
3	特别资助	83	58
4	新冠肺炎疫情防控专项资助	6	1
合计		593	104

2022年出（退）站博士后中，只获面上一等资助、二等资助、特别资助、新冠肺炎疫情防控专项资助和获“双资助”的博士后，未提交的结题（项）报告分别是40份、419份、25份、5份、104份，详见表4–32。

表4–32　2022年出（退）站博士后获资助类别与未提交结题（项）报告情况（二）

序号	资助类别	未提交结题（项）报告数量/份
1	只获面上一等资助	40
2	只获面上二等资助	419
3	只获特别资助	25
4	只获新冠肺炎疫情防控专项资助	5
5	获“双资助”	104
合计		593

2022年出（退）站博士后获得“双资助”人员中，有3人未提交面上资助结题（项）报告，有17人未提交特别资助结题（项）报告，41人既未提交面上资助结题（项）报告也未提交特别资助结题（项）报告，1人既未提交面上资助结题（项）报告也未提交新冠肺炎疫情防控专项资助结题（项）报告，详见表4–33。

表 4-33　2022 年出（退）站博士后获“双资助”人员未提交结题（项）报告情况

序号	资助类别	未提交结题（项）报告人数 / 人	未提交结题（项）报告数量 / 份
1	未提交面上资助结题（项）报告	3	3
2	未提交特别资助结题（项）报告	17	17
3	未提交面上和特别资助结题（项）报告	41	82
4	未提交面上和新冠肺炎疫情防控专项资助结题（项）报告	1	2
合计		62	104

四、博士后创新人才支持计划资助工作

（一）博士后创新人才支持计划资助基本情况

为吸引新近毕业的优秀博士从事博士后研究工作，加速培养造就一批进入世界科技前沿的优秀青年科技创新人才，2022 年持续开展博士后创新人才支持计划（以下简称“博新计划”）资助工作。“博新计划”结合国家实验室等重点科研基地，瞄准国家重大战略、战略性高新技术和基础科学前沿领域，遴选 400 名应届或新近毕业的优秀博士，进入国内博士后设站单位从事博士后研究工作，国家给予每人两年 63 万元的资助，其中 40 万元为博士后日常经费，20 万元为中国博士后科学基金，3 万元为国际交流经费，申请条件与往年基本相同。有关部门对申报“博新计划”资助人员相关材料审核后，共推荐 3 077 人参评，公布获资助人员 367 人（不含军队和国防科工等系统人员），获资助率为 11.93%。资助金额共计 2.312 1 亿元。

（二）各学科门类申报“博新计划”资助参评与获选情况

2022 年申报“博新计划”资助的博士后，研究领域涵盖了 4 个学科门类、59 个一级学科。其中，理学（包括 12 个一级学科）参评 902 人，获选 112 人，获选比率为 12.42%，获选人数占“博新计划”资助总人数的 30.52%；工学（包括 31 个一级学科）参评 1 481 人，获选 171 人，获选比率为 11.55%，获选人数占“博新计划”资助总人数的 46.59%；农学（包括 8 个一级学科）参评 149 人，获选 18 人，获选比率为 12.08%，获选人数占“博新计划”资助总人数的 4.90%；医学（包括 8 个一级学科）参评 545 人，

获选66人，获选比率为12.11%，获选人数占“博新计划”资助总人数的17.98%，详见表4–34、表4–35、图4–25。

表4–34　各学科门类申报“博新计划”资助参评与获选情况

序号	学科门类	参评人数/人	获选人数/人	获选比率/%
1	理学	902	112	12.42
2	工学	1 481	171	11.55
3	农学	149	18	12.08
4	医学	545	66	12.11
合计数及总体获选比率		3 077	367	11.93

表4–35　各一级学科申报“博新计划”资助参评与获选情况

序号	学科门类	一级学科	参评人数/人	获选人数/人	获选比率/%
1	理学	大气科学	17	2	11.76
2		地理学	36	5	13.89
3		地球物理学	11	1	9.09
4		地质学	31	4	12.90
5		海洋科学	34	4	11.76
6		化学	212	28	13.21
7		科学技术史	1	0	0
8		生物学	311	38	12.22
9		数学	55	5	9.09
10		天文学	16	2	12.50
11		物理学	166	22	13.25
12		系统科学	12	1	8.33
13	工学	材料科学与工程	239	30	12.55
14		测绘科学与技术	14	2	14.29
15		船舶与海洋工程	9	1	11.11
16		地质资源与地质工程	29	4	13.79

续表

序号	学科门类	一级学科	参评人数 / 人	获选人数 / 人	获选比率 / %
17	工学	电气工程	44	6	13.64
18		电子科学与技术	81	9	11.11
19		动力工程及工程热物理	74	8	10.81
20		纺织科学与工程	4	0	0
21		光学工程	54	5	9.26
22		航空宇航科学与技术	29	1	3.45
23		核科学与技术	17	2	11.76
24		化学工程与技术	76	10	13.16
25		环境科学与工程	115	14	12.17
26		机械工程	96	12	12.50
27		计算机科学与技术	89	9	10.11
28		建筑学	9	1	11.11
29		交通运输工程	20	3	15.00
30		控制科学与工程	85	10	11.76
31		矿业工程	35	4	11.43
32		力学	70	5	7.14
33		林业工程	5	0	0
34		农业工程	14	2	14.29
35		轻工技术与工程	5	1	20.00
36		生物医学工程	64	8	12.50
37		石油与天然气工程	8	1	12.50
38		食品科学与工程	21	3	14.29
39		水利工程	27	3	11.11
40		土木工程	66	8	12.12
41		信息与通信工程	54	5	9.26
42		冶金工程	15	2	13.33
43		仪器科学与技术	13	2	15.38

续表

序号	学科门类	一级学科	参评人数 / 人	获选人数 / 人	获选比率 / %
44	农学	畜牧学	22	3	13.64
45		林学	11	1	9.09
46		农业资源利用	16	2	12.50
47		兽医学	17	2	11.76
48		水产	4	0	0
49		园艺学	17	2	11.76
50		植物保护	20	3	15.00
51		作物学	42	5	11.90
52	医学	公共卫生与预防医学	23	2	8.70
53		基础医学	100	13	13.00
54		口腔医学	24	2	8.33
55		临床医学	292	35	11.99
56		药学	67	9	13.43
57		中西医结合	15	2	13.33
58		中药学	10	1	10.00
59		中医学	14	2	14.29
合计数及总体获选比率			3 077	367	11.93

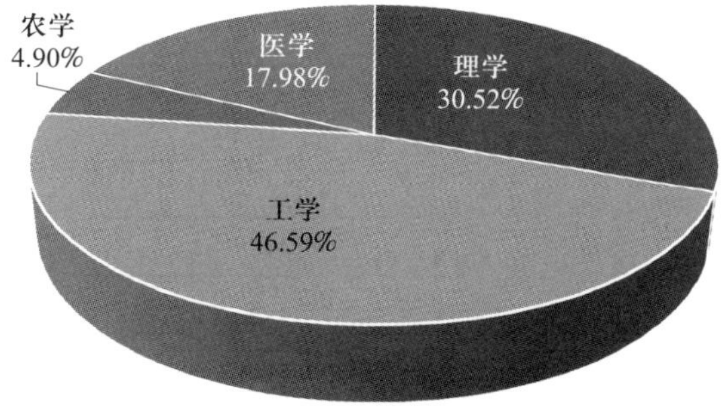

图 4–25　各学科门类获“博新计划”资助的比例

由表 4–34、表 4–35、图 4–25 并与 2021 年“博新计划”资助情况比较可知，参评人员由 3 375 人减至 3 077 人，减幅为 8.83%。申报和获资助的学科门类依然为理学、工学、农学、医学。

（三）各区域申报“博新计划”资助参评与获选情况

2022 年“博新计划”资助共有 3 077 名博士后参评，分布在全国 27 个省、自治区、直辖市，内蒙古自治区、西藏自治区、宁夏回族自治区、青海省无人参评。获资助的 367 名博士后分布在 110 个设站单位。其中，获选人员的设站单位数量达到 8 个及以上的省（区、市）包括北京市（35 个）、上海市（16 个）、广东省（11 个）、江苏省（8 个）。河北省、江西省、广西壮族自治区、贵州省、云南省、新疆维吾尔自治区分别有 3 人、4 人、2 人、4 人、1 人、14 人参评，但均未获选。北京市参评和获选人数最多，分别为 807 人、115 人，获选比率为 14.25%，占“博新计划”资助总人数的 31.34%；其次是上海市，参评和获选人数分别是 471 人、73 人，获选比率为 15.50%，占“博新计划”资助总人数的 19.89%；再次是广东省，参评和获选人数分别是 321 人、29 人，获选比率为 9.03%，占“博新计划”资助总人数的 7.90%，详见表 4–36、图 4–26。

表 4–36　　各区域申报“博新计划”资助参评与获选情况

序号	省、自治区、直辖市	获选人员拟进站或新进站单位数量 / 个	参评人数 / 人	获选人数 / 人	获选比率 /%
1	北京	35	807	115	14.25
2	天津	3	58	8	13.79
3	河北	0	3	0	0
4	山西	1	12	1	8.33
5	辽宁	3	63	6	9.52
6	吉林	2	61	4	6.56
7	黑龙江	1	46	1	2.17
8	上海	16	471	73	15.50
9	江苏	8	338	23	6.80
10	浙江	3	124	16	12.90
11	安徽	2	53	9	16.98
12	福建	2	30	5	16.67

续表

序号	省、自治区、直辖市	获选人员拟进站或新进站单位数量 / 个	参评人数 / 人	获选人数 / 人	获选比率 /%
13	江西	0	4	0	0
14	山东	3	62	7	11.29
15	河南	1	41	4	9.76
16	湖北	6	147	21	14.29
17	湖南	3	102	12	11.76
18	广东	11	321	29	9.03
19	广西	0	2	0	0
20	海南	2	2	2	100.00
21	重庆	1	59	1	1.69
22	四川	4	109	16	14.68
23	贵州	0	4	0	0
24	云南	0	1	0	0
25	陕西	2	115	12	10.43
26	甘肃	1	28	2	7.14
27	新疆	0	14	0	0
合计数及总体获选比率		110	3 077	367	11.93

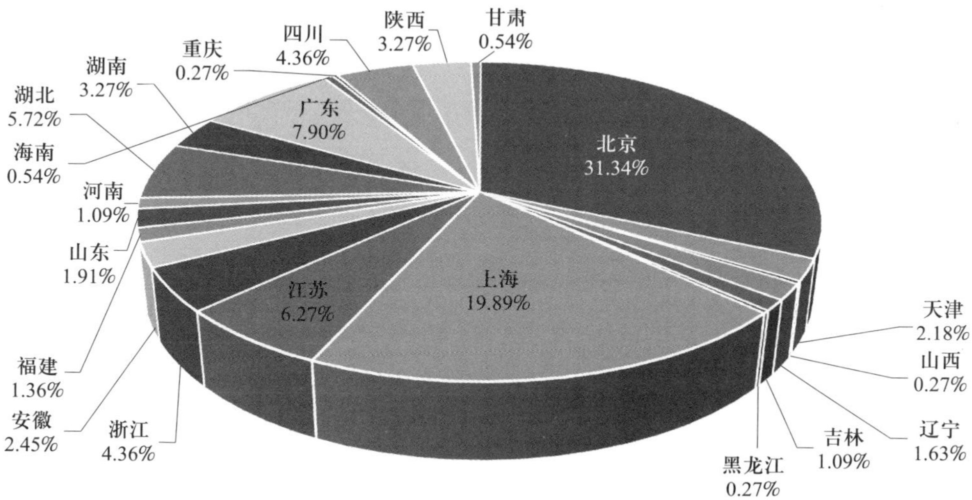

图 4–26　各区域获选“博新计划”资助的比例

由表4-36、图4-26并与2021年“博新计划”资助情况比较可知，2022年“博新计划”资助参评人员拟进站或新进站单位数量和分布情况与2021年大致相同；获选人员分布由22个省、自治区、直辖市减至21个，减少了江西省、云南省，新增了海南省；获选人员拟进站或新进站单位数量由120个减至110个，减少了10个；获选人数较多的省（区、市）集中在北京市、上海市、广东省、江苏省。

（四）各设站单位申报“博新计划”资助参评与获选情况

2022年申报“博新计划”资助的参评人员拟进站或在一流大学建设高校设站单位的有1 641人，获选232人，获选比率为14.14%，占“博新计划”资助总人数的63.22%；参评人员拟进站或在一流学科建设高校设站单位的有539人，获选64人，获选比率为11.87%，占“博新计划”资助总人数的17.44%；参评人员拟进站或在普通高校设站单位的有194人，获选8人，获选比率为4.12%，占“博新计划”资助总人数的2.18%。中国科学院参评430人，获选49人，获选比率为11.40%，占“博新计划”资助总人数的13.35%；其他设站单位参评273人，获选14人，获选比率为5.13%，占“博新计划”资助总人数的3.81%，详见表4-37、图4-27。从获选人员拟进站或所在设站单位分布看，一流大学建设高校、一流学科建设高校、普通高校、中国科学院和其他设站单位分别为34个、30个、5个、34个、7个，各类设站单位每个设站单位平均获选人数分别为6.82人、2.13人、1.6人、1.44人、2人。

表4-37　各设站单位申报“博新计划”资助参评与获选情况

序号	单位类别	获选人员拟进站或所在设站单位数量 / 个	参评人数 / 人	获选人数 / 人	获选比率 /%
1	中国科学院	34	430	49	11.40
2	一流大学建设高校	34	1 641	232	14.14
3	一流学科建设高校	30	539	64	11.87
4	普通高校	5	194	8	4.12
5	其他	7	273	14	5.13
合计数及总体获选比率		110	3 077	367	11.93

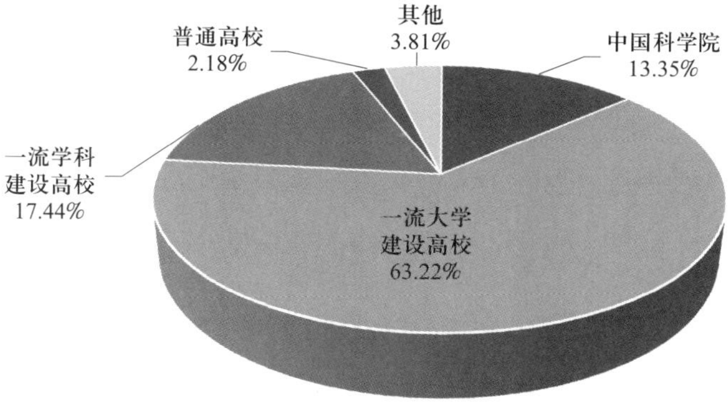

图 4–27　各设站单位获选“博新计划”资助的比例

由表 4–37、图 4–27 可知，2022 年“博新计划”资助的参评人员拟进站或所在设站单位为一流大学建设高校的最多，获选比率最高；拟进站或所在设站单位为一流学科建设高校的参评人数位居第二，获选比率也位居第二；拟进站或所在设站单位为普通高校的参评人数达到了 194 人，但是只有 8 人获选，获选比率最低。

（五）“博新计划”资助获选 10 人以上的设站单位参评与获选情况

2022 年“博新计划”资助获选 10 人以上的设站单位有 6 家，分别是清华大学、复旦大学、北京大学（含医学部）、上海交通大学（含医学院）、浙江大学、西安交通大学，其参评人数、获选人数和获选比率详见表 4–38。

表 4–38　“博新计划”资助获选 10 人以上的设站单位参评与获选情况

序号	设站单位	参评人数 / 人	获选人数 / 人	获选比率 /%
1	清华大学	167	27	16.17
2	复旦大学	98	26	26.53
3	北京大学（含医学部）	108	23	21.30
4	上海交通大学（含医学院）	122	15	12.30
5	浙江大学	79	13	16.46
6	西安交通大学	51	11	21.57
合计数及总体获选比率		625	115	18.40

由表 4–38 可知，2022 年“博新计划”资助获选 10 人以上的设站单位都是一流大学建设高校，共有 625 人参评，115 人获选，总体获选比率

为 18.40%。其中，复旦大学的获选比率最高，为 26.53%；其次是西安交通大学，获选比率为 21.57%；再次是北京大学（含医学部），获选比率为 21.30%。

五、优秀学术专著出版资助工作

中国博士后科学基金会为鼓励在站两年以上或出站 5 年内的博士后研究人员出版其取得的科研创新成果，根据《中国博士后科学基金资助申请指南（2022 年度）》，继续开展优秀学术专著出版资助工作。资助领域为自然科学，限学术专著，字数不少于 15 万字，申请人应为专著的唯一作者。2022 年共资助出版 30 部学术专著，每部资助 8 万元，资助金额共计 240 万元。

第五章　博士后国（境）外合作交流

2021年11月至2022年12月，为进一步加强博士后国（境）外交流合作，提升博士后培养质量，全国博士后管委会办公室、中国博士后科学基金会接续组织实施博士后国际交流计划、中德博士后交流项目、香江学者计划、澳门青年学者计划，进一步提升了博士后国际化水平。

一、博士后国际交流计划的组织实施

（一）引进项目的申报与执行

根据《2022年博士后国（境）外交流项目申报指南》，2022年2月10日，全国博士后管委会办公室印发《关于开展2022年博士后国（境）外交流项目申报工作的通知》（博管办〔2022〕27号），明确2022年博士后国际交流计划中的引进项目，主要资助在国（境）外获得博士学位的优秀博士（包括中国籍和外籍）在国内博士后设站单位开展博士后研究工作，为期2年。全年计划资助500人以内。资助经费由全国博士后管委会办公室、博士后设站单位共同承担。其中，全国博士后管委会办公室资助每人每年20万元，博士后设站单位配套资助每人每年10万元，包括在华从事博士后研究期间个人的生活开支、住房补助、社会保险及来华往返国际旅费等。

根据规定，2022年博士后国际交流计划引进项目的申请人必须具备以下条件：（1）年龄不超过35周岁，思想品德端正，身体健康。（2）申请人须为近3年内在国（境）外获得博士学位的外籍博士或中国籍留学博士（申请人不能为中外合作办学博士）。（3）申请人一般应为在国内没有博士后工作经历人员或新近进站人员。新近进站人员在国内的累计博士后在站时间应未满6个月（截至本人申请材料网上提交之日）。（4）申请人博士毕业学校应为世界排名前100名的高校，或者其博士学位所属学科世界排名前100

名[以当年度最新上海软科世界大学学术排名(Academic Ranking of World Universities)、泰晤士高等教育世界大学排名(Times Higher Education World University Ranking)、QS 世界大学排名(QS World University Rankings)、U. S. News 世界大学排名(U. S. News & World Report)为参考]。对“一带一路”沿线国家的申请人，条件可放宽至博士毕业学校为本国排名前 3 名的高校。根据“中德博士后交流项目”合作框架，在德国获得博士学位的留学人员或外籍博士，如获得德国亥姆霍兹联合会正式推荐可申请本项目，不受学校或专业排名限制。(5)申请人自主联系国内博士后科研流动站或工作站，并获得博士后设站单位正式推荐。(6)申请人能够保证在华从事博士后研究工作不少于 20 个月。(7)申请人具备较高的学术水平和较强的科研能力、创新能力。(8)申请人应具有良好的中文(或英文)听、说、读、写能力。(9)国内在职人员不能申报本项目。申请人受本项目资助期间须全职在设站单位从事博士后研究工作。(10)申请人此前未获得过博士后国(境)外交流项目或“博新计划”资助。符合上述 10 款条件，截至本人申请材料网上提交之日，进站时间未满 6 个月的在站博士后研究人员可以申请本项目。

2022 年引进项目由个人申请，博士后设站单位推荐、审核，采用直接资助、遴选资助、省(市)联合资助 3 种遴选方式。其中，直接资助名额 150 人(包括留学回国博士 100 人、外籍博士 50 人)，资助名额用完即止；遴选资助分两批次在 5 月、10 月进行评审工作，资助名额不少于 150 人；省(市)联合资助的申报和评审工作由各省(市)具体负责组织。

从 2022 年引进项目的组织申报看，推荐单位共有 174 个。其中，高校 83 所、科研院所 51 个、企事业单位 40 个。申报总人数为 962 人。其中，高校推荐人数最多，为 764 人，占申报总人数的 79.42%。高校推荐总人数中，清华大学人数最多，有 106 人，占申报总人数的 11.02%；其次是北京大学，有 100 人，占申报总人数的 10.40%；再次是浙江大学，有 64 人，占申报总人数的 6.65%。科研院所推荐 119 人，占申报总人数的 12.37%。企事业单位推荐 79 人，占申报总人数的 8.21%。[①]

从 2022 年引进项目的申报学科来看，涉及除军事学和交叉学科之外的

① 这里及以下参考引用的数据信息，主要源自中国博士后网上办公系统、中国博士后科学基金会官网，作者对相关数据信息进行了认真核对和整理加工。

12 个学科门类。其中，申报人数最多的是工学，有 361 人，占申报总人数的 37.53%；其次是理学，有 300 人，占申报总人数的 31.19%；再次是医学，有 113 人，占申报总人数的 11.75%（详见表 5-1、图 5-1）。

表 5-1　　2022 年引进项目申报人员数量及所在的学科门类

序号	学科门类	申报人数 / 人
1	工学	361
2	理学	300
3	医学	113
4	管理学	42
5	教育学	35
6	文学	28
7	法学	22
8	农学	16
9	哲学	15
10	经济学	14
11	历史学	10
12	艺术学	6
合计		962

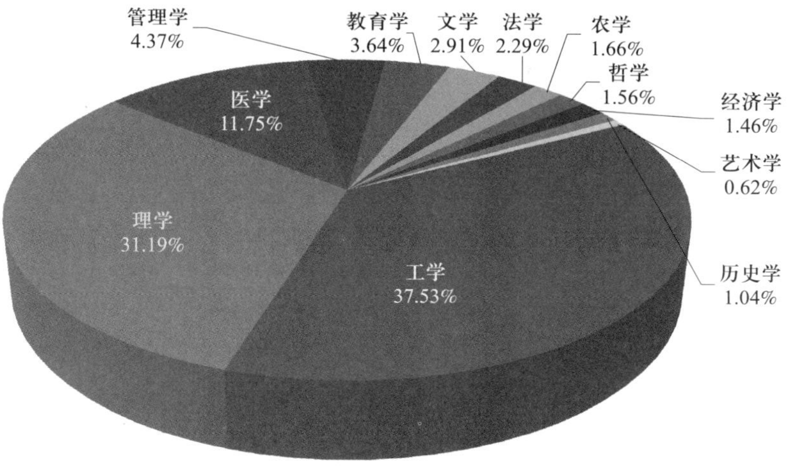

图 5-1　2022 年引进项目申报人员所在学科门类占比

全国博士后管委会办公室、中国博士后科学基金会根据各单位上报情况，经专家评审择优确定了获资助人员，并于2022年5月、10月公布了第一批次和第二批次获资助人员及推荐单位，详见表5-2、表5-3。

表5-2 2022年引进项目第一批获资助人员及推荐单位

序号	姓名	一级学科	推荐单位
1	孙靖洲	法学	北京大学
2	周雪涵	公共管理	北京大学
3	李欣	公共管理	北京大学
4	徐玉隽	教育学	北京大学
5	唐小佳	考古学	北京大学
6	张诗隽	社会学	北京大学
7	刘丹枫	社会学	北京大学
8	Dongshan Zhang	艺术学理论	北京大学
9	朱磊	哲学	北京大学
10	张馨时	化学	北京大学
11	袁天宇	数学	北京大学
12	曹立元	数学	北京大学
13	吴峙佑	数学	北京大学
14	王军啸	数学	北京大学
15	乔帅格	数学	北京大学
16	Lee Jia Choon	数学	北京大学
17	林浩翔	天文学	北京大学
18	张翼	物理学	北京大学
19	王奕媛	物理学	北京大学
20	朱健华	物理学	北京大学
21	李智	地球物理学	北京大学
22	潘子晴	地质学	北京大学
23	余琮煜	地质学	北京大学
24	焦裕忻	力学	北京大学

续表

序号	姓名	一级学科	推荐单位
25	李晗	力学	北京大学
26	韩淑捷	计算机科学与技术	北京大学
27	张静	环境科学与工程	北京大学
28	朱盛	生物学	北京大学
29	全柯丞	材料科学与工程	北京大学
30	安芸	材料科学与工程	北京大学
31	胡兆宁	材料科学与工程	北京大学
32	严浩	材料科学与工程	北京大学
33	张斐斐	医学技术	北京大学医学部
34	周伟娇	护理学	北京大学医学部
35	陈夏阳	法学	北京航空航天大学
36	单旭晨	物理学	北京航空航天大学
37	王晔	动力工程及工程热物理	北京航空航天大学
38	唐逸豪	航空宇航科学与技术	北京航空航天大学
39	闫玉新	化学工程与技术	北京化工大学
40	陈志裴	交通运输工程	北京交通大学
41	肖宁	工商管理	北京科技大学
42	翁传鑫	科学技术史	北京科技大学
43	张彤	管理科学与工程	北京理工大学
44	郭思尼	管理科学与工程	北京理工大学
45	刘扬	兵器科学与技术	北京理工大学
46	刘欣	机械工程	北京理工大学
47	余嘉程	力学	北京理工大学
48	谭心怡	材料科学与工程	北京理工大学
49	曹议匀	生物学	北京脑科学与类脑研究中心
50	方祖仪	公共管理	北京师范大学
51	黄君君	教育学	北京师范大学
52	康宁	理论经济学	北京师范大学
53	李静煊	临床医学	北京协和医学院

续表

序号	姓名	一级学科	推荐单位
54	邓定群	数学	北京雁栖湖应用数学研究院
55	汪金郁	生物学	昌平实验室
56	何亚聪	中药学	成都中医药大学
57	王焕文	物理学	电子科技大学
58	郭大千	光学工程	电子科技大学
59	曾天娇	信息与通信工程	电子科技大学
60	刘璐	法学	复旦大学
61	党元	社会学	复旦大学
62	邓涵之	政治学	复旦大学
63	彭泽宇	政治学	复旦大学
64	刘怡辰	中国史	复旦大学
65	宋雨婷	中国语言文学	复旦大学
66	胡楠	中国语言文学	复旦大学
67	邵一真	化学	复旦大学
68	王绍岩	化学	复旦大学
69	程新宇	数学	复旦大学
70	仇泽彬	物理学	复旦大学
71	李昱	电子科学与技术	复旦大学
72	卢秋洁	计算机科学与技术	复旦大学
73	白名瑗	计算机科学与技术	复旦大学
74	费静媛	环境科学与工程	复旦大学
75	郑诗璐	生态学	复旦大学
76	奚之砚	生物学	复旦大学
77	赵晓宇	生物学	复旦大学
78	张蓓	生物医学工程	复旦大学
79	陆姿含	材料科学与工程	复旦大学
80	张静烨	药学	复旦大学
81	王丽君	公共卫生与预防医学	广西医科大学
82	汪鑫	统计学	广州大学

续表

序号	姓名	一级学科	推荐单位
83	王静	临床医学	广州医科大学
84	江金豹	光学工程	国防科技大学
85	宋昭	环境科学与工程	哈尔滨工业大学
86	汪丽萍	生物医学工程	杭州华为企业通信技术有限公司
87	曹浩冰	水利工程	河海大学
88	时新建	化学	河南大学
89	王鹏达	电气工程	湖南大学
90	李顺峰	机械工程	湖南大学
91	王怡欣	计算机科学与技术	湖南大学
92	公鑫	控制科学与工程	湖南大学
93	郭晶晶	土木工程	湖南大学
94	金星霖	教育学	华东师范大学
95	Peter Slezkine	世界史	华东师范大学
96	朱春燕	海洋科学	华东师范大学
97	郝胜兰	电子科学与技术	华东师范大学
98	吴雅婷	数学	华中师范大学
99	胡喆祺	农业工程	吉林大学
100	李庚辉	数学	南方科技大学
101	郭斌	基础医学	南方医科大学
102	刘琰	管理科学与工程	南京大学
103	王洋	天文学	南京大学
104	王怡康	天文学	南京大学
105	曹竞文	建筑学	南京大学
106	赵雪	生物学	南京大学
107	杨鑫	化学工程与技术	南京工业大学
108	李胜兰	环境科学与工程	南京信息工程大学
109	方佳文	电子科学与技术	南京邮电大学
110	胡杰	数学	南开大学

续表

序号	姓名	一级学科	推荐单位
111	肖鸣	数学	南开大学
112	户呈曦	社会学	清华大学
113	吴娟娟	外国语言文学	清华大学
114	李蓝宇	应用经济学	清华大学
115	管君	化学	清华大学
116	王秋然	化学	清华大学
117	王起	数学	清华大学
118	Rongvoram Nivesvivat	数学	清华大学
119	张弛	物理学	清华大学
120	魏梦杰	物理学	清华大学
121	舒新愉	物理学	清华大学
122	董启环	电气工程	清华大学
123	王楚涵	力学	清华大学
124	刘澍	信息与通信工程	清华大学
125	付婉怡	信息与通信工程	清华大学
126	黄立楠	信息与通信工程	清华大学
127	赵婧	环境科学与工程	清华大学
128	陈抒炀	环境科学与工程	清华大学
129	陈博珊	土木工程	清华大学
130	张旭浩	生物学	清华大学
131	李丹妍	生物学	清华大学
132	王瑶	材料科学与工程	清华大学
133	余锦程	材料科学与工程	清华大学
134	张泉	考古学	山东大学
135	程冠桦	材料科学与工程	山东大学
136	徐俪珑	外国语言文学	上海交通大学
137	刘浩	数学	上海交通大学
138	Michael Zantedeschi	物理学	上海交通大学

续表

序号	姓名	一级学科	推荐单位
139	杜轶琛	控制科学与工程	上海交通大学
140	陈瑶	基础医学	上海交通大学医学院
141	Yaw Hui Ping	基础医学	上海交通大学医学院
142	陈蓓	工商管理	上海外国语大学
143	童欣	外国语言文学	上海外国语大学
144	陈思韵	中西医结合	上海中医药大学
145	杨帅伶	土木工程	深圳大学
146	冯晓远	生物学	深圳虚拟大学园
147	孟琦	考古学	四川大学
148	乔川	力学	四川大学
149	黄钟明	药学	苏州大学
150	武娜	化学	苏州工业园区人力资源开发有限公司
151	杨正馨	机械工程	中国科学院苏州生物医学工程技术研究所
152	李青	仪器科学与技术	天津大学
153	邵博华	管理科学与工程	同济大学
154	Harya Nugraha	地球物理学	同济大学
155	周辛全	海洋科学	同济大学
156	崔晓雨	力学	同济大学
157	程哲驰	数学	武汉大学
158	郭诗怡	地理学	武汉大学
159	陈宇轩	土木工程	武汉大学
160	唐道贵	交通运输工程	武汉理工大学
161	覃飞宇	材料科学与工程	西安交通大学
162	王炳俊	材料科学与工程	西安交通大学
163	雷文茜	基础医学	西安交通大学
164	王博	地质学	西北大学
165	曹徐绿	农业资源与环境	西南大学
166	李鸿坤	机械工程	西南交通大学
167	曾杰	石油与天然气工程	西南石油大学

续表

序号	姓名	一级学科	推荐单位
168	杨宗鑫	计算机科学与技术	浙江大学
169	侯世挺	生物学	浙江大学
170	吕佳航	生物学	浙江大学
171	Zhang Zhe Yu	基础医学	浙江大学
172	熊家亨	化学	浙江西湖高等研究院（西湖大学）
173	叶松涛	化学	浙江西湖高等研究院（西湖大学）
174	刘华杨	化学	浙江西湖高等研究院（西湖大学）
175	杨东	生物学	浙江西湖高等研究院（西湖大学）
176	曹玉杰	生物学	浙江西湖高等研究院（西湖大学）
177	关晓阳	材料科学与工程	郑州大学
178	薄亚聪	公共卫生与预防医学	郑州大学
179	陈亚州	临床医学	郑州大学
180	任冠龙	应用经济学	之江实验室
181	张可欣	物理学	之江实验室
182	徐承	光学工程	之江实验室
183	刘冰洁	计算机科学与技术	之江实验室
184	杨一洲	计算机科学与技术	之江实验室
185	Lei Hou	生物医学工程	之江实验室
186	梁钰	地质资源与地质工程	中国地质大学
187	何琼	工商管理	中国海洋大学
188	王滨	环境科学与工程	中国科学院城市环境研究所
189	Victor Andres Piedrahita Velez	地球物理学	中国科学院地质与地球物理研究所
190	申建勋	地质学	中国科学院地质与地球物理研究所
191	吴启	生物学	中国科学院分子植物科学卓越创新中心
192	刘震	物理学	中国科学院高能物理研究所
193	James Logan King	地质学	中国科学院古脊椎动物与古人类研究所
194	李浏博	化学	中国科学院化学研究所

续表

序号	姓名	一级学科	推荐单位
195	汪旦丁	计算机科学与技术	中国科学院计算技术研究所
196	崔杨岚森	化学	中国科学院理化技术研究所
197	郭同彪	力学	中国科学院力学研究所
198	涂欢	力学	中国科学院力学研究所
199	肖伟烨	地理学	中国科学院南京地理与湖泊研究所
200	沈逸涵	生物学	中国科学院脑科学与智能技术卓越创新中心
201	张梦雅	生物学	中国科学院脑科学与智能技术卓越创新中心
202	陈宇	光学工程	中国科学院上海光学精密机械研究所
203	郭雪莹	化学	中国科学院上海药物研究所
204	王舜	化学	中国科学院上海有机化学研究所
205	黄凡	环境科学与工程	中国科学院生态环境研究中心
206	李杨	生物学	中国科学院武汉病毒研究所
207	吴凌翔	控制科学与工程	中国科学院自动化研究所
208	杨儒	美术学	中国美术馆
209	李润钊	电气工程	中国能源建设集团广东省 电力设计研究院有限公司
210	彭郁	食品科学与工程	中国农业大学
211	全玉东	植物保护	中国农业科学院
212	宗翔宇	应用经济学	中南财经政法大学
213	赵琳	应用经济学	中南财经政法大学
214	杨秧	机械工程	中南大学
215	陈晓栋	交通运输工程	中南大学
216	郑响凑	土木工程	中南大学
217	易妍	临床医学	中南大学
218	杨钧翔	数学	中山大学
219	王艺桥	口腔医学	中山大学
220	张渝	临床医学	中山大学
221	段远强	临床医学	中山大学
222	苌新伟	临床医学	中山大学

续表

序号	姓名	一级学科	推荐单位
223	张倩	管理科学与工程	重庆大学
224	李晨	动力工程及工程热物理	重庆大学
225	王莉莎	城乡规划学	重庆大学
226	李辉	机械工程	重庆长安汽车股份有限公司
227	Keisuke Fukumura	基础医学	北京大学医学部
228	姚子青	心理学	北京脑科学与类脑研究中心
229	戴高宇	光学工程	张江实验室

表 5-3　　2022 年引进项目第二批获资助人员及推荐单位

序号	姓名	一级学科	推荐单位
1	肖煜	教育学	清华大学
2	汤胜兵	教育学	华中师范大学
3	刘倩	教育学	浙江大学
4	李蒙	力学	西南交通大学
5	Hassan Waqas	动力工程及工程热物理	江苏大学
6	邵韵霏	艺术学理论	清华大学
7	西禹霏	动力工程及工程热物理	清华大学
8	刘琼	水产	宁波大学
9	张可心	农林经济管理	中国人民大学
10	韦鹏亮	作物学	浙江大学
11	嵇昂	交通运输工程	西南交通大学
12	朱小强	基础医学	上海交通大学医学院
13	侯瑞	计算机科学与技术	北京邮电大学
14	刘任翔	哲学	清华大学
15	陈凌霄	临床医学	山东大学齐鲁医院
16	李竹伊	工商管理	中国人民大学
17	朱琳	临床医学	上海交通大学医学院
18	冯新然	社会学	清华大学

续表

序号	姓名	一级学科	推荐单位
19	李桥林	仪器科学与技术	清华大学
20	梁建	生物学	深圳湾实验室
21	樊一民	力学	哈尔滨工业大学
22	彭钰君	生物学	四川大学
23	南浪	生物医学工程	西安交通大学
24	郑玉晗	生态学	复旦大学
25	戢水玲	生物学	华中师范大学
26	李韫	数学	清华大学
27	Oh Josiah Hyun	数学	复旦大学
28	聂家熹	数学	复旦大学
29	戴高乐	基础医学	北京协和医学院
30	陆悦美	体育学	华东师范大学
31	Minoda Teppei	物理学	清华大学
32	宋佳丽	土木工程	山东大学
33	王钦玉	土木工程	清华大学
34	郎梦晨	外国语言文学	上海交通大学
35	谢媛	外国语言文学	清华大学
36	袁艳丽	网络空间安全	北京理工大学
37	王栋栋	生物学	山东大学
38	屈笛扬	生物学	清华大学
39	邱渔骋	物理学	上海交通大学
40	丁鼎	物理学	复旦大学
41	罗煜东	物理学	北京大学
42	许彬	物理学	北京大学
43	裴鼎	材料科学与工程	上海科技大学
44	卓冯骏	材料科学与工程	上海科技大学
45	王培钰	公共卫生与预防医学	厦门大学
46	Nathan Thomas Han	心理学	浙江大学
47	史嘉鑫	心理学	华南师范大学

续表

序号	姓名	一级学科	推荐单位
48	Azizi Afshin	农业工程	中国农业大学
49	Aun Raza	药学	复旦大学
50	凌嘉伟	药学	浙江大学
51	陈多娇	临床医学	浙江大学
52	于荐青	临床医学	浙江大学
53	梁宇辰	哲学	北京大学
54	马元嘉	冶金工程	浙江西湖高等研究院（西湖大学）
55	吴庐陵	化学	浙江西湖高等研究院（西湖大学）
56	徐璐	生物学	浙江西湖高等研究院（西湖大学）
57	张玲	化学	浙江西湖高等研究院（西湖大学）
58	豆颖超	化学	郑州大学
59	杨泞嘉	生物医学工程	之江实验室
60	刘建欢	地球物理学	中国地震局地质研究所
61	柯昕妤	生物学	中国科学院分子细胞科学卓越创新中心
62	高梓昂	动力工程及工程热物理	中国科学院工程热物理研究所
63	于洋	电子科学与技术	中国科学院国家空间科学中心
64	凌姗	生物医学工程	中国科学院基础医学与肿瘤研究所
65	王菲琪	计算机科学与技术	中国科学院计算技术研究所
66	Raees Khan	生物学	中国科学院昆明植物研究所
67	杨珊珊	地理学	中国科学院青藏高原研究所
68	邓阳	生物学	中国科学院上海巴斯德研究所
69	马天磊	电子科学与技术	中国科学院上海微系统与信息技术研究所
70	高慕鸿	统计学	中国科学院数学与系统科学研究院
71	应程铄	管理科学与工程	中国科学院数学与系统科学研究院
72	赵之浩	数学	中国科学院数学与系统科学研究院
73	彭勇	生态学	中国科学院植物研究所
74	吕茂隆	控制科学与工程	中国人民解放军空军工程大学
75	尹敏志	中国史	复旦大学
76	安传恺	应用经济学	中国投资有限责任公司

续表

序号	姓名	一级学科	推荐单位
77	陶冉	中国语言文学	北京大学
78	谢晓天	控制科学与工程	中南大学
79	Harry James Moore	哲学	北京师范大学
80	Mohamed Adel Mohamed Abdelnabi	土木工程	浙江大学
81	Junwei Li	化学	散裂中子源科学中心
82	麻宏阳	口腔医学	北京大学医学部
83	秦宗实	公共卫生与预防医学	北京大学医学部
84	肖正	数学	北京大学
85	刘保磊	物理学	北京航空航天大学
86	文熠	材料科学与工程	北京航空航天大学
87	郑佳	生态学	北京师范大学
88	肖胤勃	基础医学	北京协和医学院
89	赵博文	数学	北京雁栖湖应用数学研究院
90	孙仕成	基础医学	昌平实验室
91	樊世漾	地理学	西北大学
92	李儒鹏	地质资源与地质工程	中国石油大学（北京）
93	赵正福	地质学	北京大学
94	侯金波	地质学	南京大学
95	许庆宇	电气工程	清华大学
96	邓振云	计算机科学与技术	电子科技大学
97	朱佳	材料科学与工程	电子科技大学
98	王碧玥	公共管理	清华大学
99	唐靖媛	管理科学与工程	重庆大学
100	梁福琪	管理科学与工程	浙江大学
101	李彦先	生物学	广东海大集团有限公司畜牧水产研究中心
102	谢辰仪	临床医学	广东省心血管病研究所
103	田植良	软件工程	国防科技大学
104	Thng Guo Hao	电子科学与技术	浙江大学

续表

序号	姓名	一级学科	推荐单位
105	彭祥军	力学	清华大学
106	张西镚	软件工程	河南大学
107	邓媛昕	化学	华东理工大学
108	曹欢	药学	四川大学
109	陈晨	化学工程与技术	上海交通大学
110	彭博	环境科学与工程	北京大学
111	钟岳志	环境科学与工程	北京大学
112	何逸聪	环境科学与工程	清华大学
113	卢圆圆	环境科学与工程	浙江大学
114	李国俊	仪器科学与技术	西安交通大学
115	黄清云	机械工程	上海交通大学
116	全睿杰	计算机科学与技术	浙江大学
117	王重阳	计算机科学与技术	清华大学
118	严华祥	土木工程	浙江大学
119	李鑫	建筑学	南京大学
120	方舟	城乡规划学	清华大学
121	张捷	食品科学与工程	江南大学
122	刘奇	交通运输工程	同济大学

从 2022 年引进项目获资助人员情况看，两个批次共有 351 人入选，由国内 114 个单位推荐引进，包括 66 所高校、34 家科研院所和 14 家企事业单位。在 66 所高校中，北京大学获资助人数最多，为 45 人；清华大学次之，为 39 人；复旦大学有 27 人；浙江大学有 16 人；上海交通大学有 12 人；北京理工大学和南京大学各有 7 人；北京航空航天大学有 6 人；其他大学都在 5 人及以下。

从引进单位的类型来看，一流大学建设高校获资助人数最多，为 232 人，占获资助总人数的 66.10%；科研院所 49 人，占比 13.96%；一流学科建设高校 41 人，占比 11.68%；企事业单位 22 人，占比 6.27%；普通高校 7 人，占比 1.99%，详见图 5-2。从获资助人员的推荐单位设站类别来看，79.77% 来自博士后科研流动站，20.23% 来自博士后科研工作站。

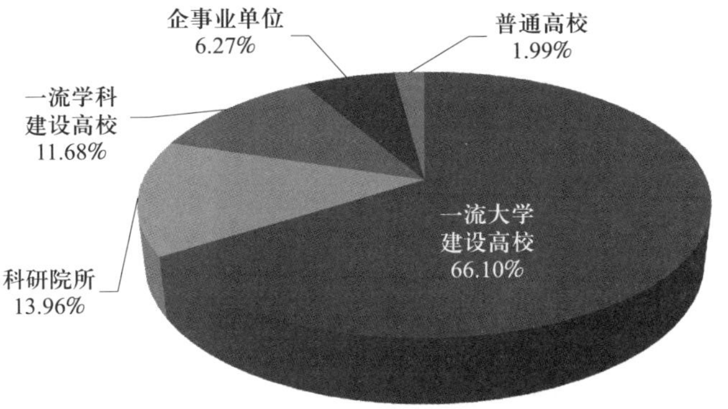

图 5-2　2022 年引进项目获资助人员推荐单位类型及占比

从学科分布情况看，2022 年博士后国际交流计划引进项目资助学科涉及 12 个学科门类下的 73 个一级学科，申报的 12 个学科门类全部获得资助。其中，获资助人数最多的是工学，有 132 人获得资助，占获资助总人数的 37.61%；其次是理学，有 114 人，占获资助总人数的 32.48%；再次是医学，有 37 人，占获资助总人数的 10.54%，详见表 5-4。

表 5-4　　2022 年引进项目获资助人数及所在学科门类

序号	学科门类	获资助人数 / 人
1	工学	132
2	理学	114
3	医学	37
4	管理学	17
5	法学	10
6	教育学	10
7	文学	8
8	经济学	6
9	历史学	6
10	农学	4
11	哲学	4
12	艺术学	3
合计		351

从2022年博士后国际交流计划引进项目的执行情况看，各省、自治区、直辖市主管部门及各有关设站单位按照全国博士后管委会办公室确定的申报及遴选程序，先组织个人登录中国博士后网站填写相关信息，并上传相关证明材料。全国博士后管委会办公室、中国博士后科学基金会组织专家在5月、10月分两个批次评审后，及时将结果反馈给各单位和博士后个人。各设站单位接到获选通知后，按有关规定帮助获资助人员办理进站手续，并督促其在6个月内进站，作为在站博士后研究人员加以管理。

（二）派出项目的申报与执行

全国博士后管委会办公室在《关于开展2022年博士后国（境）外交流项目申报工作的通知》（以下简称《通知》）中明确，2022年博士后国际交流计划派出项目，主要资助优秀在站博士后研究人员、应届博士毕业生到国（境）外优秀高校、科研机构、企业的优势学科领域开展博士后研究工作。全年计划资助80人。资助经费为每人30万元，主要用于支付在国（境）外从事博士后研究工作期间的生活开支、住房补助、社会保险及往返旅费等。

《通知》规定，2022年博士后国际交流计划派出项目申请人，必须具备以下基本条件：（1）年龄不超过35周岁，政治素养好，思想品德端正，身体健康。（2）申请人应为在站博士后研究人员或应届博士毕业生。其中，在站博士后研究人员申报须经所在设站单位和合作导师同意（在职身份的博士后研究人员还须经其人事关系所在单位同意）；未进站的2022年应届博士毕业生可先行申报，获选后再办理博士后进站手续。（3）申请人自主联系国（境）外高校、科研机构或企业，并获得正式邀请。国（境）外接收单位应为世界排名前100名的高校、国际一流研究机构或企业。如国（境）外高校或科研机构不在世界排名前100名之内，但申报学科在国际上属优势学科，须由国内派出单位另附说明方可申报。国（境）外接收单位邀请函中应写明申请人基本信息、工作时间和期限、主要研究内容、给予资助金额。（4）申请人应具备较高的学术水平和较强的科研能力、创新能力。（5）申请人应具有良好的英语（或赴外工作国语言）的听、说、读、写能力。（6）在专业领域方面，优先考虑面向世界科技前沿、面向经济主战场、面向国家重大需求、面向人民生命健康的重点领域。（7）此前未获得过博士后国（境）外交流项目或“博新计划”资助。（8）派出人员在国（境）外从事博士后研究时间不得少于

12个月，在国内派出单位从事博士后研究时间不得少于6个月，博士后在站时间累计不少于24个月，最长不超过6年。

认真落实《通知》精神，全国共有122个单位推荐的314名优秀在站博士后研究人员、拟进站的2022年应届博士毕业生于2月10日至4月15日通过中国博士后网，及时提交了博士后国际交流计划派出项目申报表及相关证明材料。根据各单位的申报情况，全国博士后管委会办公室、中国博士后科学基金会组织专家进行了严格评审，结果有73人获得派出项目的资助，详见表5–5。

表5–5　2022年派出项目获资助人员及推荐单位

序号	姓名	一级学科	推荐单位
1	孔令然	化学	北京大学
2	刘新蕾	地理学	北京大学
3	吴斌	化学	北京大学
4	吴步娇	计算机科学与技术	北京大学
5	钟梦莹	生态学	北京大学
6	王文景	临床医学	北京大学医学部
7	王苑佐	土木工程	北京工业大学
8	左志强	环境科学与工程	北京工业大学
9	汪毅卿	航空宇航科学与技术	北京航空航天大学
10	邢运	力学	北京航空航天大学
11	祁核	材料科学与工程	北京科技大学
12	李伟华	中国语言文学	北京外国语大学
13	沈冲	数学	北京邮电大学
14	金磊	材料科学与工程	电子科技大学
15	张凡	土木工程	东南大学
16	张喜雯	机械工程	东南大学
17	周晴雯	力学	哈尔滨工业大学
18	赵堃	水利工程	河海大学

续表

序号	姓名	一级学科	推荐单位
19	朱淳	地质资源与地质工程	河海大学
20	冯运	控制科学与工程	湖南大学
21	李焕新	化学	湖南大学
22	韩亨达	动力工程及工程热物理	华中科技大学
23	骆华清	物理学	华中科技大学
24	王晓雪	电子科学与技术	华中科技大学
25	伍宏志	机械工程	华中科技大学
26	熊元	临床医学	华中科技大学同济医学院附属协和医院
27	唐珊	植物保护	华中农业大学
28	刘春环	食品科学与工程	江南大学
29	严理	生态学	兰州大学
30	孙智	交通运输工程	南京航空航天大学
31	徐帆	信息与通信工程	南京航空航天大学
32	雍可南	控制科学与工程	南京航空航天大学
33	王志方	化学	南开大学
34	方超华	生物医学工程	上海交通大学
35	黄帅	船舶与海洋工程	上海交通大学
36	贾腾	动力工程及工程热物理	上海交通大学
37	杨畅	应用经济学	上海交通大学
38	刘家凯	光学工程	深圳大学
39	李翠翠	临床医学	首都医科大学
40	王刚	临床医学	四川大学
41	高原	基础医学	苏州大学
42	张蓉蓉	化学工程与技术	天津大学
43	杨东旺	环境科学与工程	武汉理工大学
44	罗乐	石油与天然气工程	西南石油大学
45	万超	化学工程与技术	浙江大学
46	张煜耀	环境科学与工程	浙江大学

续表

序号	姓名	一级学科	推荐单位
47	蹇韵晴	植物保护	浙江大学
48	俞上	物理学	之江实验室
49	段云飞	地质学	中国地质大学
50	张建军	材料科学与工程	中国地质大学
51	李健	环境科学与工程	中国科学院城市环境研究所
52	吴帆	土木工程	中国科学院成都山地灾害与环境研究所
53	王娜	大气科学	中国科学院大气物理研究所
54	甘甜	环境科学与工程	中国科学院地球化学研究所
55	张倩	地球物理学	中国科学院地质与地球物理研究所
56	吴婷	生物学	中国科学院华南植物园
57	付衍哲	地质学	中国科学院南京地质古生物研究所
58	朱林奇	地质资源与地质工程	中国科学院深海科学与工程研究所
59	明轩	生物学	中国科学院生物物理研究所
60	苑俊峰	机械工程	中国矿业大学
61	陈世超	农业工程	中国农业大学
62	阮楚晋	农业资源与环境	中国农业大学
63	卓文	地理学	中国气象科学研究院
64	刘峰霞	数学	中国人民大学
65	田小龙	公共管理	中国人民大学
66	宫帅帅	中药学	中国药科大学
67	周天娇	药学	中国药科大学
68	顿耀山	临床医学	中南大学
69	金燕飞	护理学	中南大学
70	江园	生物学	中山大学
71	熊梓健	物理学	重庆大学
72	邓忠伟	机械工程	重庆大学
73	王洪鹏	管理科学与工程	兰州大学

由表 5-5 及其他信息分析可知，2022 年博士后国际交流计划派出项目获资助人员分别来自国内 34 所高校、10 家研究院所和 2 个企事业单位。其中，北京大学有 6 人获得资助，华中科技大学和上海交通大学各有 4 人，南京航空航天大学和浙江大学各有 3 人，其余单位获资助人数都在 3 人以下。从推荐单位类型来看，来自一流大学建设高校的获资助人员最多，为 39 人，占获资助总人数的 53.42%；来自一流大学建设学科的为 20 人，占获资助总人数的 27.40%；来自科研院所的为 10 人，占获资助总人数的 13.70%；来自企事业单位和普通高校的均为 2 人，分别占获资助总人数的 2.74%。获资助人员中来自博士后科研流动站的有 61 人，占获资助总人数的 83.56%；来自博士后科研工作站的有 12 人，占获资助总人数的 16.44%。

从学科分布来看，工学获资助人数最多，为 37 人，约占获资助总人数的 50.68%；理学次之，为 20 人，占获资助总人数的 27.40%。其他学科如医学为 9 人，占获资助总人数的 12.33%；农学为 3 人，占获资助总人数的 4.11%；管理学为 2 人，占获资助总人数的 2.74%；经济学、文学均为 1 人，分别占获资助总人数的 1.37%。

从 2022 年博士后国际交流计划派出项目的执行情况看，各省、自治区、直辖市主管部门及各有关设站单位，严格按照全国博士后管委会办公室编制的申报指南和《通知》精神，加强对应届博士毕业生群体和海外对口合作高校的宣传，以吸引更多优秀博士加入博士后国（境）外交流项目，同时精心组织符合条件的人员进行网上个人申请、上传相关证明材料。全国博士后管委会办公室、中国博士后科学基金会根据各单位上报情况，组织专家进行评审并及时反馈评审结果。各相关设站单位根据评审结果，及时帮助获资助人员办理相关手续，进站从事博士后研究工作，确保 2022 年博士后国际交流计划派出项目执行到位。

（三）“学术交流项目”的申报与执行

根据全国博士后管委会办公室的《通知》精神，2022 年博士后国际交流计划学术交流项目主要资助优秀在站博士后研究人员赴国（境）外参加国际学术会议，开展学术交流活动。全年计划资助 80 人。资助经费为每人 2 万元，主要用于赴国（境）外开展学术交流活动的交通费、食宿费、会议费等。

2022 年博士后国际交流计划学术交流项目申报工作，首先由拟参加学术交流项目的人员个人提出申请，线上填写相关申报信息并上传相关证明材料，采取“随时申报、择优遴选”的方式。其中，参加“国（境）外交流项目”申报系统中《重要国际学术会议目录》所列会议，且受邀作口头报告的申请人，经设站单位审核推荐，全国博士后管委会办公室、中国博士后科学基金会复核通过后，按照“先到先得，直接资助，资助名额用完即止”的原则组织实施。《通知》还鼓励有关地区和设站单位对参加国际顶级学术会议或学术成绩特别突出的博士后研究人员给予配套资助。全国博士后管委会办公室、中国博士后科学基金会根据上报情况择优确定获资助人员，并于2022年11月21日公开发布了获资助人员名单，见表5–6。

表5–6　　2022年学术交流项目获资助人员及推荐单位

序号	姓名	推荐单位	序号	姓名	推荐单位
1	韩雨婷	北京大学	17	黄赛鹏	东北石油大学
2	曾文	北京航空航天大学	18	董新新	东南大学
3	王永锋	北京航空航天大学	19	邢吉平	东南大学
4	杜清	北京科技大学	20	何芳	复旦大学
5	高学鸿	北京科技大学	21	邓凤霞	哈尔滨工业大学
6	褚洪杨	北京科技大学	22	卢浩	河海大学
7	肖柏林	北京科技大学	23	陈海彬	华北电力大学
8	武广昊	北京理工大学	24	徐雯	华东师范大学
9	刘娜	北京理工大学	25	罗浩	华中科技大学
10	江慎旺	北京理工大学	26	刘泽照	南京大学
11	魏利	北京理工大学	27	杜易轩	清华大学
12	翟育铭	北京外国语大学	28	刘春	清华大学
13	刘昊	电子科技大学	29	Cabural Mark Kevin Supnad	厦门大学
14	Artur Movsesyan	电子科技大学	30	毕钊	山东省医学科学院
15	周雪	东北大学	31	巩涛	山东众阳健康科技集团有限公司
16	梁爽	东北师范大学	32	李钢	上海交通大学

续表

序号	姓名	推荐单位	序号	姓名	推荐单位
33	许赛	生态环境部南京环境科学研究所	42	钟世华	中国海洋大学
34	陈明玉	天津大学	43	Popelnukha Anastasiia	中国科学技术大学
35	朱伟	武汉大学	44	余昕	中国科学院地质与地球物理研究所
36	焦龙	西安交通大学	45	高思鸿	中国石油大学（北京）
37	刘科	长江大学	46	施元红	中国政法大学
38	陈淑涵	浙江大学	47	穆文	中南财经政法大学
39	颜冬	浙江大学	48	张强	中山大学
40	宋阳	浙江大学	49	王文玺	重庆大学
41	张晓敏	中国国家博物馆	50	徐勇军	重庆金美通信有限责任公司

由表 5-6 及其他信息综合分析可知，2022 年博士后国际交流计划学术交流项目资助总人数为 50 人。获资助人员分别来自国内 33 所高校、1 家科研院所、4 家企事业单位。其中，获资助人数最多的是北京科技大学和北京理工大学，均为 4 人；浙江大学次之，为 3 人；北京航空航天大学、电子科技大学、东南大学和清华大学分别有 2 人，其他单位均为 1 人。

从 2022 年博士后国际交流计划学术交流项目推荐单位及获资助人员看，来自一流大学建设高校的最多，为 31 人，占获资助总人数的 62%；一流大学建设学科 11 人，占获资助总人数的 22%；企事业单位 4 人，占获资助总人数的 8%；科研院所和普通高校共 4 人，占获资助总人数的 8%。获资助人员中来自博士后科研流动站的有 46 人，占获资助总人数的 92%；来自博士后科研工作站的有 4 人，占获资助总人数的 8%。

2022 年博士后国际交流计划学术交流项目的执行情况总体良好，相关博士后设站单位根据全国博士后管委会办公室的《通知》精神，认真落实学术交流项目实施工作细则，积极做好博士后研究人员赴国（境）外学术交流后续工作，从而保证了 2022 年学术交流项目的顺利进行。

二、“中德博士后交流项目”的组织实施

根据《2022 年博士后国（境）外交流项目申报指南》精神，2022 年全国博士后管委会办公室下发《通知》，继续选派新近获得博士学位的优秀青年科研人员，赴德国亥姆霍兹联合会下属的研究所开展博士后研究工作，期限为 2 年。中方提供每人 30 万元人民币经费资助，德方有关研究中心提供每人每月 1 500 欧元的资助，可用于支付生活津贴、健康和意外伤害保险和研究、差旅费用。2022 年全国计划资助 30 人。同时，还印发了“2022 年‘中德博士后交流项目’岗位汇总表”“2022 年‘中德博士后交流项目’岗位介绍”。

根据有关规定，2022 年“中德博士后交流项目”申请人应具备以下条件：（1）年龄不超过 35 周岁，政治素养良好，思想品德端正，身体健康。（2）申请人应为在站博士后研究人员，或未进站的应届博士毕业生和在职教学科研人员（一般应博士毕业 3 年以内）。（3）在站博士后研究人员申报须经设站单位和合作导师同意；未进站的申请人要依托博士后科研流动站、工作站设站单位申报，可先行申报，获选后再办理博士后进站手续。在职身份的博士后研究人员还须经其人事关系所在单位同意。（4）具备良好的英语或德语能力。（5）能保证全职在德国工作至少 20 个月。（6）符合德方提供的博士后研究人员岗位需求和申报要求。（7）此前未获得过博士后国（境）外交流项目或“博新计划”资助。

按照 2022 年“中德博士后交流项目”申报流程，各有关单位积极组织申请人登录中国博士后网站，进入中国博士后网上办公系统填写相关申报信息、上传相关证明材料。相关设站单位审核后，报送至中国博士后科学基金会。经全国博士后管委会办公室、中国博士后科学基金会进行资格复核及初选后，由德方组织遴选，最终确定资助人选，由全国博士后管委会办公室通知其申报单位。获资助人员中的拟进站人员分别在相关部门办理进站手续。根据相关协议由德方发布岗位需求，德方 10 个研究中心共提供 78 个博士后研究职位，其中德国电子同步加速器中心（DESY）提供 24 个需求岗位，德国信息技术研究中心（FZI）提供 13 个需求岗位，德国达姆施塔特重离子研究所（GSI）提供 12 个需求岗位，卡尔斯鲁厄理工学院（KIT）提供 8 个需求岗位，德国阿尔弗雷德·韦格纳研究所 – 亥姆霍兹极地和海洋研究中心（AWI）

提供 5 个需求岗位，德国德累斯顿－罗森多夫赫尔姆霍兹中心（HZDR）提供 5 个需求岗位，德国亥姆霍兹柏林材料与能源研究中心（HZB）提供 4 个需求岗位，德国亥姆霍兹慕尼黑中心－德国环境健康研究中心（HMGU）和德国亥姆霍兹感染研究中心（HZI）各提供 3 个需求岗位，德国癌症研究中心（DKFZ）提供 1 个需求岗位。经过全国博士后管委会办公室对申报材料的严格审核和德方专家组织的评选，最终确定了 2022 年“中德博士后交流项目”获资助人选，并于 2022 年 8 月公布了获选人员名单，共 30 人，候补 4 人，详见表 5–7。

表 5–7　2022 年“中德博士后交流项目”获资助人员和推荐单位

序号	姓名	推荐单位	资助编号
1	梁洁	中国科学院青藏高原研究所	ZD2022001
2	程玉冰	中国科学院大气物理研究所	ZD2022002
3	王碧涵	上海科技大学	ZD2022003
4	沈晓民	上海交通大学	ZD2022004
5	史欣玥	南京大学	ZD2022005
6	周俊贵	苏州大学	ZD2022006
7	吴孔龙	武汉大学	ZD2022007
8	牛亚洲	中国科学技术大学	ZD2022008
9	王瑞霞	中国科学院生态环境研究中心	ZD2022009
10	张俊	中国科学院大学	ZD2022010
11	彭志刚	北京工业大学	ZD2022011
12	李海进	西南石油大学	ZD2022012
13	聂日明	奇瑞汽车股份有限公司	ZD2022013
14	叶加久	中国科学院合肥物质科学研究院	ZD2022014
15	石文	中国科学院大连化学物理研究所	ZD2022015
16	闫星廷	中国科学院合肥物质科学研究院	ZD2022016
17	王维平	中国科学技术大学	ZD2022017
18	林升炫	上海交通大学	ZD2022018
19	路明	中国科学院近代物理研究所	ZD2022019

续表

序号	姓名	推荐单位	资助编号
20	王鹏杰	北京大学	ZD2022020
21	焦君宇	北京大学	ZD2022021
22	黄梦园	北京化工大学	ZD2022022
23	代广知	山东大学	ZD2022023
24	骆逸	武汉大学	ZD2022024
25	陈爽	中国科学院大连化学物理研究所	ZD2022025
26	黄根	湖南大学	ZD2022026
27	崔艳艳	郑州大学	ZD2022027
28	李航	北京大学	ZD2022028
29	沃德芳	中国科学院广州能源研究所	ZD2022029
30	李冲	之江实验室	ZD2022030

（候补人员）

序号	姓名	推荐单位
1	吕维维	中国科学院上海天文台
2	乔冰强	中国科学院高能物理研究所
3	冯小康	吉林大学
4	原之洋	中国科学院高能物理研究所

由表 5–7 并结合其他信息分析可知，2022 年“中德博士后交流项目”获资助人员中，北京大学有 3 人获资助，上海交通大学、武汉大学、中国科学技术大学、中国科学院大连化学物理研究所和中国科学院合肥物质科学研究院各有 2 人获资助，其余 17 所院校均有 1 人获资助。其中，来自一流大学建设高校的人数最多，为 13 人；其次是中国科学院下属科研院所，为 9 人；一流学科建设高校 6 人；企事业单位 2 人。这反映出双一流大学建设高校在申报“中德博士后交流项目”方面具有一定优势。

从 2022 年“中德博士后交流项目”的执行情况看，各有关设站单位接到获选人员通知后，按照《博士后工作管理规定》（国人部发〔2006〕149 号）

和国家公派出国人员有关规定，协助和督促获选人员及时赴德国有关研究中心开展博士后研究工作，积极组织获选人员办好出国手续并做好后续工作，加强对获选人员合作交流期内的管理、考核与跟踪服务，督促落实中德双方提供的资助经费。其中，中方提供每年每人30万元人民币经费资助及时到位，德方各研究中心分别提供每人每月1 500欧元生活补助并提供保险，可用于生活津贴、健康和意外伤害保险和研究、差旅费，从而保证了“中德博士后交流项目”工作的顺利开展。

三、“香江学者计划”的组织实施

根据《2022年博士后国（境）外交流项目申报指南》精神，全国博士后管委会办公室下发的《通知》明确2022年继续组织实施“香江学者计划”，全年拟选派内地50名优秀博士到香港指定大学，在港方合作导师的指导下，以港方大学合约研究人员的身份开展为期2年的博士后研究，资助每人36万元人民币和43.92万元港币，主要用于支付生活开支、住房补助、科研补助、社会保险及往返旅费。

《通知》规定，“香江学者计划”申请人应具备以下条件:（1）年龄不超过35周岁，政治素养良好，思想品德端正，身体健康。（2）应为在站博士后研究人员，或未进站的应届博士毕业生和在职教学科研人员（一般应为博士毕业3年以内）。（3）具备较高的学术水平和较强的科研能力、创新能力。（4）具备良好的英语能力，能全职在香港工作2年。（5）专业领域为基础研究、生物医学、信息技术、农业、新能源、新材料、先进制造、经济学、法学、管理学等。（6）此前未获得过博士后国（境）外交流项目或“博新计划”资助。（7）在站博士后研究人员申报须经设站单位和合作导师同意；未进站的申请人需依托博士后科研流动站、工作站设站单位申报，可先行申报，获选后再办理博士后进站手续。在职身份的博士后研究人员还须经其人事关系所在单位同意。

根据《通知》精神，各设站单位认真贯彻“个人申请，单位推荐，专家评审，择优录取”的遴选原则，严格按照申报程序进行申报。全国有153个单位推荐354人申报了“香江学者计划”，申报研究领域涉及7个学科门类的41个一级学科。根据香港城市大学、香港中文大学、香港教育大学、香港浸会大学、香港大学、香港科技大学、香港理工大学 7 所大学提供的博士后研究人员岗位需求，申请人员及时提交了申报材料和相关证明。全国博士后管委会办公室和香港学者协会根据《全国博士后管委会办公室与香港学者协会联合培养博士后研究人员计划协议书》的规定，分别于 5 月、7 月在北京和香港组织专家对 2022 年度“香江学者计划”申请者的材料进行评审，最终确定 50 名资助人选，详见表 5–8。

表 5–8　2022 年“香江学者计划”获资助人员、推荐单位、学科分布及香港高校名单

序号	姓名	推荐单位	一级学科	香港高校	资助编号
1	吴中明	南京信息工程大学	数学	香港中文大学	XJ2022001
2	陈亚萍	西北工业大学	数学	香港理工大学	XJ2022002
3	夏凌波	湖南大学	物理学	香港大学	XJ2022003
4	田国	华南师范大学	物理学	香港理工大学	XJ2022004
5	汪东清	电子科技大学	化学	香港城市大学	XJ2022005
6	王朋磊	大连理工大学	化学	香港中文大学	XJ2022006
7	杨京润	解放军总医院	化学	—	XJ2022007
8	庞美俊	天津大学	化学	香港浸会大学	XJ2022008
9	范正龙	苏州大学	化学	香港科技大学	XJ2022009
10	牟金成	贵州大学	化学	香港教育大学	XJ2022010
11	郭欣萌	天津大学	系统科学	香港浸会大学	XJ2022011
12	王凯	湖南大学	力学	香港理工大学	XJ2022012
13	宋鲁凯	北京航空航天大学	力学	香港理工大学	XJ2022013
14	张磊	华中科技大学	机械工程	香港城市大学	XJ2022014
15	杨涛	西北工业大学	机械工程	香港城市大学	XJ2022015
16	朱文清	北京大学	机械工程	香港城市大学	XJ2022016
17	王福瑞	南京航空航天大学	机械工程	香港中文大学	XJ2022017
18	邓福泉	哈尔滨工程大学	机械工程	香港理工大学	XJ2022018
19	赵朝委	江西省科学院	材料科学与工程	香港城市大学	XJ2022019
20	邵赫	南京邮电大学	材料科学与工程	香港城市大学	XJ2022020
21	白国英	河北工业大学	材料科学与工程	香港城市大学	XJ2022021

续表

序号	姓名	推荐单位	一级学科	香港高校	资助编号
22	汪俊岭	南京工业大学	材料科学与工程	香港城市大学	XJ2022022
23	袁吉峰	北京科技大学	材料科学与工程	香港大学	XJ2022023
24	张琳琳	郑州大学	材料科学与工程	香港科技大学	XJ2022024
25	曹琦	西北工业大学	材料科学与工程	香港理工大学	XJ2022025
26	邢震宇	华南师范大学	材料科学与工程	香港理工大学	XJ2022026
27	王霁翔	扬州大学	动力工程及工程热物理	香港理工大学	XJ2022027
28	李岩学	同济大学建筑设计研究院（集团）有限公司	动力工程及工程热物理	香港理工大学	XJ2022028
29	陈正格	西南交通大学	电气工程	香港城市大学	XJ2022029
30	陈鹏伟	南京航空航天大学	电气工程	香港理工大学	XJ2022030
31	吴亚飞	电子科技大学	电子科学与技术	香港理工大学	XJ2022031
32	黄建青	上海交通大学	信息与通信工程	香港大学	XJ2022032
33	王思华	北京邮电大学	信息与通信工程	香港科技大学	XJ2022033
34	李勇	南京理工大学	计算机科学与技术	香港城市大学	XJ2022034
35	陈磊	广东工业大学	计算机科学与技术	香港浸会大学	XJ2022035
36	牛纪德	天津大学	建筑学	香港理工大学	XJ2022036
37	方亚威	湖南大学	土木工程	香港理工大学	XJ2022037
38	李文文	武汉大学	测绘科学与技术	香港理工大学	XJ2022038
39	唐燕飞	同济大学	化学工程与技术	香港理工大学	XJ2022039
40	颜川奇	西南交通大学	交通运输工程	香港理工大学	XJ2022040
41	陈翀	同济大学	环境科学与工程	香港城市大学	XJ2022041
42	申恒青	山东大学	环境科学与工程	香港理工大学	XJ2022042
43	王鹏	南京航空航天大学	地理学	香港中文大学	XJ2022043
44	潘明玉	中国药科大学	基础医学	香港城市大学	XJ2022044
45	郭梦琪	青岛大学	基础医学	香港中文大学	XJ2022045
46	张小昕	江苏大学	基础医学	香港大学	XJ2022046
47	任梅渗	四川农业大学	药学	香港浸会大学	XJ2022047

续表

序号	姓名	推荐单位	一级学科	香港高校	资助编号
48	邹俊驹	湖南中医药大学	中药学	香港中文大学	XJ2022048
49	尹航	哈尔滨医科大学	医学技术	香港理工大学	XJ2022049
50	高凯烨	中国科学院数学与系统科学研究院	管理科学与工程	香港理工大学	XJ2022050

注：表中杨京润未公布其进入香港的具体高校。

由表5-8及其他信息综合分析可知，2022年“香江学者计划”共有50人获得资助，较2021年度减少了2人。获资助人员分别来自国内34所高校、3家企事业单位和中国科学院下属的1个研究所。与2021年度相比，获资助的高校数量减少了1所，研究所减少了1家，企事业单位增加了1家，但大学博士后站点仍是主要资助对象。在国内34所高校中，湖南大学、南京航空航天大学、天津大学和西北工业大学获资助人数最多，均为3人；电子科技大学、华南师范大学、同济大学、西南交通大学均为2人；其他单位为1人。

从推荐单位来看，一流大学建设高校获资助人员最多，为21人，占获资助总人数的42%；一流学科建设高校次之，为18人，占获资助总人数的36%；普通高校获资助人员7人，占获资助总人数的14%；企事业单位3人获得资助，占获资助总人数的6%；科研院所1人获得资助，占获资助总人数的2%。与2021年相比，一流大学建设高校获资助人数仍然占首位，获资助人数增加了3人。从获资助人员的推荐单位设站类别来看，92%来自博士后科研流动站，8%来自博士后科研工作站。

从香港高校接收人数看，香港理工大学接收获资助人员最多，为19人，占获资助总人数的38%；其次是香港城市大学，为12人，占获资助总人数的24%；再次是香港中文大学，为6人，占获资助总人数的12%；香港大学和香港浸会大学均为4人，分别占获资助总人数的8%；香港科技大学为3人，占获资助总人数的6%；香港教育大学1人，占获资助总人数的2%。

2022年香港7所大学提供的岗位需求共200个，比2021年少了2个。其中工学岗位需求最多，为109个，占岗位需求总数的54.5%；其次是理学，为42个，占总数的21%；再次是医学，为26个，占总数的13%；管理学为

15个，占总数的7.5%；教育学为5个，占总数的2.5%，文学为2个，占总数的1%；农学有1个，占总数的0.5%。合作研究项目涉及7个学科门类的47个一级学科，与2021年度相比，学科门类总数一致，新增了农学，减少了经济学。

据悉，自2010年12月正式启动“香江学者计划”以来，已经从我国内地选派12批（次）666名优秀博士赴港高校开展博士后研究工作，中央财政累计投入超过2.09亿元人民币，有效促进了我国内地和香港的科研与经济发展，开启了内地和香港开展交流合作、联合培养博士后研究人员的新篇章，为内地博士后研究人员瞄准世界科技前沿搞好科学技术研究，尽早成为世界一流科研人才创造了有利条件。

四、“澳门青年学者计划”的组织实施

根据《全国博士后管委会办公室与澳门科学技术协进会联合培养博士后研究人员计划协议书》《2022年博士后国（境）外交流项目申报指南》，全国博士后管委会办公室2022年继续选派内地优秀博士到澳门指定的高校及科研机构，在合作导师的指导下，在澳门优势专业领域开展博士后研究工作，为期2年。全年计划资助25人。资助经费为每人36万元人民币和42万澳门元，主要用于获资助人员在澳门期间的生活开支、住房补贴、社会保险以及往返旅费等。澳门培养单位协助提供自费的医疗服务计划，视情况提供学校宿舍（住宿费自理）。合作导师负责所有研究工作的其他开支，如消耗品、实验仪器、出差费用、出席国际会议经费等。

依据相关规定，申请2022年度“澳门青年学者计划”的人员必须符合以下条件：（1）年龄一般不超过35周岁，政治素养良好，思想品德端正，身体健康。（2）申请人应为在站博士后研究人员或未进站的应届博士毕业生和在职教学科研人员（一般应为博士毕业3年以内）。（3）在站博士后研究人员申报须经设站单位和合作导师同意；未进站的申请人要依托博士后科研流动站、工作站设站单位申报，可先行申报，获选后再办理博士后进站手续。在职身份的博士后研究人员还须经其人事关系所在单位同意。（4）具备较高的学术水平和较强的科研能力、创新能力。（5）具备良好的英语水平，能全职在澳门工作2年。（6）专业领域为中医药（生物医学、临床生物学、生物讯息学、

中药学、药学、化学等）、微电子（微电子学与固体电子学、电子信息科学与技术、物理学、模拟与混合电路等）、月球与行星研究（物理学、应用数学、化学、地质学、天文学、计算机科学和技术、大气科学、空间物理、信息科学和遥感科学等）、智慧城市物联网（智能感知、网络存储和传输、大数据分析和控制、智慧能源物联网、智能交通、公共安全监控和灾害防治等），以及其他目前在澳门已具备发展基础和潜力且具有杰出学术带头人的优势专业领域。（7）此前未获得过博士后国（境）外交流项目或“博新计划”资助。

2022 年“澳门青年学者计划”申报工作，先由设站单位组织申请人填报相关信息，经审核后提交全国博士后管委会办公室、中国博士后科学基金会组织第一轮专家评审，确定不超过 50 名候选人。候选人确定后，在一定时间内与至多 2 位合作导师对接。对接成功后，候选人和合作导师共同撰写研究方案，并由候选人向澳门项目秘书处递交申请表和研究方案。澳门科学技术协进会组织专项第二轮专家评审，确定获选人员。全国博士后管委会办公室对终选结果进行核准并印发资助通知，最终有 25 人获选，另有候补 4 人，详见表 5–9。

表 5–9　2022 年“澳门青年学者计划”获资助人员、推荐单位及学科分布情况

序号	姓名	推荐单位	一级学科	资助编号
1	杨其全	同济大学	天文学	AM2022001
2	满恒妍	南昌大学	地球物理学	AM2022002
3	葛明明	浙江西湖高等研究院（西湖大学）	水利工程	AM2022003
4	陈力恒	哈尔滨工程大学	机械工程	AM2022004
5	徐达	中国地质大学	电气工程	AM2022005
6	王超	江苏大学	材料科学与工程	AM2022006
7	吕存财	河北大学	材料科学与工程	AM2022007
8	陈敬德	苏州大学	材料科学与工程	AM2022008
9	董升阳	南京信息工程大学	材料科学与工程	AM2022009
10	黄旭民	广东工业大学	信息与通信工程	AM2022010
11	林志	国防科技大学	信息与通信工程	AM2022011
12	黄于艺	广州医科大学	计算机科学与技术	AM2022012

续表

序号	姓名	推荐单位	一级学科	资助编号
13	刘兰法	华中师范大学	计算机科学与技术	AM2022013
14	冯玲	山东理工大学	化学	AM2022014
15	陈娟	重庆医科大学	药学	AM2022015
16	胡豆豆	华南农业大学	药学	AM2022016
17	陈徐	陕西师范大学	药学	AM2022017
18	陈燕燕	江苏大学	药学	AM2022018
19	屠言贝	江苏大学	药学	AM2022019
20	朱艳丽	湖南大学	药学	AM2022020
21	石硕	西北农林科技大学	中药学	AM2022021
22	罗花	广西医科大学	中药学	AM2022022
23	王娟	武汉科技大学	生物学	AM2022023
24	张俊杰	北京科技大学	生物学	AM2022024
25	李发礼	电子科技大学	生物医学工程	AM2022025

（候补人员）

序号	姓名	推荐单位	一级学科
1	赵仲勇	西南大学	电子科学与技术
2	秦戬	西安理工大学	材料科学与工程
3	张进	福州大学	生物医学工程
4	赵晶	东北大学	机械工程

2022年度“澳门青年学者计划”申报工作顺利、执行情况良好，主要体现在：（1）2022年度“澳门青年学者计划”申报单位共计80个，比2021年增加了11个；申报人数为129人，比2021年增加了19人，分别来自内地68所高校、4个科研院所、8家企事业单位。（2）2022年度“澳门青年学者计划”获资助的25人分别来自内地22所高校和1个研究所。在22所高校中，江苏大学有3人获资助，其他单位均有1人。（3）从2022年度“澳门青年学者计划”获资助人员（不含候补）的推荐单位来看，一流学科建设高校获资助人员最多，为10人，占获资助总人数的40%；普通高校次之，为9人，占

获资助总人数的 36%；一流大学建设高校获资助人员为 5 人，占获资助总人数的 20%；科研院所有 1 人获得资助，占获资助总人数的 4%。从获资助人员的推荐单位设站类别来看，96% 来自博士后科研流动站，4% 来自博士后科研工作站。（4）2022 年度“澳门青年学者计划”分别与 2 所澳门大学和 1 家企业合作。从接收人数（不含候补人员）情况看，澳门大学接收 18 人，占获资助总人数的 72%；澳门科技大学接收 6 人，占获资助总人数的 24%，还有 1 人未公布其进入澳门的具体单位。

第六章　博士后学术交流（论坛）活动

2022年度，全国博士后管委会办公室根据有关省、区、市和中央直属机关等部门的博士后设站单位申报情况，共安排了29场（含2021年因疫情防控未举办的7场）全国博士后学术交流活动。同时，全国各地博士后工作管理部门和设站单位组织举办了多场博士后学术论坛，为广大博士后研究人员搭建了交流学术思想、促进科研创新的平台。①

一、全国博士后学术交流活动申报与举办

（一）全国博士后学术交流活动申报情况

2022年3月8日，《全国博士后管委会办公室关于印发2022年全国博士后学术交流计划的通知》（博管办〔2022〕37号）明确，2022年全国博士后学术交流活动，仍采用由全国博士后管委会办公室、中国博士后科学基金会和有关省（区、市）、部门主办，相关设站单位承办的方式。各主办和承办单位缜密组织，注重实效，充分发挥设站单位的力量和优势，组织开展博士后学术交流工作。加大宣传力度，鼓励各承办单位提前将活动通知用电子邮件的形式发送至留学人员和专家服务中心（中国博士后科学基金会）博士后基金管理处，中国博士后微信公众号对有关信息予以推送，扩大博士后学术交流活动在业内和社会上的影响。举办全国性博士后学术交流活动，要严格执行中央八项规定和有关规定，着力提高学术交流实效。各承办单位应于博士后学术交流活动举办后1个月内通过电子邮件将总结报告报送至留学人员和专家服务中心（中国博士后科学基金会）博士后基金管理处，提高学术交流活动后期管理力度。根据各省、自治区、直辖市以及中央直属机关和中央军

① 这里及以下参考引用的数据信息，除特别注明出处外，均源自中国博士后网上办公系统、中国博士后科学基金会官网，作者对相关数据信息进行了认真核对和整理加工。

委有关部门的申报情况，全国博士后管委会办公室对2022年拟开展的学术交流（论坛）活动进行遴选，确定22个学术交流活动列入年度计划，2021年香江学者计划学术年会、全国高校博士后工作研讨会、第三届全国农科博士后学术论坛、全国博士后技术转移及成果转化高端论坛、临床医学研究与科技转化高端论坛、新能源汽车智能化电驱动高技术论坛、第七届中国法学博士论坛因疫情原因延期至2022年举办，最终有29个学术交流（论坛）活动被列入2022年度计划。对入选计划的每个学术交流（论坛）活动资助5万元，由留学人员和专家服务中心从博士后专项交流及管理工作项目经费中拨付，不足部分由有关省、自治区、直辖市以及中央直属机关和中央军委有关部门、设站单位落实解决。资助经费全部用于与博士后学术交流（论坛）活动直接相关的支出，包括活动组织、论文审阅编辑、参与人员食宿交通、专家讲课费等。

从具体申报情况来看，2022年共有15个省、自治区、直辖市申报全国博士后学术交流活动并被列入年度计划。其中，北京市申报6场，江苏省、浙江省各申报4场，山东省申报3场，广东省申报2场，上海市、湖北省、福建省、天津市、河南省、广西壮族自治区、四川省、海南省、陕西省、重庆市各申报1场学术交流活动并被列入计划，详见表6-1。

表6-1　2022年全国博士后学术交流活动计划安排

序号	活动名称或主题	承办单位	拟举办地点	拟举办时间
1	“博新计划”前沿论坛	浙江大学之江实验室	浙江省杭州市	6月
2	博士后国际交流计划派出项目学术论坛	河海大学	江苏省南京市	6月
3	博士后国际交流计划引进项目学术论坛	复旦大学	上海市	11月
4	2022年中国人力资源服务业博士后学术交流会	中国社会科学院大学	北京市	9月
5	生物安全军事卫勤保障创新发展论坛	中部战区总医院	湖北省武汉市	5月
6	提升种业创新能力　助力种业振兴发展论坛	中国农业科学院作物科学研究所	北京市	5月

续表

序号	活动名称或主题	承办单位	拟举办地点	拟举办时间
7	旅游人才建设与青年人才培养论坛	中国旅游研究院	北京市	6月
8	中医药前沿交叉技术论坛	漳州片仔癀药业股份有限公司	福建省漳州市	9月
9	人才大数据深度挖掘与智能应用全国博士后学术论坛	南京信息工程大学	江苏省南京市	11月
10	第十二届清华大学博士后创新讲坛	清华大学博士后管理办公室 清华大学校友会	北京市	4月
11	“绿色、安全、共享——共建智慧合作区”全国博士后学术论坛	横琴新区博士后管理办公室 珠海大横琴科技发展有限公司	广东省珠海市	12月
12	2022全国博士后信创与人工智能发展学术论坛	天津科技大学 天津市滨海新区人才工作局 天津市滨海新区人力资源和社会保障局	天津市	10月
13	作物学科前沿与现代种业发展论坛	河南农业大学	河南省郑州市	6月
14	全国博士后青年科技人才扬子江论坛——自主创新 网络强国	南京市人力资源和社会保障局 网络通信与安全紫金山实验室	江苏省南京市	5月
15	2022年“生态环境综合治理与保护”全国博士后学术论坛暨第二届屏风山论坛	桂林理工大学	广西壮族自治区桂林市	10月
16	全国数学博士后联盟成立大会暨数学促进产业发展论坛	山东大学	山东省济南市	4月
17	共享与共生：2022艺术与科技全国博士后学术论坛	北京工业大学	北京市	5月
18	智能感知与智慧社会论坛	嘉兴市人力资源和社会保障局 北京理工大学长三角研究院（嘉兴）	浙江省嘉兴市	7月
19	全国博士后数字技术发展学术论坛	之江实验室	浙江省杭州市	10月

续表

序号	活动名称或主题	承办单位	拟举办地点	拟举办时间
20	新时代传承和弘扬科学家精神论坛	西南交通大学	四川省成都市	5月
21	推进新时代多学科复合创新型临床医学拔尖人才培养论坛	浙江大学	浙江省杭州市	11月
22	全国博士后青年科技人才扬子江论坛——先进机械结构力学及控制	南京航空航天大学	江苏省南京市	10月
23	香江学者计划学术年会	横琴新区博士后管理办公室 珠海大横琴科技发展有限公司	广东省珠海市	5月
24	全国高校博士后工作研讨会	北京大学	山东省临沂市	5月
25	第三届全国农科博士后学术论坛	中国农业大学	海南省三亚市	5月
26	全国博士后技术转移及成果转化高端论坛	中国西部海外博士后创新示范中心（西安交通大学）	陕西省西安市	8月
27	临床医学研究与科技转化高峰论坛	重庆医科大学	重庆市	9月
28	新能源汽车智能化电驱动高技术论坛	哈尔滨理工大学	山东省威海市	10月
29	第七届中国法学博士后论坛——粤港澳大湾区法治建设的理论与实践	中国社会科学院博士后管委会 中国社会科学院法学研究所	北京市	3月

被列入2022年度计划的29场全国性博士后学术交流活动，覆盖了7个学科门类。其中，工学8场，占学术交流活动总数的27.59%；管理学4场，占学术交流活动总数的13.79%；医学和农学各3场，分别占学术交流活动总数的10.34%；法学2场，占学术交流活动总数的6.90%；军事学和艺术学各1场，分别占学术交流活动总数的3.45%。此外还有7场涉及多个学科，占学术交流活动总数的24.14%，相比往年的学术交流活动更加注重各学科的交叉融合，详见表6–2、图6–1。

表 6-2　　2022 年全国博士后学术交流活动的学科分布

序号	学科门类	学术交流场次 / 场
1	工学	8
2	管理学	4
3	农学	3
4	医学	3
5	法学	2
6	军事学	1
7	艺术学	1
8	多学科交叉	7
合计		29

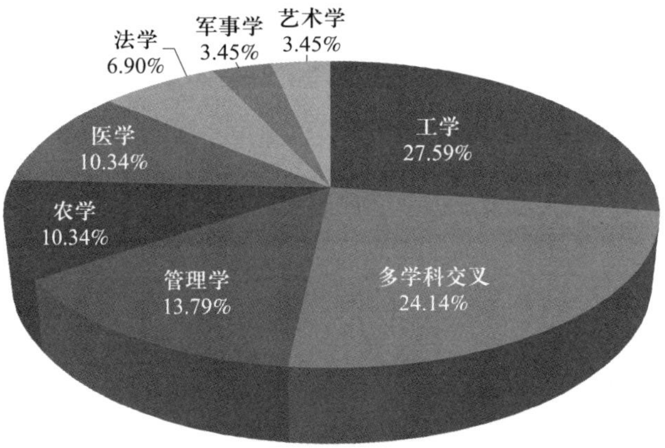

图 6-1　2022 年全国博士后学术交流活动学科门类占比

（二）全国博士后学术交流活动举办情况

2022 年被列入计划的 29 场全国性博士后学术交流活动，因多种原因，能够按期举办的只有 4 场，延期举办的 12 场，举办时间不详、未公开发布信息的 6 场，当年未举办的 7 场，详见表 6-3。

表 6–3 2022 年全国博士后学术交流活动的举办情况

序号	活动名称或主题	承办单位	举办地点	实办时间	是否按时
1	“博新计划”前沿论坛	浙江大学之江实验室	浙江省杭州市	未举办	
2	博士后国际交流计划派出项目学术论坛	河海大学	江苏省南京市	9 月	延期
3	博士后国际交流计划引进项目学术论坛	复旦大学	上海市	不详	未发信息
4	2022 年中国人力资源服务业博士后学术交流会	中国社会科学院大学	北京市	不详	未发信息
5	生物安全军事卫勤保障创新发展论坛	中部战区总医院	湖北省武汉市	不详	未发信息
6	提升种业创新能力 助力种业振兴发展论坛	中国农业科学院作物科学研究所	北京市	7 月	延期
7	旅游人才建设与青年人才培养论坛	中国旅游研究院	内蒙古自治区兴安盟阿尔山市	8 月	延期
8	中医药前沿交叉技术论坛	漳州片仔癀药业股份有限公司	福建省漳州市	未举办	
9	人才大数据深度挖掘与智能应用全国博士后学术论坛	南京信息工程大学	江苏省南京市	11 月	按期
10	第十二届清华大学博士后创新讲坛	清华大学博士后管理办公室、清华大学校友会	北京市	4 月	按期
11	“绿色、安全、共享——共建智慧合作区”全国博士后学术论坛	横琴新区博士后管理办公室、珠海大横琴科技发展有限公司	广东省珠海市	未举办	
12	2022 全国博士后信创与人工智能发展学术论坛	天津科技大学、天津市滨海新区人才工作局、天津市滨海新区人力资源和社会保障局	天津市	12 月	延期
13	作物学科前沿与现代种业发展论坛	河南农业大学	河南省郑州市	6 月	按期

续表

序号	活动名称或主题	承办单位	举办地点	实办时间	是否按时
14	全国博士后青年科技人才扬子江论坛——自主创新　网络强国	南京市人力资源和社会保障局、网络通信与安全紫金山实验室	江苏省南京市	8月	延期
15	2022年“生态环境综合治理与保护”全国博士后学术论坛暨第二届屏风山论坛	桂林理工大学	广西壮族自治区桂林市	11月	延期
16	全国数学博士后联盟成立大会暨数学促进产业发展论坛	山东大学	山东省济南市	8月	延期
17	共享与共生：2022艺术与科技全国博士后学术论坛	北京工业大学	北京市	8月	延期
18	智能感知与智慧社会论坛	嘉兴市人力资源和社会保障局、北京理工大学长三角研究院（嘉兴）	浙江省嘉兴市	不详	未发信息
19	全国博士后数字技术发展学术论坛	之江实验室	浙江省杭州市	不详	未发信息
20	新时代传承和弘扬科学家精神论坛	西南交通大学	四川省成都市	6月	延期
21	推进新时代多学科复合创新型临床医学拔尖人才培养论坛	浙江大学	浙江省杭州市	11月	按期
22	全国博士后青年科技人才扬子江论坛——先进机械结构力学及控制	南京航空航天大学	江苏省南京市	11月	延期
23	香江学者计划学术年会	横琴新区博士后管理办公室、珠海大横琴科技发展有限公司	广东省珠海市	未举办	
24	全国高校博士后工作研讨会	北京大学	山东省临沂市	未举办	

续表

序号	活动名称或主题	承办单位	举办地点	实办时间	是否按时
25	第三届全国农科博士后学术论坛	中国农业大学	海南省三亚市	未举办	
26	全国博士后技术转移及成果转化高端论坛	中国西部海外博士后创新示范中心（西安交通大学）	陕西省西安市	12 月	延期
27	临床医学研究与科技转化高峰论坛	重庆医科大学	重庆市	不详	未发信息
28	新能源汽车智能化电驱动高技术论坛	哈尔滨理工大学	山东省威海市	未举办	
29	第七届中国法学博士后论坛——粤港澳大湾区法治建设的理论与实践	中国社会科学院博士后管委会、中国社会科学院法学研究所	北京市	4 月	延期

由表 6–3 可知，2022 年全国博士后学术交流活动按期举办的 4 场，占学术交流活动计划总数的 13.79%；延期举办的 12 场，占学术交流活动计划总数的 41.38%；举办时间不详、未公开发布信息的 6 场，占学术交流活动计划总数的 20.69%；未举办的 7 场，占学术交流活动计划总数的 24.14%。从实际举办时间看，在 8 月、11 月的最多，均为 4 场，详见表 6–4、图 6–2。

表 6–4　　2022 年全国博士后学术交流活动举办月份与场数

序号	举办月份	场数 / 场
1	2022 年 4 月	2
2	2022 年 6 月	2
3	2022 年 7 月	1
4	2022 年 8 月	4
5	2022 年 9 月	1
6	2022 年 11 月	4
7	2022 年 12 月	2
未举办或信息不详的		13
合计		29

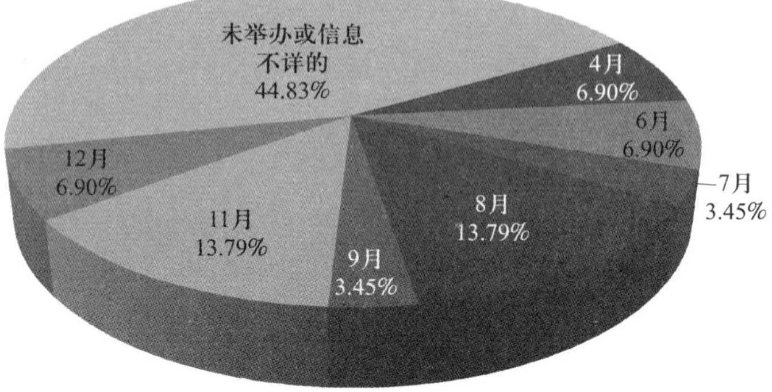

图 6-2　2022 年全国博士后学术交流活动举办月份及占比

二、全国博士后学术交流部分活动简介

（一）第七届中国法学博士后论坛

2022 年 4 月 16 日，第七届中国法学博士后论坛在北京市成功举办。本届论坛以线上和线下相结合的形式，紧密围绕“中国区域法治的理论与实践”这一主题展开研讨。论坛由中国社会科学院、全国博士后管理委员会、中国博士后科学基金会主办，中国社会科学院博士后管委会、中国社会科学院法学研究所承办，横琴粤澳深度合作区执委会、珠海经济特区法治协同创新中心、《法学研究》编辑部、《环球法律评论》编辑部、《国际法研究》编辑部共同支持。

出席论坛开幕式的有最高人民检察院副检察长、中国法学会副会长孙谦，中国法学会党组成员、副会长王其江，人力资源社会保障部专业技术人员管理司司长、全国博士后管委会办公室主任李金生，中国社会科学院人事教育局局长赵芮，中国社会科学院法学研究所所长莫纪宏等领导。开幕式由中国社会科学院法学研究所国际法研究所联合党委书记陈国平主持。

全国政协常委、中国法学会副会长、中国法学会环境资源法学研究会会长吕忠梅，南京师范大学法学院教授、中国法治现代化研究院院长公丕祥以及上海交通大学文科资深教授、中国法与社会研究院院长季卫东分别进行了精彩的专题发言。

专题发言和讨论结束后，论坛进入专题交流环节，共有 3 个专题，分别为“区域法治的法理展开”“区域法治的典型样态”及“大湾区法治建设的理论与实践”。6 位主持人和 6 位点评专家，针对 19 名博士后代表的发言进行了交流探讨及精彩点评。

来自最高人民检察院、中国法学会、人力资源社会保障部、中国社会科学院、全国博士后管理委员会、北京大学、清华大学、中国人民大学、中国政法大学、上海交通大学、北京师范大学、西南政法大学、中山大学、浙江大学、中央财经大学、南京师范大学、深圳大学、中国社会科学院大学等单位的专家、学者、博士后等 280 余人参加了本次论坛。大家表示此次论坛内容充实紧凑，讨论热烈有序，点评深入浅出，参加论坛收获颇丰。①

（二）第十二届清华大学博士后创新讲坛

2022 年 4 月 23 日，在清华大学 111 周年校庆之际，第十二届清华大学博士后创新讲坛在蒙民伟楼多功能厅举办，清华大学副校长、校博士后管理委员会主任郑力出席活动。本届讲坛以“创新科技体制、突破关键技术”为主题，聚焦国家经济与社会发展需求，着力引领科技与经济发展前沿，聚力探讨科技体制创新与关键技术突破领域的新思维、新技术、新产业、新业态、新模式，努力促进清华博士后校友之间的学科交叉与研究融合，勠力促成“政产学研用”创新协同。

讲坛现场进行了清华大学杰出博士后校友颁奖，周明、冯西桥、孟庆国、石嫣 4 位博士后校友荣获“2022 年清华大学杰出博士后校友”荣誉称号。此后，举行了首届“清华大学博士后创新创业大赛”的启动仪式。首届创新创业大赛以“勇攀科技高峰、破解发展难题”为主题，旨在激发清华大学博士后创新潜能，释放清华大学博士后创业活力，助力科技自立自强。总决赛于 2022 年 7 月举办。

本届创新讲坛中，4 位博士后校友紧扣人工智能、生物科技、数据治理和乡村振兴等内容作主题报告。创新工场首席科学家、澜舟科技创始人周明分享了认知智能的具体运用关键技术和解决方案；航天航空学院冯西桥教授分享了个人的学习和科研经历，从生物力学的角度讲述了多学科交叉研究的选题、切入点和研究方法；公共管理学院孟庆国教授从政府数字化转型的角度探讨了数字政府建设发展的总体性趋势、阶段性特征和数据治理模式的创新；分享收获

---

① 中国法学网，http://iolaw.cssn.cn/xshy/202204/t20220419_5404303.shtml.

（北京）农业发展有限公司创始人、执行董事石嫣分享了自身的创业经历及新时代如何做好新农人，助力乡村振兴。讲坛以线上、线下相结合的方式进行，100 余位在站博士后和博士后校友线下参会，1 700 余人线上收看直播。

清华大学自 2010 年首次举办博士后创新讲坛以来，已经成功举办十二届。创新讲坛旨在为博士后发展搭建互动互助、沟通交流的平台，不断提升在站博士后和博士后校友的创新创业能力。讲坛每年围绕国家和社会的重要创新主题，邀请博士后校友中的优秀代表，分享创新创业前沿问题及个人成长经历，为在站博士后提供科研工作借鉴和事业成长指导。讲坛已经成为清华博士后的品牌活动。①

（三）“新时代传承和弘扬科学家精神”全国博士后学术论坛

为贯彻习近平总书记关于科学家精神的重要论述，推动新时代传承和弘扬科学家精神的学理研究，以“新时代传承和弘扬科学家精神”为主题的全国博士后学术论坛于 2022 年 6 月 25 日在西南交通大学九里校区学术交流中心成功举办。出席本次论坛的领导和专家有中国人才研究会会长、人力资源社会保障部原副部长何宪，人力资源社会保障部专业技术人员管理司二级巡视员薛万里，四川省人力资源和社会保障厅二级巡视员黄学宁，西南交通大学党委书记王顺洪，中共中央组织部人才局原巡视员兼副局长李志刚，重庆市人力资源和社会保障局副局长谢辛，西南交通大学党委常委、副校长刘长军，西南交通大学马克思主义学院院长邱海平，中国政治学会副会长、清华大学马克思主义学院教授韩冬雪，中国科学院政策研究与评价中心主任李晓轩，中国（南京）人才发展研究中心常务副主任、河海大学教授赵永乐，中国人事科学研究院原院长吴江，中国人事科学研究院研究员袁娟，中国人才研究会人才学委员会副秘书长、常务理事汪怿，以及来自全国 20 多所高校和科研院所的专家学者。本次学术论坛由开幕式、主论坛、分论坛三部分组成，以“线上 + 线下”的方式开展，开幕式由西南交通大学党委常委、副校长姚发明主持。

开幕式结束，进入主论坛的专家报告环节。主论坛由西南交通大学文科建设处处长张雪永教授主持。李志刚围绕为什么要弘扬科学家精神、怎样营

① 清华大学新闻网，https://www.tsinghua.edu.cn/info/2854/93946.htm.

造科学生态两个问题，作了题为“弘扬科学家精神要营造科学文化生态”的主题报告。谢辛从自身博士后研究和政府工作的经历出发，结合习近平总书记关于创新人才和创新人才高地建设的论述，作了“弘扬科学家精神，勇做世界重要人才中心和创新高地的攀登者”的主题报告。邱海平从马克思主义理论学科教研的角度作了题为“大力弘扬科学家精神，推动马克思主义理论学科高质量发展”的主题报告。韩冬雪从自身参与的政治学、马克思主义理论两个博士后科研流动站的经历出发，着眼工科院校人文精神培育，作了题为“如何做好博士后科研流动站工作的几点体会”的主题报告。李晓轩在线上作了题为“深化改革，提高站位，发挥博士后工作不可替代的作用”的主题报告。赵永乐作了题为“从科学家的本质属性看科学家精神的弘扬”主题报告。吴江作了题为“弘扬科学家精神，改革人才发展体制机制”主题报告。

当日下午，3 个分论坛依次进行。分论坛之一“高校博士后人才培养与管理制度改革”，由西南交通大学人事处副处长兼人才办副主任张涵主持，袁娟进行点评。中国人才研究会人才学委员会副秘书长、常务理事汪怿等 7 位学者作了交流发言；分论坛之二“高校科研生态环境与学风建设”，由西南交通大学科学技术发展研究院副院长马霖主持，浙江省人才发展研究院院长、浙江大学公共管理学院教授陈丽君等 7 位学者作了交流发言；分论坛之三“高校专家人才政治引领与思政工作”，由西南交通大学马克思主义学院党委书记廖军主持，西南交通大学马克思主义学院讲师马先睿等 7 位学者作了交流发言。[①]

（四）全国作物学博士后学术论坛

2022 年 6 月 27 日，由全国博士后管委会办公室、中国博士后科学基金会、河南省人力资源和社会保障厅主办，河南农业大学承办的“作物学科前沿与现代种业发展”高峰论坛暨 2022 年全国作物学博士后学术论坛在龙子湖校区举办，拉开了学校 120 周年校庆系列学术活动的帷幕。本次论坛是第五届中国 · 河南招才引智创新发展大会系列论坛之一。来自全国涉农院校和科研单位的 200 余位专家学者、博士后通过线上、线下相结合的方式参会。

---

① 西南交通大学新闻网，https://news.swjtu.edu.cn/info/1011/32657.htm.

民盟中央副主席、自然资源部原副部长、南京农业大学教授曹卫星，中国科学院院士刘耀光、杨维才，中国工程院院士许为钢，农业农村部科技委委员、中国农业大学教授陈阜，甘肃农业大学校长柴强教授，华中农业大学副校长严建兵教授，河南省人力资源和社会保障厅二级巡视员孙银正，河南农业大学校长介晓磊、副校长林同保，学术副校长王道文、汤继华，河南省人力资源和社会保障厅博士后与留学人员工作处处长、河南省博管办主任王君出席开幕式。人力资源社会保障部留学人员和专家服务中心副主任王霄在线致辞。人事处、农学院等单位负责人及作物学科群主要学术骨干参加开幕式。

刘耀光、杨维才、曹卫星、陈阜、柴强、严建兵分别以“水稻杂种不育的分子遗传机制”“被子植物精子传递机制研究”“智慧农作技术的构建与应用”“粮食体系转型背景下耕作制度研究展望”“绿洲灌区间作水分高效利用的农艺调控途径及机理”“玉米单倍体诱导的遗传和分子机制”为题作专题报告。

来自中国农业大学、复旦大学、上海交通大学、长江大学、中国科学院遗传与发育生物学研究所等国内高校和研究机构的12位作物学博士生和博士后，分别围绕气候变化下半干旱区禾本科 / 豆科间作的资源利用与生产力、以黑麦基因组为例探索转座子与基因组复杂性演化关系、基于免疫词嵌入增量学习的现代种业物联网入侵检测系统研究、细胞骨架荧光标记揭示水稻微丝和微管的动态互作等方面介绍了各自研究领域的最新研究成果。

王道文以“激发博士后研究活力，促进作物学创新发展”为题作大会总结，介绍了学校在促进作物学创新发展方面所作出的探索和取得的成效。他表示，博士后是推动河南农业大学作物学科“双一流”建设的关键和基础，学校将一如既往地不断加大博士后培养工作力度，推动学校建设水平迈上新台阶，为中原更加出彩贡献力量。

论坛共收到来自全国36所大学和研究机构作物学博士生或博士后的论文摘要和墙报57份，经过专家组认真评审，共评出6位优秀报告人和6份优秀墙报。①

---

① 河南农业大学新闻网，https://www.henau.edu.cn/info/1134/33218.htm.

（五）种业创新全国博士后学术论坛

2022年7月9日至10日，为深入实施新时代人才强国战略，加强全国种业创新领域博士后之间的交流互促，提升博士后的科研水平和创新能力，并更好地展示我国青年科技工作者的风采，由全国博士后管委会办公室、中国博士后科学基金会、中国农业科学院主办，中国农业科学院作物科学研究所、中国农业科学院北京畜牧兽医研究所承办的“种业创新全国博士后学术论坛”在北京市举办，论坛以“提升种业创新能力　助力种业振兴发展”为主题。

习近平总书记高度重视我国种业安全问题，强调要下决心把民族种业搞上去，抓紧培育具有自主知识产权的优良品种，从源头上保障国家粮食安全。论坛深入贯彻落实习近平总书记重要指示精神和党中央、国务院对种业振兴决策部署，聚焦提升我国种业创新能力、增强种业人才竞争优势、促进种业产业高质量发展。论坛设有特邀报告和现代种业科技创新、种质资源保护与利用、产业创新发展、博士后青年人才等分论坛，开展高端学术技术交流研讨和创新成果展示，启发专家学者对实现种业科技自立自强、种源自主可控的战略性、前瞻性思考，搭建产学研用交流平台，促进协同创新和种业领域高层次人才队伍建设，助力提升我国种业自主创新和振兴发展。

时任人力资源社会保障部党组成员、副部长汤涛，农业农村部党组成员、中国农业科学院院长吴孔明，农业农村部党组成员廖西元出席开幕式。万建民、张涌、陈松林、朱健康、钱前、杨维才、侯水生等院士和20多位专家学者作特邀报告和专题报告，介绍种业创新成果、交流前沿观点，为推动种业振兴发展建言献策。人力资源社会保障部、农业农村部、中国农业科学院有关负责同志，有关高校、科研院所专家学者及涉农高科技企业技术负责人、博士后青年人才等1 000余人在现场和通过云端分会场参加。①

（六）共享与共生：2022艺术与科技全国博士后学术论坛

2022年8月20日至21日，由全国博士后管理委员会、中国博士后科学基金会、北京市人力资源和社会保障局主办，北京工业大学承办的“共享与共生：2022艺术与科技全国博士后学术论坛”成功举办。人力资源社会保障

① 相关信息摘自湖北省人民政府网。

部专业技术人员管理司二级巡视员薛万里，北京市人力资源和社会保障局专业技术人员管理处处长刘武，中国工程院院士、清华大学教授周济出席开幕式，内地以及香港、澳门地区多所高校的专家学者通过线上参加论坛。北京工业大学党委副书记李四平出席开幕式并代表学校致辞，艺术设计学院党委书记黄韬主持开幕式。

本次论坛聚焦新文科、新工科背景下艺术与科学的交叉融合路径研究，为致力于艺科融合前沿问题的博士后研究人员提供学习和交流平台。南京艺术学院党委副书记、校长张凌浩，中央美术学院设计学院院长宋协伟，湖南大学艺术设计学院院长季铁，北京师范大学艺术与传媒学院院长肖向荣，清华大学美术学院副院长杨冬江，北京工业大学材料与制造学部高国华和艺术设计学院院长邹锋作大会主旨演讲。在论坛博士后交流专场，来自国内外8所高校的12位青年学者作了精彩演讲，演讲内容涵盖艺术与科学交叉研究的多个方面，展示了学术研究的丰富成果，与会博士后研究人员进行了深入交流。①

（七）首届全国博士后青年科技人才扬子江论坛

2022年8月25日，首届全国博士后青年科技人才扬子江论坛在南京市顺利举办。论坛以"自主创新 · 网络强国"为主题，由全国博士后管委会办公室、人力资源社会保障部留学人员和专家服务中心（中国博士后科学基金会）、江苏省人力资源和社会保障厅主办，南京市人力资源和社会保障局、紫金山实验室承办。人力资源社会保障部专业技术人员管理司二级巡视员薛万里、江苏省人力资源和社会保障厅副厅长朱从明分别作大会致辞发言，向论坛的召开表示祝贺。活动采取线上、线下相结合的方式，国内外知名专家以及来自国内外30余所著名高校、科研院所的100余位博士后、在读博士和青年学者参会。

论坛开幕式邀请了南京市入选卓越博士后计划②的24名卓越博士后代表上台接受领导为其颁发的资助支票。受到资助的博士后表示，这将成为他们在南京市创新创业的新起点，进一步坚定了他们在苏在宁干事创业的信心。

---

① 北京工业大学新闻网，https://news.bjut.edu.cn/info/1002/3256.htm.

② 2022年江苏省推出资助力度空前的卓越博士后计划，在入选的首批900名博士后中，南京市共有136人入选。

论坛开幕式尾声，朱从明厅长、刘莅局长、刘韵洁院士、吴培亨院士以及博士后代表共同启动全国博士后青年科技人才扬子江论坛标识（logo），logo的发布将成为江苏博士后人才的又一张“金名片”，预示着南京市博士后工作再次开启“新篇章”。

开幕式现场还进行了博士后进站签约仪式、学术成果颁奖等环节。论坛的召开为全国博士后和设站单位开展学术交流、技术对接、项目合作提供了广阔的“江苏舞台”，为广大博士后选择江苏留在南京开辟了“新窗口”。[①]

（八）第五届全国旅游管理博士后学术论坛

2022年8月25日，由全国博士后管委会办公室、中国博士后科学基金会、中国旅游研究院、中国旅游集团研究院主办，阿尔山市人民政府承办的第五届全国旅游管理博士后学术论坛在内蒙古自治区兴安盟阿尔山市举办。本次论坛主题为“现代旅游业体系建设与青年人才培养”，以“现场+线上”、在线直播形式进行。来自全国文化和旅游相关学科博士后、学界、业界代表170余人参加了论坛。

论坛期间，部分嘉宾分别以“现代化区域发展体系探索”“现代旅游体系建设与人才培养”“洞察后疫情时代的消费需求”“面向社会治理的群体行为预测和调控”等为题进行了主旨演讲，邀请产学研各界代表讨论了现代旅游业体系和青年人才培养的问题，发布了第五届全国旅游管理博士后学术论坛优秀成果。

据了解，本次论坛是开办五届以来，首次在北京市以外的城市举办。当晚，论坛还开展了博士后成果线上交流活动。[②]

（九）2022年“空天科技”全国博士后学术论坛

2022年8月29日至30日，由全国博士后管委会办公室、中国博士后科学基金会、山东省人力资源和社会保障厅主办，山东大学承办的2022年“空天科技”全国博士后学术论坛在山东大学（威海）举办。中国科学院院士欧阳自远、杨元喜、蔡荣根、常进、王赤应邀以线上、线下方式出席论坛并作大会报告。本次论坛采用现场参会和网络直播、主论坛和分论坛相结合的方

---

① 东南大学新闻网，https://news.seu.edu.cn/2022/0828/c5485a417967/page.htm.

② 相关信息摘自新华网。

式进行。来自全国各地高校和研究机构“空天科技”领域的20余位知名专家学者和近100名博士后青年学者围绕太空天气、行星科学、深空探测、卫星导航、天文核天体等领域展开交流研讨。

人力资源社会保障部专业技术人员管理司二级巡视员薛万里，山东省人力资源和社会保障厅党组成员、副厅长周春艳，山东大学副校长、威海校区校长刘建亚出席开幕式并致辞，威海校区党工委书记尹作升主持开幕式。欧阳自远院士在线作了题为“月球开发利用的前景”的报告，介绍了国内外月球探测历史、月球科学研究与人才培养以及我国月球探测工程的进展，并从月球的重大战略地位、月球能源的开发利用前景与实施方案、月球资源的全球分布与利用、月球特殊环境的开发利用四方面详细阐述了月球开发利用的前景，指出月球的开发利用将支撑人类社会永续发展的需要，将在支持人类命运共同体的健康、幸福的进展中发挥重大作用。

杨元喜院士作了题为“新时空基准问题”的报告，从国家陆地空间基准建设现状、未来综合时空基准框架、高中低轨卫星组网基准维持、空天地海无线电基准维持、深海与深空基准的建立与维持、量子卫星定位系统、光钟与引力位高程基准传递等方面深入阐释了关于新时空基准若干问题的研究情况，指出基于多种物理原理、多种信息源构建从深空到海底的全域覆盖国家综合时空基准体系，对支撑国家深空和深海战略安全至关重要。

王赤院士作了题为“我国空间科学卫星计划的最新进展和展望”的报告。他阐释了空间科学的内涵，回顾了空间科学的最新进展，重点介绍了我国空间科学先导专项Ⅰ期悟空、实践十号、墨子与慧眼四颗卫星取得的标志性成果，以及Ⅱ期卫星工程项目和背景型号项目的基本情况，总结了我国空间科学与深空探测专题未来的五个重点方向和十个重点任务，并就极端宇宙、时空涟漪、日地全景与宜居行星四大科学主题研究提出了发展路线。

常进院士作了题为“空间探测暗物质粒子”的报告。报告指出我国天文学正高速发展，依托于大天区面积多目标光纤光谱天文望远镜（LAMOST）、500米口径球面射电望远镜（FAST）等国家重大科学装置，高水平基础研究取得许多重大成果，并且成果数量逐年增长。常进院士详细介绍了暗物质粒子探测卫星“悟空”的仪器性能、观测对象和科学目标，阐述了该卫星在宇宙射线、电子和伽马射线观测等领域取得的最新研究成果和科学突破。

蔡荣根院士作了题为“广义相对论和引力波”的报告，指出爱因斯坦通过非惯性力和引力等价性原理以及马赫原理等逻辑思想实验，取得了对引力认识的概念突破，并完成数学推导的科学探索过程。蔡荣根院士介绍了引力波辐射特性和国内外引力波探测的历史，阐释了我国太极和天琴等引力波研究计划和科学期望，表示引力波观测开启了多信使天文的新时代。

分论坛设置太空天气，行星科学、深空探测和卫星导航、天文核天体三个主题，与会专家学者、博士后共作学术报告48场，共同呈现了一场精彩纷呈的学术盛宴，促进了相关领域专家与博士后的深度交流，有效助推了空天科技领域博士后工作的进一步提升。在论坛闭幕式上，与会专家刘建忠研究员、惠鹤九教授、刘洋研究员、何志平研究员还为9位“青年优秀报告奖”获得者颁奖。人力资源社会保障部专业技术人员管理司、山东省人力资源和社会保障厅有关负责人参加论坛。①

（十）第四届博士后国际交流计划派出项目青年学者论坛

2022年9月22日至24日，由全国博士后管委会办公室、中国博士后科学基金会、江苏省人力资源和社会保障厅主办，河海大学承办，博士后国际交流计划派出项目联谊会协办的第四届博士后国际交流计划派出项目青年学者论坛在南京市举办。来自北京大学、浙江大学、上海交通大学、南京大学、中山大学、东南大学、吉林大学等近100所高校、科研院所的150余名历届博士后国际交流计划派出项目入选者、青年学者、博士后工作管理人员以线上、线下相结合的方式参加了本次论坛。

河海大学校长徐辉、人力资源社会保障部专业技术人员管理司二级巡视员薛万里、江苏省人力资源和社会保障厅专业技术人员管理处副处长黄文娟参加本次论坛并致辞。特邀嘉宾中国工程院院士刘加平，河海大学副校长、河海大学欧美同学会会长郑金海，河海大学教授、长江保护与绿色发展研究院常务副院长鲁春辉，吉林大学教授、博士后国际交流计划派出项目联谊会理事长陈芳芳通过线上、线下相结合的方式作报告，会议由河海大学常务副校长李俊杰主持。

论坛特邀中国工程院院士、东南大学首席教授，我国高性能混凝土流动

① 山东大学（威海）新闻网，https://apd.wh.sdu.edu.cn/info/1048/11860.htm.

性调控、裂缝控制领域专家刘加平作“潜心研究 勇担使命”的报告。郑金海作了“开展有组织科研 助力水利科技高水平自立自强”的专题报告。河海大学青年人才代表鲁春辉教授和派出计划优秀代表吉林大学陈芳芳教授分别作了经验分享。

本次论坛还邀请了工程类、高新技术类、生物医药类等诸多著名专家学者，设立了土木水利环境、高新技术、地球海洋、物化文医等专业领域及交叉学科分论坛，搭建了学科交叉融合的高端平台。会后，与会博士后、青年学者赴紫金山天文台进行科技成果展示交流活动。①

（十一）“先进机械结构力学及控制”暨首届全国博士后青年科技人才扬子江论坛

2022 年 11 月 5 日，“先进机械结构力学及控制”暨首届全国博士后青年科技人才扬子江论坛在南京市举办。本次论坛由全国博士后管委会办公室、人力资源社会保障部留学人员和专家服务中心（中国博士后科学基金会）、江苏省人力资源和社会保障厅主办，南京航空航天大学承办，南京长江工业技术研究院有限公司协办。中国科学院院士郭万林、南京航空航天大学副校长姜斌、人力资源社会保障部专业技术人员管理司二级巡视员薛万里、江苏省人力资源和社会保障厅副厅长朱从明、江苏省人力资源和社会保障厅专技处处长张志远、常州市人力资源和社会保障局副局长苏叶等领导嘉宾，以及来自全国 15 个省市、45 所兄弟高校和科研院（所）以及企事业单位的近 200 名青年学者参加论坛。论坛开幕式由南京航空航天大学人事处处长 / 高级人才办主任崔海涛主持。

本次论坛以“先进机械结构力学及控制”为主题，聚焦航空航天结构力学与控制领域，契合国家战略需求导向，旨在为国内外航空航天领域相关院校、企业、专家和青年学者搭建一个分享前沿研究成果、探讨未来创新发展方向、开展校企深入对接的高端交流平台。

本次论坛共征集到 100 余份来稿，由各分论坛牵头组织评审出优秀论文 30 篇。开幕式上，薛万里和各分论坛负责学院院长魏小辉、毛军逵、陈谋、傅玉灿为优秀论文获奖者颁发了证书和奖金。为了鼓励更多的青年学者全职从事博士后工作，开幕式设立了 2022 年江苏省卓越博士后代表颁奖环节，张

---

① 河海大学新闻网，https://rsc.hhu.edu.cn/_t229/2022/0929/c5170a241269/page.htm.

志远宣读了南京航空航天大学45位入选者名单，朱从明和姜斌为卓越博士后代表颁授资助支票。为了深化校企合作，加强高层次人才的共享共育，本次论坛特设了校企联合培养博士后框架协议签订仪式，南京航空航天大学分别与常州市人力资源和社会保障局、奇瑞集团有限公司和江苏省计量科学研究院签订了合作协议，崔海涛代表学校签约。

开幕式后，论坛进入了邀请报告环节。郭万林院士作了题为“水伏科学技术”的学术报告。国家杰出青年科学基金获得者、东南大学宋爱国教授作了题为“围绕空间探测重大需求，开展遥操作机器人技术研究”的学术报告。国家优秀青年科学基金获得者、国家“万人计划”青年拔尖人才南京航空航天大学王群伟教授作了题为“数字化遇上碳中和：信息通信技术（ICT）的碳排放效应”的学术报告。“博新计划”、江苏卓越博士后入选者南京航空航天大学朱琪斌博士后作了题为“太阳能直接驱动钙基热化学储能与燃料合成一体化研究”的学术报告。

与会的青年学者们纷纷表示，通过本次学术论坛感受到了浓厚的学术交流氛围，开阔了研究思路，拓展了研究视野，激发了创新活力和潜能。他们在日后的科研工作中将紧盯国家重大战略需求，瞄准世界科技前沿，潜心研究、长期积累，为国家科技进步、地方经济发展和一流大学建设贡献自己的力量。本次论坛受到了国内外相关领域专家和学者的广泛关注，采用了“线上+线下”同步直播的方式，主论坛在线人数超过4 500人。论坛分设了“力学与飞行器设计”“双碳与绿色能源”“控制与信息技术”“先进制造技术与材料科学”4个分论坛，开展“线上+线下”同步交流，共举行了32场专题报告会，呈现了一场精彩纷呈的学术盛宴，促进了相关领域专家与博士后的深度交流，有效助推了南京航空航天大学的博士后培养和学科创新发展。[①]

（十二）“人才大数据深度挖掘与智能应用”全国博士后学术论坛

2022年11月12日至13日，由全国博士后管委会办公室、人力资源社会保障部留学人员和专家服务中心（中国博士后科学基金会）主办，南京信息工程大学承办，南京信息工程大学博士后管理中心、南京信息工程大学管理工程学院和人才大数据研究院协办的“人才大数据深度挖掘与智能应用”

① 南京航空航天大学网站，https://nuaa.edu.cn/2022/1108/c852a297478/page.htm.

全国博士后学术论坛在南京信息工程大学举办。来自全国60多家高校、科研院所、企事业单位的院士、专家学者和博士后代表共150余人在线上和线下参加交流研讨活动。

本次论坛上，中国科学院院士、南京邮电大学陈国良教授，中国工程院院士、陆军炮兵防空兵学院刘怡昕教授，中国博士后科学基金会博士后基金管理处柴颖副处长，中国博士后科学基金会博士后评估与服务处董亚楠，哈尔滨工业大学王宏志教授，同方知网江苏分公司市场部王鑫经理，南京信息工程大学人才大数据研究院院长王修来教授，聚焦人才大数据深度挖掘与数据融合、人才大数据实时智能处理技术、人才大数据智能分析及人才决策、人才大数据智能应用等分别作专题报告。

与会专家学者和博士后代表一起，紧紧围绕人才大数据深度挖掘与数据融合面临的难题及应对之策，人才大数据实时智能分析与处理技术的理解及应用等展开深入研讨交流，达成了许多共识，大家一致认为，要推进人才大数据深度挖掘与智能应用，应当在人才底数精确化、人才预测前瞻化、人才动态可视化、人才决策智慧化、人才使用精准化、人才考评智能化上狠下功夫，真正让人才大数据聚起来、活起来、用起来，充分发挥其在人才人事管理创新中的重要作用。①

（十三）2022年“生态环境综合治理与保护”全国博士后论坛

为深入学习贯彻党的二十大精神，进一步加强博士后学术交流，提升博士后科研水平和创新能力，2022年11月23日，由全国博士后管委会办公室、人力资源社会保障部留学人员和专家服务中心（中国博士后科学基金会）、广西壮族自治区人力资源和社会保障厅主办，桂林理工大学承办的2022年“生态环境综合治理与保护”全国博士后论坛暨第二届屏风山论坛在桂林市举办。论坛通过线上方式进行，来自国内多所高校、科研院所和企事业单位的博士后、青年学者以及博士后工作管理人员约500人参加论坛。

广西壮族自治区人力资源和社会保障厅二级巡视员张力，桂林理工大学党委副书记、校长解庆林出席论坛开幕式并致辞。广西留学人员和专家服务中心主任时宏明、副主任赵国安，桂林理工大学党委常委、组织部部长唐壮东，校

① 南京信息工程大学新闻网，https://shuzirc.nuist.edu.cn/info/1063/1613.htm.

长助理、人事处处长、人才办主任辛立章，以及党办校办、人事处（人才办）、科技处、研究生院、地球科学学院、环境科学与工程学院、材料科学与工程学院相关负责人参加论坛开幕式。论坛由学校党委常委、副校长王敦球主持。

论坛上，中国科学院院士、欧洲科学院院士、中国科学院新疆分院院长肖文交教授作了题为“如何把握国际学术前沿——以中亚大陆增生为例”的主题报告；中南大学冶金与环境学院院长、国家重金属污染防治工程技术研究中心副主任闵小波教授作了“有色冶金环境工程”的主题报告；中国科学院国家天文台、中国科学院南美天文研究中心盘军研究员作了题为“一个天文学工作者的环保实践：星空与现实”的主题报告；学校材料科学与工程学院院长、有色金属及材料加工新技术教育部重点实验室主任龙飞教授作了题为“新的研究起点——我的碳酸钙产业化探索之路”的主题报告。

本次论坛由主论坛和 3 个分论坛组成，论坛旨在通过学术报告、研讨交流和科研合作等多种形式，加强博士后队伍建设，加深青年学者之间的学术交流与合作，进一步提升博士后的科研水平和创新能力。①

（十四）推进新时代多学科复合创新型临床医学拔尖人才培养论坛

2022 年 11 月 27 日，2022 年全国博士后学术交流计划——推进新时代多学科复合创新型临床医学拔尖人才培养论坛在杭州市举办。本次论坛由全国博士后管委会办公室、人力资源社会保障部留学人员和专家服务中心（中国博士后科学基金会）、浙江省人力资源和社会保障厅及浙江省卫生健康委员会主办，浙江大学承办，浙江大学医学院和浙江大学医学院附属第二医院协办，来自全国各地的专家学者、临床医学及相关学科博士后、博士研究生共 2 万余人通过线上、线下相结合的方式参加论坛。

人力资源社会保障部留学人员和专家服务中心副主任王霄，浙江省卫生健康委员会党委委员、副主任俞新乐，浙江省人力资源和社会保障厅专业技术人员管理处一级调研员俞翟，全国医学教育发展中心特聘专家迟宝荣，浙江大学副校长、医学院常务副院长李晓明出席开幕式并讲话。开幕式由浙江大学医院管理办公室主任、医学院党委常务副书记夏标泉主持。

在主题报告环节，中国工程院院士巴德年，浙江大学副校长、医学院党

① 桂林理工大学网，https://www.glut.edu.cn/info/1076/16563.htm.

委书记周天华，北京大学医学部副主任段丽萍，北京协和医院院长张抒扬，复旦大学上海医学院副院长吴凡，中山大学中山医学院院长匡铭，四川大学华西医学中心医学教育部部长卿平分别作精彩报告，分享了在推进新时代多学科复合创新型医学人才培养方面的生动实践。浙江大学医学院附属第二医院脑科中心主任张建民教授和优秀临床医学博士后王启闻作为师生代表作专题分享。

本次会议设有两个分论坛，分别围绕“临床科研创新”和“临床思维”专题进行了深入交流研讨，来自全国各地的优秀博士后通过线上、线下的方式分享科研成长经历，展示临床思维能力，在专家教授的点评指导中碰撞智慧火花。①

（十五）第三届全国农科博士后学术论坛分论坛

2022 年 12 月 2 日至 3 日，由西北农林科技大学承办的第三届全国农科博士后学术论坛分论坛在西北农林科技大学交流中心举办，副校长韦革宏出席论坛开幕式并讲话，人事处相关负责人、相关学者专家以及博士后等近 300 人通过线上、线下方式参加论坛。

本次论坛以“科技创新引领农业高质量发展”为主题。年会邀请王征兵教授、胡小平教授、刘学波教授、赵晓峰教授分别作了题为“二十大报告中关于‘三农’工作的重要论述解读”“小麦条锈病的流行区划与监测预警”“精准营养与食品创新”和“让青春在学术追梦旅途中绽放”的特邀报告，分享了各自的科研心得，并就如何做好科学研究工作提出了自己深刻的见解，引起了与会人员的热烈讨论和强烈反响。专题报告环节，7 位取得突出科研成果的优秀博士后代表对自己的科研新进展进行了分享交流。

本次论坛共收集论文摘要 67 份、墙报 15 份，评选出 6 篇优秀墙报。博士后论坛的举办为营造良好学术氛围，促进多学科研究思想和研究方法交叉融合，以及促进科技创新等起了积极的推动作用。学校将持续努力，不断创新，将博士后论坛打造成为具有影响力的学术品牌和促进博士后快速成长的学术平台。②

---

① 浙江大学医学院网站，http://www.cmm.zju.edu.cn/2022/1208/c38670a2699938/page.htm.

② 西北农林科技大学新闻网，https://news.nwafu.edu.cn/xnxw/5fc2bf99d58b4f9cb3c0419da073ed0d.htm.

（十六）全国信创与人工智能发展博士后学术论坛

为学习贯彻落实党的二十大和中央人才工作会议精神，深入实施人才强市战略，培养造就宏大的青年人才队伍，2022 年 12 月 10 日至 11 日，全国信创与人工智能发展博士后学术论坛在天津市成功云上举办。欧洲科学院院士刘洪海等国内信创与人工智能领域高端学术专家，主办、承办、协办单位负责人，国家数字交换系统工程技术研究中心、360 集团、麒麟软件有限公司、百度（中国）有限公司等业内知名单位负责人，以及博士、博士后 300 多人汇聚云端，围绕信创与人工智能领域前沿课题展开交流研讨。

本次论坛由全国博士后管委会办公室、人力资源社会保障部留学人员和专家服务中心（中国博士后科学基金会）、天津市人力资源和社会保障局、天津市滨海新区人民政府主办，天津科技大学、天津市滨海新区区委组织部（人才办）、天津市滨海新区人力资源和社会保障局承办，天津市人工智能学会、天津市无人机和新材料人才创新创业联盟、天津市互联网新经济人才创新创业联盟、天津半导体集成电路人才创新创业联盟、天津信息技术应用创新产业（人才）联盟、天津智慧城市产业（人才）联盟、天津数据安全产业（人才）联盟协办。

来自哈尔滨工业大学、中国科学院大学、南开大学、北京交通大学、天津师范大学、国际欧亚科学院、国家数字交换系统工程技术研究中心、360 集团、麒麟软件有限公司、中软国际教育科技集团等高校、研究院及著名企业的 14 名专家学者，通过线上平台直播方式对多个题目作主旨报告并开展产学对话，主题涵盖多模态人机交互及自闭症诊疗机器辅助系统、蛇形机器人轨迹规划与控制、特色化软件学院的建设与发展等。

论坛以“信创与人工智能发展”为主题，采用主论坛和分论坛相结合的方式召开，共收到国内外信创与人工智能领域青年学者的 167 篇论文投稿，投稿来自北京大学、香港城市大学、多伦多都会大学、天津大学、南开大学、北京邮电大学等 34 家高校和企业，其中已在高水平期刊、CCF 推荐顶级会议等上发表的高水平论文有 60 余篇，论坛学术沙龙环节选取 22 篇优秀论文在线交流，与会专家、青年学者、企业家开展学术界、产业界交融互动，有力地促进了天津市信创、人工智能等智能科技领域产业链、创新链、学术链、人才链融合，进一步提升了天津市在信创、人工智能领域的行业引领作用和学术影响力。

博士后是科技创新的主力军，天津市已连续十一年主办全国博士后论坛，围绕前沿科技和重点领域，搭建交流平台，碰撞思维火花，激发学术热情，形成了具有天津特色的青年人才学术交流活动品牌。特别是近3年，论坛均以“信创与人工智能发展”为主题，聚焦国家和天津市战略规划，锚定信创、人工智能领域前沿技术及产业化创新应用，开展学界、业界的交融互动，形成更多产业应用解决方案，为建设“智慧中国”贡献更多的“天津经验”。[①]

（十七）全国博士后技术转移及成果转化高端论坛

2022年12月16日，由全国博士后管委会办公室、中国博士后科学基金会、陕西省人力资源和社会保障厅主办，西安交通大学承办的全国博士后技术转移及成果转化高端论坛在西安交通大学举办。论坛齐聚知名院士、高校和科研机构行业专家、技术转移与成果转化领域学者、知名科技企业等产业界人士，共同围绕创新成果转移转化展开面对面交流，共同探讨重点领域最新技术成果、面临的机遇与挑战等问题，分享科研成果转化、创新创业经典案例，助力秦创原创新驱动平台建设。主论坛采取“线上+线下”相结合的方式举办，全程实时直播。主讲嘉宾为中国科学院院士、西安交通大学教授管晓宏，国家级领军人才、西北工业大学教授林鑫。三个分论坛通过腾讯会议线上举行，分别聚焦新一代信息技术和高端装备制造、新材料与新能源、医工交叉领域，多位专家学者、行业精英分享前沿观点，探寻创新路径。本次论坛充分激发博士后创新创业潜能，助推“卡脖子”关键技术难题破解和博士后科研成果转化，推进产学研用深度融合，为陕西高质量发展提供有力青年人才支撑。

三、地方博士后学术论坛部分活动简介

（一）南京航空航天大学第一届博士后论坛

2022年1月7日，南京航空航天大学第一届博士后论坛在将军路校区1号楼4楼报告厅成功举办。该论坛由全国博士后管委会办公室、中国博士后科学基金会、江苏省人力资源和社会保障厅主办，南京航空航天大学承办。南京航空航天大学副校长姜斌、时任人力资源社会保障部专业技术人员管理

---

① 天津科技大学新闻网，http://news.tust.edu.cn/kdxw/41ddf31b92ab4ecc940e03fe8c04e492.htm.

司博士后处处长薛万里、中国博士后科学基金会基金管理处处长陈颖、南京航空航天大学经济与管理学院数字人才研究中心主任王修来教授、各学院分管博士后工作的负责人、各学院近 100 名在站博士后和博士生代表参加论坛。主论坛由人事处处长 / 高级人才办主任崔海涛主持，分论坛由人事处副处长黄海鸣主持。

论坛期间，姜斌和崔海涛为 10 位优秀博士后颁发了奖杯和证书。南京航空航天大学博士后联谊会正式成立，姜斌和崔海涛为博士后联谊会揭牌并宣读了博士后联谊会理事名单。

在分论坛上，出站和在站的博士后代表邱雷教授、鲁峰教授、郭训忠教授和肖辉博士后就国家自然科学基金、中国博士后科学基金、军口项目申请以及博士后创新创业大赛等的经验进行了交流，并就各种基金申报中填报内容的规范性以及申报中各个环节的细节要点进行了详细的经验分享。

本次博士后论坛得到参会博士后的高度评价，大家普遍认为这是一次内容丰富、指导意义强、新颖且有效的博士后学习交流活动，希望学校可以把论坛、基金申报辅导等作为长期活动坚持举办下去。无论是论坛所分享的申报方法与技巧，还是与会人员之间频繁互动，都充分展示出论坛起到的拓宽视野、启发思维、激发热情、搭建桥梁的作用。[①]

（二）北京大学经济学院第三届经济学博士后论坛

2022 年 5 月 15 日，为庆祝北京大学经济学院建院（系）110 周年暨北京大学经济学科 120 周年，北京大学经济学院第三届经济学博士后论坛于线上成功举办。该论坛旨在为经济学博士后搭建思想碰撞与学术交流的平台，汇聚优秀学人，凝练思想火花，促进科研精进，进一步提升博士后培养质量。

论坛邀请到四川大学经济学院院长蒋永穆，中央财经大学财经研究院院长林光彬，中国社会科学院世界经济与政治研究所研究员、《世界经济》编辑部主任毛日晟，对外经济贸易大学长三角贸易研究院院长蓝庆新，中国人民大学商学院企业管理系系主任赵晶，北京大学经济学院院长助理赵留彦作为点评嘉宾。论坛由北京大学经济学院副院长张辉主持。北京大学经济学院在站博士后悉数参会，并有 9 位博士后汇报了各自最新研究成果。

---

① 南京航空航天大学网站，http://nuaa.edu.cn/2022/0108/c852a274775/page.htm.

博士后们的研究内容涉及“一带一路”、数字经济、发展、贸易、金融、财税、劳动等多个领域，主题丰富，关切现实，且研究方法得当，启示意义显著。与会专家对此予以肯定，同时勉励参会所有博士后要紧盯文献前沿，回应重要现实问题，做好经济学研究中“好的问题、科学的方法、足够的创新”之间的平衡。仰望星空，以梦为马；脚踏实地，做实研究。

（三）中国科学院西双版纳热带植物园第一届博士后学术论坛

2022 年 7 月 15 日，中国科学院西双版纳热带植物园（以下简称版纳植物园）第一届博士后学术论坛在园部学术报告厅召开。此次论坛旨在落实版纳植物园“十四五”规划，做好人才的储备与培养，着力推进版纳植物园博士后工作，加强博士后之间、博士后与各部门之间交流互动，活跃学术氛围，促进博士后成长。

论坛特邀嘉宾中国科学院昆明动物研究所姚永刚研究员与郑萍研究员分别作题为“实验动物树鼩品系培育与疾病动物模型创建”“多能干细胞的基因组稳定性调控与胚胎发育”的大会报告，介绍研究成果的同时也为版纳植物园科技人员研究工作提供思路。版纳植物园陈占起研究员、胡彦如研究员、苏涛研究员分享了在相关学科领域的研究前沿及最新成果。

版纳植物园 14 位在站博士后研究人员分别汇报各自领域的研究内容，展现在探索科学问题方面取得的成果。园党委书记、副主任甘烦远为版纳植物园博士后联谊会第一届理事会会长李立立、副会长卓卓（Zaw Zaw）、孙露颁发聘书。

版纳植物园在站博士后及合作导师、科技人员、研究生等相关人员共 150 余人参加了本次论坛。[①]

（四）山西医科大学博士后学术论坛

2022 年 8 月 13 日，山西医科大学举办了博士后学术论坛。学校博士后科研流动站及合作工作站人员、学校各科研平台、学科负责人、博士后合作导师、在站博士后和近 3 年入职博士 200 余人通过线上、线下方式参加了论坛。

论坛邀请博士后导师张策、王彤、贠克明、张瑞平 4 位教授分别作了题

① 相关信息摘自中国科学院西双版纳热带植物园网站。

为“做好博士后研究，助力年轻学者快速成长”“公共卫生与预防医学博士后科研流动站建设情况”“法医学团队建设若干思考”“扩大博士后科研工作站招收人员体会”的专题报告。与会专家、博士后合作导师与博士后研究人员围绕“博士后人才成长”“博士后招收与培养”“博士后研究背景对科研生涯的意义”等大家在博士后研究工作阶段普遍关心的议题进行了心得交流和经验分享，为拟进站和正处于事业初期的博士后研究人员答疑解惑、指点迷津。

杜江锋等4位博士后分享了“如何让博士后的工作更加有成效”“博士后基金申请经验交流”“博士后基金申请及撰写的一点体会”“博士后的科研之路分享与体会”等内容的专题报告，着重解答了博士后职业生涯规划、博士后基金申报方法与技巧。分享内容增强了博士后之间的学术联络，启迪思维、凝聚智慧。参会博士后普遍认为这是一次新颖且有效的博士后学习交流活动。论坛中，学校博士后工作负责人介绍了流动站设立、博士后招收和培养管理等情况，与各流动站、合作工作站负责人针对博士后管理和服务工作进行了交流。①

（五）全国世界史博士后论坛

2022年8月25日至26日，全国世界史博士后论坛在京成功举办。本届论坛以线上和线下相结合的形式，紧密围绕“世界历史上的国家治理”这一主题展开研讨。论坛由中国社会科学院主办，中国社会科学院博士后管委会、中国历史研究院、中国社会科学院世界历史研究所承办，《世界历史》编辑部、中国社会科学院大学历史系协办。

开幕式于8月25日下午在中国历史研究院远达厅举行。出席开幕式的领导有中国社会科学院人事教育局局长赵芮同志，中国历史研究院古代史研究所所长卜宪群研究员，近代史研究所党委书记金民卿研究员，世界历史研究所党委书记罗文东研究员，历史理论研究所党委书记杨艳秋研究员和考古研究所副所长施劲松研究员，边疆研究所副所长范恩实研究员，西亚非洲研究所副所长王林聪研究员，世界历史研究所纪委书记、副所长叶聪岚同志，世界历史研究所副所长刘健研究员。开幕式由中国历史研究院副院长李国强研究员主持。

---

① 山西医科大学网站，http://www.sxmu.edu.cn/info/1081/32312.htm.

主报告环节由中国社会科学院世界历史研究所副所长刘健研究员主持。中国社会科学院古代史研究所所长卜宪群研究员、首都师范大学晏绍祥教授、首都师范大学刘城教授、东北师范大学韩东育教授、中国社会科学院世界历史研究所吴必康研究员分别作了精彩的主旨演讲。

8月26日为博士后专题研讨和交流环节。本次论坛共设有“古代世界历史上的国家治理”“欧洲中世纪的国家治理”“转型时期的国家治理”“近代历史上的国家治理”“现当代历史上的国家治理”“东亚文明视域下的国家治理”6个分论坛。6位主持人和6位点评嘉宾对45位博士后的发言进行了充分交流和精彩点评。

来自中国社会科学院世界历史研究所、清华大学、北京大学、复旦大学、吉林大学、南开大学、四川大学、中国人民大学、北京师范大学、华东师范大学、东北师范大学、华中师范大学、陕西师范大学、郑州大学、云南大学、华南师范大学、首都师范大学、上海师范大学、中国国家博物馆、温州大学、河南大学、河北大学等科研机构和高校的学者参与了本次论坛的研讨，《历史研究》《世界历史》《中国人民大学复印报刊资料（世界史）》《史学集刊》《吉林大学社会科学学报》《社会科学战线》《探索与争鸣》《外国问题研究》和《历史教学（高校版）》等专业学术期刊的学术编辑参与论坛的点评。大家表示此次论坛内容充实紧凑，讨论热烈有序，点评深入浅出，参加论坛收获颇丰。①

（六）第二届博士后联合论坛

2022年10月18日，由中国科学技术发展战略研究院发起，中国科学技术发展战略研究院、科技部火炬中心、科技部科技评估中心及上海市科学学研究所4家单位共同主办的第二届博士后联合论坛采用线上、线下相结合的方式召开，中国科学技术发展战略研究院党委书记刘冬梅研究员，研究所所长石谦研究员，火炬中心主任贾敬敦研究员，科技评估中心主任聂飙研究员，研究所副所长、博士后科研工作站站长张聪慧出席了会议。本次会议的主题为“构建新发展格局下的融通创新”，会议由中国科学技术发展战略研究院党委书记刘冬梅主持。

---

① 中国世界史研究网，http://iwh.cssn.cn/zdxx/202208/t20220831_5489388.shtml.

会上，来自4家单位的13名博士后围绕双碳战略、科技外交、科技评估及科技伦理、硬科技及关键核心技术、长三角协同攻关、科技金融等主题展开交流汇报，博士后冯晶晶、朱悦、高继卿分别围绕“新兴科技：外交策略与全球治理体系研究”“硬科技创新”“长三角协同攻关问题与对策研究”进行了汇报交流。

与会领导和博士后一致认为，博士后的报告不仅有宽度、广度，更有厚度，希望博士后能加强学术交流，展现新时代青年的新面貌，也希望4家单位能以博士后联合论坛为契机，加强合作交流，联合开发内参专报，打造智库科研合作共同体，把本论坛创建成科技创新领域具有影响力的博士后科研合作平台。①

（七）上海交通大学外国语学院第5期博士后学术论坛

2022年10月27日，由上海交通大学外国语言文学博士后科研流动站主办的外国语学院第5期博士后学术论坛顺利举办。本次学术论坛采用线上会议的方式，邀请了外国语学院博士后合作导师王振华教授、丁红卫教授、杨炳钧教授、袁博平教授、刘建军教授、杨明明教授、何伟文教授及10位在站博士后研究人员参加。

博士后学术论坛旨在进一步提高外国语学院博士后培养质量，更好地为博士后研究人员搭建学术交流平台。本次学术论坛设置了语言学方向和文学方向分论坛，博士后研究人员介绍了各自的阶段性在研成果，合作导师对其成果逐一进行了细致点评，并提出了建设性修改建议。

语言学方向分论坛由王振华教授主持。博士后辜磊、张珍珍、陆彩玲、徐俪珑、陈居强、瞿桃分别作了题为“The Processing of English Prefixed and Suffixed Words by Chinese-English Bilinguals”“基于视觉语法的中小学英语教材中插图的意义建构研究”“Morphemes in Academic English”“Cross-language Treatment Generalisation: A Case of Bilingual Aphasia”“汉语失语症患者言语产出词汇起始习得年龄效应研究”“我国民事庭审中冲突过程的多模态推进研究”的报告。

文学方向分论坛由刘建军教授主持。博士后郎梦晨、敬如歌、黄珊云、

---

① 上海市科学学研究所网站，https://www.siss.sh.cn/c/2022-10-19/639870.shtml.

丁瑶的汇报主题分别为“明示的谎言还是喻体不明的隐喻——从劳伦·斯莱特的《说谎》看虚构性的两种定义”“宋代诗歌的俄文翻译与传播”“华莱士·史蒂文斯与美国二战后诗人”“拜占庭晚期文学与意大利文艺复兴文学的关系研究”。

本次博士后学术论坛按照不同研究方向将博士后研究人员分组，有益于收获专家们更有针对性的建议、意见、点评，助力博士后更好地产出高质量学术成果。①

（八）第二届新医药技术创新全国博士后青年科技人才扬子江论坛

2022年11月9日，由连云港市人力资源和社会保障局联合开发区共同承办的第二届新医药技术创新全国博士后青年科技人才扬子江论坛暨人力资源社会保障部“百名专家科技服务进百企”活动成功举办。中国工程院院士肖伟，江苏省人力资源和社会保障厅副厅长朱从明，连云港市副市长高美峰，江苏省人力资源和社会保障厅专业技术人员管理处处长张志远，连云港市人力资源和社会保障局党组书记、局长、二级巡视员程晓红出席开幕式。

开幕式现场与会领导为新医药博士后智库和专家服务智库揭牌，发布了2023年博士后招收需求和企业技术需求，并为博士后论坛创新论文获得者，新获批省级博士后创新实践基地、专家服务合作优秀单位，市级博士后生活补贴、科研项目、综合评估优秀博士后载体授牌颁奖。开幕式结束后，肖伟院士和王守立教授分别以“基于功效成分群的中药创新药的研发思考”和“中国创新医疗器械产业面临的机遇和挑战”为题作了精彩的学术报告。来自全国各地的81名博士后参加论坛，线上参加人数达5.4万人次。

活动当日，同步开展了“百名专家科技服务进百企”活动，人力资源社会保障部邀请的5位医药领域专家学者深入开发区恒瑞医药，就创新药体内行为预测以及制剂处方高通量筛选模型建立、微反应连续合成技术平台及在药物合成中应用、新型透皮制剂的处方工艺开发等问题实地开展技术服务。论坛还邀请了正大天晴、豪森药业、贵科药业相关领域负责人一同交流。

据了解，2022年是“百名专家科技服务进百企”活动连续第11年举办，连云港市已累计邀请省内外近600名专家为本市500余家企事业单位把脉问

① 上海交通大学网站，https://sfl.sjtu.edu.cn/Data/View/6354.

诊，解决技术难题520余项。这项活动已成为服务基层一线、助力企业发展的重要举措，是省内规模最大、影响力显著的专家服务基层品牌工程，不仅解决了企业的实际问题，更为企业健康发展打下了坚实的基础。下一步，开发区人力资源和社会保障部门也将以该项活动为契机，以各位专家学者为智力支撑，积极主动对接企业发展需要，帮助企业解决实际困难，为企业提供点对点、心贴心、实打实的精准服务，为推动连云港市人力资源和社会保障局联合开发区经济社会高质量可持续快发展做出新的、更大的贡献！[①]

（九）第一届全国环境博士后论坛

2022年11月9日至11日，由全国博士后管委会办公室、中国环境科学学会、北京大学共同主办，北京大学环境科学与工程学院、中国环境科学学会青年科学家分会承办的第一届全国环境博士后论坛在线上成功举行。本次论坛得到了清华大学环境学院、中国科学院生态环境研究中心、北京师范大学环境学院、中国环境科学研究院、IGAC中国青年工作组的大力支持。论坛吸引了来自全国多所高校和研究机构的百余名青年学者、博士生参加，围绕环境、健康与碳中和的前沿问题，展示最新成果，推动学科交叉发展与合作。

11月10日上午，第一届全国环境博士后论坛开幕。人力资源社会保障部专业技术人员管理司二级巡视员仲笑林，北京大学人事部部长方方，中国环境科学学会秘书长助理姜艳萍，中国科学院院士、北京大学环境科学与工程学院院长朱彤，北京大学人事部副部长刘颖，北京大学环境科学与工程学院党委书记李振山，中国科学院化学研究所葛茂发研究员，中国科学院过程工程研究所曹宏斌研究员，北京大学环境科学与工程学院要茂盛教授等领导和嘉宾出席开幕式。朱彤和刘颖担任本次论坛主席。开幕式由本次论坛组委会主任、北京大学环境科学与工程学院党委副书记陆克定主持。

特邀报告环节由北京大学环境科学与工程学院吴志军研究员主持。葛茂发研究员、曹宏斌研究员、要茂盛教授等分别就大气化学动力学研究进展、强化臭氧氧化技术原理及应用、基于呼出气快速筛查新冠肺炎技术等方面作了学术报告。特邀嘉宾的报告高屋建瓴地总结了环境领域的先进成果与热点方向，为青年学者今后研究提供了思路。

---

① 《连云港日报》网站，http://lygrbepaper.lygfb.cn/Article/index/aid/7156326.html.

11 月 9 日晚，本次论坛首场活动博士后职业生涯发展沙龙拉开帷幕。北京大学博士后管理办公室主任范德尚，中国环境科学学会科技咨询评价与推广部主任刘平，中国科学院生态环境研究中心刘倩研究员，清华大学地球系统科学系黄小猛教授，北京大学环境科学与工程学院胡敎弟研究员、李歆研究员出席沙龙。沙龙由北京大学环境科学与工程学院宫继成研究员主持。范德尚指出，博士后阶段科研工作经历十分重要，他建议博士后们结合自身科研兴趣、合作导师和科研团队需求做好自身职业发展规划，积极开展跨学科、多学科交流合作。刘倩围绕博士后怎样正确面对生活压力、保持积极向上的心态、更加高效地管理时间、培养更广阔的科学视野等问题进行了分享，并将自己的经验总结为“三心二意”，即耐心、静心、精心、创意、诗意。黄小猛鼓励博士后积极开展跨学科交叉研究，简单却不失精彩地讲好自己的科研故事，积极开展学术交流，建议通过带领一个小团队进行科研工作来不断提升自身的组织协调和管理能力。胡敎弟结合自身的职业发展经历，强调博士后要独立开展研究工作，尽早申请科研基金项目，同时提醒低年级博士生多与师兄师姐开展合作。李歆讲述了自己在德国的博士后经历，建议各位新晋博士后们要做好由学生身份到工作身份的转变，保持良好心态，注重提升自身科研素养，发挥多学科优势。来自北京大学、中国科学院生态环境研究中心的赵罡、何蕾、祁应军、蒋幸、林悦等几位优秀博士后分享了科研基金项目申请与高水平文章发表的经验。交流与提问环节中，大家就学科交叉、科研方向转变、科研瓶颈期、教职机会寻求等问题各抒已见，展开了热烈讨论。环境科学、环境工程、环境健康、环境管理 4 个分论坛于 11 月 10 日下午和 11 月 11 日上午分两场并行举行。

本次论坛共评选出 16 篇优秀报告。北京大学环境科学与工程学院党委副书记陆克定总结发言，他希望与会的青年学者们能够通过本次论坛碰撞思想智慧、激发学术创新、加强学术交流，把科技论文写在污染防治攻坚和美丽中国建设的主战场上，为国家绿色发展、环境质量提升与双碳目标的实现贡献智慧与技术力量。①

① 北京大学环境科学与工程学院网站，http://cese.pku.edu.cn/xwzx/145478.htm.

（十）第二届全国证据科学博士生博士后学术论坛

2022年11月5日至6日，第二届全国证据科学博士生博士后学术论坛以线上、线下相结合的方式成功举办。本次论坛由证据科学教育部重点实验室（中国政法大学证据科学研究院）、“2011计划”司法文明协同创新中心主办，四川大学法学院、教育部证据科学课程虚拟教研室、《证据科学》杂志协办，来自清华大学、北京大学、中国人民大学、中国政法大学、四川大学、华东政法大学、西南政法大学、中南财经政法大学、武汉大学、吉林大学、浙江大学、山东大学、中山大学、东南大学、重庆大学、华东师范大学、南京师范大学、西南财经大学、西南民族大学、中国人民公安大学、北京交通大学、北京工业大学、浙江工商大学等高校的43位博士生和博士后作了主题报告，20位教师进行了论文点评，线下、线上共400余人参加了本届论坛。

论坛开幕式由中国政法大学证据科学研究院副院长张中教授主持，四川大学法学院院长左卫民教授、中国政法大学证据科学研究院院长王旭教授致开幕辞。

论坛围绕“证据法基础理论”“证据法的域外视角”“庭审实质化的证据问题”“法庭科学”“证据法的实证研究”“司法证明问题”“新型证据运用问题”“数字化时代的证据法学”“民事证据”“科学证据”10个主题单元展开，博士后展开主题发言，专家教授进行点评。

闭幕式环节由四川大学左卫民教授主持，中国政法大学林静副教授宣读了获奖名单，由张保生教授、王旭教授、纪格非教授、刘鑫教授、王元凤教授、郑飞副教授为获奖作者颁发荣誉证书。中国政法大学证据科学研究院张保生教授对本届全国证据科学博士生博士后学术论坛进行总结发言。①

（十一）第二届清华大学“生命科学、医学、药学”博士后论坛

2022年11月12日至13日，第二届清华大学“生命科学、医学、药学”博士后论坛在北京市成功举办。论坛由生命科学学院主办，医学院、药学院协办，清华大学博士后联谊会生命学院分会承办，旨在为校内从事生物及医药相关研究的博士后们提供一个高水平的交流平台，让青年学者们可以自由讨论和分享科研成果，促进实验室之间全方位、多角度的交叉与合作。

---

① 中国政法大学证据科学研究院网站，http://zjkxyjy.cupl.edu.cn/info/1025/6926.htm.

论坛邀请了多位生命科学、医学、药学领域，在科研、投资以及成果转化方面取得突出成就的嘉宾作特邀报告，包括清华大学副秘书长、北京清华工业开发研究院院长金勤献教授，清华大学生命科学学院长聘教授、德国马普植物遗传与育种研究所“洪堡教授”柴继杰，清华大学药学院副院长肖百龙教授，清华大学机械工程系李曙光副教授，《细胞》期刊科学编辑杨扬博士，北京启航创业投资管理公司创始合伙人王春平以及华夏英泰（北京）生物技术有限公司联合创始人兼 CEO 赵学强博士。来自清华大学生命科学学院、医学院和药学院的 14 名在站博士后作了精彩的口头报告和科学墙报展示。参会人员还包括生命学院、医学院、药学院 3 个学院的博士后合作导师及 200 余位在站博士后。

职业讨论（career talk）环节，金勤献教授、王春平、赵学强博士以及 5 位生物医药领域创业公司负责人通过对话和现场交流的形式，给博士后们提供了丰富的与职业发展相关的信息和建议，帮助青年学者开阔视野、了解行业全貌。

此外，来自清华大学生命科学学院、医学院、药学院的 14 位博士后通过精彩的学术报告，展示了他们的科研成果。自由交流暨墙报展示环节，展出了 38 份科学墙报，内容涵盖了细胞生物学、微生物与免疫学、发育生物学、结构生物学、神经生物学等多个领域。

在这场高水平的学术盛会上，博士后和学术领头人（PI）共同探讨科研领域的研究成果和发展前景，通过精彩的学术报告，让与会人员了解到各实验室、各研究领域取得的最新进展，墙报展示环节进一步促进了大家的充分交流。最终，通过全体与会人员投票评选，产生了 5 位“最佳报告人”和 10 位“最佳墙报奖”获得者。①

（十二）全国哲学博士后论坛（2022）

2022 年 12 月 3 日，全国哲学博士后论坛（2022）顺利举办。本次论坛由中国社会科学院、全国博士后管理委员会、中国博士后科学基金会主办，中国社会科学院博士后管理委员会、中国社会科学院哲学研究所、内蒙古大学哲学学院承办，《哲学研究》杂志社协办，主题为“新时代中国精神与中国

① 清华大学生命科学学院网站，https://life.tsinghua.edu.cn/info/1133/4353.htm.

自主哲学知识体系构建”。来自中国社会科学院、内蒙古大学、清华大学、北京大学、复旦大学、中国人民大学、华东师范大学、北京师范大学、首都师范大学、山东大学、武汉大学、中国政法大学、南开大学、中山大学、暨南大学等高校和科研院所的专家学者和博士后共计500余人通过线上方式参加了本次论坛。

开幕式上，人力资源社会保障部专业技术人员管理司二级巡视员薛万里、中国社会科学院人事教育局副局长李晓琳、内蒙古大学党委书记刘志彧和中国社会科学院哲学研究所党委书记王立胜分别致辞。中国社会科学院哲学研究所所长张志强主持开幕式。

上午的主报告环节共分为三个单元。第一单元由内蒙古大学副校长张吉维教授主持。中国社会科学院哲学研究所所长张志强研究员和内蒙古大学哲学学院院长兼书记景剑峰教授作主旨报告。第二单元由中国社会科学院哲学研究所副所长冯颜利研究员主持。北京大学王中江教授、华东师范大学杨国荣教授、北京师范大学韩震教授、山东大学何中华教授作主旨报告。第三单元由内蒙古大学哲学学院院长兼书记景剑峰主持，复旦大学孙向晨教授、中国人民大学郝立新教授、中国社会科学院学部委员赵汀阳、中国社会科学院哲学研究所段伟文研究员作主旨报告。

下午，大会设置了6个平行分论坛，分论坛主题分别为：马克思主义哲学研究的新进展、近代哲学的综合创新、中国哲学的特性与形态（一）、中国哲学的特性与形态（二）、外国哲学的当代审视、中西古今之间的哲学。共计36位博士后、青年学者在分论坛作报告和学术讨论。6个分论坛的主持人和点评人对发言人的论文进行了深刻生动的点评。

论坛总结暨闭幕式由内蒙古大学哲学学院院长兼书记景剑峰主持，各分论坛代表就本论坛进行了总结发言。内蒙古大学副校长张吉维和中国社会科学院哲学研究所副所长单继刚对论坛作了总结发言。大家纷纷表示论坛内容充实，讨论热烈，收获颇丰。[①]

（十三）第二届全国教育学博士后论坛

2022年12月18日，由浙江大学教育学院和清华大学教育研究院联合

① 中国社会科学院哲学研究所网站，http://philosophy.cass.cn/rcpy/bsh/202212/t20221207_5569340.html.

主办的第二届全国教育学博士后论坛圆满举办。本次论坛以“新时代 · 新使命 · 新路径——为中国式现代化建设提供人才支撑”为主题，设置特邀专家主旨报告、在站博士后主旨学术报告和主题分论坛、优秀博士后成长分享论坛，以及教育学博士后培养单位院长论坛等环节，国内外多所大学的博士后和关心博士后议题的近千名师生在线参与和观看了本次论坛内容。

论坛开幕式上，浙江大学党委常委、副校长何莲珍，人力资源社会保障部留学人员和专家服务中心博士后基金管理处副处长柴颖，清华大学教育研究院院长石中英先后致辞。开幕式由浙江大学教育学院常务副院长阚阅主持。

浙江大学求是特聘教授张应强与清华大学教育研究院长聘教授李曼丽为在线的老师和博士后们作了两场高水平的主旨报告。张应强教授以“中国式现代化与中国高等教育现代化新道路”为题，开宗明义地指出，中国式现代化的方法论创新，对中国高等教育现代化具有极其重要的启示意义。李曼丽教授作了题为“面向数智时代的工科拔尖创新人才培养”的报告。她指出，数字技术和人工智能的高速发展极大地改变了人的工作环境和工作模式。工科作为高交互性、高情境依赖性的学科，在这一时代背景下也面临着培养工程人才专业知识和实践能力的种种机遇与挑战。

在在站博士后主旨报告环节，来自清华大学的博士后作了题为“中国大学校长任职特征的时期趋势：基于‘双一流’建设高校面板数据的实证分析”的报告，总结了我国高等教育领导的时期变化趋势，揭示了不同时期大学校长的职业发展路径、学术成就和教育理念的差异。浙江大学博士后阙明坤作了“教育科技人才三位一体推进的价值意蕴、内在逻辑与实践进路”的报告，从教育、科技、人才三者的历史演变、相互关系、共同指向三个维度深入剖析了三位一体战略的内在逻辑，提出推进三位一体战略的四点实践路径。北京大学博士后付娇娇就“数字化转型时代工程人才能力框架重塑”话题进行了分享，围绕培养什么样的工科人才这一根本问题，分析了数字化转型时代对工程人才的四点能力需求。

在下午举办的教育学博士后培养单位院长论坛上，厦门大学教育研究院院长别敦荣、华中科技大学教育科学研究院院长陈廷柱、华中师范大学教育学院院长雷万鹏、华南师范大学教育科学学院院长李盛兵、东北师范大学教育学部部长吕立杰、中国人民大学教育学院院长刘复兴、浙江大学教育学院常务副院长阚阅、西南大学教育学部副部长彭泽平、清华大学教育研究院院长石中英、华东师范大学教育学部常务副部长荀渊、北京大学教育学院院长阎凤桥、天津大学教育学院院长闫广芬、北京师范大学教育学部部长朱旭东开展深入对话，探讨了各单位教育学博士后科研流动站建设和教育学博士后培养领域的现状、经验与问题。论坛由浙江大学教育学院副院长李艳主持。

下午还同时进行了“教育理论与反思”“教育实践与创新”和“教育领导与管理”3个分论坛。在站博士后的主题报告兼顾理论与现实、经典与现代、本土与国际问题，从多样研究方法、多元主体视角，为大家带来了风格鲜明、引人深思的学术分享。《华东师范大学学报（教育科学版）》杨九诠主编、浙江大学教育学院吴寒天研究员、《教育发展研究》编辑部林岚主任、浙江财经大学教务处贺武华处长、《高等教育研究》曾伟副主编、北京大学教育学院沈文钦副教授等专家学者对报告进行了精彩点评。

在优秀博士后成长分享论坛环节，来自华东师范大学副教授马淑风（清华大学博士后）、浙江大学特聘研究员翟雪松（北京师范大学博士后）、首都师范大学讲师张慕华（北京师范大学博士后）和浙江大学长聘教授鲁斯塔姆·沙迪夫（Rustam Shadiev）先后分享了博士后期间的基金申请、科研产出、学术活动交流和求职规划等宝贵经验。

最后，此次论坛承办单位浙江大学教育学院的常务副院长阚阅作了闭幕式致辞。他指出本次论坛主题汇报紧扣了新时代、新形势的发展趋势，希望教育学博士后们能够继续保持这种对前沿研究方向的敏感度。他表示，本次论坛也有效加深了全国各教育学博士后设站单位的沟通交流，为汲取培养教育学博士后的先进管理经验提供了机遇。最后，他向与会的嘉宾和博士后们给予了美好祝愿。①

（十四）中国矿业大学前沿实践创新论坛暨第三届博士后交叉创新论坛

2022年12月23日，由中国矿业大学人力资源部主办的中国矿业大学前沿实践创新论坛暨第三届博士后交叉创新论坛以线上方式进行。中国科学院院士、矿业工程学院名誉院长何满潮教授，中国矿业大学副校长叶继红教授，中国煤炭地质总局一级首席专家王佟工程师，中煤科工开采研究院有限公司

① 浙江大学教育学院网站，http://www.ced.zju.edu.cn/2022/1220/c26951a2703807/page.htm.

副总经理吴拥政研究员，北京国华科技集团有限公司董事长王宏研究员，以及中国矿业大学人力资源部、矿业学科群 7 个学院的负责人、师生共计 200 余人参加了论坛。

学术报告阶段，何满潮院士、王佟工程师、吴拥政研究员、王宏研究员、黄艳利教授、姚强岭教授、马丹教授分别作了题为“材料创新与工程革命”“煤炭生态地质勘查科学问题”“深部冲击地压巷道‘支护—卸压—防护’协同防控原理与技术”“建筑垃圾分选资源化利用研究进展”“干旱半干旱矿区水资源保护性开采理论与技术”“黄河流域大型矿区煤水共采理论与技术研究进展”“深部导水构造岩体径向渗流特征”的报告。中国矿业大学人力资源部刘鹏副部长、学院马立强副院长、黄艳利教授、马丹教授主持了论坛分场报告会。

博士后论坛阶段，矿业工程学院谭力海、力学与土木工程学院田文岭、机电工程学院顾进恒、资源与地球科学学院陈歌、化工学院郭凡辉、电气工程学院张永磊、材料与物理学院程春龙分别作了题为“高承压含水层作用下采场覆岩渗流特征与力学行为研究”“花岗岩高温力学行为与损伤破裂机理研究”“防冲钻孔机器人关键技术与装备”“刘家沟组低孔低渗岩层回灌流场演化机制”“煤气化细渣物化特性、水分赋存及脱水能量作用机制研究”“中压大功率级联型风力发电系统拓扑”“基于氧化与矿化协同修饰的稀土合金化镁合金表面处理及其防护性研究”的报告。中国矿业大学人力资源部张宁主任主持了博士后论坛报告会。①

---

① 中国矿业大学矿业工程学院网站，https://cese.cumt.edu.cn/info/1003/5703.htm.

第七章　博士后科研成果（项目）转化

2021年11月至2022年12月，全国和各地博士后工作管理部门、各博士后设站单位坚持把组织博士后研究人员开展科研创新作为主业主责，继续改革完善博士后科研体制机制，争取各级政府和产业、金融等多方面的支持，开辟博士后科研成果转化绿色通道，同时积极探索博士后科技服务活动的新路径，提高博士后科研成果转化率和项目对接成效。这些工作对于企业转型产业升级，推动经济社会高质量发展起到了积极的促进作用。

一、出站博士后科研成果产出情况

（一）出站博士后发表学术论文情况

学术论文是出站博士后的重要科研成果之一，也是其正常出站的重要考核指标。2022年出站博士后共发表学术论文75 068篇，被SCI、SSCI、EI、A&HCI、CSCD、CSTPCD、CSSCI等科学技术文献数据库收录或检索66 070篇，占发表学术论文总数的88.01%。①

1. 各学科门类出站博士后发表学术论文的数量分布。2022年各学科门类出站博士后发表学术论文的数量情况详见表7–1、图7–1。

表7–1　2022年各学科门类出站博士后发表学术论文的数量情况

序号	学科门类	论文数量/篇
1	哲学	438
2	经济学	2 225
3	法学	1 868

① 这里及以下参考引用的数据信息，主要源于中国博士后网上办公系统、中国博士后科学基金会官网。因各博士后设站单位大多以年度统计博士后科研成果，且在站博士后部分科研课题和项目仍在进行中，故这里主要报告2022年出站博士后的科研成果产出情况。

续表

序号	学科门类	论文数量 / 篇
4	教育学	958
5	文学	1 487
6	历史学	736
7	理学	16 467
8	工学	34 841
9	农学	3 359
10	医学	9 206
11	军事学	78
12	管理学	2 974
13	艺术学	431
合计		75 068

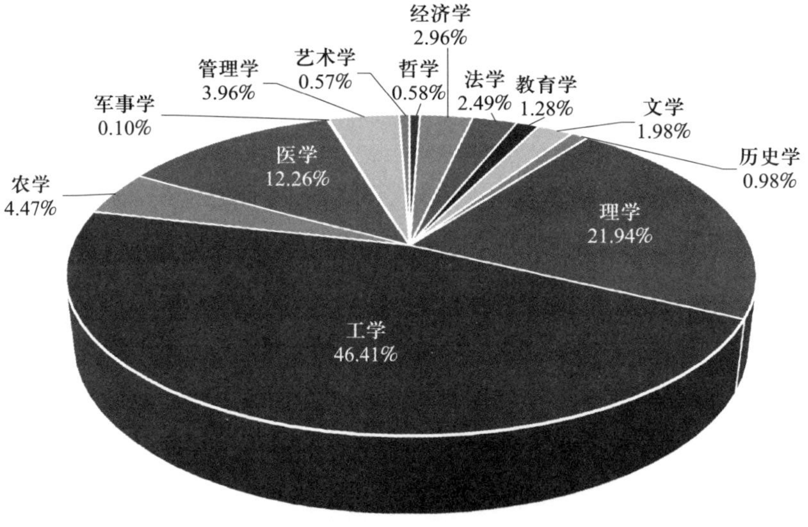

图 7–1　2022 年各学科门类出站博士后发表学术论文的比例

由表 7–1、图 7–1 可知，在出站博士后中工学出站博士后发表的学术论文数量最多，为 34 841 篇，占发表学术论文总数的 46.41%；其次是理学出站博士后，为 16 467 篇，占发表学术论文总数的 21.94%；再次是医学出站博士后，为 9 206 篇，占发表学术论文总数的 12.26%。各学科门类出站博士后的出站人数分布与他们发表的学术论文数量呈正相关关系，出站人数位居前三位的分别是工学（8 431 人），人均约 4.13 篇；理学（5 168 人），人均约 3.19 篇；医学

（2 716 人），人均约 3.39 篇。农学、管理学、经济学、法学、文学出站博士后发表的学术论文均在千篇以上，哲学、教育学、历史学、艺术学、军事学出站博士后发表的学术论文不足千篇。

2. 出站博士后学术论文的影响力。评价出站博士后发表的学术论文影响力，需要考虑的因素通常包括论文的阅读量、转载量以及被相关科学技术文献数据库收录或检索的情况，其中被 SCI、SSCI、EI、A&HCI、CPCI、CSCD、CSTPCD、CSSCI、CSCI 等收录或检索情况详见表 7–2、图 7–2。

表 7–2　2022 年出站博士后学术论文被相关数据库收录或检索情况

序号	收录或检索数据库	被收录或检索数量 / 篇
1	SCI	51 973
2	SSCI	1 567
3	EI	4 312
4	A&HCI	71
5	CPCI	57
6	CSCD	2 834
7	CSTPCD	232
8	CSSCI	4 904
9	CSCI	120
10	其他	8 998
合计		75 068

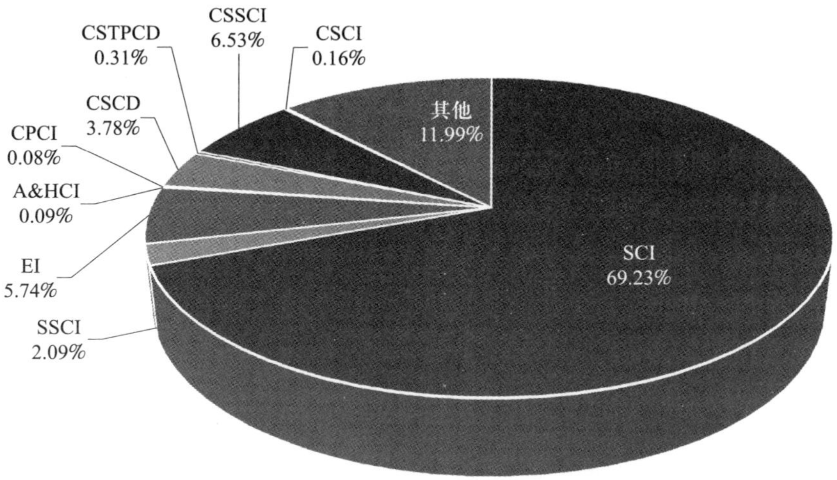

图 7–2　2022 年出站博士后学术论文被相关数据库收录或检索比例

由表 7-2、图 7-2 可知，2022 年全国出站博士后发表的学术论文，被 SCI 收录或检索的数量最多，为 51 973 篇，占发表论文总数的 69.23%；被“其他”数据库收录或检索的论文次之，为 8 998 篇，占发表论文总数的 11.99%；被 CSSCI 收录或检索的论文排第三位，为 4 904 篇，占发表论文总数的 6.53%。以下依次是被 EI 收录或检索的论文为 4 312 篇，占发表论文总数的 5.74%；被 CSCD 收录或检索的论文为 2 834 篇，占发表论文总数的 3.78%；被 SSCI 收录或检索的论文为 1 567 篇，占发表论文总数的 2.09%；被 CSTPCD 收录或检索的论文为 232 篇，占发表论文总数的 0.31%；被 CSCI 收录或检索的论文为 120 篇，占发表论文总数的 0.16%；被 A&HCI 收录或检索的论文为 71 篇，占发表论文总数的 0.09%；被 CPCI 收录或检索的论文为 57 篇，占发表论文总数的 0.08%。

（二）出站博士后出版学术著作情况

1. 各学科门类出站博士后出版学术著作的数量分布。2022 年各学科门类出站博士后共出版学术著作 2 673 部，各学科门类出站博士后出版学术著作的数量情况详见表 7-3、图 7-3。

表 7-3　2022 年各学科门类出站博士后出版学术著作的数量情况

序号	学科门类	著作数量 / 部
1	哲学	44
2	经济学	223
3	法学	241
4	教育学	103
5	文学	179
6	历史学	62
7	理学	286
8	工学	745
9	农学	160
10	医学	339
11	军事学	1
12	管理学	226
13	艺术学	64
合计		2 673

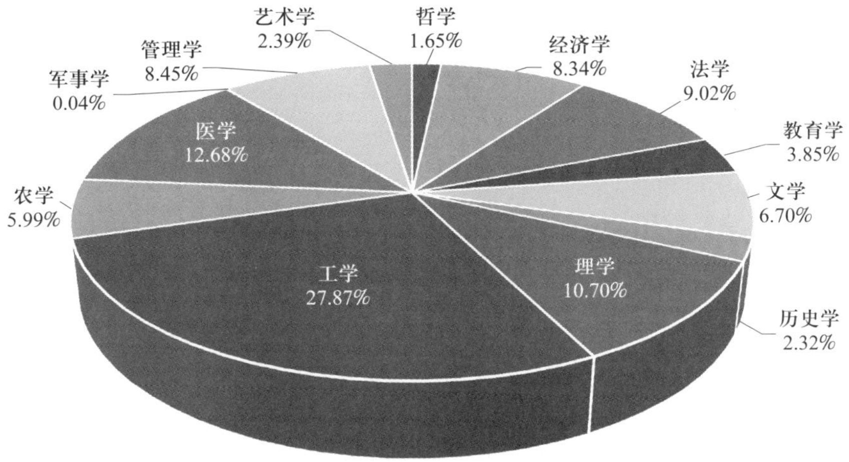

图 7-3　2022 年各学科门类出站博士后出版学术著作的比例

由表 7-3、图 7-3 可知，在 2022 年出站博士后中，工学出站博士后出版的学术著作最多，为 745 部，约占出版学术著作总数的 27.87%；其次是医学出站博士后，共出版学术著作 339 部，约占出版学术著作总数的 12.68%；再次是理学出站博士后，共出版学术著作 286 部，约占出版学术著作总数的 10.70%；军事学出站博士后出版的学术著作最少，为 1 部，约占出版学术著作总数的 0.04%。法学出站博士后（241 部）、管理学出站博士后（226 部）、经济学出站博士后（223 部）出版的学术著作数量均超过了 200 部。

2. 出站博士后学术著作的署名情况。博士后在站期间通常会与合作导师、项目团队共同开展学术研究，其发表的学术研究成果，尤其是学术著作往往会有多位作者署名。2022 年出站博士后出版学术著作的署名情况[①]详见表 7-4、图 7-4。

表 7-4　　2022 年出站博士后出版学术著作的署名情况

序号	署名分类	著作数量 / 部
1	独著	704
2	第一责任人	466
3	其他	1 503
合计		2 673

① 从 2022 年起，对出站博士后出版的学术著作按照“独著”“第一责任人”“其他”来统计，不再按以往的“第一作者”“第二作者”“其他”进行统计。

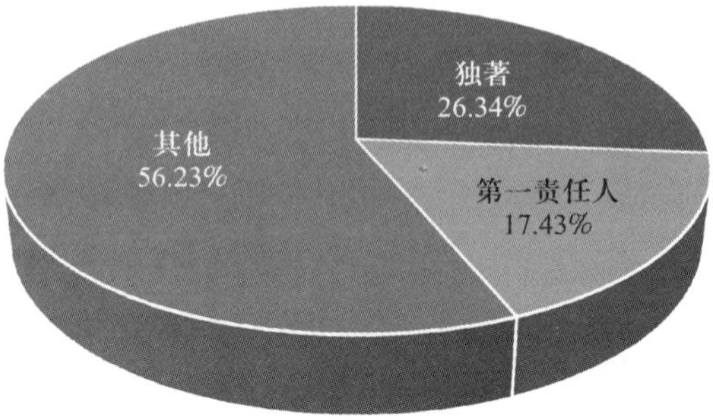

图 7–4　2022 年出站博士后出版学术著作的署名情况及占比

由表 7–4、图 7–4 可知，2022 年出站博士后出版的学术著作为独著的有 704 部，占出版学术著作总数的 26.34%；署名第一责任人的有 466 部，占出版学术著作总数的 17.43%；其他署名情况的有 1 503 部，占出版学术著作总数的 56.23%。

（三）出站博士后承担科研项目情况

2022 年，出站博士后共承担各类科研项目 41 674 项，按出站博士后人数 20 105 人计算，人均承担科研项目约 2.07 项。

1. 各学科门类出站博士后承担科研项目的数量分布。2022 年各学科门类出站博士后承担科研项目的数量情况详见表 7–5、图 7–5。

表 7–5　　2022 年各学科门类出站博士后承担科研项目的数量情况

序号	学科门类	科研项目数量 / 项
1	哲学	252
2	经济学	1 389
3	法学	1 311
4	教育学	567
5	文学	790
6	历史学	356
7	理学	8 571
8	工学	18 648
9	农学	1 967
10	医学	5 341

续表

序号	学科门类	科研项目数量 / 项
11	军事学	43
12	管理学	2 146
13	艺术学	293
合计		41 674

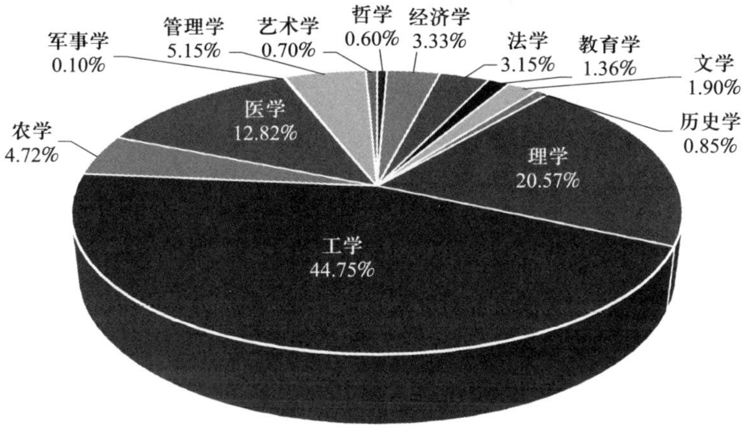

图 7–5 2022 年各学科门类出站博士后承担科研项目的比例

由表 7–5、图 7–5 可知，2022 年出站博士后中，工学出站博士后承担的科研项目最多，为 18 648 项，约占承担科研项目总数的 44.75%；理学出站博士后次之，为 8 571 项，约占承担科研项目总数的 20.57%；再次是医学出站博士后，为 5 341 项，约占承担科研项目总数的 12.82%；军事学出站博士后最少，为 43 项，约占承担科研项目总数的 0.10%；哲学排在倒数第二位，为 252 项，约占承担科研项目总数的 0.60%。

2. 出站博士后承担科研项目的级别区分。2022 年出站博士后承担科研项目的级别与数量详见表 7–6、图 7–6。

表 7–6 2022 年出站博士后承担科研项目的级别与数量统计

序号	项目级别	科研项目数量 / 项
1	国家级	16 126
2	省部级	14 758

续表

序号	项目级别	科研项目数量 / 项
3	单位立项	4 679
4	其他	6 111
合计		41 674

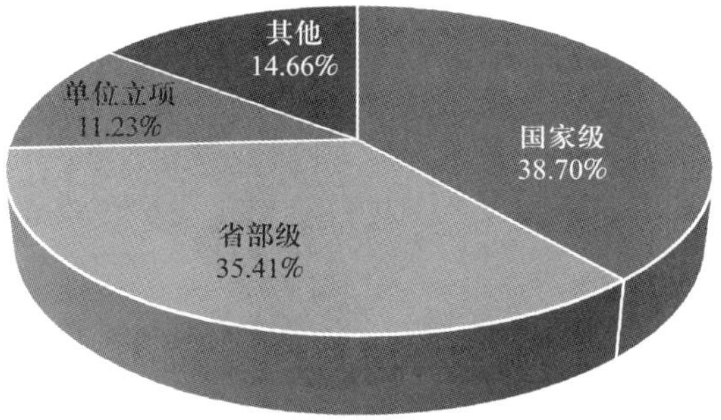

图 7–6　2022 年出站博士后承担科研项目级别占比

由表 7–6、图 7–6 可知，2022 年出站博士后承担的科研项目中，国家级项目最多，为 16 126 项，约占承担科研项目总数的 38.70%；省部级项目次之，为 14 758 项，约占承担科研项目总数的 35.41%；单位立项 4 679 项，约占承担科研项目总数的 11.23%；未标明级别（被列为“其他”）的 6 111 项，约占承担科研项目总数的 14.66%。

（四）出站博士后申获专利情况

2022 年出站博士后申获各种专利（包括发明专利、实用新型专利、外观设计专利等）11 592 件，按 2022 年出站博士后 20 105 人计算，人均授权专利 0.58 件。2022 年出站博士后申获专利的种类和数量情况详见表 7–7、图 7–7。

表 7–7　2022 年出站博士后申获专利的种类与数量统计

序号	种类	数量 / 件
1	发明专利	8 137
2	实用新型专利	1 655
3	外观设计专利	19
4	未注类别专利	1 781
合计		11 592

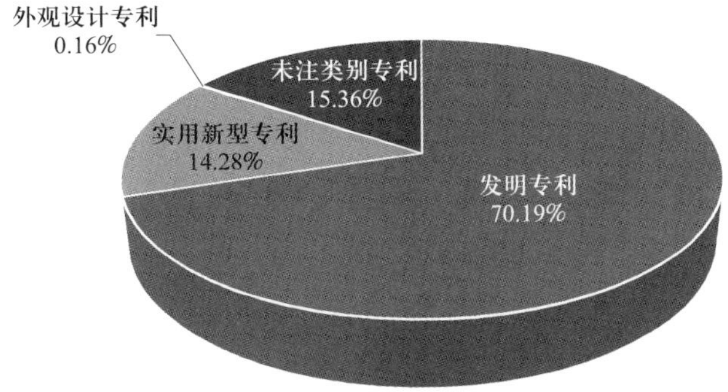

图 7–7 2022 年出站博士后申获专利的种类及占比

由表 7–7、图 7–7 可知，2022 年出站博士后申获的各类专利中，发明专利数量最多，为 8 137 件，约占授权专利总数的 70.19%；实用新型专利 1 655 件，约占授权专利总数的 14.28%；外观设计专利 19 件，约占授权专利总数的 0.16%；未注类别专利 1 781 件，约占授权专利总数的 15.36%。

（五）出站博士后主要科研成果比较分析

1. 各学科门类出站博士后主要科研成果占比比较。2022 年各学科门类出站博士后主要科研成果占比及其变化曲线详见图 7–8。

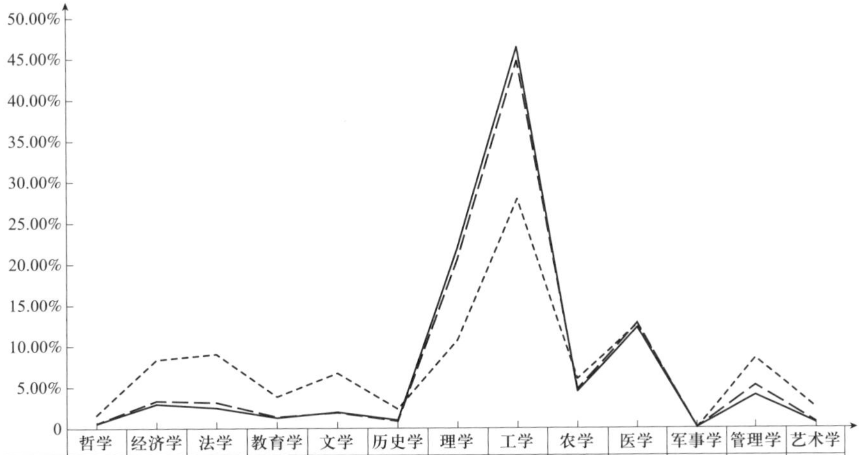

	哲学	经济学	法学	教育学	文学	历史学	理学	工学	农学	医学	军事学	管理学	艺术学
—— 发表学术论文占比	0.58%	2.96%	2.49%	1.28%	1.98%	0.98%	21.94%	46.41%	4.47%	12.26%	0.10%	3.96%	0.57%
- - - 出版学术著作占比	1.65%	8.34%	9.02%	3.85%	6.70%	2.32%	10.70%	27.87%	5.99%	12.68%	0.04%	8.45%	2.39%
— — 承担科研项目占比	0.60%	3.33%	3.15%	1.36%	1.90%	0.85%	20.57%	44.75%	4.72%	12.82%	0.10%	5.15%	0.70%

图 7–8 2022 年各学科门类出站博士后主要科研成果占比及其变化曲线

由图 7–8 可知，各学科门类出站博士后发表学术论文的数量占总数的比例与其承担科研项目的数量占总数的比例非常相近，二者比例曲线几乎重合。各学科门类出站博士后出版学术著作的数量占总数的比例曲线与其发表学术论文、承担科研项目占比的变化趋势一致，但是相对比较松散，即部分学科门类出站博士后发表学术论文占比、出版学术著作占比、承担科研项目占比非常相近，而部分学科门类出站博士后出版学术著作占比与发表学术论文占比、承担科研项目占比相差较大。例如，工学出站博士后发表学术论文占比、承担科研项目占比分别是 46.41%、44.75%，而其出版学术著作占比只有 27.87%，约为其他两类科研成果的 1/2；法学出站博士后发表学术论文占比、承担科研项目占比分别是 2.49%、3.15%，而其出版学术著作占比是 9.02%，约是其他两类科研成果的 3 倍。

2. 各学科门类出站博士后主要科研成果人均数量比较。2022 年各学科门类出站博士后主要科研成果人均数量及其变化曲线详见图 7–9。

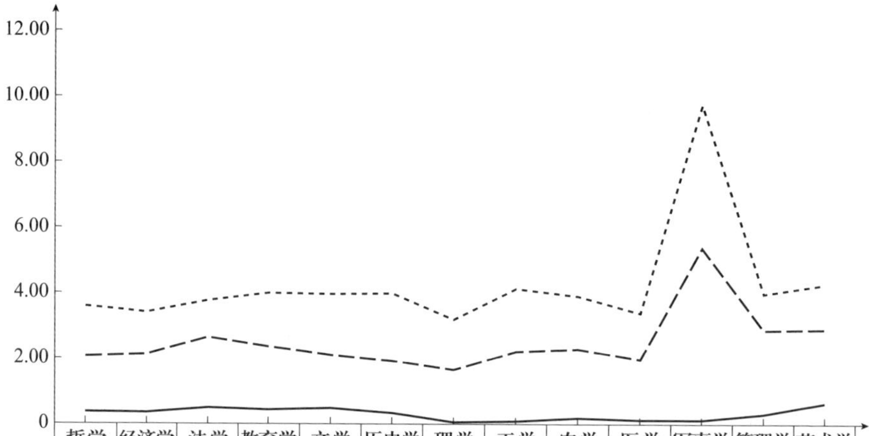

	哲学	经济学	法学	教育学	文学	历史学	理学	工学	农学	医学	军事学	管理学	艺术学
······ 人均学术论文数量/篇	3.59	3.40	3.77	3.99	3.97	3.98	3.19	4.13	3.91	3.39	9.75	3.97	4.27
– – – 人均学术著作数量/部	0.36	0.34	0.49	0.43	0.48	0.34	0.06	0.09	0.19	0.12	0.13	0.30	0.63
—— 人均科研项目数量/项	2.07	2.12	2.64	2.36	2.11	1.92	1.66	2.21	2.29	1.97	5.38	2.87	2.90

图 7–9　2022 年各学科门类出站博士后主要科研成果人均数量及其变化曲线

由图 7–9 可知，2022 年各学科门类出站博士后人均完成学术论文、学术著作、科研项目的数量相差比较明显，其变化曲线排列比较松散，也无明显相似性。各学科门类出站博士后人均发表学术论文数量排在所有科研成果的第一位。其中，军事学出站博士后人均发表学术论文数量最多，为9.75篇；其次是艺术学出站博士后，人均发表4.27篇；再次是工学出站博士后，人均发表4.13篇；理学出站博士后的人均发表学术论文数量最少，为3.19篇。各学科门类出站博士后人均承担科研项目数量排在所有科研成果的第二位。其中，军事学出站博士后人均承担科研项目数量最多，为5.38项；其次是艺术学出站博士后，人均承担2.90项；再次是管理学出站博士后，人均承担2.87项；理学出站博士后人均承担科研项目最少，为1.66项。各学科门类出站博士后出版的学术著作数量较少，排在所有科研成果的第三位。其中，艺术学出站博士后人均出版的学术著作数量最多，为0.63部；其次是法学出站博士后，人均出版0.49部；再次是文学出站博士后，人均出版0.48部；理学出站博士后人均出版学术著作数量最少，为0.06部。

二、博士后科研成果（项目）转化情况

2021年11月至2022年12月，全国博士后管委会办公室、中国博士后科学基金会、各省（区、市）博士后工作管理部门和各博士后设站单位，通过组织中国博士后科技服务团地方行活动、全国博士后揭榜领题常态化活动、地方博士后创新创业大赛活动，推动和实现博士后科研成果转化与项目对接，为企业转型、产业升级解决了许多技术难题，推动了经济和社会高质量发展。

（一）中国博士后科技服务团地方行活动

2021年11月至2022年12月，共组织10批次（第99批至第108批）中国博士后科技服务团地方行活动（见表7–8）。每批次活动通常为2～4天，参加人员一般在10人以上，基本流程包括举办启动仪式、召开博士后和对接单位的座谈会、到需求项目单位开展科技服务及项目对接、召开科技服务及项目对接总结会等。对于列入年度活动计划的中国博士后科技服务团地方行活动，中国博士后科学基金会分别给予15万元资助，不足的部分由相关省、自治区、直辖市或承办单位解决。每批次活动征集到的科研成果转化及项目对接数量一般控制在50个以内，活动的大体安排和项目需求等情况应在活动启动前1个半月内报至中国博士后科学基金会，由基金会负责全程指导，具体活动（包括前期项目需求征集、科研成果转化及项目对接、后期跟踪服务

等工作）则由各承办地自行制订计划和组织实施，项目对接单位一般以中小企业为主，对接项目应与相关博士后研究人员的学科专业领域相吻合。

表 7–8　　中国博士后科技服务团地方行活动情况

序号	批次	地点	项目对接或成果转化数量 / 项	涉及领域	备注
1	第 99 批	湖北宜昌	36	精细化工、现代农业、生物医药和清洁能源	项目对接
2	第 100 批	黑龙江鸡西	未公布	医疗卫生、畜牧养殖、运动健康	对接帮扶
3	第 101 批	安徽金寨	未公布	医疗、农业畜禽、中草药	项目对接、科研成果转让、技术指导
4	第 102 批	广东横琴	未公布	智慧城市、智能制造、生物医药	项目对接
5	第 103 批	湖南娄底	未公布	新材料	技术指导
6	第 104 批	河南新乡	10	化工与材料化学、机械与工业制造、自动智能化、生物学、能源与动力等	项目对接
7	第 105 批	云南昆明	9	粮食作物种植、病虫害防治、水产养殖	项目对接
8	第 106 批	重庆永川	9	机械制造、电子技术、教育、农业	线上培训、座谈
9	第 107 批	甘肃张掖	8	农业农村、卫生健康、林业草原、文化旅游	技术指导
10	第 108 批	辽宁葫芦岛	未公布	机械制造、水产养殖、生态农业、医疗卫生	线上座谈、远程问诊

由表 7–8 可知，第 99 批至第 108 批中国博士后科技服务团地方行活动，有 5 批次公布了博士后科研项目对接或成果转化数量，共 72 项，主要涉及农业、林业、医疗、水产养殖、新材料、智能制造等。其中，又以农业和医疗居多，这与当地的经济发展情况非常吻合。在未公布博士后科研项目对接或成果转化数量的活动中，博士后主要是开展技术指导、对接帮扶等服务工作。另外，受新冠肺炎疫情影响，多个批次中国博士后科技服务团地方行活动采用线上、线下相结合的方式，其中在重庆永川、甘肃张掖、辽宁葫芦岛则完全采用线上的形式。以下简要介绍第 99 批至第 108 批中国博士后科技服务团地方行活动情况。

1. 第 99 批中国博士后科技服务团湖北宜昌行活动。2022 年 7 月 12 日，由全国博士后管委会办公室、中国博士后科学基金会、湖北省人力资源和社会保障厅联合组织的第 99 批中国博士后科技服务团在湖北宜昌开展活动（见图 7–10）。

图 7–10　第 99 批中国博士后科技服务团湖北宜昌行活动启动仪式

本次活动采取线上和线下相结合的方式开展，重点围绕精细化工、现代农业、生物医药和清洁能源等领域，为宜昌提供智力支持和人才服务。人力资源社会保障部留学人员和专家服务中心副主任王霄视频致辞，湖北省人力资源和社会保障厅党组成员、副厅长刘鸿，宜昌市委常委、副市长刘丰雷出席活动并讲话。科技服务团代表、清华大学博士后张栋和中国科学院化学所博士后李鹏飞表示，科技服务团将敢于担当、甘于奉献，用好专业知识，为宜昌经济社会发展贡献力量。活动期间，科技服务团成员赴 14 个项目单位对接 36 项具体需求，且与三峡实验室、湖北土老憨生态农业科技股份有限公司等多家企事业单位在科研合作、新产品开发等领域与博士后达成合作意向。

2. 第 100 批中国博士后科技服务团走进鸡西暨 2022 年“兴凯湖智力行”活动。2022 年 11 月 15 日，由全国博士后管委会办公室、中国博士后科学基金会、黑龙江省人力资源和社会保障厅联合组织，鸡西市人民政府具体承办的第 100 批中国博士后科技服务团走进鸡西暨 2022 年“兴凯湖智力行”活动以线上形式开展（见图 7–11）。来自北京协和医学院、中国中医科学院、山东大学、重庆中医院等 11 家单位的 12 位博士后参加科技服务团活动。本次活动主要围绕医疗卫生、畜牧养殖、运动健康等领域，进行线上座谈、远程问诊、视频答疑，科技服务团与医院医护人员、企业技术人员进行深度交流，开展对接帮扶，帮助鸡西市相关单位解决难题。

图 7–11　第 100 批中国博士后科技服务团走进鸡西暨 2022 年“兴凯湖智力行”活动现场

3. 第 101 批中国博士后科技服务团安徽金寨行活动。2022 年 7 月 20 日，人力资源社会保障部留学人员和专家服务中心党委副书记、主任沈水生率第 101 批中国博士后科技服务团赴安徽省金寨县开展科技服务基层活动。本批科技服务团由清华大学、复旦大学、中国科学技术大学、中国中医科学院等知名高校院所的 15 位博士后专家组成，活动为期 2 天。专家们分组先后赶赴对接项目地点，与金寨县企事业单位开展项目对接、科研成果转让、技术指导等活动，为各企事业单位的发展提出有针对性的意见建议，解决其技术难题，打破其限制瓶颈。此次对接项目内容覆盖医疗、科技、农业、红色历史研究、信息平台建设等多个方面，服务金寨县科研和经济发展。

活动期间，还举办了第 101 批中国博士后科技服务团（安徽行）六安市科技服务对话会（见图 7–12），博士后科技服务团 15 位博士后，六安市 19 家博士后科研工作站的博士后和负责人、相关企业和医院的技术人员就乡村振兴、医学、农业畜禽、中草药、工业产业等方面的热点难点问题，通过现场对话、提问等形式进行交流互动。

4. 第 102 批中国博士后科技服务团（广东横琴行）暨博新人才走进横琴企业对接活动。2021 年 12 月 19 日，第 102 批中国博士后科技服务团（广东横琴行）暨博新人才走进横琴企业对接活动在横琴举办，本次活动围绕人工智能大数据、计算机科学、生物医药、海绵城市、智慧园区等进行交流和项

图 7-12　第 101 批中国博士后科技服务团（安徽行）六安市科技服务对话会

目对接。据了解，从 2016 年中国博士后科技服务团第一次来到广东、走进横琴起，已连续 6 年在横琴举办，围绕珠海横琴重点发展的高新技术、智慧城市、智能制造、生物医药等行业开展科技服务工作，已累计为 200 余名博士后和近 70 家企业牵线搭桥，为推动博士后人才服务横琴经济社会发展，促进横琴博士后科研成果转化，实现高新技术、高端智力与横琴经济社会发展深度对接，提供了难得的机遇，搭建了有效的平台。

5. 第 103 批中国博士后科技服务团湖南娄底行活动。2022 年 7 月 26 日至 28 日，由全国博士后管委会办公室、人力资源社会保障部留学人员和专家服务中心（中国博士后科学基金会）、湖南省人力资源和社会保障厅联合组织，娄底市人力资源和社会保障局、新化县人力资源和社会保障局具体承办的第 103 批中国博士后科技服务团在湖南省娄底市新化县开展活动。来自清华大学、中国农业大学、湖南大学等单位的博士后应邀参加本次活动。参加本次活动的博士后们，深入生产厂房、种植基地，通过输送科技创新成果，促进产学研用结合，为企业发展开拓了思路，解决了难题，对推动企业自身技术创新和产业升级发展发挥了积极作用。

6. 第 104 批中国博士后科技服务团河南新乡行活动。2022 年 8 月 31 日至 9 月 2 日，第 104 批中国博士后科技服务团活动在河南新乡举行。本次活动由全国博士后管委会办公室、中国博士后科学基金会、河南省人力资源和社会保障厅联合主办，新乡市人民政府承办，中共新乡市委组织部、新乡市人力资源和社会保障局协办。来自上海大学、复旦大学、同济大学、西安电子科技大学、西安建筑科技大学、南京大学、南京航空航天大学、南京水利科学研究院、北京科技大学、北京工业大学、东北大学、河南大学等单位的14名博士后研究人员参加本次科技服务团活动。活动围绕化工与材料化学、机械与工业制造、自动智能化、生物学、能源与动力、信息工程与建筑工程等进行了交流与项目对接。通过科技服务活动，博士后研究人员深入企业车间一线进行技术交流，通过输送科技创新成果，促进产学研用融合，助推新乡产业发展，多位博士后和新乡企业达成初步合作意向。

7. 第105批中国博士后科技服务团云南昆明行活动。2022年9月6日至9日，第105批中国博士后科技服务团活动在云南昆明举行。本次活动由全国博士后管委会办公室、中国博士后科学基金会、云南省人力资源和社会保障厅联合主办，昆明市东川区人民政府承办。来自中国农业大学、南京农业大学、西北农林科技大学、内蒙古农业大学等单位的10名博士后研究人员参加本活动，并围绕粮食作物种植、病虫害防治、水产养殖进行交流。通过本活动，博士后研究人员深入农业生产一线，与农户、地方农业技术人员进行技术交流，开展面对面技术帮扶，以实际行动让更多实用科学技术在农村地区应用，让科技成为实现乡村振兴的利器，推动当地农业产业发展（见图7–13）。

图7–13　博士后研究人员高筱钧（中）在东川区进行农机使用培训

8. 第106批中国博士后科技服务团重庆永川行活动。2022年11月24日，由全国博士后管委会办公室、中国博士后科学基金会、重庆市人力资源和社会保障局、永川区委和区政府共同主办的第 106 批中国博士后科技服务团重庆永川行活动在线上举行（见图 7–14）。来自清华大学、南京航空航天大学、复旦大学等单位的 10 位专家和博士后研究人员参加，通过线上培训、座谈、视频答疑等形式，精准帮扶机械制造、电子技术、教育、农业等领域的九大项目，实现高新技术、高端智力与永川经济社会发展深度对接，为永川打造高质量发展先行区、高品质生活示范区，建设“双百”区域性中心城市和现代制造业基地、西部职教基地，注入强劲人才动力，提供长效人才支撑。

图 7–14　中国博士后科技服务团重庆永川行活动线上启动主会场

9. 第 107 批中国博士后科技服务团甘肃张掖行活动。2022 年 11 月 25 日，由人力资源社会保障部留学人员和专家服务中心（中国博士后科学基金会）、甘肃省人力资源和社会保障厅联合主办，张掖市人民政府承办的第 107 批中国博士后科技服务团甘肃张掖行活动在线上举行。人力资源社会保障部留学人员和专家服务中心副主任王霄、甘肃省人力资源和社会保障厅副厅长位志荣及科技服务团博士后通过网络视频方式出席。张掖市农业农村局、卫健委、林草局、科技局、文广旅游局和经济作物技术推广站等 8 家项目对接单位相关负责同志在线参加活动。科技服务团围绕张掖市的农业农村、卫生健康、林业草原、高新技术、文化旅游等领域，进行解疑释惑、技术指导和信息交流，为张掖市高质量发展提供人才智力支持。

10. 第 108 批中国博士后科技服务团辽宁葫芦岛行活动。2022 年 11 月 29 日，由全国博士后管委会办公室、人力资源社会保障部留学人员和专家服务中心（中国博士后科学基金会）、辽宁省人力资源和社会保障厅主办，葫芦岛市委组织部、市人力资源和社会保障局承办的第 108 批中国博士后科技服务团辽宁葫芦岛行活动在线上举行。葫芦岛市常委、组织部部长刘忠才出席会议并致辞，副市长柳晓东主持会议。来自清华大学、浙江大学、中国科学院植物研究所、大连理工大学、郑州大学、首都医科大学、北京协和医学院等单位的12名博士后与9家企事业单位对接提供对口服务。

（二）全国博士后揭榜领题常态化活动

为推进博士后科研成果与企业需求深入对接，激发博士后创新潜能，释放博士后创业活力，推进“卡脖子”关键技术难题破解和博士后科研成果转化，全国博士后管委会办公室、中国博士后科学基金会于2022年6月27日印发《关于开展全国博士后揭榜领题常态化活动的通知》（博管办〔2022〕65号），对活动的总体目标、主要内容、工作安排等作出部署。本次活动由人力资源社会保障部、安徽省人民政府共同主办，全国博士后管委会办公室、中国博士后科学基金会、安徽省人力资源和社会保障厅、合肥市人民政府承办，紧紧围绕新一代信息技术、生物医药与大健康、高端装备制造、新材料、新能源（含新能源汽车）、节能环保、现代农业与食品、文化创意及其他九大领域，征集技术攻关需求和博士后科研成果转化需求，线上组织张榜和揭榜对接，线下开展优秀方案评选、项目路演及资本对接、工业互联网创新发展论坛以及项目签约与颁奖仪式等。经过遴选，最终有307个优秀方案/项目参加评审。根据方案/项目类别，技术攻关组分为3个评选小组，成果转化组单独成立1个评选小组。通过专家现场评审、选手线上或线下“路演+答辩”的方式进行评选，根据评分标准，最终第一组评选出金奖1项、银奖3项、铜奖7项，第二至第四组，每组评选出金奖1项、银奖3项、铜奖6项，共计41项。其中向每项金奖、银奖、铜奖获得者分别给予10万元、5万元、3万元奖励。获奖方案/项目在各领域和区域的分布情况详见表7-9、图7-15、图7-16。

表7-9　全国博士后揭榜领题获奖方案/项目在各领域和区域的分布情况

序号	省、自治区、直辖市	新一代信息技术/个	生物医药与大健康/个	高端装备制造/个	新材料/个	新能源（含新能源汽车）/个	节能环保/个	现代农业与食品/个	文化创意/个	其他/个	小计/个
1	北京	0	1	0	0	0	0	0	0	0	1
2	天津	1	1	0	1	0	1	2	0	0	6

续表

序号	省、自治区、直辖市	新一代信息技术/个	生物医药与大健康/个	高端装备制造/个	新材料/个	新能源（含新能源汽车）/个	节能环保/个	现代农业与食品/个	文化创意/个	其他/个	小计/个
3	辽宁	0	0	0	0	0	1	0	0	1	2
4	吉林	0	1	2	0	0	0	1	0	0	4
5	江苏	1	2	0	1	1	0	0	0	0	5
6	浙江	0	0	1	0	0	0	0	0	0	1
7	安徽	0	2	4	2	0	2	1	0	0	11
8	江西	0	2	0	0	0	1	0	1	0	4
9	山东	0	0	0	1	0	0	0	0	0	1
10	河南	0	0	0	0	0	1	1	0	0	2
11	湖北	1	0	0	0	0	0	0	0	0	1
12	湖南	1	0	0	0	0	0	0	0	1	2
13	贵州	0	0	0	1	0	0	0	0	0	1
合计		4	9	7	6	1	6	5	1	2	41

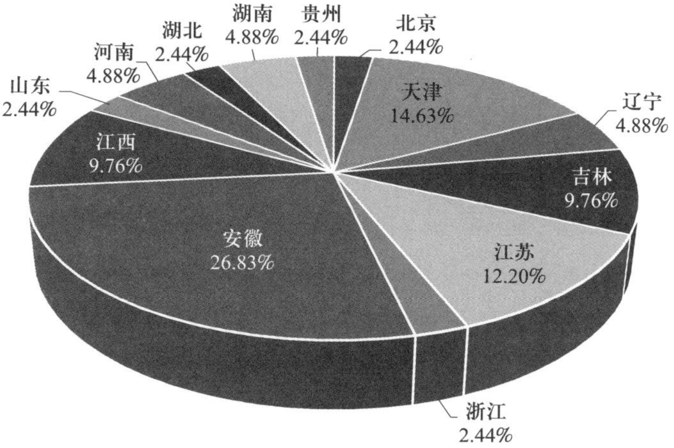

图 7–15　各区域全国博士后揭榜领题获奖方案/项目所占比例

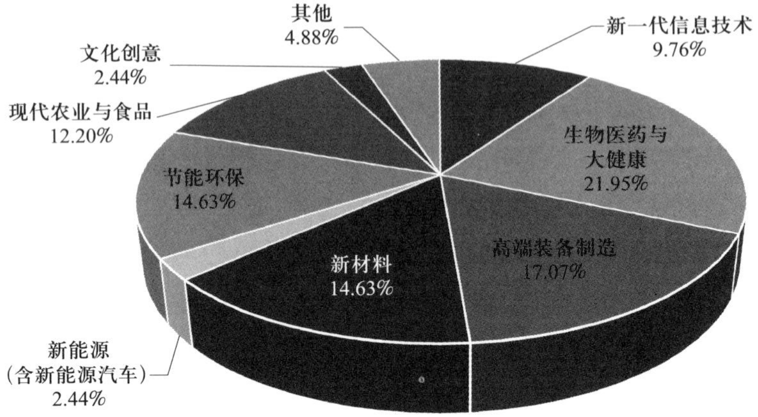

图 7-16 各领域全国博士后揭榜领题获奖方案 / 项目所占比例

由表 7-9、图 7-15、图 7-16 可知，全国共有 13 个省（区、市）在全国博士后揭榜领题常态化活动中获奖，其中安徽省揭榜领题获奖方案 / 项目最多，为 11 个，占获奖方案 / 项目总数的 26.83%；其次是天津市，有 6 个，占获奖方案 / 项目总数的 14.63%；再次是江苏省，有 5 个，占获奖方案 / 项目总数的 12.20%。结合 2021 年举办全国博士后创新创业大赛的情况，一般来说，举办省份的参赛项目和获奖项目较多，这可能与当地对该活动的重视程度有关。

从相关产业领域来看，生物医药与大健康领域获奖方案 / 项目最多，为 9 个，占获奖方案 / 项目总数的 21.95%；其次是高端装备制造领域，为 7 个，占获奖方案 / 项目总数的 17.07%；再次是新材料领域和节能环保领域，各有 6 个，均占获奖方案 / 项目总数的 14.63%。现代农业与食品领域有 5 个方案 / 项目获奖，占获奖方案 / 项目总数的 12.20%；新一代信息技术领域有 4 个方案 / 项目获奖，占获奖方案 / 项目总数的 9.76%；其他领域有 2 个方案 / 项目获奖，占获奖方案 / 项目总数的 4.88%；新能源（含新能源汽车）领域和文化创意领域各有 1 个方案 / 项目获奖，各占获奖方案 / 项目总数的 2.44%。

（三）地方博士后创新创业大赛活动

继 2021 年第一届全国博士后创新创业大赛成功举办后，不少地方接续或首次举办博士后创新创业大赛活动，推动了博士后科研成果转化和项目对接落地。

1. 2022年中国·山东博士后创新创业大赛。2022年5月至8月，山东省人力资源和社会保障厅、青岛市人民政府和山东大学联合在青岛市接续举办了2022年中国·山东博士后创新创业大赛。本次大赛分为创新组、创业组、揭榜组3个组别。创新组和创业组分为新一代信息技术、高端装备制造、新材料、新能源（含新能源汽车）、生物医药与大健康、现代农业与食品、节能环保以及其他产业领域8个专业领域；揭榜组不分行业领域。创新组、创业组设置金奖、银奖、铜奖及优胜奖若干名。由大赛组委会向获奖者颁发获奖证书、奖金和奖杯，并向其他参赛者颁发参赛证书；获奖博士后在省内获通报表扬。同时，山东省向获得金奖、银奖的博士后直接颁发“山东惠才卡”，提供全省29项绿色通道服务；将获得铜奖的博士后纳入市级高层次人才绿色通道服务范围。

8月28日，大赛决赛在青岛市城阳区进行。经过两天激烈角逐，参加创新组决赛的88名项目选手、创业组决赛的44名项目选手同台竞技，揭榜组决赛项目亮点纷呈。各组别竞赛内容涉及新一代信息技术、高端装备制造、新材料、生物医药大健康等8个领域，高度契合山东“十强”产业发展需求。经专家评审，创新组评选出金奖2项、银奖4项、铜奖8项、优胜奖26项，共计40项；创业组评选出金奖1项、银奖2项、铜奖4项、优胜奖14项，共计21项。另外，创新组和创业组还分别评选出优秀项目47项、22项，共计69项。大赛除本省博士后项目外，还吸引了来自外省及美国、英国、德国、日本等12个国家的博士后人才携项目参赛。其中，包括麻省理工学院、牛津大学、剑桥大学、清华大学、北京大学等国内外知名高校的青年人才。

2. 第二届上海市博士后创新创业大赛。2022年10月，由上海市人力资源和社会保障局主办、上海交通大学承办的第二届上海市博士后创新创业大赛正式启动。大赛设创新组、创业组、揭榜组。创新组、创业组分别下设新一代信息技术（含集成电路）、高端装备制造（含人工智能）、新材料、新能源（含新能源汽车）、生物医药与大健康、现代农业与食品、节能环保、文化创意及其他产业领域9个专业领域。获得大赛优胜奖的在站或拟进站博士后，上海市将其直接纳入“超级博士后”激励计划，一次性给予30万元的资助；对获优胜奖的团队，择优推荐其参加第二届全国博士后创新创业大赛；为创新项目提供项目成果价值评估、洽谈对接等科技成果转化服务；为创业项目提供投融资、办公场地等园区落地服务；为揭榜项目提供项目研发实施的支持和配套条件，在项目完成后率先推动应用。

12 月 10 日，第二届上海市博士后创新创业大赛总决赛开锣，来自 40 家设站单位的 188 名博士后参赛，近 80 位来自高校、科研院所、企业和市场投资机构的评委参与评审，经线上初赛和现场决赛，最终产生 31 个优胜奖。

3. 第一届河南省博士后创新创业大赛。2022 年 6 月 1 日，由中共河南省委人才工作领导小组办公室、河南省人力资源和社会保障厅、河南省财政厅联合举办的第一届河南省博士后创新创业大赛正式启动。大赛以“博汇中原、智创未来”为主题，设创新赛、创业赛、揭榜领题赛 3 个组别。创新赛组别划分为现代农业与食品、生物医药与大健康、新材料及新能源（含新能源汽车）、高端装备制造及其他领域（含新一代信息技术、节能环保等产业领域）共 4 个赛道进行比赛；创业赛和揭榜领题赛组别不划分专业领域，分别设 1 个赛道。经过广泛发动、大力宣传、周密组织，河南省各地共有 391 个参赛项目通过资格审查，大赛吸引了 778 名博士后参加。

12 月 23 日，大赛决赛在郑州市中原龙子湖学术交流中心闭幕，共有 230 个博士后创新创业项目、251 个博士后团队进入总决赛，其中创新赛项目 190 个、创业赛项目 30 个、揭榜领题赛项目 10 个。经过现场激烈角逐，共产生金奖 5 个、银奖 10 个、铜奖 15 个、最佳创意奖 10 个、优胜奖 30 个、优秀组织奖 12 个、优秀服务机构奖 4 个。大赛期间，组委会充分利用大赛官方网站及合作机构线上平台等渠道，为博士后研究人员（及拟进站博士生）、博士后人才及技术需求单位提供线上、线下一体化的服务平台，开展博士后人才交流和科研成果转化对接活动。

4. 第一届陕西省博士后创新创业大赛。2022 年 8 月至 12 月 16 日，第一届陕西省博士后创新创业大赛经过报名、初赛和总决赛，圆满获得成功。大赛设创新赛、创业赛、揭榜领题赛、海外邀请赛 4 个组别。创新赛划分为新一代信息技术、高端装备制造、新材料、新能源和节能环保、生物医药工程、陕西省其他重点产业领域 6 个专业领域进行比赛。创业赛、揭榜领题赛和海外邀请赛组别不划分专业领域。对创新赛各赛道排名前 50% 的项目以及创业赛排名前 50% 的项目颁发金奖 1 个、银奖 2 个、铜奖 3 个、优胜奖若干；对海外邀请赛和揭榜领题赛组别的参赛项目，颁发荣誉奖及优胜奖若干。分别给予金奖、银奖、铜奖获得者 5 万元、3 万元、1 万元奖励。对获金奖、银奖、铜奖项目团队核心成员中的省内博士后研究人员，颁发“陕西省创新创业优秀博士后”证书；创新赛、创业赛获金奖的博士后研究人员，优先推荐其申报省级高层次人才计划，入选者纳入省级高层次人才服务保障范畴；对报名参赛的项目，委托专业机构持续跟进，提供项目成果价值评估、洽谈对接、交易登记和投融资服务等全链条科技成果转化服务；获奖项目优先支持入驻陕西省博士后创新创业园，对实质性入驻项目给予空间、研发、金融及人才居住留用的相应支持；通过大赛平台及赛后活动，对获奖项目进行宣传推广、展示交流、产品对接，提升项目知名度，拓宽发展渠道。

本次大赛吸引了 380 多个博士后团队（项目）、600 余人报名参赛。经过层层选拔，125 个高水平项目进入总决赛，创新赛、创业赛、揭榜领题赛 3 个组别有 64 个项目分别获得 7 个金奖、14 个银奖、21 个铜奖及 22 个优胜奖，74 名博士后获“陕西省创新创业优秀博士后”称号，20 个单位获优秀组织奖。

5. 第一届湖北省博士后创新创业大赛。2022 年 9 月，由中共湖北省委人才工作领导小组办公室指导、湖北省人力资源和社会保障厅主办的第一届湖北省博士后创新创业大赛正式启动。本次大赛的主题是“博聚楚天，共创荆彩”。大赛设创新赛、创业赛和揭榜领题赛 3 项赛事，按预选、复赛、决赛、总决赛 4 个阶段实施。创新赛划分为新一代信息技术、高端装备制造、新材料、新能源（含新能源汽车）、生物医药与大健康、现代农业与食品、节能环保以及其他产业领域 8 个专业领域；创业赛和揭榜领题赛不划分专业领域。大赛设特等奖、金奖、银奖、铜奖、优胜奖，最高奖励 50 万元；对晋级总决赛的项目设网络投票通道，评选最佳人气奖。对获奖项目团队核心成员中的省内博士后研究人员，颁发“湖北省创新创业优秀博士后”证书；对其中特等奖、金奖核心成员中的省内博士后研究人员，优先纳入“湖北省博士后卓越人才跟踪培养计划”；对银奖、铜奖核心成员中的省内博士后研究人员，优先纳入博士后创新岗位；对其他获奖博士后研究人员，在博士后人才项目评审时给予倾斜；对组织参赛的地方及单独组队单位工作突出的，颁发优秀组织奖。本次大赛吸引了超过 308 个博士后团队（项目）报名。大赛总决赛于 2023 年 2 月 21 日在武汉市举行，共有 11 个博士后团队（项目）入围总决赛进行终极比拼，最终比赛产生了 1 个特等奖和 3 个金奖。

6. 首届粤港澳大湾区博士博士后创新创业大赛。2022 年 9 月 19 日，首届粤港澳大湾区博士博士后创新创业大赛启动仪式在珠海规划展览馆举行。本次大赛由全国博士后管委会办公室、中国博士后科学基金会指导，广东省人力资源和社会保障厅、珠海市人民政府主办，珠海市委人才工作领导小组办公室、珠海市人力资源和社会保障局、珠海市香洲区人民政府承办，各地级以上市人力资源和社会保障局、香港科技协进会、澳珠人才发展促进会、中山大学等单位协办。大赛设创新赛、创业赛两个组别，并分为新一代信息技术、半导体与集成电路、生物医药与大健康、高端装备制造、新材料、新能源（含新能源汽车）、节能环保以及其他产业 8 个专业领域进行比赛。比赛设初赛、复赛和决赛 3 个阶段。创新赛和创业赛组别，各设金奖 2 个、银奖 4 个、铜奖 5 个、优胜奖 21 个，其他参赛者获颁参赛证书；创业赛金奖项目获得 20 万元资助、银奖 15 万元资助、铜奖 10 万元资助；创新赛金奖项目获得 10 万元资助、银奖 8 万元资助、铜奖 5 万元资助，项目 2 年内在广东省落地创业的，可再分别申请 10 万元、7 万元、5 万元的项目落地资助。大赛执委会以“选手线上路演答辩 + 评委线下集中评审”的方式，对复赛的 236 个项目进行评审，共有 113 个项目晋级决赛，其中创新赛 57 个，创业赛 56 个。大赛主办方还组织大湾区内博士后科研流动站、工作站等博士后重点创新平台招募博士和博士后人才，并在现场组织大赛项目与投资机构、孵化园区进行对接，推进大赛项目落地和成果转化。因疫情防控等原因，首届粤港澳大湾区博士博士后创新创业大赛决赛推迟至 2023 年 2 月 27 日至 28 日举行。经过两天的激烈角逐，2 个组别共产生 4 个金奖、8 个银奖、10 个铜奖，获奖团队获得最高 20 万元的项目资助，总奖金达 300 万元。42 个项目荣获优胜奖，15 个参赛代表队荣获优秀组织奖。在决赛现场，超过 60 家知名投融资机构及 400 多个博士博士后创业项目参与对接，现场签约项目 73 个，意向合作金额约 12.5 亿元。

第八章　博士后管理与服务保障工作

积极主动做好博士后管理和服务保障工作，是博士后事业持续健康发展的内在要求。2021 年 11 月至 2022 年 12 月，全国和各地博士后管理机构、各博士后设站单位、博士后科研流动站和工作站，在完善博士后管理制度机制的同时，努力提高管理者素质能力，加强博士后管理信息化建设，扎实做好日常服务保障工作，广大博士后研究人员的获得感和满意度进一步提升。

一、博士后管理信息化建设

2021 年 11 月至 2022 年 12 月，人力资源社会保障部专业技术人员管理司、留学人员和专家服务中心、中国博士后科学基金会组织技术创新团队，及时研发并开通了迎接和宣传党的二十大专题栏目，依托中国博士后网上办公系统和中国博士后科学基金系统，对博士后科研工作站申报备案、博士后国（境）外交流合作、全国博士后揭榜领题交流对接、“博新计划”评审等多个子系统及功能模块进行改造和迭代升级，进一步提升了博士后管理信息化智能化水平。①

（一）研发开通迎接和宣传党的二十大专题栏目

为迎接党的二十大胜利召开，及时有效宣传二十大会议精神，依托人力资源社会保障部留学人员和专家服务中心（中国博士后科学基金会）网站，研发并开通了迎接和宣传党的二十大会议精神的专题栏目，如图 8–1 所示。

（二）新增完善工作站申报备案等功能模块

1. 新增工作站申报备案模块。为适应全国博士后科研工作站申报由审批制改为备案制的需求，在中国博士后网上办公系统新增了工作站申报备案模

① 博士后管理信息化建设情况由东部战区总医院数据信息室提供，其他数据信息源于中国博士后网上办公系统、中国博士后科学基金会官网。

图 8–1　迎接和宣传党的二十大专题栏目首页

块，设置了工作站备案申报批次管理、推荐单位名额管理、工作站申报说明等新功能，如图 8–2、图 8–3、图 8–4 所示。

2. 新增自定义短信发送功能。为保证全国博士后管理委员会的通知和各种信息及时传达，在中国博士后网上办公系统开发了自定义短信功能。用户只要填写手机号、信息内容后，便可即时发送短信，如图 8–5 所示。

图 8–2　工作站备案申报批次管理

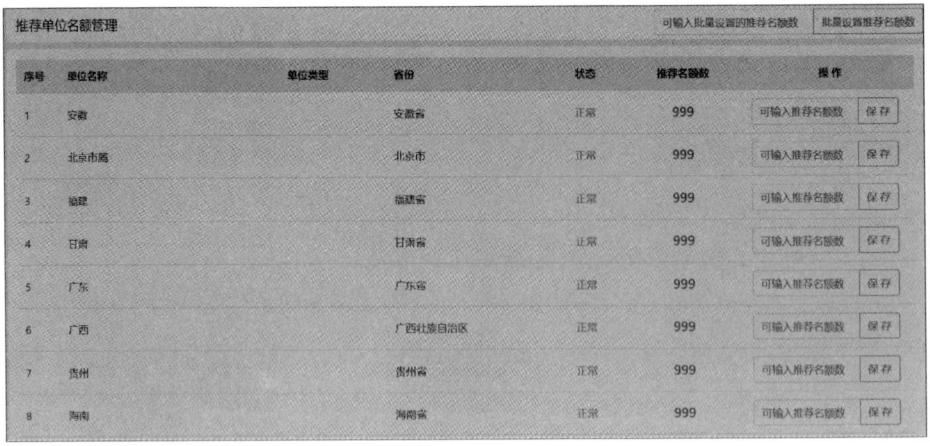

图 8–3　推荐单位名额管理

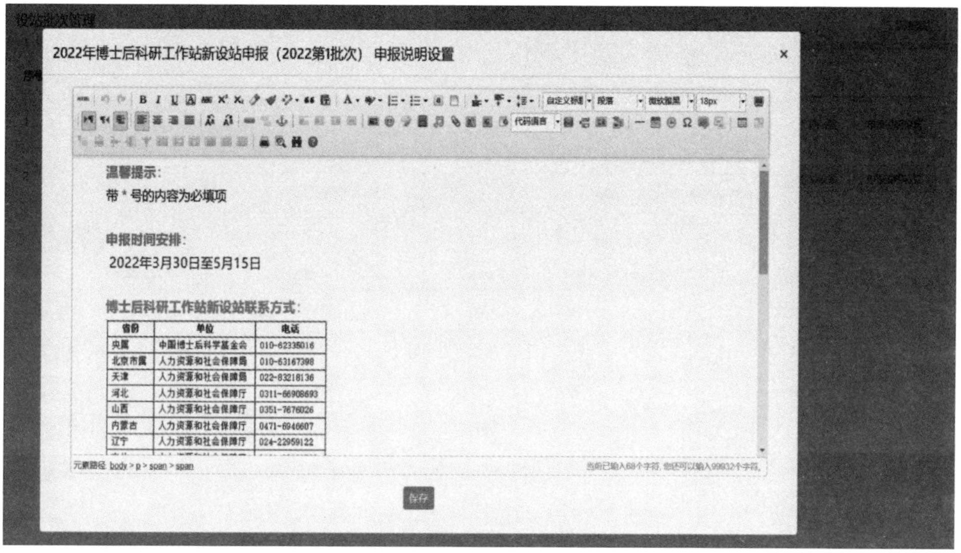

图 8–4　工作站申报说明

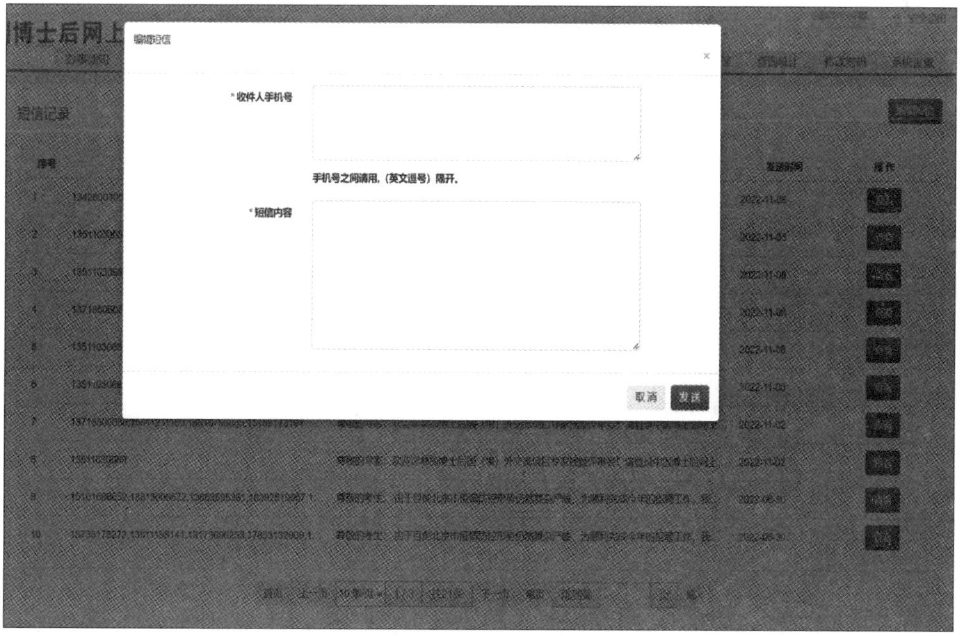

图 8–5　自定义短信发送

3. 完善博士后国（境）外交流项目功能。在原有博士后国（境）外交流四个项目基本模块上，新增了博士后国（境）外交流项目获选结果匹配功能（见图 8–6），完善了获选人员手动匹配申请信息功能（见图 8–7），新增了用户注册及修改密码时对弱密码的检测功能（见图 8–8）。

2022年引进项目（第二批） 现有人员名单 导入新名单 名单人员匹配申请信息 名单人员匹配博士后编号

总人数：122 未匹配申请信息人数：0 未匹配博士后编号人数：39 自动匹配

序号	姓名	博士后编号	项目编号	一级学科	设站单位	状态	匹配情况	操作
1	肖煜	339047	未匹配	教育学	清华大学	已匹配		手动匹配
2	汤胜兵	328059	未匹配	教育学	教育学	已匹配		手动匹配
3	刘倩	322481	未匹配	教育学	教育学院	已匹配		手动匹配
4	李蒙	320077	未匹配	力学	力学与航空航天学院	已匹配		手动匹配
5	HASSAN WAQAS	314667	未匹配	动力工程及工程热物理	流体机械工程技术研究中心	已匹配		手动匹配
6	邵韵霏	未匹配	未匹配	艺术学理论	清华大学	已匹配		手动匹配
7	西禹霏	328470	未匹配	动力工程及工程热物理	能动系	已匹配		手动匹配
8	刘琼	328473	未匹配	水产	宁波大学	已匹配		手动匹配
9	张可心	331486	未匹配	农林经济管理	农业与农村发展学院	已匹配		手动匹配
10	韦鹏亮	334064	未匹配	作物学	农业与生物技术学院	已匹配		手动匹配
11	嵇昂	314586	未匹配	交通运输工程	牵引动力国家重点实验室	已匹配		手动匹配

图 8–6 博士后国（境）外交流项目人员名单匹配

匹配申请信息 ×

公示名单查询条件

姓名	肖煜	设站单位	清华大学
一级学科	教育学		
修改信息		重新查询	

个人情况

序号	用户名称	单位名称	一级学科名称	证件号码	申请日期	操作
1	肖煜	清华大学	教育学		2022-09-23	匹配

图 8–7 获选人员手动匹配申请信息

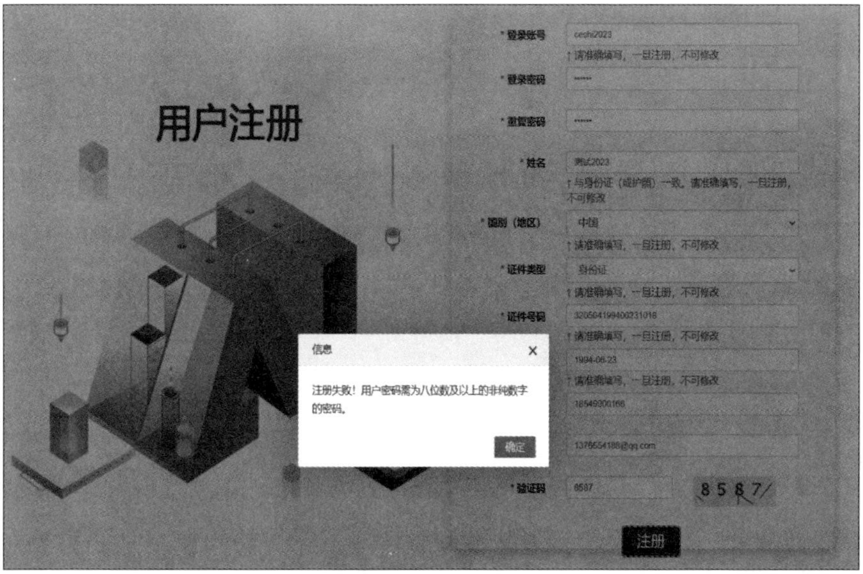

图 8–8　弱密码检测

（三）研发全国博士后揭榜领题交流对接平台

为满足 2022 年全国博士后揭榜领题交流对接需求，研发了全国博士后揭榜领题交流对接平台。该平台具有张榜和揭榜、为主办方提供服务保障等功能。其中，张榜能满足博士后技术攻关和科研成果转化需求发布（见图 8–9），揭榜可查询张榜信息、揭榜报名，实现线上对接等。平台能为主办方提供的服务，主要包括张榜及揭榜信息查阅、核实、整理、匹配，组织交流对接及专家评审等（见图 8–10）；服务保障包括参与方承诺书、保密书和合作协议文书在线签署及备案等。

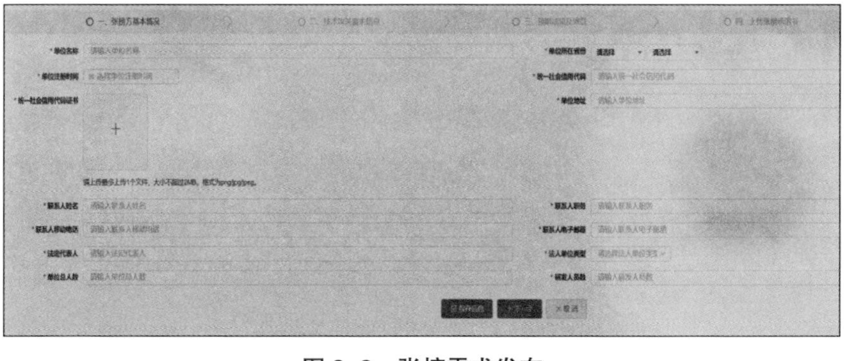

图 8–9　张榜需求发布

图 8-10　组织交流对接及专家评审

（四）完善两个系统的线上服务保障功能

为提升中国博士后网上办公系统和中国博士后科学基金系统信息化水平，发挥这两个系统的智能化服务作用，2022 年重点更新了三类特殊人员进站控制规则，修改了合作导师转隶申报与审核流程，完善了博士后落户介绍信打印等功能，如图 8-11、图 8-12、图 8-13、图 8-14、图 8-15 所示。

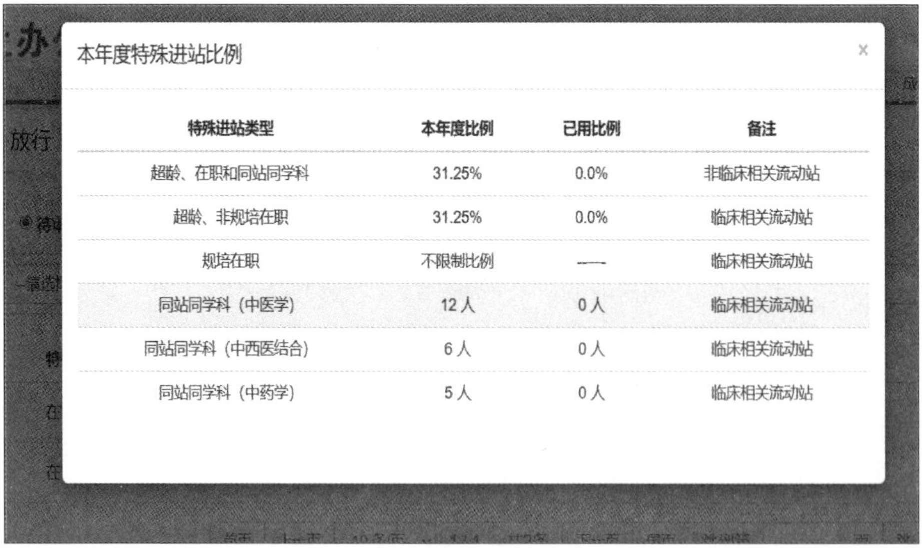
本年度特殊进站比例

特殊进站类型	本年度比例	已用比例	备注
超龄、在职和同站同学科	31.25%	0.0%	非临床相关流动站
超龄、非规培在职	31.25%	0.0%	临床相关流动站
规培在职	不限制比例	—	临床相关流动站
同站同学科（中医学）	12 人	0 人	临床相关流动站
同站同学科（中西医结合）	6 人	0 人	临床相关流动站
同站同学科（中药学）	5 人	0 人	临床相关流动站

图 8-11　单位用户特殊进站比例

图 8–12　三类特殊人员进站审批

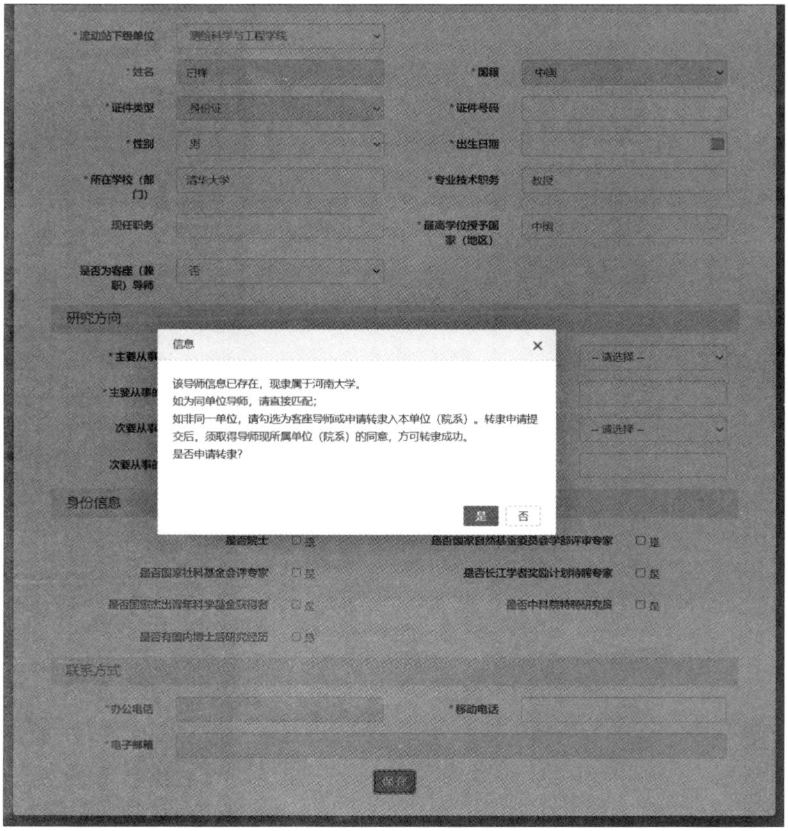

图 8–13　合作导师转隶申报

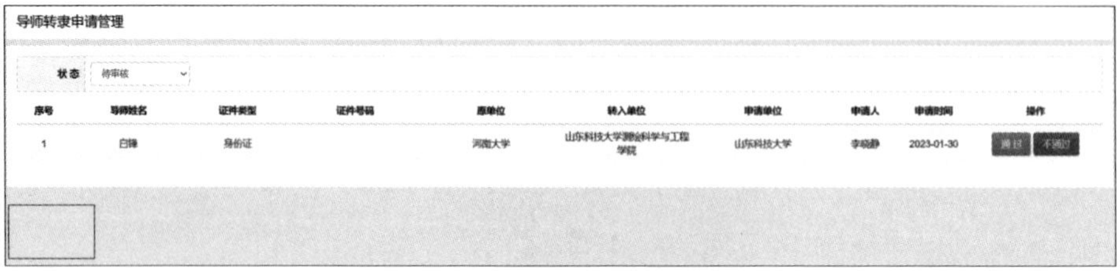

图 8–14　合作导师转隶审核

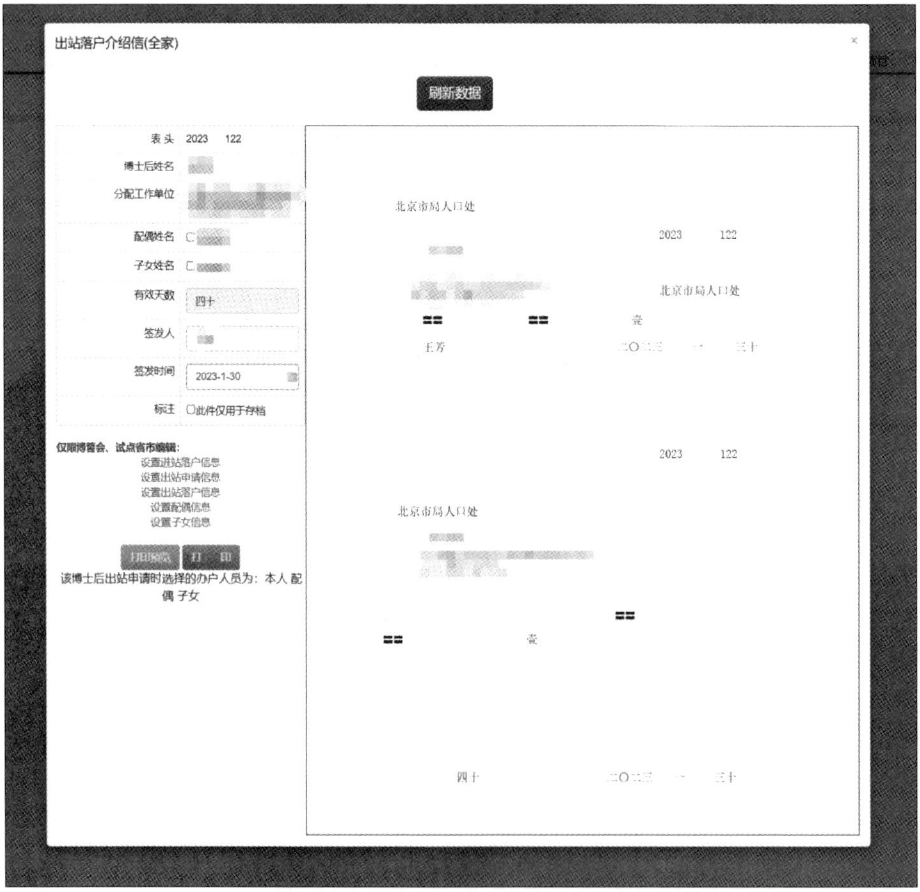

图 8–15　博士后落户介绍信打印

（五）修改完善中国博士后科学基金管理信息系统

1. 研发了“博新计划”评审系统。该系统主要设置了博新人员管理、评审流程管理、专家线上评审、评审工作保障等功能模块，部分管理界面如图 8–16、图 8–17、图 8–18、图 8–19 所示。

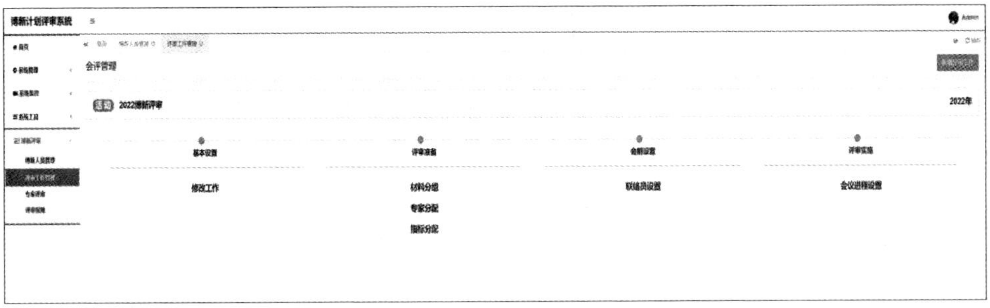

图 8-16 评审工作管理

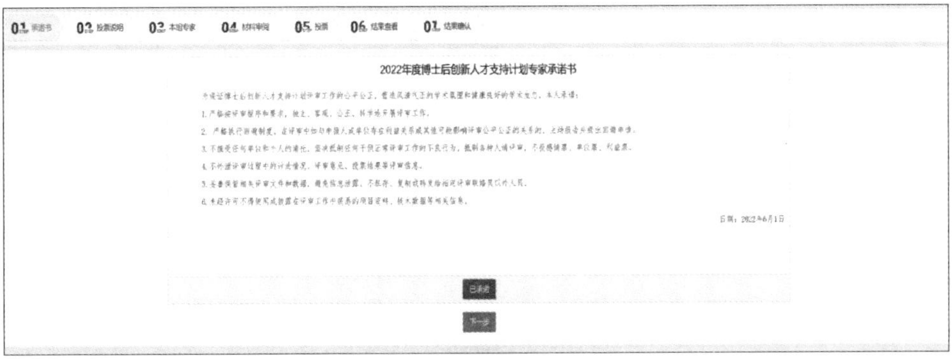

图 8-17 专家评审流程

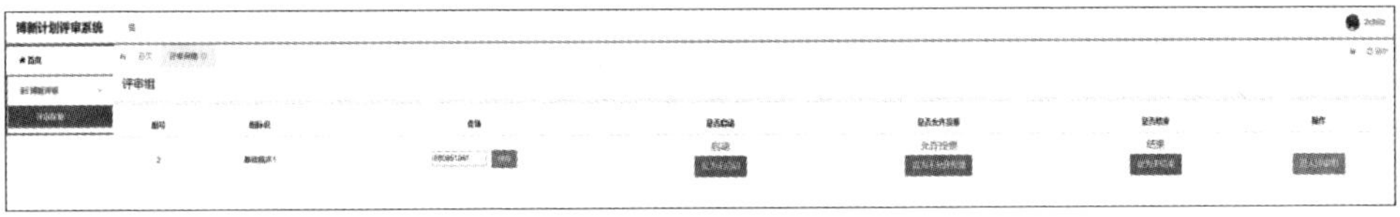

图 8-18 评审工作保障

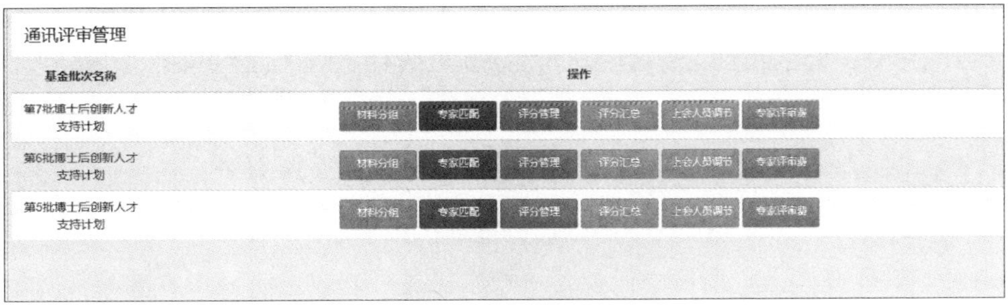

图 8-19 评审费用发放

2. 完善特别资助（站前）指标分配功能。将原先的资助指标名额细化到学科，并能对获资助人员名额进行动态限制（见图 8–20）。

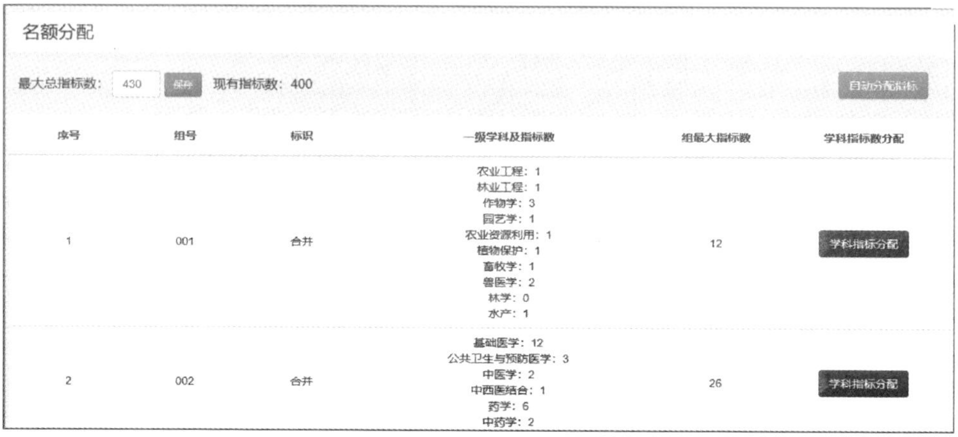

图 8–20　资助指标分配

3. 完善特别资助（站前）评议、投票功能。根据不同学科进行相应材料划分，并完善评审界面，同时进行排序规则优化，便于专家评审使用（见图 8–21）。

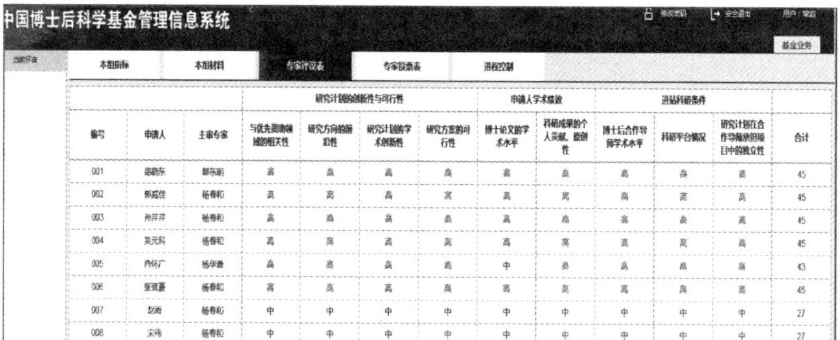

图 8–21　专家评议与投票

4. 修改面上资助遴选计算规则和分组统计规则。通过对各种材料和样本计算规则进行修改，可实现分组按比例提取人员（见图 8–22）。

5. 修改获面上资助信息反馈显示规则。这一修改便于使用者准确掌握相关信息，并能对某批次某单位获资助人员进行动态屏蔽处理（见图 8–23）。

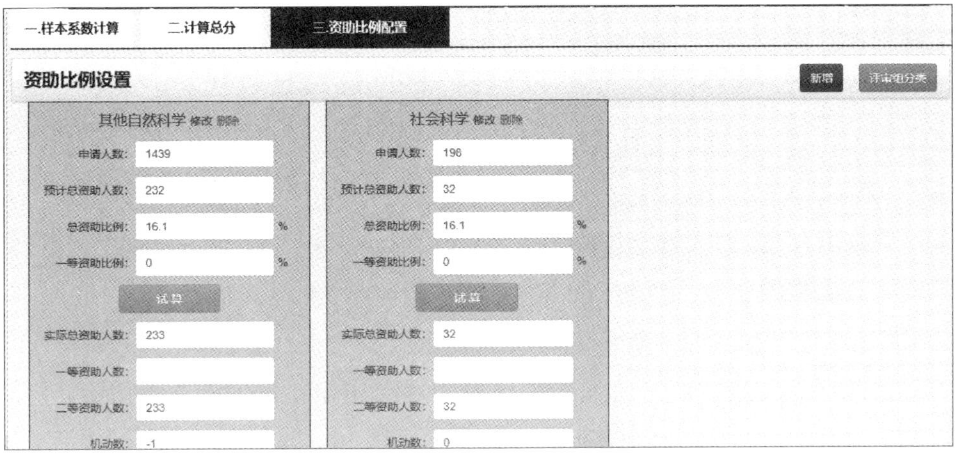

图 8–22　面上资助遴选试算

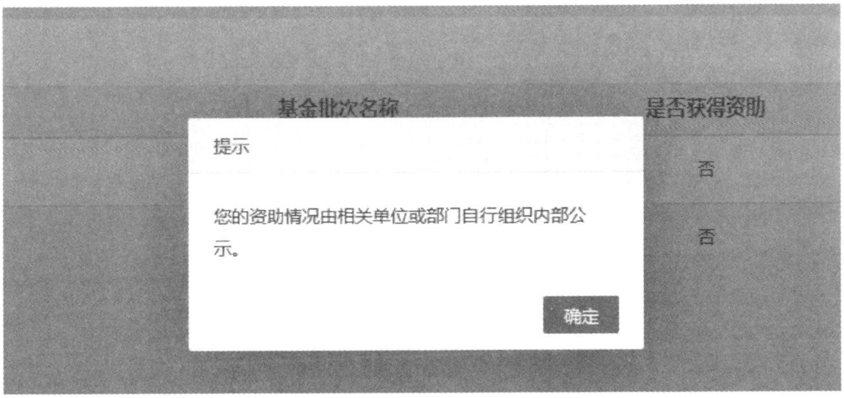

图 8–23　面上资助信息反馈

二、博士后日常服务保障工作

做好博士后日常服务保障工作，须有相应制度机制作保障。2021 年 11 月至 2022 年 12 月，全国各地博士后工作管理部门针对本地区实际，修订完善了博士后管理制度机制。比如，广东省人力资源和社会保障厅于 2022 年 4 月颁布《关于做好广东省博士后创新实践基地管理服务工作的通知》（粤人社规〔2022〕8 号），对博士后创新实践基地的设立、考核、管理、服务和指导监督等作出明确规范。2022 年 6 月，安徽省人力资源和社会保障厅、省财政厅联合发布《关于进一步做好博士后工作的通知》（皖人社秘〔2022〕136

号），对各类企业博士后科研工作站与博士后科研流动站联合招收的非在职博士后生活补贴标准，出站博士后到企业工作后的补贴，新设国家级博士后科研工作站、省级博士后科研工作站（博士后创新实践基地）资助，以及支持博士后创新成果转化、鼓励博士后设站单位创先争优等提出许多新的管理措施。2022 年 2 月，山东省人力资源和社会保障厅新研究出台《山东省博士后工作管理办法》（鲁人社规〔2022〕1 号），进一步规范了博士后平台设立程序、博士后招收条件、招收形式和博士后合作导师配备等制度规定。2022 年 4 月，四川省委组织部、四川省人力资源和社会保障厅、四川省科技厅、四川省财政厅共同研究制定《关于加快博士后工作创新发展的九条措施》（川人社规〔2022〕2 号），围绕加强博士后育用平台建设、加大博士后招引力度、提高博士后科研资助额度、优化博士后职称评审方式、健全博士后三级管理机制，提出一系列新举措。2022 年 3 月，湖南省人力资源和社会保障厅出台《关于进一步加强企业博士后创新创业实践基地建设的通知》（湘人社规〔2022〕8 号），进一步规范了博士后创新创业实践基地的设立条件、设立程序、管理服务等，特别强调确保博士后研究人员薪酬不低于同等资历职工和国家博士后当年日常经费资助标准。

在修订完善博士后管理制度机制基础上，各地博士后工作管理部门和设站单位坚持问题导向，突出管理重点难点，强调服务保障工作的有效性。

1. 为整体提高博士后工作管理者的业务能力和管理服务水平，各省、自治区、直辖市积极组织开展博士后工作管理和业务培训，突出新设博士后科研工作站管理人员的业务培训，促使博士后工作管理人员做精做细各项服务保障工作。

2. 为引导博士后充分施展个人才华以更好地服务经济社会发展，全国博士后管委会办公室、中国博士后科学基金会与有关省（区、市）协商，继续组织部分优秀博士后赴辽宁葫芦岛和广西钦州开展挂职服务，取得明显成效。

3. 为促进博士后科研成果转化和科研项目落地，全国博士后管委会办公室、留学人员和专家服务中心、中国博士后科学基金会先后开展 10 批次中国博士后科技服务团地方行活动，组织优秀博士后分赴湖北宜昌、黑龙江鸡西、安徽金寨、广东横琴、湖南娄底、河南新乡、云南昆明、重庆永川、甘肃张掖、辽宁葫芦岛等地开展科技服务活动，既推动了博士后科研成果转化和科研项目落地，又促进了当地经济社会发展和科技进步。

4. 为解除博士后的后顾之忧，让其集中精力开展研究工作，不少省（区、市）和中央直属机关在用好用活国家博士后优惠政策基础上，紧密结合本地区本单位实际，提高在站博士后研究人员生活补贴标准，有的省份对出站就业创新创业的博士后人才，对照新进博士研究生人才标准发放生活补贴。各地积极落实在站和出站博士后享受高层次人才落户、旅游年卡、配偶安置、子女入园入学等优惠政策，允许博士后配偶和未成年子女随迁入户，经认定后的在站博士后子女可享受高层次人才子女就学管理支持政策，鼓励将博士后纳入各地人才安居工程实施范围。

5. 为有效解决博士后职称评聘问题，激发博士后内在动力，不少省（区、市）发文进一步明确，对进站前未进行过职称评定的博士后研究人员，设站单位应予以认定中级职称，博士后研究人员进站满 1 年，研究成果或业绩突出，经 2 名导师署名推荐、设站单位考核合格，可破格申报评审副高级职称，具有副高级职称的可破格申报评审正高级职称；博士后研究人员出站后从事专业技术工作满 3 年，研究成果或业绩突出，经 2 名同行专家署名推荐、用人单位考核合格，可破格申报评审正高级职称。依法签订事业单位聘用合同的博士后研究人员，不占聘用单位高级专业技术岗位比例。

6. 为方便博士后查询信息并为其提供快捷、优质、高效服务，中国博士后网、中国博士后科学基金网、中国专家服务网和各地人才网、人才大数据网站，即时发布博士后相关政策和创新创业需求信息，通过改造升级全国和省级博士后管理服务数据和信息系统，对博士后进出站和科研工作进行动态化管理。不少省份还在高层次人才“一站式”平台上设立博士后服务专区，为博士后研究人员提供快捷优质高效服务。

三、博士后联谊活动

组织开展博士后联谊活动，有利于促进在站博士后之间的相互学习、相互交流，有利于加强团结、增进博士后之间的友谊。2021 年 11 月至 2022 年 12 月，全国各博士后设站单位努力降低新冠肺炎疫情带来的负面影响，采用线上、线下相结合的方式，组织举办了多场博士后联谊活动。比如，2021 年 11 月 26 日，成都中医药大学博士后联谊会组织近两年入职的博士后研究人员开展“博士后交流暨校长面对面”活动，余曙光校长、杨静副校长、中华中医药学会发展研究办公室张霄潇主任（线上）以及博士后联谊会理事长、党委教师工作部/人事处、科技处及学院领导和博士后教师等约70人参加活动。

2022年1月7日下午，清华大学美术学院博士后联谊会举办了中国博士后科学基金申报经验分享交流活动，38位博士后在现场及线上参加了交流活动，刘洁、苏虹阳、徐千尧、徐硼、陶梦頔5位在站博士后作为分享嘉宾，从投递学科的选择、选题方向、申请书撰写、修辞到利用图表说明，多角度毫无保留地分享了基金申报的宝贵经验。

2022年4月27日，浙江省杭州市钱塘区人力资源和社会保障局在浙江省现代陶艺博物馆举办了2022年春季博士后联谊会活动——“指尖上的亚运”陶艺大比拼。活动吸引了20余名博士后参与，大家参观学习了现代陶艺发展史和陶瓷艺术精品，同时体验了拉坯课程和釉下彩绘课程。本次活动提高了区内博士后的归属感，也让博士后感受到了全民参与、全民共享、全民亚运的浓厚氛围。

2022年5月11日，浙江大学博士后联谊会组织博士后校友吴晓鑫回温岭母校，牵头成立基地开展结对帮扶活动。活动在当地产生了较大影响。

2022年6月29日，四川省人力资源和社会保障厅主办了2022年四川省博士后联谊交流走进眉山青神活动，来自四川大学、电子科技大学等单位的23名博士后以及来自四川农业大学、四川省人民医院等设站单位的5名博士后工作管理人员参加了本活动，眉山市人大常委会副主任王泽文等出席活动发表致辞，并向代表队授旗。

2022年7月7日，中国科协创新战略研究院召开博士后联谊会交流活动，邀请往届获得博士后基金资助的董阳、贺茂斌及冯书静分别从选题建议、内容框架、申报书撰写技巧等方面与在站博士后分享成功经验。

2022年7月14日，青岛市启动2022年青岛博士（后）企业行活动，来自9所驻青高校院所和部分企业的90余名优秀博士和博士后来到海信、海尔两家重点企业进行洽谈交流。

2022年11月20日，百余名意气风发的在杭博士后齐聚白马湖畔，共同庆祝属于他们的专属节日——博士后嘉年华。本次活动由杭州市委人才办、市人力资源和社会保障局指导，高新区（滨江）党委、管委会、政府主办，滨江区人力资源和社会保障局承办。杭州市滨江区人力资源和社会保障局为办好杭州博士后嘉年华活动，提升服务水平，还对嘉年华活动的具体实施执行工作进行公开比选，最终确定的活动合作单位精心设置了团队活动（飞盘）、乐队演绎、才艺展示（刺绣、陶艺等）等体验项目。据悉，杭州嘉年华活动每年举办一场，是杭州广聚博士后人才、磁吸高能级项目的创新举措，对进一步提升在杭博士后归属感发挥了积极作用。

第九章　第一届全国博士后创新创业大赛

2021年12月20日晚，广东省佛山市潭洲国际会展中心的电子大屏上，“博采科技精华、创新引领未来”12个金色大字熠熠生辉。一场举国瞩目、上下重视、备受关注的全国博士后创新创业大赛在这里圆满落下帷幕。回望这场历时半年之久、精心筹备和严密组织的大型赛事的前前后后，总结开展本次大赛的成功做法，梳理本次大赛呈现的特色和影响，对于深入贯彻落实中央人才工作会议精神，充分发挥博士后制度在培养高层次创新型青年科技人才中的重要作用，全面推进新时代中国博士后事业高质量发展，具有重要意义。

一、举办大赛的背景

着眼促进产学研深度结合，激发博士后创新潜能，释放博士后创业活力，努力推动博士后成为我国科技创新的主体力量，一直是人力资源社会保障部、全国博士后管理委员会关注的重点。为拓宽博士后科研成果转化项目融资渠道，解决博士后研究人员和博士后合作导师创办企业、创业孵化和科技成果转化初期融资难等问题，打造博士后干事创业的优良环境，2015年12月，人力资源社会保障部与河北省合作建立了首个国家级博士后成果转化基地——中国（河北）博士后成果转化基地。①2016年5月，人力资源社会保障部批准成立了全国首家博士后创新示范中心——全国博士后创新（江门）示范中心，旨在为博士后创新创业提供政策支持，搭建政府与高校、企业的对接服务平台，推动博士后科研成果快速转化。②2019年4月，中国西部海外博士后创

① 中国（河北）博士后成果转化基地启动［EB/OL］. http://district.ce.cn/newarea/roll/201512/18/t20151218_7664460.shtml.

② 全国首家博士后创新示范中心在江门挂牌［EB/OL］. http://news.cnr.cn/special/chuangxinqudong/20160719/t20160719_522727523.shtml.

新示范中心宣告成立（见图 9–1）。这是人力资源社会保障部批准建立的第三家带“国”字头的博士后创新创业实践平台。中国西部海外博士后创新示范中心以西安交通大学发起的“丝绸之路大学联盟”和“中国西部科技创新港”为依托，吸引了大批来自“丝绸之路经济带”沿线国家的优秀博士生进行创新研究，培养了“一带一路”急需紧缺人才，还与全国多个地区和企业进行合作，共同推进博士后联合招收培养、创新创业和成果转化，取得许多丰硕成果。①

图 9–1 中国西部海外博士后创新示范中心揭牌仪式

从各地情况看，近年来，各省、自治区、直辖市及其所属单位高度重视激发博士后创新潜能，大力倡导和支持博士后创新创业，积极搭建博士后科研成果交流展示平台，在不同层级组织开展了多场（次）博士后创新创业赛事活动。比如，江苏省南通市从 2015 年开始，连续多次举办博士后创新大赛，全方位交流展示博士后科研成果，多手段促进创新成果转化，点对点帮助企业与高校对接合作项目。② 2015 年 8 月，首届“众创杯”中国北京创新创业大赛暨北京亦庄第一届创新创业大赛决赛在京举行，参加决赛的 36 个项目中不乏博士后身影。③ 2018 年年底，为推进博士后科研成果转化，支持博士

① 中国西部海外博士后创新示范中心成立［EB/OL］. https://www.chinanews.com.cn/gn/2019/04-02/8798517.shtml.

② 南通市第五届博士后创新赛开幕［EB/OL］. https://wm.jschina.com.cn/9658/201909/t20190919_6338487.shtml.

③ 首届“众创杯”中国北京创新创业大赛决赛举行［EB/OL］. https://www.sohu.com/a/30116637_162758.

后研究人员创新创业，江苏省举办了首届省级博士后创新创业大赛，大赛项目集中在新一代信息技术、生物技术和新医药、新材料等江苏省十大战略性新兴产业，重点面向国际先进、国内领先的技术，面向产品经济社会效益预期成效显著、商业模式完善的项目，同时兼顾传统产业改造升级相匹配、行业创新发展所急需的项目。[①] 同年，广东省举办了第三届“众创杯”创业创新大赛，其中首次面向全省博士（后）群体开展创新赛，通过线下和云端两种方式展开比拼，该项赛事活动的连续举办并以“高规格、高层次、高水平”特质，吸引了越来越多人的关注。山东省青岛市从 2020 年起，连续举办博士后创新创业成果大赛（见图 9–2），为博士后科研成果转化、项目落地提供便捷高效的公共服务，提高了科技成果转移转化的成效。[②]

图 9–2　2021 年中国 · 山东（青岛）博士后创新创业成果大赛现场

基于上述情况，2020 年 12 月 2 日在北京市召开的“中国博士后制度实施 35 周年座谈会”明确提出，要总结推广各地开展博士后创新创业大赛的先进经验，充分利用市场机制，引导社会资金和博士后创新创业成果进行对接。为贯彻落实本次座谈会精神，充分发挥博士后制度在培养高层次创新型青年人才、促进产学研深度融合、推动大众创业万众创新中的重要作用，2021 年年初，人力资源社会保障部、全国博士后管理委员会决定举办全国性博士后

① 江苏省首届博士后创新创业大赛成功举办［EB/OL］. http://www.gov.cn/xinwen/2018-12/24/content_5351469.htm.

② 中国 · 山东（青岛）博士后创新创业成果大赛举行［EB/OL］. http://news.bandao.cn/a/431530.html.

创新创业大赛，并于5月18日印发《关于举办2021年全国博士后创新创业大赛的通知》（人社部函〔2021〕55号），对大赛的总体目标、赛事主题、赛事安排、组织工作、奖励政策、工作要求等作出部署。

2021年9月，正值大赛各项筹备工作紧锣密鼓进行之时，中央人才工作会议在北京市召开。习近平总书记出席会议并发表重要讲话时强调，当前我国进入了全面建设社会主义现代化国家、向第二个百年奋斗目标进军的新征程，我们比历史上任何时期都更加接近实现中华民族伟大复兴的宏伟目标，也比历史上任何时期都更加渴求人才。要造就规模宏大的青年科技人才队伍，把培育国家战略人才力量的政策重心放在青年科技人才上，支持青年人才挑大梁、当主角。

人力资源社会保障部、全国博士后管理委员会紧密结合我国博士后事业发展和培养青年科技人才的实践，深入学习领会习近平总书记重要讲话精神，进一步坚定了举办全国博士后创新创业大赛的决心和信心，要求各级博士后工作管理部门特别是主（承）办单位，把办好本次大赛作为贯彻落实总书记重要讲话精神的重要举措，增强使命感、责任感和紧迫感，用心用情做好各项筹备工作，全心全力办好本次大赛，为青年科技人才创新创业搭建高质量平台。

二、大赛的组织工作

为了给全国博士后创新创业大赛提供强有力的组织保障，人力资源社会保障部、全国博士后管理委员会、广东省人民政府有关领导多次召开筹备协调工作会议，及时成立了大赛组委会，负责统筹决策和部署推动大赛各项重点工作。作为本次大赛承办单位的全国博士后管委会办公室、广东省人力资源和社会保障厅、佛山市人民政府抽调精干人员组成大赛执委会，具体负责赛事协调、技术实施、开（闭）幕式活动、新闻宣传、后勤保障等各项工作的落实。

为保证参赛项目的评审公开公平公正，人力资源社会保障部专业技术人员管理司、全国博士后管委会办公室委托南京信息工程大学人才大数据研究院，组织相关技术人员研发了技术含量高、使用安全稳定、操作便捷高效的大赛报名信息管理服务平台和专家评审系统。大赛组委会特邀全国知名行业专家、创业投资机构、创业孵化机构等有关人员成立专家指导委员会，并负责参赛项目评选工作。主要成员包括：国家自然科学基金委员会党组书记、主任，中国科学院院士李静海；中国科学院院士，西湖大学校长，美国艺术与科学院外籍院士，美国国家科学院外籍院士，中国科学技术协会副主席施一公；中国工程院院士，广州大学网络空间先进技术研究院名誉院长，中国电子信息产业集团有限公司首席科学家，信息内容安全技术国家工程实验室主任，中国标准化协会网络与信息安全技术委员会主席，中国网络空间安全人才教育联盟理事长，中国网络空间新兴技术安全创新联盟理事长方滨兴；中国科学院院士，发展中国家科学院院士，中国科学院物理研究所研究员，国家杰出青年科学基金获得者，国家“973”项目首席科学家沈保根；中国科学院院士，美国机械工程师学会会士，材料与结构力学领域专家方岱宁；中国科学院院士，新能源动力系统与交通电动化专家，清华大学车辆与运载学院教授、校学术委员会副主任欧阳明高；中国工程院院士，教育部长江学者特聘教授，国家杰出青年科学基金获得者沈建忠；中国科学院院士，中国环境科学学会副理事长，中国水资源战略研究会副理事长，国家生态环境咨询委员会委员，中国经济社会理事会理事倪晋仁；中国工程院院士，中国工程院能源与矿业工程学部主任，中国科协委员，国家自然科学基金委员会战略咨询委员会委员，中国振动工程学会名誉理事长，国家油气钻井工程实验室学术委员会主任苏义脑等知名专家。

大赛组委会还邀请了福耀集团创始人、董事长曹德旺；珠海格力电器股份有限公司董事长兼总裁董明珠；360 集团创始人、董事长兼 CEO 周鸿祎；康希诺生物联合创始人之一、董事长兼首席执行官宇学峰；微软全球资深副总裁、微软（亚洲）互联网工程院院长、微软亚太研发集团首席技术官王永东；拉卡拉集团创始人、董事长孙陶然；中国科学院大学党委常委、副校长，兼任国务院学位委员会管理科学与工程学科评议组成员、中国管理现代化研究会副理事长董纪昌；中国科学院大学党委常委、副校长，国务院参事室金融研究中心研究员刘逖；火山石投资管理合伙人、获 CB Insights 全球百强风险投资人章苏阳；国投创合基金管理有限公司首席执行官、总经理刘伟；浙科投资董事长、浙江省创业投资协会秘书长顾斌；君联资本联席首席投资官、董事总经理陈瑞 12 位大咖，作为本次大赛的创业导师。

为做好本次大赛预选工作，大赛组委会要求在各地区和北京大学等 15 个单独组队的设站单位成立参赛工作机构，负责开展宣传动员、资格审核、项目预选和组队参赛工作，并要求各地区和单独组队的设站单位根据参赛实际需要，及时发布赛事指引，组织开展预选赛各项工作。

为引导创投机构、金融和社会资金积极支持博士后创新创业，本次大赛公开征集国内有关创业投资机构、创业孵化机构、银行等作为大赛合作机构，提供项目评选、路演培训、融资孵化、贷款授信等服务。最终确定为大赛合作伙伴的有国家能源、中国电信、中国南方航空、国投集团、中智集团、中国平安、复星集团、百度、腾讯、广东药业、海天集团、东鹏洁具、健力宝 13 家知名企业和投资机构。

为本次大赛提供有力支持的单位还有国家知识产权局、国家信息中心、科技部火炬高技术产业研发中心、中国信通院、中关村科学城管理委员会、天津自贸试验区管委会。

为做好本次大赛宣传工作，大赛组委会特别约请中国网、《中国组织人事报》、《中国劳动保障报》、中国人力资源和社会保障出版集团有限公司、《中国人才》杂志、《南方日报》、《南方都市报》、广东广播电视台、《羊城晚报》、佛山传媒集团等多家媒体加盟。

三、大赛的赛事安排

1. 联合和具体承办大赛的单位选择。全国不少省、自治区、直辖市对举办 2021 年全国博士后创新创业大赛都有强烈的意愿，但最终为何选择广东省？因为广东省博士后工作多项指标在全国稳居前列，并呈现出 5 个鲜明特点：一是总量大。全省在站博士后超过 11 000 人，累计招收博士后 3.8 万人，连续 3 年新增博士后数量创新高，领跑全国。二是平台广。广东省共有 177 家博士后科研流动站、566 家博士后科研工作站（含分站）、395 家博士后创新实践基地，位居全国前列。三是“磁力”强。2019 年度、2020 年度、2021 年度广东省新增博士后分别为 3 850 人、4 215 人、4 104 人，增量全国领先。四是质量优。近年来，广东省入选“博新计划”项目 130 人，获得中国博士后科学基金面上项目资助的博士后人数连续多批次占全国总数的比例保持在15%左右，稳居全国前列。五是举措新。近年来，广东省在博士后工作上不断探索创新。2012年，创建了博士后工作的新型载体——省级博士后创新实践基地，至今已发展到395家；2016年，试点建设全国博士后创新（江门）示范中心，探索博士后工作服务经济社会发展的新模式。广东省还依托国家博士后项目，积极培养博士后青年拔尖人才，累计入选“博新计划”项目达到130人。全省各地和企业、院校等博士后用人主体不断激发博士后制度和博士后人才群体的活力，形成了一批先进经验做法，涌现出一批鲜活的实践案例。

广东省下辖副省级城市——广州和深圳，还有珠海、江门、惠州等19个地级市，在经济社会发展和人才培养方面都有不俗表现，但具体承办单位为何花落佛山？首先，近些年来佛山市经济社会发展更为亮眼。佛山市作为国内第17个、广东省第3个万亿级城市，与广州市共同构成“广佛都市圈”，共同构建粤港澳大湾区三大极点之一。佛山市又是全国重要制造业基地，工业门类齐全、配套完善，以高新技术产业和先进制造业为代表的创新型产业日渐成为经济增长的主要动力，对科技创新需求与日俱增。其次，佛山市人才队伍建设，特别是博士后工作比较突出。早在1995年佛山市就组建了博士后工作管理委员会办公室。截至2021年5月，佛山市共有3 000多名博士后、64家博士后科研工作站，位居全国地级市前列。最后，佛山市委、市政府对具体承办本次大赛的意愿非常强烈。在广东省委、省政府的大力支持下，佛山市委、市政府领导牵头，积极申请承办本次大赛，成立专班，配强力量，全面为大赛提供场地、人力、财力和技术支持。

2. 参赛组别及项目条件的设置。本次大赛共分创新赛、创业赛、海外（境外）赛和揭榜领题赛4个组别，对每个参赛项目应当具备的条件都作出了明确规范。其中，创新赛参赛项目须同时具备以下条件：（1）参赛项目技术研发负责人或项目研发团队的核心成员至少有1名是国内在站或已出站的博士后研究人员；团队成员均年满18周岁，有合作基础。（2）项目具有创新性，且至截止报名时参赛项目尚未在中华人民共和国行政区域内登记注册运营。（3）参赛项目所提出的成果、产品或服务符合国家法律法规和产业政策，且参赛者对参赛项目拥有合法自主的知识产权或使用权，无知识产权纠纷。

创业赛参赛项目须同时具备以下条件：（1）2016年1月1日以后至截止

报名时已在中华人民共和国行政区域内登记注册的初创型企业，该企业法定代表人或股东成员中至少有 1 名成员是国内在站或已出站的博士后研究人员。（2）企业拥有创新性的产品、技术或商业模式。（3）参赛项目具有商业开发价值，市场发展空间大。（4）企业发展符合国家法律法规和产业政策要求，经营规范，社会信誉良好，参赛项目无知识产权纠纷。

海外（境外）赛参赛项目须同时具备以下条件：（1）参赛项目技术研发负责人或项目研发团队的核心成员至少有 1 人在报名截止前仍在海外（境外）高校、科研院所或企业工作，且满足以下条件之一，即具有海外（境外）博士后研究工作经历；在海外（境外）取得博士学位，拟在国内设站单位从事博士后研究工作。（2）团队成员均年满 18 周岁，有合作基础，国籍不限。（3）参赛项目具有创新性，且尚未在中国境内落地。（4）须对其参赛的项目拥有合法的知识产权或使用权（授权），团队应承诺申报材料及比赛过程中无国际知识产权纠纷、商业侵权等失实或失信行为。

揭榜领题赛参赛条件：精准聚焦于国内科技企业、科研院所、重点实验室的技术难题科研攻关和技术升级需求，面向博士、博士后群体征集技术解决方案，促进产学研深度合作。参赛方式：探索实施“悬赏揭榜制”，打造国内第一个面向博士后人才的揭榜领题赛事平台。

3. 参赛者应征的基本条件。按照大赛组委会规定，国内在站或已出站的博士后研究人员、拟进站从事博士后研究的博士（包括在读博士研究生及已获得博士学位人员），具备以下条件的均可参赛应征：（1）能针对已公布的项目需求提出明确的解决方案，要求思路清晰、技术路线可行、数据真实。（2）有明确的预期目标及相应技术指标，有可靠的项目完成期限及进度安排等。（3）拥有合法的自主知识产权，无知识产权纠纷。（4）参赛者可以是个人，也可以是多人组团进行联合攻关，团队内部有较为明确的合作机制。（5）参赛人员不能属于项目需求方及其母公司、子公司、分公司内部员工。

4. 揭榜领题赛参赛应征流程。根据揭榜领题赛的相关规定，凡符合条件的参赛人员可选择揭榜领题赛项目榜单中的 1 项具体需求，有针对性地提出技术解决方案。具体参赛应征流程为：（1）参赛人员在揭榜领题重点项目对接平台专题页面选择“应征方揭榜”（或在官网报名系统揭榜领题赛组别点击参赛报名）并进行实名注册，下载项目计划书模板。（2）参赛人员认真填写项目计划书，并于8月21日至10月15日登录大赛官方网站，在报名系统中提交。参赛者提交项目计划书前可浏览需求企业签署张榜承诺书情况、项目奖励支付方式。（3）大赛执委会邀请行业专家对参赛应征者提交的项目计划书进行分析、评估，组织张榜的需求单位和应征的参赛人员进行对接。对接成功的项目需求单位和参赛应征人员应签订协议，约定双方权利义务。（4）大赛执委会评选出优秀解决方案，并邀请有关参赛人员在大赛总决赛进行现场挑战，角逐大赛奖项。

5. 大赛预选赛与总决赛安排。本次大赛分为预选赛与总决赛两个大的阶段。预选赛从9月15日报名结束后到10月30日截止，历时一个半月，分别由31个省（区、市）、新疆生产建设兵团和北京大学等15家可单独组队的设站单位组织实施。

大赛总决赛原定于2021年11月19日至21日在广东省佛山市潭洲国际会展中心举办，后因新冠肺炎疫情防控工作要求，推迟到12月18日至20日举办。

四、大赛的实施流程

第一届全国博士后创新创业大赛从2021年5月18日发出通知，到2021年12月20日大赛决赛结束，历时半年之久，主要实施流程如下：

1. 印发大赛正式启动通知。2021年5月18日，人力资源社会保障部、全国博士后管理委员会印发《关于举办2021年全国博士后创新创业大赛的通知》，正式启动大赛，对大赛的总体目标、赛事主题、赛事安排、组织工作、奖励政策、工作要求等作出全面部署。

2. 组织报名、资格审查和筛选推荐。2021年6月1日，在全国各地高等院校、科研院所、科技型企业等设站单位启动大赛参赛报名工作，要求每名参赛人员须确保报名信息的真实性、准确性，并就项目计划书的知识产权归属等有关问题在报名系统中签署相关承诺书，在项目计划书中不得包含抄袭、涉密内容，如存在违法、违规或侵权等问题，由参赛人员自行承担有关责任。

报名工作结束后，按照预定的创新赛、创业赛、海外（境外）赛3个组别，全国共有4 120个团队 / 项目报名参赛。其中，创新赛3 244个、创业赛

581 个、海外（境外）赛 295 个，报名参赛总人数近 2 万人。

经过各地区、有关单位资格审查、筛选推荐，近 1 000 个博士后团队 / 项目有资格到广东省佛山市集结，角逐大赛决赛奖项。报名参赛团队 / 项目与预选赛优胜团队 / 项目之比为 4.12：1。

3. 发布揭榜领题赛项目榜单。2021 年 8 月 5 日，全国博士后创新创业大赛执委会发布揭榜领题赛项目榜单，共征集到 200 个技术攻关需求，项目总投入金额近 20 亿元，各需求单位提供的成功揭榜奖励金额总计约 5 000 万元。揭榜领题赛项目榜单公布后，收到来自全国博士、博士后创新团队的技术解决方案 930 多份。技术解决方案与技术攻关需求之比为 4.65：1。

4. 开展云宣讲系列活动。2021 年 9 月 17 日至 10 月 9 日，开展了 5 场揭榜领题赛云宣讲系列活动，分别为广东省专场、新一代信息技术及高端装备制造专场、生物医药与大健康及新材料专场、新能源（含新能源汽车）及节能环保专场、现代农业与食品及其他行业领域专场。云宣讲系列活动涉及全国 12 个省、自治区、直辖市的 34 家企业，每场活动均邀请项目需求单位的技术负责人，通过“线上 + 线下”方式，对项目需求的技术难点、期望的解决方案和合作方式等进行重点讲解，共吸引近 12 万人次进入直播间收看，有 80 多名博士、博士后参与互动交流，有效推动了张榜单位与揭榜团队精准对接。

5. 审议大赛方案推进工作部署。2021 年 10 月 18 日，第一届全国博士后创新创业大赛组委会在广东省佛山市召开会议，认真听取大赛执委会各工作组的工作推进情况汇报，审议大赛有关工作方案，对各项筹备工作进行再安排再部署。

6. 召开新闻发布会回答记者提问。2021 年 10 月 27 日，人力资源社会保障部举行第三季度例行新闻发布会。会上，专业技术人员管理司司长李金生就第一届全国博士后创新创业大赛工作推进情况回答了记者提问（见图 9–3）。

7. 确定入围总决赛团队 / 项目。2021 年 10 月 30 日，经过各地和单独组队的设站单位预选赛后，确定进入总决赛创新赛、创业赛、海外（境外）赛、揭榜领题赛的团队 / 项目共有 1 388 个。其中，揭榜领题赛最终提交技术解决方案 700 余份。

图 9–3　新闻发布会现场

8. 志愿者集结并举行誓师大会。2021 年 11 月 10 日，第一届全国博士后创新创业大赛 800 名志愿者集结完毕（见图 9–4），在广东佛山科学技术学院举行誓师大会。誓师仪式结束后，大赛志愿服务工作组邀请多名专家学者为志愿者开课，讲授志愿服务基础知识、健康防疫及应急救护常识、大型活动志愿服务礼仪规范，详细介绍第一届全国博士后创新创业大赛基本情况、佛山历史文化经济概况等知识，全力帮助志愿者熟悉工作岗位，提升业务水平，为大赛总决赛的顺利举办做充分准备。

图 9–4　大赛志愿者集结

9. 组织赛馆工作人员培训。2021 年 12 月 11 日，全国博士后创新创业大赛工作人员培训开班仪式在广东技术师范大学（东校区）举行。广东省人力资源和社会保障厅二级巡视员魏建文，广东省人力资源和社会保障厅人才开发处处长、一级调研员刘剑莉，佛山市技师学院副院长杨珍，广东邮电职业技术学院党委书记、院长陈玉欢，广东技术师范大学副校长许玲出席本次活动。130 多名竞赛馆工作人员参加培训。

10. 举办大赛开幕式及总决赛开锣。2021 年 12 月 18 日至 20 日，第一届全国博士后创新创业大赛开幕式（见图 9-5）在广东省佛山市潭洲国际会展中心举行。18 日上午，简短的开幕式结束后即进入总决赛阶段，参加 4 个组别决赛的 1 388 个团队 / 项目，以路演和答辩为主要展示形式，线下现场赛和线上云参赛相结合，经过 3 天激烈角逐，共产生 57 个金奖、91 个银奖、125 个铜奖、441 个优胜奖。

图 9-5　大赛开幕式现场

11. 同步开展博士后成果展及相关活动。2021 年 12 月 18 日至 20 日，与第一届全国博士后创新创业大赛决赛同步，分别举办了博士后工作成果展示会、全国博士后人才交流与科研成果转化对接、博士后创新发展峰会等活动（见图 9-6）。全国 31 个省（区、市）和新疆生产建设兵团，以及北京大学、清华大学等知名高校，中国科学院、中国农科院、之江实验室等科研院所、重点实验室，中国（河北）博士后成果转化基地、全国博士后创新（江门）

示范中心等创新平台一同参展，来自全国各地的 210 家企事业单位在大赛现场开展招聘，为博士、博士后群体提供超 2 000 个优质岗位。大赛还开通了博士后人才交流线上平台，全国超 1 800 家单位线上发布岗位 8 000 多个。

图 9-6 与大赛决赛同步进行人才交流与科研成果转化对接

12. 举办大赛闭幕式。2021 年 12 月 20 日晚，第一届全国博士后创新创业大赛闭幕式在广东省佛山市举行。时任人力资源社会保障部党组书记、部长张纪南宣布大赛闭幕，广东省委副书记、省长马兴瑞致闭幕词。时任人力资源社会保障部党组成员、副部长、全国博士后管理委员会主任汤涛，广东省副省长王曦出席闭幕式并为获奖选手代表颁奖。大赛组委会、执委会成员单位负责人，各参赛代表队、参赛选手、评审专家、战略合作伙伴、大赛支持单位和媒体合作伙伴代表等近 2 000 人参加。至此，第一届全国博士后创新创业大赛圆满收官。

五、大赛的特色影响

第一届全国博士后创新创业大赛，既是一次高水平、高质量的创新创业大赛，也是一次高层次人才交流、学术交流的盛会，更是高水平科研成果与产业发展对接的高端平台。大赛总体呈现出“高”“大”“强”“全”“畅”“远”6 个鲜明特色，在海内外的重要影响不可低估。

1.“高”——总体目标明确，立意规格高。举办本次大赛的总体目标是，搭建全国博士后创新创业的高水平交流展示平台、吸引人才开放合作的重要窗口和培养选拔高层次创新型人才的有效渠道，激发博士后创新潜能，释放博士后创业活力，有力推动产学研深度融合和博士后科研成果转化，培养造就更多更高水平的青年科技人才后备军。

大赛以“博采科技精华，创新引领未来”为主题（见图 9–7），既契合博士后研究人员的身份特点、地位作用，也符合推动新时代我国博士后事业高质量发展的新要求，不仅主题立意高，办赛规格也高，为广大博士后和需求单位高层次人才交流、高水平科研项目对接，搭建了一个国家级平台。

图 9–7　第一届全国博士后创新创业大赛现场（一）

2.“大”——赛事覆盖面广，参赛规模大。博士后作为参加本次大赛的主角，是我国科研创新团队的骨干力量、高层次青年科技人才的代表、科技领军人才的战略预备队员。本次大赛，全国所有省（区、市）和新疆生产建设兵团均组队参赛，加上 15 家单独组队的博士后设站单位，共有 47 支队伍参赛，总决赛超过 1 000 个博士后团队 / 项目参加比赛。参加本次海外（境外）赛的选手分别来自美国、英国、德国、比利时、加拿大、奥地利、瑞士、西班牙、新西兰、智利、澳大利亚、日本、新加坡、沙特阿拉伯、中国香港、中国澳门 16 个国家和地区。本次大赛是我国博士后制度实施以来举办的覆盖面最广、参赛人员规模最大的一次博士后创新创业赛事活动（见图 9–8）。

图 9–8　第一届全国博士后创新创业大赛现场（二）

3.“强”——对接产业发展，专业性很强。本次大赛突出强调与国家产业发展需求对接，重点围绕新一代信息技术、高端装备制造、新材料、新能源（含新能源汽车）、生物医药与大健康、现代农业与食品、节能环保等八大产业领域，引导博士后研究人员聚焦“卡脖子”前沿技术和关键共性难题攻关比拼。参赛项目前瞻性、专业性都很强（见图 9–9），特别是揭榜领题赛，以需求和问题为导向，以推动产学研深度融合、促进博士后科研成果转化为宗旨，有利于促进博士后人才向企业一线流动创新，从而有效激发博士后人才及团队在解决制约产业发展技术难题中发挥更大作用，为服务和推动我国产业发展注入博士后人才的聪明与智慧。

图 9–9　第一届全国博士后创新创业大赛现场（三）

4.“全”——组别设置合理，参赛项目要素全。本次大赛共设创新赛、创业赛、海外（境外）赛和揭榜领题赛 4 个组别，既有面向国内博士后的创新赛、创业赛，也有面向海外人才的海外（境外）赛，还有需求单位来发榜、博士和博士后来应征的揭榜领题赛，充分体现了“不求所有、但求所用，不求所在、但求所为”的新型用才观。上千项高水平参赛项目，数百家博士后设站单位、投资机构、孵化园区参加对接，促进人才、技术、金融、管理等全要素流动，打通了博士后科技成果转化的许多难点、堵点和痛点，推进了博士后科研成果落地转化、走向市场（见图 9–10）。通过揭榜领题赛这一组别设置，积极探索实施“悬赏揭榜制”，打造了国内第一个面向博士后人才的揭榜领题赛事平台。

图 9–10　第一届全国博士后创新创业大赛现场（四）

5.“畅”——“三个结合”确保大赛安全顺畅。本次大赛是在全球新冠肺炎疫情防控形势依然严峻、国内新冠肺炎疫情多点暴发的情势下举办的，为确保参赛人员的生命安全，同时让各项赛事活动顺利流畅进行，组织实施过程中坚持做到“三个结合”：（1）分区预选赛与集中总决赛相结合，充分调动和激发了各地组织参赛的积极性、主动性、创造性。多个省（区、市）、新疆生产建设兵团以及北京大学等 15 家单独组队的设站单位，严格按照大赛总体目标和进程，在严密做好新冠肺炎疫情防控工作的前提下，组织开展本区域参赛预选工作，坚持“好中选优、优中更优”的原则，推荐有较高科技创新水平、较强市场竞争力的团队 / 项目参加总决赛，整体提高了参赛质量水平。（2）坚持线下现场赛和线上云参赛相结合，既方便了各个区域特别是海（境）外参赛选手报名并如期参加比赛，也有利于有效防控赛场内外新冠肺炎疫情的发生，整个大赛保持了稳定安全。（3）坚持团队项目比赛与科研成果展示相结合，避免了以往有些赛事活动“场上很热乎、场下冷清清”的现象。与馆内比赛同步组织的博士后人才交流与科研成果转化对接活动（见图 9–11）吸引了一大批优秀博士后，参与单位提供了 2 000 多个优质岗位，在活动中达成工作意向的有近千人次。大赛设置的博士后工作成果展示专区，吸引了全国 200 多家企业和 40 余家知名创投机构参加技术交易对接，692 个成果转化项目一对一洽谈对接，现场签约项目 54 个，意向合作金额达 11.27 亿元。

图 9–11　第一届全国博士后创新创业大赛现场（五）

6.“远”——激励政策跟进，后续影响深远。为了鼓励全国广大博士后研究人员踊跃报名参赛，人力资源社会保障部和全国博士后管理委员会出台了精神与物质奖励相结合的激励政策，分别向参加 4 个组别决赛获得金奖的每个项目团队颁发 10 万元奖金，向获得银奖的每个项目团队颁发 5 万元奖金，向获得铜奖的每个项目团队颁发 2 万元奖金，向获得金奖、银奖、铜奖的项目团队分别颁发获奖证书及奖杯（见图 9–12）；向获得优胜奖的项目团队、

图 9-12　第一届全国博士后创新创业大赛现场（六）

获得“全国创新创业优秀博士后”荣誉称号的人员颁发获奖证书；向组织队伍参加预选赛和决赛并取得优异成绩的单位颁发优秀组织奖证书。

各个省（区、市）和大单位也纷纷推出多个激励政策“大礼包”。广东省人力资源和社会保障厅出台多项举措，对在全国博士后创新创业大赛中获金牌、银牌、铜牌和优胜奖奖项的选手，可根据本人专业技术水平直接申报正高级或副高级职称。对入围大赛决赛的选手，已具备副高级职称的可破格申报本专业正高级职称，不具备副高级职称的可破格申报副高级职称评审。与此同时，对入围 2021 年全国博士后创新创业大赛决赛的选手，参加职称评审时，项目计划书、申报书等参赛材料可作为代表性成果提交评审，相关业绩作为重大加分项。北京市对报名参赛、晋级总决赛、总决赛获奖的单位和人员，按照类别分别提供经费资助、交流培养、人才引进、职称评审、创业贷款、设站支持等优质创新创业服务。上海市为参加预（决）赛获奖者提供了丰厚的政策支持、资金资助和风险投资。其中明确，符合上海“超级博士后”激励计划申报条件的，可直接入选计划，获得两年不低于 60 万元的资助。江苏省对获得大赛总决赛奖项的人员，除享受总决赛激励政策外，符合相应条件的按规定可享受江苏职称评审、重大人才工程计划、博士后经费资助、载体建设四大激励政策。陕西省对参加预选赛和全国大赛胜出的个人和单位，在正高级职称评定、创业担保贷款以及优先设站等方面给予有力支持。一系列激励政策措施的落地落实，极大地调动和激发了全国广大博士后创新创业的热情。因多种原因没能参加此次大赛的博士后，普遍希望把这样的赛事接续办下去，将更多青年科技英才吸引汇聚到一起，在助力科技自立自强中施展聪明才智。

本次大赛的成功举办，在海内外引发广泛热烈反响，大家普遍认为，这是一场为青年科技人才创新创业加速的盛会，是一次全面激发青年科技人才创新创造活力的大赛，是一次令青年科技人才印象深刻的邂逅。国家机关相关部门、大型国企、中央科研院所、社会团体、各界人士和海外学子纷纷给组委会、执委会致信、致电、致函，衷心祝贺大赛成功举办。作为东道主的广东省更是反响强烈、受益良多。全省组建的 3 个代表团共有 4 000 多人报名参赛，有 1 076 人共 208 个高水平项目入围总决赛（见图 9-13），约占全国入围总决赛项目的 1/7。大赛决赛中，广东省合计获得 47 块奖牌，奖牌总数位列全国第一。其中，金奖 10 个、银奖 12 个、铜奖 25 个，奖牌数和金牌数分别占全国总数的 18% 和 17.5%。通过各项比赛和多个项目对接活动，广东博士后一批“硬科技”创新成果走向产业化，一批有想法、有技术、有产品的博士后通过赛事和对接平台找到匹配资源，实现成功创业。在对接交流现场，签约的 54 个科技项目中落户广东省的有 28 个，有意向落地佛山市的项目有

图 9-13　广东省有 208 个高水平项目入围总决赛

7个，涉及金额5 100万元。广东省人力资源和社会保障厅厅长陈奕威高兴地说，这场汇聚全国博士后精英人才的盛会在广东省举办，必将为广东省创新发展带来新的机遇与平台，进一步汇聚和激励“博士后力量”在南粤大地上书写更多动人篇章。

人力资源社会保障部专业技术人员管理司司长、全国博士后管委会办公室主任李金生在大赛结束后接受记者专访时表示，习近平总书记强调，要造就规模宏大的青年科技人才队伍，把培育国家战略人才力量的政策重心放在青年科技人才上，支持青年人才挑大梁、当主角。举办此次大赛是落实习近平总书记重要指示和中央人才工作会议精神的实际行动。它不仅可以搭建起高水平交流展示的平台，拓展培养选拔高层次创新型人才的有效渠道，激发博士后创新创业潜能和活力，而且有利于以需求和问题为导向，重点聚焦前沿技术和关键共性难题，有效推动产学研融合和博士后科研成果的转化，助力科技自立自强，还可以提高各地各单位对博士后工作的重视程度，增强抓好青年人才工作的积极性和主动性。下一步，我们将采取更加得力的举措，持续巩固深化大赛各项成果，促使其影响作用更加持久而深远。

创新能量不断积聚，创业梦想接续起航。由这场大赛掀起的新一轮博士后创新创业新潮，已然在全国范围汹涌翻滚、迎浪起舞！

第十章　博士后育用管情况调查研究

一、招引海外优秀博士后：历史、现状与未来发展

摘要：招收和吸引海外优秀博士后，是提高中国博士后国际化水平的重要途径，也是抢占全球人才竞争战略制高点的重要举措。在不同历史阶段，我国招引海外优秀博士后取得了显著成绩，但还存在一些问题与不足。新阶段大力招引海外优秀博士后，推进中国博士后国际化发展，应将博士后人才培养纳入国家人才战略体系，进一步拓展招引海外优秀博士后渠道，健全招引海外优秀博士后常态化运行机制，营造有效集聚引进海外优秀博士后的良好环境。

关键词：海外优秀博士后；招收吸引；历史与现状；未来发展；基本策略

引　　言

海外博士后是指留学归国（境）博士毕业生及外籍来华博士进入中国内地博士后科研流动站（工作站）从事博士后研究工作的人员。积极招收和大力引进海外优秀博士后，是提高中国博士后国际化水平的重要途径，也是抢占全球人才竞争战略制高点的重要举措。

1984 年 11 月，毕业于美国麻省理工学院的陈和生博士被招引归国，进入中国科学院高能物理研究所做博士后研究工作，成为中国改革开放后留学归国做博士后的第一人。1985 年我国创建博士后制度的一个基本动因，即是要招收像陈和生这样的优秀博士回国从事科学研究，促使他们尽快成长为国家急需的高级专业技术人才。1988 年，根据外籍来华留学博士越来越多的情况，全国博士后管理委员会决定在国家批准招收博士后名额内，吸引少量外籍来华博士进站做博士后。2001 年之后，随着我国招引海外优秀博士后的

政策措施不断完善，来自国（境）外的优秀博士进站人数逐年增加，相关配套措施不断完善，一条具有中国特色的博士后国际化发展道路逐步铺开。但由于受历史条件、思维理念、制度机制、科研经费等多种因素影响，目前我国博士后国际化水平同美国、日本以及欧洲发达国家相比，仍存在一定差距。

本文通过全面回顾我国招引海外优秀博士后的历史进程，客观分析招引海外优秀博士后的现实状况，对招引海外优秀博士后的未来发展策略进行思考，并提出相关对策建议，旨在积极应对当下全球高层次青年科技人才激烈竞争的新态势，充分发挥中国博士后制度为党育人、为国聚才的优势，为深入实施人才强国战略，加快建设世界重要人才中心和创新高地，全面建成社会主义现代化强国提供人才和智力支撑。

（一）我国招引海外优秀博士后的历史进程

1. 以招收海归为主、引进外籍博士后为辅的阶段（1985—1997 年）。

1978 年我国确定实行改革开放的方针后，带动了出国留学事务的快速发展。1978 年出国留学人数只有 860 人，1980 年增至 2 124 人。1984 年年底，国务院印发修改后的《关于自费出国留学的暂行规定》，取消了所有限制，出国留学的整体规模迅速扩大，1985 年出国留学人数达到 4 888 人。[①] 如何把出国留学人员特别是博士生招引回国从事科学研究工作，促使其成长为国家急需的高级人才和学术技术带头人，成为当时一个十分紧迫和现实的问题。1985 年 11 月，国家科委印发《关于建立博士后科研流动站若干问题的通知》[（85）国科发干字第 1187 号]，明确提出：“为使留学毕业博士尽早回国工作，各建站单位在招收博士后研究人员时，应当优先吸收留学毕业博士生”“凡未被批准建站的单位，如果有两名以上国外留学获得博士学位者愿到该单位做博士后研究人员，可随时按申请办法向我委科技干部局申请建站”。[②] 在政策感召和相关单位努力下，1985 年年底，在瑞士联邦苏黎世高等理工学院获得博士学位的洪志良，进入复旦大学科研流动站做博士后研究工作，成为我国实施博士后制度后第一位海归博士进站做博士后的研究人员。1985—

① 留学 70 年：走出去，学回来，为了建设更强大的祖国［EB/OL］. https://news.eol.cn/2019/1003.

② 人力资源和社会保障部，全国博士后管理委员会 . 博士后工作文件资料汇编［M］. 北京：中国人事出版社，2008.

1987年，虽然全国建立的博士后科研流动站数量以及进站做博士后研究工作的人数不多，但招收留学博士毕业生回国进站做博士后人数比例，年均保持在50%左右。①

为加快招引留学博士毕业生回国进站做博士后，人事部、国家教委在1989年3月印发的《关于争取优秀留学博士回国做博士后的通知》（人专发〔1989〕5号）中要求，扩大招收留学归国（境）博士进站做博士后的规模。各博士后科研流动站在完成当年招收博士后计划名额后，如还有优秀留学博士申请进站，可不受名额限制。凡在国外获博士学位（暂限于在自然科学领域）的优秀留学生，如愿意回国做博士后研究工作，但由于流动站的专业设置和住房困难等原因难以接受时，可允许他们选择具备博士后研究条件而尚未设站的单位做博士后，并享受博士后研究人员的待遇。1992年8月，为适应部分出站博士后拟自费再出国学习或者进行国际合作交流的需求，人事部、国家教委下发《关于进一步争取优秀留学博士回国做博士后的通知》（人专发〔1992〕16号），明确提出，对拟自费再出国学习或进行合作交流的出站博士后，无须等分配后到就业单位申请审批办理出国手续，可直接提出申请，由留学服务中心为其办理出国手续并提供各种方便。1993年之后，随着我国“支持留学，鼓励回国，来去自由”等相关政策的出台，以及留学博士回国做博士后优惠政策的配套跟进，出国留学生回国率逐步攀升，留学生回国率由1980年的7.63%上升到1993年的近五成（达47.74%），随之留学博士毕业生回国做博士后的人数也逐年增加。

在以招收海归博士回国做博士后为主的同时，国家有关部门又出台了吸引外籍来华博士做博士后研究的政策措施。1988年，全国博士后管理委员会在《关于当前博士后工作若干问题的通知》（〔1988〕博管发字1号）中首次提出，允许少数条件具备的设站单位在国家批准的资助名额内招收少量外籍博士进站做博士后，但招收人数要求控制在全国博士后总名额的5%以内。贯彻落实通知精神，当年吸引了4名外籍来华博士做博士后研究工作。1994年，国家科委根据《中华人民共和国政府和大韩民国政府科学技术合作协议》，与韩国科技部签署了《中国国家科委和韩国科技部关于博士后研究人员

① 许士荣．试析全球化视野下的中国博士后政策取向［J］．黑龙江高教研究，2010（7）．

交流计划备忘录》，决定从 1998 年起互派博士后到对方国家从事科研工作，计划每年互派博士后 10 名，实际情况见表 10–1。

表 10–1　1998—2007 年中韩两国互派博士后人数统计　单位：人

年份	1998	1999	2000	2001	2002	2003	2004	2005	2006	2007	合计
中国	10	9	9	10	10	7	9	8	6	10	88
韩国	3	1	9	2	0	0	0	0	0	1	16

从表 10–1 中可以看出，1998—2007 年，我国派到韩国的博士后研究人员有 88 人，而韩国博士后来华的只有 16 人。尽管如此，组织实施中韩博士后研究人员交流计划仍值得肯定。因为它不但促进了中韩两国青年科技人员的交流和科技合作，而且为我国开展博士后国际合作交流积累了初步经验。

纵观这一发展阶段，招收海归博士回国做博士后一直是招引海外优秀博士后的重点，吸引外籍来华博士做博士后、开展中外博士后合作交流也取得了一定的进展。据统计，1988—2000 年，我国年均招收海归博士回国做博士后达 100 人左右，吸引外籍来华博士做博士后 50 人左右。

2. 招收海归与引进外籍博士后相结合的阶段（2001—2014 年）。

2001 年，由人事部制定的《博士后工作“十五”规划》（人发〔2001〕82 号）明确提出，“加强博士后工作的国际交流与合作”“鼓励有条件的地区和单位，有重点有目的地招收外籍来华博士做博士后，开拓利用国际人才参与我国经济建设的局面”。面对全球范围内日趋激烈的人才竞争，2006 年出台的《博士后工作“十一五”规划》（国人部发〔2006〕114 号）进一步提出，扩大博士后工作的国际交流途径和合作渠道，鼓励和支持设站单位与国外研究机构加强学术联系和研究合作，支持博士后研究人员开展与项目相关的出国短期学术交流与合作，提高博士后研究人员的学术技术水平和国际交流能力。“十一五”期间，全国年均招收海归博士进站做博士后的人数保持在 150 人以上；吸引外籍来华博士进站做博士后年均 98 人，其中 2009 年首次超过 100 人。2010 年 11 月，根据“中非科技伙伴计划”框架，全国博士后管理委员会印发《“接收非洲国家科研人员来华开展博士后研究”项目申请指南》，计划在 2010—2012 年每年接收 35 名非洲国家的科研人员来华开展为期 1 年的博士后科研工作。2011 年，人力资源社会保障部、全国博士后管理委员会印发《博士事业发展“十二五”规划》（人社部发

〔2011〕91 号），要求有关部门制订切实可行的博士后国际交流计划，加大招引留学博士回国和外籍博士做博士后研究工作的力度；在全国科研创新团队中逐步加大外籍（境外）和有留学经历的博士后研究人员的规模。2012 年，人力资源社会保障部、全国博士后管理委员会下发《关于印发博士后国际交流计划的通知》（人社部函〔2012〕310 号），要求继续加大博士后培养国际化力度，不断拓展博士后国际视野，提高博士后国际化水平，提高博士后培养质量，培养造就一批杰出博士后人才。在 2012 年出台的《博士后国际交流计划》中专门设立了"引进项目"，资助部分优秀外籍（境外）和留学博士毕业生回国开展博士后科学研究，计划每年资助 200 人左右。随着一系列政策措施的出台与实施，我国招收海归博士回国进站做博士后的人数不断增加，吸引外籍来华博士进站做博士后的人数也逐年增多。2013 年 10 月，全国博士后管委会办公室与德国电子同步加速器研究中心（DESY）在中德科学中心举行博士后交流项目协议签约仪式，商定于 2014 年 8 月开始正式实施"中德博士后交流项目"，计划每年资助一批国内新近获得博士学位的年轻科研人员，赴德国亥姆霍兹联合会旗下的德国电子同步加速器研究中心、德国于利希研究中心等开展联合培养博士后工作。

纵观这一发展阶段，我国招引海外优秀博士后的自觉意识不断增强，从政策层面确立了招引海外优秀博士后的总体策略，并尝试开展以政府为主导的国际合作交流项目，逐步走出了一条具有中国特色的博士后国际化发展之路。2001 年，全国招收海归博士回国进站做博士后人数首次达到 200 人，2005 年第一次超过 300 人，2013 年又突破了 900 人大关（详见图 10–1）。

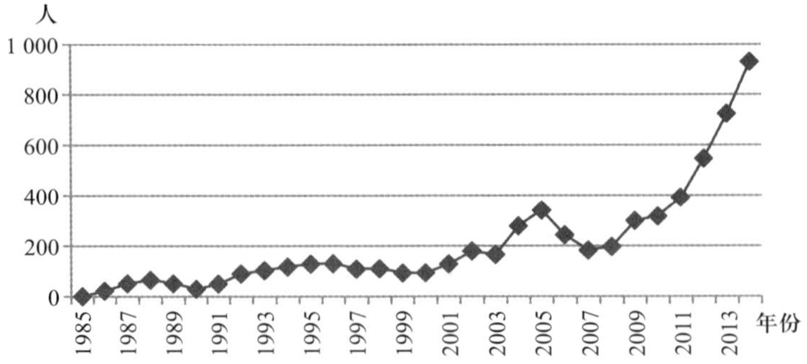

图 10–1　1985—2013 年招收海归博士进站做博士后人数增长情况

2000 年以前，全国吸引外籍来华博士进站做博士后的人数相对较少，年均人数在个位数上徘徊。2001 年之后，吸引外籍来华博士进站做博士后的人数大幅增加。2012 年以后，外籍博士后人数年增长 30%～50%，2014 年达到历史峰值，当年吸引外籍博士后接近 500 人①（详见图 10–2）。

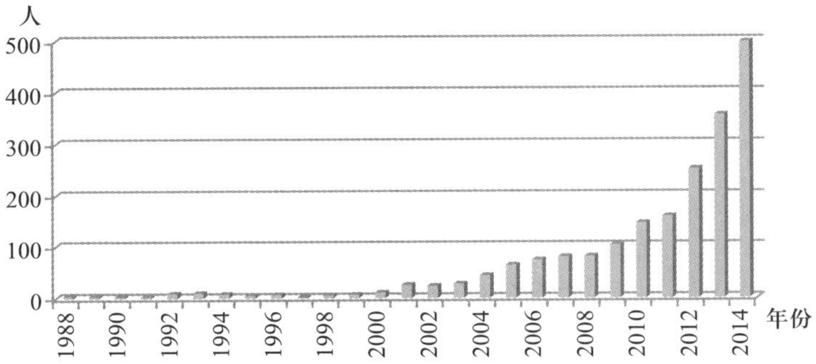

图 10–2　1988—2014 年外籍来华博士进站做博士后的人数增长情况

3. 全面招收与引进海外优秀博士后的阶段（2015—2022 年）。

2015 年，国务院办公厅下发《关于改革完善博士后制度的意见》（国办发〔2015〕87 号），要求进一步加大博士后国际交流计划实施力度，大力吸引海外优秀博士来华（回国）从事博士后研究工作，加大博士后研究人员参与国际学术交流力度；支持有条件的地方、部门和设站单位设立博士后国际交流项目，与国际一流大学、科研院所等签订博士后研究人员交流协议，定期或不定期开展学术交流活动，进一步提升国际化学术水平；为外籍来华博士后研究人员提供便利，按照在站时间办理签证、工作许可证和居留手续。从此，我国招引海外优秀博士后政策措施更加完善，进入了全面招收与引进海外优秀博士后的新阶段。统计数据显示，2015—2022 年，全国相关设站单位招收海归博士做博士后的人数年均超过 3 100 人，平均约占进站博士后总人数的 14.17%；吸引外籍来华博士进站做博士后的人数年均超过 950 人，平均约占进站博士后总人数的 4.41%②，详见表 10–2。

---

① 王修来．中国博士后发展报告（2020）［M］．南京：江苏人民出版社，2021.

② 王修来．中国博士后发展报告（2021）［M］．北京：中国人事出版社，2022.

表 10–2 2015—2022 年全国招收留学回国博士和吸引外籍来华博士进站人数

年份	留学回国博士进站人数 / 人	占当年进站博士后总人数的比例 /%	外籍博士进站人数 / 人	占当年进站博士后总人数的比例 /%
2015	3 312	20.65	675	4.21
2016	1 978	11.18	759	4.29
2017	3 411	19.45	917	5.22
2018	1 853	8.79	1 350	6.40
2019	4 502	17.97	694	2.77
2020	2 563	9.30	711	2.58
2021	2 167	9.45	1 311	5.71
2022	5 361	16.58	1 314	4.06
合计人数与平均占比	25 147	14.17	7 731	4.41

从表 10–2 中可以看出，2015 年全国留学博士回国进站做博士后研究的占比最高，为 20.65%；2022 年留学博士回国进站做博士后人数最多，为 5 361 人；2018 年外籍来华博士做博士后的人数最多，为 1 350 人，占比也最高，为 6.40%。

纵观这一发展阶段，我国“走出去”“引进来”政策措施全面实施，招引海外优秀博士后人数大幅增加，总人数达 32 878 人，其中吸引外籍来华博士进站做博士后人数达 7 731 人。除国家有关部门通过博士后国际交流计划、“中德博士后合作交流项目”招引国（境）外优秀博士后，以及利用“香江学者计划”“澳门青年学者计划”等派出优秀博士出国（境）联合培养外，各省、自治区、直辖市招引海外优秀博士后的力度也不断加大。比如，福建省于 2017 年出台“海峡博士后计划”，安排专项经费用于吸引中国台湾的优秀博士来闽开展博士后研究，支持在闽设站单位与我国台湾高校（科研机构）联合培养博士后并派博士后到台开展为期 1 年的科研工作，支持闽台两地博士后短期学术交流和学术会议。[①] 同年，重庆市启动实施了“中国（重

① 海峡博士后交流资助计划（试行）[EB/OL]. 福建省人力资源和社会保障厅官网，http://rst.fujian.gov.cn/fw/kstd/gccrc/zcfg/201706/t20170601_887732.htm.

庆）新加坡博士后国际培养交流计划”，每年选派 10 名左右在站博士后到新加坡的高校、科研机构、企业等单位从事博士后研究，每人每年资助 15 万元，期限为 1 年或 2 年。[①] 上海市从 2018 年开始实施“超级博士后”激励计划，短短 4 年内招引海外优秀博士 1 400 多名。清华大学从 2019 年起实施“水木学者”计划，先后有 200 余人入选，其中 1/3 来自世界知名大学，不乏来自哈佛大学、剑桥大学、麻省理工学院等世界顶尖名校的优秀博士毕业生。江苏省从 2020 年起实施“万名博士后集聚计划”，计划在 2025 年前招收引进海外优秀博士后 2 500 人以上。总部设在广东省深圳市的鹏城实验室的科技人员中，30% 的博士后具有海外留学或访学经历。

（二）我国招引海外优秀博士后的现状分析

衡量我国博士后国际化水平有多项标准、指标或参照系。比如，中国博士后制度的优越性及其国际认可度；招引海外优秀博士后数量、质量及占比；博士后具有国际先进水平的科研成果产出数量；出站博士后中杰出人才数量及其国际知名度和影响力；博士后赴国（境）外访学频率或者参加国际合作项目、顶尖学术交流的人数与比例等。如果从综合指标来看，我国博士后培养国际化发展状况总体良好，但从招引海外优秀博士后数量、质量及占比来看，与美国、日本和欧洲一些发达国家相比还有较大差距。

1. 招引海外优秀博士后总人数偏少且占比不高。

1985 年至 1987 年，我国招引海外优秀博士后进站人数一直在个位数上徘徊。1988 年至 2014 年，全国招引海外优秀博士后进站总人数为 43 677 人，年均不足 1 900 人。2015 年至 2022 年，全国招引海外优秀博士后进站总人数达到 32 878 人，年均超过 4 100 人，占进站博士后总人数的比例为 18.58%。尽管如此，与同期国外情况相比，有一个参考性的数据是，美国、日本及欧洲发达国家大学中，外籍博士后占博士后总人数的比例为 51% ~ 64%，其中在美国外籍博士后占博士后总人数的 67%，且美国有 79% 的外籍博士后都是在各国取得博士学位后，再到美国从事博士后研究的。[②] 相比之下，我们的差距仍比较明显。

---

① 中国（重庆）新加坡博士后国际培养交流计划［EB/OL］. 重庆市人力资源和社会保障局官网，http://rlsbj.cq.gov.cn/ywzl/zjrc/sy/tzgg_110153/202005/t20200520_7462512.html.

② 王修来 . 中国博士后发展报告（2021）［M］. 北京：中国人事出版社，2022.

2. 外籍博士后来自教育发达国家的人数较少。

以 2022 年为例，在进站的 1 314 名外籍来华博士中，来自亚洲的博士后人数最多，为 991 人，占外籍来华博士进站总人数的 75.42%，其中来自巴基斯坦的有 694 人，占外籍来华博士进站总人数的 52.82%，其他亚洲国家均不超过 100 人；其次是非洲来华博士，为 217 人，占外籍来华博士进站总人数的 16.51%，其中来自加纳的有 41 人；再次是欧洲来华博士，为 64 人，占外籍来华博士进站总人数的 4.87%，其中来自法国的有 9 人；北美洲来华博士有 18 人，占外籍来华博士进站总人数的 1.37%；南美洲来华博士有 10 人，占外籍来华博士进站总人数的 0.76%；大洋洲来华博士有 13 人，占外籍来华博士进站总人数的 0.99%。进站外籍来华博士所在洲域及占比如图 10-3 所示。

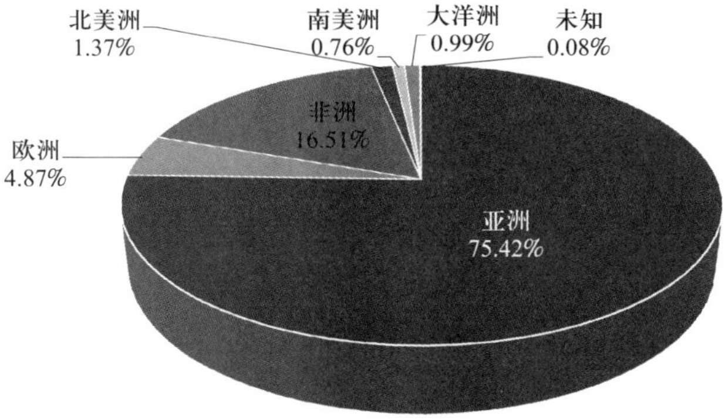

图 10-3　进站外籍来华博士所在洲域及占比

3. 影响和制约招引海外优秀博士后的主要原因。

如果说招引海外优秀博士进站做博士后研究工作的人数、质量及占比只是一种表象，那么隐含在其背后的深层原因则更加值得我们思考。客观分析制约我国招引海外优秀博士后的原因，除受历史条件限制、国际环境影响等外部因素外，主观原因有以下几点：

（1）思想观念不够解放。直到目前，仍有不少人仅对招引留学博士毕业生回国做博士后高度认可，而对吸引外籍来华博士做博士后心存芥蒂，错误地认为，用国内优质教育资源为外国培养高层次人才不值得，特别是当极少数外籍来华博士进站后在某些方面表现不好时，更是引发人们诸多议论，甚至有人以此来质疑我国招引海外优秀博士后的相关政策。一些博士后工作管理部门和管理者，片面解读中国博士后制度与国际化接轨，误以为博士后培养国际化就是多公派出国留学生、同国外某些机构搞些合作，或者鼓励博士后在国际期刊上发表一些论文等，而对博士后培养国际化的本真特点和丰富内涵不甚了了，在贯彻执行相关政策措施时难免会出现偏差。

（2）制度设计存在缺陷。1985 年我国开始实施博士后制度之初，重点考虑尽快把留学博士招引回国，而对吸引外籍来华博士做博士后想得不多。1988 年开始招收外籍博士后之时，又人为地将吸引外籍来华博士人数控制在进站博士后总人数的 5% 以内，结果从 1988 年至 1997 年的 10 年间，全国累计吸引外籍博士后只有 54 人。如果说当时因改革开放不久，人们的思维观念还没跟上，博士后人才培养国际化还没能引起足够重视的话，那么在其后很长一段时间内，相关部门并没有真正把博士后国际化发展战略提上议事日程加以高度重视。从“九五”至“十二五”博士后事业发展规划来看，虽然也提及中国博士后制度要逐步与国际接轨，加强博士后国际合作交流，但对如何拓展中国博士后的国际活动空间、吸引外籍来华博士做博士后，并没有像其他人才工程（项目）一样赋予具体内容和落实措施，制度设计上存在的某些缺陷是显而易见的。反观 2015—2022 年，之所以全国招引海外优秀博士后发展很快、成效显著，在很大程度上得益于这段时间内出台了许多有利政策和优惠措施。

（3）对外宣传力度不大。充分宣传中国博士后制度优势，既有助于提升外国人对中国博士后制度的认同感，提升中国博士后制度的国际影响力，又可以招引更多外籍来华博士做博士后，并通过他们亲耳所闻、亲眼所见、亲身经历，吸引更多外籍来华博士从事博士后研究工作。但从实际情况看，我们对中国博士后制度的国际化宣传做得还很不够。长期以来，从国家到地方，比较重视对内宣传博士后制度的优长，少有对外宣传博士后制度的平台或载体，极少数博士后官方网站或网页上的英文宣传内容，相较于汉语宣传的容量不到 1/100，目前许多省份的博士后官方网站还没有开设英文宣传页面，在国外刊物或网站上宣传中国博士后制度更显不足。直到 2018 年 3 月，有关部门才在《科学》（*Science*）网站上开展中国博士后制度宣传。还有一个例证，多年来我国经济、社会、教育、国防以及人权等方面的发展情况，相继对外发布了相关白皮书，但直到目前还没有一部关于中国博士后制度的白皮书问世。由于对外宣传不力，加上西方政客和一些媒体对中国博士后制度进行污名和抹黑，致使不少外国人对中国博士后制度的特点、优势很不了解，甚至产生许多负面看法。

（4）薪酬等缺乏强大吸引力。目前，美国一般博士后的保底薪酬在3万~5万美元（约合20万~33万元人民币）之间。在美国国家实验室做博士后的年薪为6万~8万美元（约合40万~53万元人民币）。除年薪外，美国博士后还有年度奖金以及和正式工作人员同等水平的全家医疗保险等福利。在英国，一般博士后税前薪酬为18 000~21 000英镑（约合15万~18万元人民币），而在剑桥大学做博士后的年薪大约为32 000欧元（税后金额，约合27万元人民币）。欧盟各国普通博士后的年薪在3.5万~6万欧元（约合25万~43万元人民币）之间，而在高校和在企业做博士后的工资待遇略有不同。比如，在加拿大高校做博士后，一般年薪为4万加元（约合20万元人民币）；在加拿大企业做博士后的，税前年薪约为5.6万加元（约合29万元人民币）。[①] 在北美洲和欧洲各国，博士后研究人员的工资都是弹性的，具体数目由自己的指导老师来定。与外国相比，目前我国引进一名外籍博士后国家资助的年薪约为30万元人民币，与北美洲和欧洲各国普通博士后在国内做博士后的年薪大体相当。但我国对外籍博士后的加班费、年度奖金以及医疗保险等福利没有明确规定，博士后研究人员的工资弹性不足，再加上外籍博士后及其亲属来华的往返路费等支出，实际薪酬待遇水平对北美洲和欧洲各国的优秀博士来华做博士后缺乏吸引力。除薪酬之外，海外优秀博士后更加看重的还有人文关怀、精神资助。一项对欧洲国家的调查显示，科研人员（包括博士、博士后）在各国间流动（包括学习和工作）超过3个月的，最关心的问题是职业发展和个人价值实现；其次关注他们与学术权威和专家共事机会，然后才是科研资助经费的获得、科研设施设备，以及职位安排等问题。[②] 我国不少设站单位在招引海外优秀博士后时，单纯强调高薪引人，对其他一些因素关注不够或者政策不明；有些设站单位对海外优秀博士后户口迁移、住房保障、子女教育等服务保障不到位，因此很难吸引外籍博士特别是来自美国、日本和欧洲发达国家的优秀博士来华从事博士后研究。

---

① 各国博士后的待遇解析［EB/OL］. https://zhuanlan.zhihu.com/p/231597364.

② 魏浩，耿园 . 高端国际人才跨国流动的动因研究——兼论中国吸引高端国际人才的战略［J］. 世界经济与政治论坛，2019（1）.

（三）未来招引海外优秀博士后的发展策略

2021年9月召开的中央人才工作会议强调，坚持面向世界科技前沿、面向经济主战场、面向国家重大需求、面向人民生命健康，全方位培养、引进、用好人才，加快建设世界重要人才中心和创新高地，促进人才区域合理布局和协调发展，着力形成人才国际竞争的比较优势。深入贯彻落实中央人才工作会议精神，我们要进一步解放思想、更新观念，切实把握战略主动，做好顶层设计和战略谋划，深化人才引进制度机制改革，以更具前瞻性的策略和更加有力的举措，引进、用好海外优秀博士后，聚天下英才而用之，不断开创中国博士后国际化发展新局面。

1. 将博士后人才培养国际化纳入国家人才战略体系。

高层次人才培养，特别是造就具有国际竞争力的青年科技人才后备军，是一个复杂的系统工程，牵涉组织、人社、教育、科技等多个部门及各个方面的工作，要求我们牢固确立国际化大视野，将博士后人才培养国际化纳入国家人才发展战略体系进行总体谋划、通盘考虑，防止和避免各自为政，甚至是相互掣肘的行为。

（1）进一步更新思想观念。中国博士后制度的创建与实施，本身就是解放思想、更新观念的重要产物。时至今日，人才国际化发展趋势不可逆转，国际人才竞争变得更加激烈，大力招引海外优秀博士后，不仅有利于形成具有国际特色的学术人才选留机制，有助于高水平学术研究成果的国际传播，而且非常契合我国世界一流大学、一流学科建设和科技创新的紧迫需求。各有关部门应当牢固树立全局意识和大局观念，积极倡导和营造包容、大气的学术文化，善用国际通行的博士后政策制度体系和学术语境，强化国际青年科技人才评价标准，注重博士后的创新能力、突出贡献和科研业绩。我们要勇于在同一个平台上与欧美发达国家开展高层次人才竞争，想当年新中国在“一穷二白”的情况下都能吸引一批优秀科学家回国工作，现在国家这么强大，发展机会这么多，肯定会有越来越多的留学人员回国发展，有越来越多的外籍人士参与我国的现代化建设，我们应当有这个制度自信、文化自信。

（2）定准总体战略目标。当今世界科技强国都是外国优秀博士后的集聚高地，招收外国优秀博士后人数占在站博士后总人数的50%～60%。[①] 深入实

① 周利．中国博士后制度国际化发展35年成就及未来展望［J］．大学教育，2020（12）．

施新时代科技强国、人才强国战略，培养造就具有国际竞争力的青年科技人才队伍，要求我们精准制定博士后人才培养国际化总体目标，并保持各项政策措施的延续性，防止出现朝令夕改和大波动现象。根据我国国情和招引海外博士后工作的实践，建议由中央组织部门统筹规划，制订招引海外优秀博士后专项计划，协调教育、科技、人社等多部门力量，在未来几年内有计划地引进一批海外高水平博士进站从事博士后科学研究，力争用 3 年左右的时间，将博士后培养国际化率从目前的 14% 左右提高到 30%。要以推动科研创新为导向，以产出国际化水平的科研成果为重点，促进博士后研究人员与国际知名学者建立学术圈和科学共同体，形成博士后国际化网络和社会资本，及时洞悉国际科研前沿，掌握最新科研方法，立足各个学科特别是新兴交叉学科特点，统筹、平衡与整合科研与产业的融合发展，加速资源共享、共同研究和协同创新，提高博士后科研成果在国际和国内之间的对接转化率，为把我国建设成为社会主义现代化强国提供人才和智力支撑。

（3）加强配套政策改革。中国博士后政策制度已经过 37 年的实践检验，其中具有我国固有传统特色的，应该继续坚持下去；对于形成于计划经济时代、与新时代新阶段要求不相适应的，应尽快予以废止；有些政策产生于新旧体制转轨时期，其间经历过一些调整，目前仍在使用，其中既有好的方面，也有过时的地方，现行的博士后政策规定大多属于这种情况，这就需要以适应新时代新阶段我国博士后事业发展需求为导向，及时加以革新完善。比如，国外对博士后进站普遍没有年龄上的限制，招引博士进站以科研背景及工作经验为主，有些看重论文背景，有些看重实际应用能力，还有些需要很好的 idea（语言开发集成环境）。我们应坚持同国籍、户籍、人才、科研、薪酬和社会保障等制度改革相衔接，不断深化中国博士后政策制度改革创新，健全完善招引海外优秀博士后各项配套政策，并努力把政策制度的优势转化为招引海外优秀博士后的强势。

2. 拓展招引海外优秀博士后渠道，加大海外引才力度。

（1）坚持“走出去”和“引进来”相结合。“走出去”和“引进来”是相辅相成的。如果没有大批留学生出国深造，就谈不上招引海外留学博士回国做博士后，即使是吸引外籍优秀博士进站做博士后，也离不开出国留学生的宣传、影响和示范作用。因此，要始终坚持“两条腿走路”的基本方针，在进一步组织实施好博士后国（境）外引进和合作交流项目的同时，继续深入做好“走出去”工作。中央国家机关和有关部门要排除各种干扰，每年有计划地选派一定数量的优秀博士出国深造、开展高端学术交流和项目合作。各地和各单位也要加大派出留学生力度，借助国际学术舞台融合与碰撞的交互影响激发博士后创新活力，通过国际化双向合作交流项目和活动，把中国博士后制度不断推向国际化发展的新高度。

（2）拓展招引海外优秀博士后的渠道。紧紧围绕我国重大产业领域、重点学科和重要科研实验平台建设需要，聚焦关键性技术和“卡脖子”领域研究，扩大招引海外优秀博士后规模，加大海外优秀博士后科研资助力度。在全国和各地招才引智活动中，要统筹推进海外优秀博士后招引工作，利用各种国际交流合作渠道，把招引海外优秀博士后与国际项目开发、招商引资等结合起来，鼓励博士后设站单位在实施国际化战略和设立海外科研机构中，积极培养国际化博士后人才。支持有条件的高校、科研机构和大型企业积极争取并承办国际研讨会和学术会议，定期邀请国外知名学者、专家和优秀博士后来华参加学术会议，给研究领域相近的博士后提供国际交流与沟通的机会，以便他们能够把握学科研究的最新进展，进而提高博士后的学术水平和国际化视野。鼓励和支持具备条件的博士后科研流动站和工作站，积极聘请国外知名学者担任博士后合作导师，完善博士后合作导师队伍结构。

（3）支持优秀海归博士后参加国际交流。支持有条件的省份和大型单位设立博士后国际交流项目，与国际一流大学、企业机构等签订博士后研究人员交流协议，开展学术交流活动。鼓励已进站的优秀海归博士后积极申报博士后国际交流计划，参加国际合作、国际学术会议、境外培训研修，努力为他们参与国际学术技术交流创造条件。鼓励在站的优秀海归博士后在世界一流大学竞争科研职位、职称，允许留学回国博士在国内工作一段时间后，再次到国外做博士后，以便他们能够保持与科学前沿的接触。有针对性、有重点地选派科研能力强、专业基础好、外语水平高的优秀博士后到国（境）外一流大学培训深造，与国际知名学者进行交流或开展合作研究，学习创新理念和创新思维，掌握学科发展的核心技术、前沿知识和最新动态，亲身感受和体会国（境）外科研环境和文化氛围，从中获得启发，涌现创新思维和灵感。

（4）加大吸引发达国家优秀博士后的力度。通过组织实施“海外高端人才引进计划”，扩大博士后海外引才项目规模，重点引进欧美发达国家和“一带一路”沿线国家战略性、基础性、原创性研究及关键核心技术领域的优秀博士，带动博士后国际化水平的提升和博士后人才培养质量的提高。美国、日本和欧洲一些国家虽然没有像我国这样设置由政府管理博士后的专门机构，但它们有许多协会、基金会、理事会等机构专司海外优秀博士后引进、培养工作。我们要想方设法同全美博士后协会、洪堡基金会、德国科学研究中心、加拿大国家科学研究理事会、瑞典研究与高等教育国际合作基金会、日本学术振兴会等有关组织机构加强联系，采用人员交换、合作培养等多种方式，开展博士后学术交流、联合培养工作。这样做的好处是不仅见效快，而且可以避免一些国家政府的干扰和打压。要鼓励和支持国内“双一流”大学博士后科研流动站加强与发达国家的大学、国际教学科研机构签订联合培养博士后协议，建立“国际博士后创新联合体”，促使博士后在国际柔性流动。还可利用我国政府与多个国家或者地区开展友好年、教育年、文化年等合作交流的契机，有计划有重点地开展国际博士后合作交流活动。

3. 健全招引海外优秀博士后的常态化运行机制。

（1）加大经费资助力度。提供具有国际竞争力的博士后薪酬，提高博士后科研经费资助标准，是招引海外优秀博士后不可或缺的重要条件。目前，国家资助海外优秀博士后的年薪只有 30 万元人民币左右（资助两年），如果不从总体上提高博士后薪酬标准，或者通过各省、自治区、直辖市和一些大型单位自筹经费给予补足和增加经费，就很难吸引到更多海外优秀博士后，特别是欧美发达国家的博士后。在科研经费资助方面，尽管博士后科研资助单项标准有明显提升，但因资金投入来源不足、筹措资金渠道不广，导致科研资助金总额偏低、资助比率不高。[①] 2020 年 10 月至 2021 年 10 月的数据统计显示，中国博士后科学基金面上资助（含“地区专项支持计划”资助）的

① 截至 2022 年 12 月，中国博士后科学基金面上资助标准为自然科学一等 12 万元、二等 8 万元，社会科学一等 8 万元、二等 5 万元；“地区专项支持计划”资助标准为自然科学 8 万元、社会科学 5 万元；特别资助标准为特别资助（站前）18 万元，特别资助（站中）自然科学 18 万元、社会科学 15 万元；“博新计划”资助每人两年 63 万元；“中德博士后交流项目”国内资助 30 万元人民币，德国相关科研机构每月资助 1 500 欧元；“香江学者计划”资助 36 万元人民币和 43.92 万元港币；“澳门青年学者计划”资助 36 万元人民币和 42 万澳门元。

资助比例下滑到 19.52%；特别资助（站前）和特别资助（站中）的资助比例分别为 23.14% 和 20.91%。[①] 面对这一现实，应想方设法加大经费资助力度，根据我国经济发展水平和物价上涨指数，持续提高国家财政拨款用于支持博士后日常经费、科研资助金总额，稳步扩大资助比率。还要学习借鉴美国、日本、德国、新加坡等国家的做法，对博士后薪酬实行免税或者退税制[②]，让博士后有更多获得感。同时，要学习外国筹集博士后经费的通行做法，实行博士后奖学金、财政拨款和合同捐款相结合，从政策上鼓励大型企业、社会组织和自然人出资设立中国博士后发展基金、科研基金，用于招引海外优秀博士后，资助他们从事创新性科学研究工作。还可将现行中国博士后科学基金特别资助中对国外优秀博士的资助、“博新计划”中对外籍博士后的资助以及博士后国际交流计划引进项目的资助三者合一，设立“外籍博士后专项资助基金”，增加资助人数，提高资助强度，吸引发达国家学术成绩优异、年龄不超过 44 岁的优秀博士来华做博士后研究工作。

（2）加强服务保障工作。要加强海外优秀博士后国际化管理水平，形成高效的运作机制，搭建良好的服务平台。充分发挥地方政府和培养单位的积极性，给予设站单位充分的政策扶持与自主权，允许地方和培养单位根据自身发展需要和实际需求，制定相应的博士后人才培养国际化政策。鼓励和支持各市场主体、社会团体和其他机构等与国（境）外机构开展人才、技术和项目合作交流，对符合条件的给予一定的研修津贴和资助。有的放矢地利用优势资源，积极推荐优秀博士后人才进入国际组织，形成聚合效应，达到国际化培养目标实效的最大化。要健全完善外籍博士后来华服务保障机制，为外籍博士后创造良好的工作、生活环境，探索更便捷高效的签证、工作许可办理流程，简化进出站手续，办理好保险等基本生活保障。不但要为外籍博士后在站时创造良好的科研和生活条件，还要为外籍博士后留华创业提供优惠政策，想方设法留住外籍博士后，使之成为中国科研队伍的组成部分，让中国博士后制度真正成为国际化高层次青年创新人才脱颖而出的重要平台。

（3）形成常态化运行机制。近些年来，国家和地方有关部门连续举办中

---

① 王修来 . 中国博士后发展报告（2021）［M］. 北京：中国人事出版社，2022.

② 有关资料显示：美国、加拿大、日本等国家对博士后前 3 年的薪酬实行免税；德国、新加坡等国家规定，博士后在本国工作满一定时间的可以退税。

外博士后制度研讨会，这对深入实施和推进中国博士后制度国际化发展具有重要的促进作用。在此基础上，针对有关中外博士后制度研讨和博士后国际化培养主题的论坛，应形成一种定期的学术探索机制，逐步提高研讨机制规格和国际影响力，通过理论和实践创新推动博士后国际化培养水平的提升。要完善中国博士后制度对外宣传常态化机制。一方面，要在博士后工作管理人员、博士后合作导师和博士后研究人员中加大博士后国际化培养的宣传力度，使他们了解当今高端人才竞争具有国际化的特点和发展趋势，使其认识到博士后国际化培养对提升师资队伍、研究队伍国际化水平和建设世界一流大学或科研机构的重要意义，了解其他国家培养国际化博士后队伍的成功经验和主要做法。另一方面，要在国内博士后官方网站以及国外信息化平台上加大宣传力度，使更多留学博士和外籍博士了解中国博士后制度的优势及各项优惠政策，吸引更多留学博士和外籍博士来华从事博士后研究。此外，要建立健全中国博士后国际交流项目常态化运行机制。国内相关单位要与其他国家的政府、大学、企业、研究机构探索建立常态化的国际化合作交流项目，这样有利于项目的深耕细作，可以更好地保障和提高博士后国际化培养的水平和成效。同时，要从国家层面逐步加大各个项目的资助比例，增加国际学术交流类型，提供更加多元化的选择，形成全方位、立体型的博士后国际交流格局。

4. 营造有效集聚和引进海外优秀博士后的良好环境。

（1）营造雄厚经济支撑与良好工作环境。雄厚的经济支撑与良好的工作环境，能够为海外优秀博士后提供薪酬待遇、科研环境和创业资金等多方面的支持，这些是招收引进海外优秀博士后的基础条件。多年来，我国国民经济总体上呈现持续快速增长趋势，2021 年国内生产总值（GDP）已达到 1 143 670 亿元，按照不变价格计算，相较 2020 年增长 8.1%。[①] 2022 年国内生产总值达 121 万亿元，比上年增长 3%[②]，尽管同预期目标（5.5% 左右）存在一定差距，但在世界主要经济体中增速也是高的。经济快速稳健发展有力地带动了科研经费投入，而科技经费投入又提升了科研设备的先进程度、科

① 2021 年中国 GDP 超 114 万亿元，同比增长 8.1%［EB/OL］. https://news.ifeng.com/c/8CsagJgL7Yg.

② 2023 年政府工作报告，2023 年 3 月 5 日在第十四届全国人民代表大会第一次会议上发布。

研人员的薪酬水平。这正是我国能够招收吸引海外优秀博士后的基础实力和优势所在。我们要充分利用好这些有利条件，以雄厚的经济支撑来提升对海外优秀博士来华（归国）做博士后的吸引力。同时也要看到，海外优秀博士后与国内博士后相比，前者对于科研工作环境、个人生活质量有更高的要求。我们要在这方面多用心思、花大气力，努力为他们提供良好的科研环境、生活待遇，让他们来华后有一种温暖如家、更胜于家的感觉，这样才能真正吸引到海外优秀人才、留得住归国英才。

（2）营造国际通用的人才制度环境。招引海外优秀博士后的目标，是为了充分发挥国际化人才的特殊作用，为我国经济和社会高质量发展提供原动力，同时在一定程度上实现经济发展与国际接轨，增强区域经济增长的科学性和持续性。为此，要制定一整套完备的国际通用的人才制度，在人才引进、使用、评价与激励等方面形成符合世界惯例的制度环境，这是招收引进海外优秀博士后的关键所在。长期以来，我国实行比较严苛的户籍制度，给海外优秀人才流动造成了一定阻碍；招收引进海外优秀博士后的审批程序烦琐，给不少留学回国博士和外籍博士来华进站做博士后带来了不必要的烦恼；博士后进站评价过分看重发表论文、出版著作和授权专利的数量，忽视了科研成果的创新性，评价过程偏于行政化且方法单一；对于博士后科研成果，缺乏具有吸引力的重大奖项。如此等等，都需要与时俱进、改革创新、不断完善。尤其要进一步简化海外优秀博士进站的手续和流程，健全公正合理、指标健全、行之有效的博士后人才培养、使用、评价体制，设置有吸引力的博士后科研成果大奖，持续举办全国性和区域性博士后创新创业大赛，努力提高博士后科研成果转移转化率，实现海外优秀博士后自身价值的最大化。

（3）营造开放的、兼收并蓄的文化环境。情感和文化认同是留学博士回国的一个重要原因，注重人文关怀和精神（心理）资助是吸引外籍博士后的必要条件。多年来，如何处理好复杂的人际关系是博士后在我国科研环境中面临的一个突出问题，如果海外优秀博士后把大量时间和精力消耗在人际关系的处理上，难免会造成其工作、生活氛围的压抑，从而影响他们科研创新的积极性和主动性。必须承认，有不少海归博士后已经习惯了国外宽松的人际关系环境，回国后很难在短时间内适应国内人际交往氛围；外籍博士后习惯于每天做实验、上网、吃饭、睡觉的“世外桃源”般的生活。我们要努力营造开放的、兼收并蓄的文化环境，让海外优秀博士后充分感受到人格的尊重和生活方面的自在，从而保证海外优秀博士后全身心投入科研创新之中。

（4）营造博士后双轨制发展使用环境。美国及欧洲各国在90%的大型企业中都设立了博士后科研工作站，且与高校、科研机构博士后站在招收培养、出站考核、管理使用方面没有太大区别。[①] 我国设立的博士后科研流动站和工作站是相对独立的平台，即使是一些流动站和工作站联合招收的博士后研究人员，其人员隶属关系、工作环境、成果归属、考核评价等也是相对分开的，这不利于实现产学研用的深度融合，也与国外博士后研究平台建设有较大差异。为推动产学研用深度融合，加快博士后科研成果转移转化，应当营造博士后人才培养使用双轨制发展环境，抓紧建立以“双一流”大学、高水平科研院所博士后科研流动站为支撑、以领军或者龙头企业博士后科研工作站为主体、充分吸收各个相关学科研究领域的优秀博士后参加的博士后创新联合体。这不仅有利于不同设站单位之间、流动站和工作站之间的博士后合作交流和共同提高，而且有利于推动我国关键核心技术和“卡脖子”技术领域研究，发展高效强大的共性技术供给体系，提高海外优秀博士后科技成果的转移转化成效，促进我国科技创新和经济社会高质量发展。

结　语

党的二十大报告明确提出，加快建设教育强国、科技强国、人才强国，坚持为党育人、为国育才，全面提高人才自主培养质量，着力造就拔尖创新人才，聚天下英才而用之。贯彻落实党的二十大精神，我们要从强化现代化人才支撑的战略高度充分认识招引海外优秀博士后的重要意义，进一步提升中国博士后人才培养国际化水平。在总体思路和目标设定上，既要立足于我国博士后人才培养使用的实际，保持鲜明的中国特色，又要加大与国际接轨的步伐，积极借鉴国外，特别是发达国家的经验做法，紧紧围绕提高博士后科研成果国际化水平，增强国际人才竞争力和创新能力，培养能与世界一流争锋的具有国际竞争力的科研主力军这一总体目标，促进博士后国际化培养战略与博士后创新人才培养战略的相互融合、相互促进。在发展理念与组织

① 姚云．提高中国博士后国际化水平的思考［J］．现代大学教育，2013（2）．

实施上，要进一步解放思想，继续搭建有利于国（境）外联合培养博士后的平台，深耕细作博士后国际引进项目和交流项目，健全博士后学术成果国际化考核评价体系，形成博士后国际化培养与交流常态机制，完善和畅通博士后国际化培养的管理和保障机制，从而把中国博士后制度的国际化发展推向一个新高度。

参考文献

[1] 人事部，中国博士后科学基金会．博士后工作文件资料汇编[M]．北京：中国人事出版社，1999.

[2] 人力资源和社会保障部，全国博士后管理委员会．博士后工作文件资料汇编[M]．北京：中国人事出版社，2008.

[3] 姚云，方芳，等．博士后发展年度报告 2014[M]．北京：学苑出版社，2014.

[4] 许士荣．中国博士后政策分析[M]．杭州：浙江大学出版社，2016.

[5] 刘宝成，袁利平．博士后制度的国际比较[M]．北京：党建读物出版社，2016.

[6] 中共中央宣传部．习近平新时代中国特色社会主义思想学习纲要[M]．北京：学习出版社，人民出版社，2019.

[7] 王修来．中国博士后发展报告（2021）[M]. 北京：中国人事出版社，2022.

[8] 刘昌明．韩国面向 21 世纪培养国际化人才的战略和策略[J]．有色金属高教研究，1999（6）.

[9] 纪子英，吕蕾．中国博士后科学基金的创设、运作与改革[J]．高教发展与评估，2006（5）.

[10] 许士荣．试析全球化视野下的中国博士后政策取向[J]．黑龙江高教研究，2010（7）.

[11] 姚云．提高中国博士后国际化水平的思考[J]．现代大学教育，2013（2）.

[12] 曾明彬．博士后培养国际化：现状、目标与举措[J]．清华大学教育研究，2013（2）.

［13］王文礼．美国博士后教育高度国际化的表征、生成逻辑和启示［J］．高教探索，2015（11）．

［14］张骏．人才国际化视角下中国博士后管理创新研究［J］．中国成人教育，2016（13）．

［15］黄英婉．基于中美比较视域下提高中国博士后国际化水平路径探究［J］．科教文汇（中旬刊），2017（9）．

［16］魏浩，耿园．高端国际人才跨国流动的动因研究——兼论中国吸引高端国际人才的战略［J］．世界经济与政治论坛，2019（1）．

［17］景珊珊．博士后国际化培养政策的历程、特点与展望［J］．集美大学学报（教育科学版），2019（2）．

［18］陈峥，李函颖．美国、日本高端人才流动国际化机制研究［J］．高教发展与评估，2019（3）．

［19］周利．中国博士后制度国际化发展 35 年成就及未来展望［J］．大学教育，2020（12）．

［20］中国科学院人事教育局．坚持国际化道路 促进博士后队伍发展［N］．中国组织人事报，2014-10-15.

［21］范平花．美国博士后制度研究［D］．汕头大学，2006.

［22］姚明芳．我国博士后制度发展道路研究［D］．中国海洋大学，2009.

［23］温月男．中美博士后制度比较研究［D］．东北大学，2010.

［24］姚锐．中国博士后制度发展［D］．南京大学，2011.

［25］吴昊．美国研究型大学专职科研队伍建设研究及启示［D］．曲阜师范大学，2012.

［26］廖忠．加拿大研究型大学国际化研究［D］．西南大学，2013.

二、建立博士后经费多元化投入保障机制的思考

摘要：多年来，伴随博士后制度的建立与实施，我国博士后经费保障机制不断完善，国家先后投入大量经费用于博士后日常生活与科研工作，为培养优秀青年科技人才、促进博士后科研成果的产出与转化发挥了积极的促进作用。但随着我国博士后设站规模的扩大，招收博士后人数不断增加，加上物价上涨等多种因素叠加影响，博士后经费投入已不能满足新的需求。建立博士后经费多元化投入保障机制，应坚持以政府财政投入为主的博士后经费保障政策，在国家和地方重点科研项目中增设博士后专项，鼓励地方政府和各大单位设立博士后创投基金，支持和引导金融机构、风投机构及社会资本的投入，不断深化改革，提升博士后经费投入使用效益。

关键词：博士后经费；多元化投入；保障机制；应对之策

引　言

当今世界综合国力的竞争，归根结底是科技实力和高水平人才的竞争。博士后研究人员作为高水平青年科技人才队伍的重要组成部分，在推动教育、科技和经济社会发展等方面发挥着重要作用。保持博士后事业稳步快速发展，必须有充足的经费投入和有力保障。1985年以来，伴随着中国博士后制度创新发展而不断完善的博士后经费保障制度，为博士后日常生活和科研工作提供了基础条件，为提升我国博士后人才培养国际化水平、促进博士后高水平科研成果的产出与转化发挥了积极的促进作用。但随着我国博士后设站规模的扩大，招收博士后人数不断增加，加上物价上涨等多种因素叠加影响，近些年博士后经费投入已不能满足博士后事业高质量发展的要求，甚至直接影响到我国博士后人才培养质量和使用效益。在客观描述我国博士后经费保障的制度安排及投入情况的基础上，认真分析博士后经费投入保障机制面临的突出矛盾、问题及其原因，并提出相应的对策建议，这对

于贯彻落实党的二十大精神，深入实施科教兴国战略、人才强国战略、创新驱动发展战略，开辟博士后发展新领域，不断塑造博士后发展新优势，培养造就具有国际竞争力的青年科技人才后备军，具有一定参考价值和指导作用。

（一）我国博士后经费保障的制度安排及投入情况

1. 我国博士后经费保障的制度安排。

博士后经费保障制度是指有关博士后日常经费、科研经费以及国（境）外合作交流等方面经费的保障主体、来源渠道、标准额度、基本用途、申领拨付、管理使用等的规范与要求。它伴随着中国博士后制度的出现而产生，在博士后事业的发展中不断得以完善。

（1）保障主体。我国博士后制度创建之初，博士后工作全部由国家有关部门统管，博士后日常经费和科研经费的保障主体是国家有关部门。随着博士后三级管理体制的建立，特别是允许地方批准招收博士后进站和设站单位自主招收博士后，博士后经费的保障主体便分为三个层次，即国家博士后工作主管部门及财政部、地方博士后主管机关及财政厅（局）、各博士后设站单位主管部门及财务部门。

（2）来源渠道。博士后日常经费主要源于中央财政拨款、地方财政拨款以及博士后设站单位自筹。博士后科研经费除中央和地方财政拨款外，还来自国内外各种机构、团体、单位或个人的捐赠。博士后国（境）外合作交流经费的来源渠道，主要是我国政府投入、国（境）外相关机构配套资助、具体合作交流单位自筹。

（3）标准额度。博士后日常经费标准几经调整，现行标准额度是，由国家批准名额内的博士后为每人每年 8 万元；由各省、自治区、直辖市批准进站或者由设站单位自主招收进站的博士后，参照国家基本标准执行，但没有设立上限。目前，不少地方政府部门批准名额内的博士后日常经费额度已超出国家标准。国家博士后科研经费标准额度，通常根据资助不同科研课题和计划项目的类型与等级确定；全国各地和大型单位博士后科研经费标准额度差异较大，少的只有 5 万元左右，多的达数十万元。[①]

（4）基本用途。一开始，我国博士后日常经费除用于博士后生活费用（约占 25%）外，还包括科研经费（不少于 75%）。目前的博士后日常经费用于博士后日常生活的占 80%，设站单位日常公用专项经费占 20%。博士后科研经费主要资助博士后研究人员中的优秀者，以利于他们完成高质量科研工作任务，使之迅速成长为各类高水平专业人才。博士后国（境）外合作交流经费，主要资助国内优秀博士后出国（境）外联合培养、参加国际学术交流活动，吸引外籍优秀博士来华从事科学研究，为我国科技、教育和经济社会发展以及国防建设事业做贡献。

（5）申领拨付。国家批准名额内的博士后日常经费，由国家博士后主管部门根据全国博士后在站实际人数和计划招收博士后人数，依据一定标准向财政部提出年度预算报告。财政部批准后，按规定的拨款时间和渠道将经费划拨至国家博士后主管部门，国家博士后主管部门再拨付给各设站单位。各省、自治区、直辖市批准名额内的博士后日常经费，由地方博士后主管部门根据其博士后在站实际人数和年招收博士后的计划人数，按规定标准向各地财政部门提出年度预算报告。本地财政部门批准后，按规定的拨款时间和渠道将经费划拨至各地省级博士后主管部门。各地省级博士后主管部门按规定向各设站单位拨付。各设站单位自主招收进站博士后的日常经费，由设站单位自筹。博士后科研经费以及国（境）外合作交流经费，根据不同资助课题、合作交流计划（项目），由申请人提出申请，设站单位审核汇总上报博士后主管部门、中国博士后科学基金会，经组织专家评审、有关部门批准后，拨付给博士后设站单位，交由博士后个人或者团队使用。

（6）管理使用。国家下拨的博士后日常经费原来要经多个层级转手，现在一步到位拨付给博士后设站单位，由设站单位的财务部门代管，单独立账，专款专用。设站单位博士后工作主管部门可从中提取一定数额日常公用经费。

① 本文参考引用的数据信息，除特别注明出处外，均源自王修来主编《中国博士后发展蓝皮书》（中国人事出版社，2015）、《中国博士后发展报告（2015）》（中国人事出版社，2016）、《中国博士后发展报告（2016）》（中国人事出版社，2017）、《中国博士后发展报告（2017）》（中国人事出版社，2018）、《中国博士后发展报告（2019）》（江苏人民出版社，2020）、《中国博士后发展报告（2020）》（江苏人民出版社，2021）、《中国博士后发展报告（2021）》（中国人事出版社，2022）。以下不一一注明。

如果博士后因故提前出站、退站，设站单位的财务部门应及时将余下的博士后日常经费退回博士后主管部门。各省、自治区、直辖市批准名额内的博士后以及设站单位自主招收的博士后，其日常经费标准和管理办法，参照国家有关规定执行。博士后科研经费以及国（境）外合作交流经费使用、管理和追踪问效工作，在国家和地方博士后主管部门领导下，由中国博士后科学基金会具体负责，各地博士后主管部门按照《中国博士后科学基金资助条例》的规定和实施办法执行。

2. 国家博士后日常经费和科研经费投入情况。

由于全国各地博士后日常经费和科研经费投入情况千差万别，对于设站单位自筹和社会赞助的博士后经费，目前全国还没有统一标准，也无公开数据，很难进行准确统计和测算，这里主要阐述国家财政下拨的博士后日常经费和科研经费投入情况。

（1）国家对博士后日常经费的投入。1985 年，由国家下拨的博士后日常经费年人均只有 8 000 元（人民币，下同），其中用于科研工作的经费不少于 75%。目前博士后日常经费年人均 8 万元，其中 80%，即 64 000 元用于博士后日常生活（包括薪酬、奖金、医疗、补助、探亲等），20%，即 16 000 元为设站单位日常公用经费。自 1985 年以来，国家博士后日常经费投入几经调整增资，标准和用途也发生了变化，详见表 10–3。

表 10–3　1985 年以来国家博士后日常经费投入及调整增资的情况

序号	确定或调整出处	确定和增资时间	主管机构	标准与用途
1	《国务院批转国家科委、教育部、中国科学院关于试办博士后科研流动站报告的通知》（国发〔1985〕88 号）	1985 年 5 月确定，1985 年 7 月发放	国家科委	年人均 8 000 元，用于博士后工资、奖金、公费医疗、困难补助、探亲，约占 20%，用于科研工作不少于 75%，设站单位日常公用经费 3% 左右
2	《国家科委关于印发〈博士后研究人员管理工作暂行规定〉的通知》[（86）国科发干字 0155 号]	1986 年 3 月确定并增资	国家科委	①年人均 12 000 元，其中用于科研工作的费用不低于 75%；②博士后工资按高校讲师工资的最低标准发放；③每月生活补贴 100 元；④租住两居室一套每月租金 50 ~ 60 元

续表

序号	确定或调整出处	确定和增资时间	主管机构	标准与用途
3	《国家科委关于印发〈博士后经费管理使用暂行规定〉的通知》[(87)国科发干字0270号]	1986年10月起调整并增资	国家科委	①东北、西北、西南地区8个城市的博士后日常经费标准增加到每人每年15 000元，其他地区博士后日常经费保持12 000元不变，其中用于科研的经费不低于75%；②其他按以前规定执行
4	《关于提高博士后研究人员日常经费标准的通知》(〔1988〕博管办字10号)	1988年7月起调整并增资	全国博士后管理委员会	除东北、西北、西南地区的博士后日常经费标准仍保持每人每年15 000元不变外，其他地区的博士后日常经费标准也由原定每人每年12 000元提高到15 000元，其中用于科研的经费不低于75%
5	《关于提高博士后日常经费标准的通知》(人专发〔1994〕7号)	1994年1月起确定增资	人事部、财政部	①博士后日常经费标准从每年15 000元提高到20 000元；②因各地情况不一，对博士后日常经费中用于科研补助经费的比例暂不做统一规定；③设站单位可从中提取不超过3%的经费用于组织博士后集体活动和管理工作必要的开支
6	《关于调整博士后日常经费标准的通知》(人发〔2001〕68号)	2001年1月确定，7月开始增资	人事部、全国博士后管理委员会	①博士后日常经费标准由每人每年20 000元提高到30 000元；②用途没有作统一规定
7	《关于调整博士后日常经费标准的通知》(国人部发〔2006〕112号)	2006年1月起调整并增资	人事部	①博士后日常经费标准由每人每年30 000元提高到50 000元；②经费用途由原来的科研工作补助经费和生活福利费用调整为生活费用和日常公用经费；③生活费用开支占80%，主要用于工资、奖金、生活补贴等；④日常公用经费占20%，主要用于参加学术会议和学术交流活动

续表

序号	确定或调整出处	确定和增资时间	主管机构	标准与用途
8	《关于调整博士后日常经费标准的通知》（人社部函〔2015〕185 号）	2015 年 8 月起调整并增资	人力资源社会保障部、财政部	①博士后日常经费标准由每人每年 50 000 元提高到 80 000 元；②生活费用占 80%，主要用于工资、奖金、生活补助等；③日常公用经费占 20%，可用于博士后研究人员参加社会保险费用和参与学术交流活动等

从表 10-3 中可以看出，37 年来国家财政下拨的博士后日常经费调整变化有三个特点：一是资助标准定期调高。由 1985 年的年人均 8 000 元，调整增资为如今的年人均 80 000 元，标准额度（绝对值）增加到了最初的 10 倍。二是经费用途发生变化。一开始的博士后日常经费包括日常生活费用、科研经费和日常公用经费三项，后来调整为日常生活费用和日常公用经费两项。1990 年之后博士后科研经费由中国博士后科学基金会负责单列核算。三是开支结构作了调整。由开始的科研经费不少于博士后日常经费的 75%，日常生活费用占 20% 左右，后来调整为博士后日常生活费用占 80%，日常公用经费占 20%。根据 1985 年以来国家批准名额内博士后总人数测算，截至 2021 年年底，国家博士后日常经费投入总额约为 171 亿多元，详见表 10-4。

表 10-4　　1985—2021 年国家博士后日常经费投入情况

起止时间	投入总金额 / 万元	招收博士后总人数 / 人	年人均经费额 / 万元
1985—1986 年	43.2	54	0.8
1987—1988 年	374.4	312	1.2
1989—1994 年	5 164.5	3 443	1.5
1995—2001 年	29 434	14 717	2.0
2002—2006 年	76 815	25 605	3.0
2007—2015 年	447 510	89 502	5.0
2016—2021 年	1 150 720	143 840	8.0
合计	1 710 061.1	277 473	6.163（累计人均数）

注：1. 因博士后日常经费调整增资时间以月为准，本表统计起止以年计算，所以可能会产生一些误差；
2. 投入总金额和年人均经费额以当时投入（绝对值）统计，累计人均数以投入总金额除以招收博士后总人数计算；
3. 招收博士后总人数中不含军队系统，投入日常经费也不含军队系统；
4. 有的省份对国家批准名额内的博士后日常经费给予配套资助未计算在内。

多年来，国家对博士后日常经费的投入总金额之所以不断增加，一是因为招收博士后的总人数明显增多；二是年人均资助标准定期增加。其中，2009 年国家批准名额内的博士后总人数首次超过 1 万人，2018 年国家批准名额内的博士后总人数突破 2 万人大关。随着博士后招收人数的增加，博士后日常经费投入自然增多。国家对博士后日常经费的投入不断增加，为招收培养博士后及其科研工作的开展创造了有利条件，推动了我国博士后事业的长足发展。截至 2022 年年底，全国累计招收培养博士后研究人员 31 万余人，他们中的绝大多数已成为高校、科研院所的领军人才、学科带头人和学术骨干，其中有 150 位博士后成长为中国“两院”院士，为我国科技进步、经济社会发展做出了突出贡献。

（2）国家对博士后科研经费的投入。国家对博士后科研经费的投入，主要通过设立中国博士后科学基金面上资助（含“西部地区博士后人才资助计划”，2021 年调整为“地区专项支持计划”）、特别资助（含站前、站中）、博士后创新人才支持计划（以下简称“博新计划”）、博士后优秀学术专著出版资助等计划或项目来实现。资助计划或项目的设立情况详见表 10–5。

表 10–5 博士后科研经费资助计划或项目的设立情况

设立年份	资助计划或项目	资助对象
1985	中国博士后科学基金面上资助	全国博士后（站中）
2008	中国博士后科学基金特别资助（站中）	全国博士后（站中）
2013	博士后优秀学术专著出版资助	全国博士后（站后）
2014	“西部地区博士后人才资助计划”	西部地区博士后（站中）（截至 2020 年）
2016	“博新计划”	入选“博新计划”的博士后（站前）
2019	中国博士后科学基金特别资助（站前）	拟进站博士后（站前）
2020	新冠肺炎疫情防控专项资助	直接参与新冠肺炎疫情防控和一线救治工作的博士后
2021	“地区专项支持计划”	西部地区、东北地区及贫困地区、边疆民族地区和革命老区的博士后（站中）

以下按照时间顺序、资助计划或项目类别阐述国家对博士后科研经费的投入情况。

1）1985—2014 年国家对博士后科研经费的投入。我国从 1985 年开始实施中国博士后科学基金面上资助，因当年进站博士后人数不多，获得面上资助的人数比例为 100%，后因进站博士后人数不断增加，资助比例开始出现下降。1992 年受资助人数占在站博士后总人数的比例下降到 90%，1994 年下降为 70%，1998 年下降为 50%，2002 年降低到 27.51%，2007 年为 30% 左右。[①] 资助标准额度：1985—1996 年，面上一等资助 10 000 元人民币、2 000 美元；二等资助 5 000 元人民币、1 000 美元。其中 1993 年规定，如需要特殊资助者，资助金额可适当提高，但不得超过最高等级的 50%。1997—2002 年，面上一等资助 2 万元人民币；二等资助 1 万元人民币（取消了美元资助）。2003—2005 年，面上一等资助 3 万元人民币，二等资助 2 万元人民币，增加了三等资助，资助标准为 1 万元人民币。2006—2011 年，面上一等资助 5 万元人民币，二等资助 3 万元人民币，取消了三等资助。从 2008 年起，中国博士后科学基金新增了特别资助（站中）项目。2011 年之后，面上一等资助 8 万元人民币，二等资助 5 万元人民币，继续实施特别资助（站中）项目。从 2013 年起，中国博士后科学基金会增加了出站后博士后优秀学术专著出版资助项目。从 2014 年起，又在面上资助中设立“西部地区博士后人才资助计划”，资助每人 5 万元人民币。

2）2015—2021 年国家对博士后科研经费的投入。这一阶段，在保留中国博士后科学基金面上一等、二等资助、“西部地区博士后人才资助计划”（以下简称西部计划）、特别资助（站中）等项目的基础上，从 2016 年开始增设了“博新计划”资助项目，2019 年又增设了特别资助（站前）项目，2020 年根据新冠肺炎疫情防控工作需要，设立了新冠肺炎疫情防控专项资助项目。从 2019 年开始，将面上资助划分为自然科学资助和社会科学资助，相应提高了资助的标准额度，其中自然科学资助标准为一等 12 万元、二等 8 万元；社会科学资助标准保持不变，一等为 8 万元、二等为 5 万元；西

① 因为中国博士后科学基金面上资助资金投入总额增加不多，而进站博士后人数快速增长，资助标准额度逐步提高，加之资助项目有所增加，从而导致面上资助比例呈下降趋势。

部计划项目自然科学资助标准为 8 万元、社会科学资助标准为 5 万元，详见表 10–6。

表 10–6　　2015—2021 年国家博士后科研经费投入情况

年度	科研资助项目名称	资助总人数 / 人	投入总金额 / 万元	备注
2015	第 57 批、第 58 批面上资助（含西部计划）	5 733	34 230	2015 年以前已资助了 56 批
	第 8 批特别资助（站中）	1 195	17 650	2015 年以前已资助了 7 批
	博士后优秀学术专著出版资助	17	85	每部著作资助 5 万元
2016	第 59 批、第 60 批面上资助（含西部计划）	6 114	36 264	接续第 58 批面上资助
	第 9 批特别资助（站中）	1 019	15 285	接续第 8 批特别资助（站中）
	博士后优秀学术专著出版资助	30	150	每部著作资助 5 万元
	“博新计划”	200	12 000	年人均 30 万元，共资助 2 年，其中日常经费 40 万元，科研经费 20 万元
2017	第 61 批、第 62 批面上资助（含西部计划）	6 887	38 008	接续第 60 批面上资助
	第 10 批特别资助（站中）	831	12 465	接续第 9 批特别资助（站中）
	博士后优秀学术专著出版资助	30	150	每部著作资助 5 万元
	“博新计划”	300	18 000	按照 2 年计算，年人均 30 万元，共 60 万元
2018	第 63 批、第 64 批面上资助（含西部计划）	7 674	45 309	接续第 62 批面上资助
	第 11 批特别资助（站中）	1 169	17 535	接续第 10 批特别资助（站中）
	博士后优秀学术专著出版资助	30	150	每部著作资助 5 万元
	“博新计划”	400	24 000	按照 2 年计算，年人均 30 万元，共 60 万元

续表

年度	科研资助项目名称	资助总人数 / 人	投入总金额 / 万元	备注
2019	第 65 批、第 66 批面上资助（含西部计划）	8 015	62 486	接续第 64 批面上资助
	第 12 批特别资助（站中）	989	17 571	接续第 11 批特别资助（站中）
	第 1 批特别资助（站前）	400	7 200	首次实施该项资助
	博士后优秀学术专著出版资助	26	156	每部著作资助增加到 6 万元
	“博新计划”	400	24 000	按照 2 年计算，每人资助 60 万元
2020	第 67 批、第 68 批面上资助（含西部计划）	7 467	57 297	接续第 66 批面上资助
	第 13 批特别资助（站中）	792	13 887	接续第 12 批特别资助（站中）
	第 2 批特别资助（站前）	394	7 092	接续第 1 批特别资助（站前）
	博士后优秀学术专著出版资助	23	138	每部著作资助 6 万元
	“博新计划”	400	50 400	资助标准提高到每人 63 万元，其中国际交流经费 3 万元
	新冠肺炎疫情防控专项资助	266	4 116	当年新安排的专项资助
2021	第 69 批、第 70 批面上资助（含“地区专项支持计划”）	7 960	62 231	接续第 68 批面上资助
	第 14 批特别资助（站中）	800	14 094	接续第 13 批特别资助（站中）
	第 3 批特别资助（站前）	397	7 146	接续第 2 批特别资助（站前）
	博士后优秀学术专著出版资助	29	232	每部著作资助增加到 8 万元
	“博新计划”	400	50 400	资助标准同 2020 年

从表 10-6 可以看出，2015 年以后国家对博士后科研经费的投入不断增加，资助标准也有相应提高。据不完全统计，截至 2022 年，国家对博士后科研经费的总投入约为 84 亿元，有 11 万余名博士后研究人员从中受益。

（3）国家对博士后国（境）外合作交流经费的投入。为吸引和选派全国优秀青年高层次人才（包括在站优秀博士后和拟进站应届毕业博士生）赴国（境）外高水平院校、科研机构、相关企业的优势学科领域合作开展博士后研究工作、参加国际学术交流活动，1998 年至 2007 年开展了“中韩博士后研究人员交流计划”，2010 年开始实施“香江学者计划”，2012 年起实施博士后国际交流计划（包括派出项目、引进项目、学术交流项目），2014 年起正式实施“中德博士后交流项目”，2019 年开始实施“澳门青年学者计划”等。国家有关部门和相关单位在国（境）外合作交流计划（项目）中投入了大量经费。比如，博士后国际交流计划先后组织实施 10 年，派出项目每年资助 120 人左右，资助经费标准为每人 30 万元，合计约 36 000 万元；学术交流项目每年资助 120 人左右，资助每个学术交流活动 3 万元，合计约 360 万元；引进项目资助年人均 30 万元，其中国家资助每人每年 20 万元，引进单位配套资助每人每年 10 万元。“香江学者计划”先后组织实施 12 年，全国博士后管委会办公室当前的资助标准为每名博士后 36 万元（两年）；“中德博士后交流项目”已组织实施 8 年，资助每人每年 30 万元，共资助两年；“澳门青年学者计划”已组织实施 4 年，当前的资助标准为每名博士后 36 万元（两年）。

（二）博士后经费保障机制面临的突出矛盾、问题及原因分析

1. 博士后经费保障机制面临的突出矛盾和问题。

多年来，我国博士后经费保障基本政策一直没有大的改变，始终坚持以中央和地方政府财政投入为主、以设站单位自筹与吸收社会团体和各界人士赞助为辅；博士后日常经费中的生活经费保障实行普惠制，不论各个时段资助标准额度多寡，只要进站做博士后的人人有份；博士后科研经费带有一定奖励和资助性质，根据博士后科研工作需要、申报课题、计划（项目）的类别和等级确定资助比例、强度，重在鼓励和支持博士后中的佼佼者，资助他们到国（境）外实施联合培养或者参加国际学术交流活动，这对于保持博士后一定数量规模、提高博士后人才培养和科研工作质量、促进我国博士后事业快速发展都起到了积极作用。但从现实情况看，原有的博士后经费保障机制与新阶段博士后事业高质量发展的要求已不相适应，博士后经费投入管理使用与新阶段博士后日益增长的物质文化需求已不相适应。由这两个“不相适应”所引发的问题主要体现在：一是博士后经费来源渠道单一，政府财政投入相对不足；二是博士后日常经费资助强度、比例和实际值不断下滑；三是博士后科研经费资助数额不高且比例偏低，资助地区与学科不太均衡。这些问题的客观存在，直接影响和制约着新阶段我国博士后设站规模、招收方式、培养质量和使用效益。

2. 国家博士后日常经费投入问题及原因分析。

（1）国家博士后日常经费资助强度明显下降。博士后日常经费资助强度是指博士后日常经费年人均投入金额与当年（或同一时段）全国年人均 GDP 金额的比值。1985 年以来，国家对博士后日常经费投入的金额定期有所增加，但随着全国年人均 GDP 的增加，博士后日常经费资助强度总体没有上升，反而呈下降趋势，详见表 10–7。

表 10–7　　1985—2021 年国家博士后日常经费投入及资助强度

时间	博士后日常经费年人均金额 / 元	全国年人均 GDP/元	经费资助强度 / 倍
1985 年 7 月—1986 年 2 月	8 000	858	9.32
1986 年 3 月—1988 年 6 月	12 000/15 000	1 073.5	11.18/13.97
1988 年 7 月—1993 年 12 月	15 000	1 955.2	7.67
1994 年 1 月—2001 年 6 月	20 000	6 473.8	3.09
2001 年 7 月—2005 年 12 月	30 000	12 592.2	2.38
2006 年 1 月—2015 年 7 月	50 000	33 119.6	1.51
2015 年 8 月—2021 年 12 月	80 000	62 294.3	1.28

注：1. 表中“时间”栏之所以计算到月份，是要与博士后日常经费确定发放、调整增资的时间相一致；

2. 1986 年 3 月—9 月全国博士后日常经费标准为年人均 1.2 万元，1986 年 10 月—1988 年 6 月我国东北、西北、西南地区 8 个城市的博士后日常经费标准为年人均 1.5 万元，其他地区博士后日常经费为年人均 1.2 万元，所以该栏目中列出两个数额；

3. 全国年人均 GDP 是各个时段的全国人均 GDP 平均值，数据源于中国历年 GDP 及人均 GDP 增长率。

从表 10-7 中不难看出，1985 年至 1986 年年初，我国博士后经费保障基本制度建立之时，博士后日常经费年人均只有 8 000 元，但在当时全国范围内年收入“万元”还极少的情况下，这笔收入是相当可观的，为全国年人均 GDP 的 9.32 倍。1986 年 3 月—1988 年 6 月，博士后日常经费一直保持在全国年人均 GDP 的 11 倍以上。1988 年 7 月—1993 年 12 月，博士后日常经费资助强度开始下滑。1994 年 1 月起，我国博士后日常经费投入金额分别有 4 次增加，但博士后日常经费与年人均 GDP 的比值却一路下滑，最低下降到 2015 年 8 月—2021 年 12 月的 1.28 倍。

（2）国家资助博士后日常经费的实际值呈下滑趋势。这里以 1986 年博士后日常经费投入为基期，按照各年度消费价格指数剔除价格变动因素，得出以 1986 年不变价格计算的博士后日常经费实际值。具体情况如下：1986 年 3 月—1988 年 6 月，博士后日常经费投入年人均 12 000 元，折算为 1986 年不变价格是 11 183.6 元；1994 年 1 月—2001 年 6 月，博士后日常经费投入年人均 20 000 元，折算为 1986 年不变价格是 8 235.23 元；2001 年 7 月—2005 年 12 月，博士后日常经费投入年人均 30 000 元，折算为 1986 年不变价格是 9 581.57 元；2006 年 1 月—2015 年 7 月，博士后日常经费投入年人均 50 000 元，折算为 1986 年不变价格是 14 817.13 元；2015 年 8 月—2021 年 12 月，博士后日常经费投入年人均 80 000 元，折算为 1986 年不变价格是 13 076.92 元。可见，剔除价格变动因素后博士后日常经费的实际值呈下滑趋势。

（3）国家资助博士后的生活费已低于在岗职工工资。按照相关政策规定，1986—1987 年我国博士后日常生活费为每人每年 3 000 元，是当时全国在岗职工年平均工资（1 312 元）的 2.29 倍。1988—1993 年，博士后日常生活费为每人每年 3 750 元，是同期全国在岗职工年平均工资（2 354.5 元）的 1.59 倍。1994—2000 年，国家有关部门没有对博士后的生活费用占博士后日常经费的比例作出明确规定，但按这一时期的工资和福利水平计算，1994—2000 年博士后的生活费用大概占博士后日常经费的 50%，即每人每年约 10 000 元，是同期全国在岗职工年平均工资（6 387.14 元）的 1.57 倍。2001—2005 年博士后的生活费用占博士后日常经费的比例同样没有相关政策明确规定，但按当时的工资和福利水平计算，2001—2005 年博士后的生活费用大概占博士后日常经费的80%，即每人每年约24 000元，是同期全国在岗职工年平均工资（14 352.2元）的1.67倍。2006—2015年，博士后的生活费用额度是每人每年40 000元，与同期全国在岗职工年平均工资（39 919.9元）基本相当。可见，2016年是一个重要拐点，博士后年人均生活费用的增长速度已低于全国在岗职工年平均工资的增长速度。2016—2021年的6年间，博士后日常生活费用为每人每年64 000元，虽然投入总金额（绝对值）增加了，但博士后生活费用的相对值反而下降了，相当于同期全国在岗职工年平均工资（83 425.67元）的76.71%。[①]如果按照目前博士后日常经费标准（80 000元）和允许的开支额度（80%）折算，博士后研究人员每月基本工资约为5 333元，扣除社保等各项缴费后，实际到手的月收入不足4 000元，远低于一、二线城市城镇职工社会平均工资（4 166 ~ 5 916元）的水平。与目前欧、美发达国家博士后薪酬保底标准年人均5万 ~ 6万美元（折合成人民币约为32万 ~ 38万元，月薪2.67万 ~ 3.17万元人民币）相比差距明显。

（4）全国各地博士后日常生活费用平均差额较大。近些年来，随着我国经济社会发展以及人民生活水平的不断提高，各省、自治区、直辖市普遍提高了博士后日常生活费用标准，但各地平均差额较大。从总体上看，中西部经济欠发达地区省份的博士后日常生活费用略高于国家标准，为10万 ~ 12万元；中东部省份的博士后日常生活费用标准已超出国家标准2倍以上。比如，广东省博士后年人均生活补贴15万元，最高年薪可达55万元（税后）。北京市在站博士后月薪约17 050元，年人均收入超过20万元。上海市在站博士后月薪为1.6万 ~ 2.9万元，年人均收入也超过20万元，博士后（不含“超级博士后”）的最高年薪达35万元。深圳市博士后的年薪与上海市差不多，年人均可达到20万 ~ 40万元。江苏省博士后的最高年薪达50万元。全国各家流动站和工作站的博士后薪酬差别也很明显。据对上海市、浙江省、江苏省、安徽省、福建省和山东省10所“双一流大学”建设高校的博士后薪资待遇调查统计，普通博士后的基本年薪最低为17.5万 ~ 25万元。此外，各地政府对

① 这里所说的同期全国在岗职工年平均工资，是指与博士后日常经费调整相对应的时间内全国在岗职工年平均工资的算术平均数。比如，2016—2021年全国在岗职工年平均工资分别是57 394元、74 318元、82 461元、90 501元、97 379元、98 501元，用各年度在岗职工平均工资之和除以6，即是同期全国在岗职工年平均工资。

高校博士后有不同的支持政策，如上海市的“超级博士后”激励计划，入选的博士后年薪可达50万元，山东省济南市对高校博士后的补助也有10万元左右。从全国总体情况看，在企业博士后科研工作站的博士后薪酬待遇普遍高于流动站的博士后。比如，深圳市高校博士后科研流动站2021年度博士后薪酬一般为26万～33万元（含省级生活补助15万元、市级生活补贴6万元）；而深圳市罗湖医院集团博士后科研工作站2021年度博士后薪酬扣除五险一金，税后到手42万元（含深圳市生活补贴18万元，连续补贴2年）；深圳市人民医院博士后科研工作站2021年度博士后薪酬约为46万元（含医院税前年薪24万元、住房补助每月0.3万元，深圳市生活补贴18万元，连续补贴2年）。[①] 根据全国各个地区经济社会发展实际情况以及对高层次人才的需求，适当调高博士后日常生活费用标准，这本是一件有利于博士后研究人员的好事，但带来的一些负面影响也不可忽视。经济欠发达地区的博士后认为，“同在一片蓝天下，收入差距如此大”，难免会产生一种不公平感，这不利于我国中西部地区博士后人才的集聚引进和培养使用。

3. 国家博士后科研经费投入问题及原因分析。

中国博士后制度创建之初设立的中国博士后科学基金，37年来已资助了11万余名优秀博士后，在帮助他们圆满完成重要科研工作任务，迅速成长为各类高水平专业人才，促进我国科技、教育和经济发展以及国防建设等方面，做出了积极贡献。但目前存在的一些问题也不容忽视。

（1）国家对博士后科研经费的总体投入不足。37年来，国家财政先后投入近百亿元，用于资助优秀博士后开展科学研究工作以及国（境）外联合培养和国际学术交流合作等，从投入总额及当年投入的绝对值来讲并不算少，但按照出站和在站博士后总人数计算，年人均仅为3万元左右。2022年，有关部门对全国224家流动站设站单位以及7家博士后科研工作站进行抽样调查，2019—2021年中央财政累计投入156 070.01万元，按照3年在站博士后总人数（52 639人）计算，人均约为29 649元。全国各地和大型单位资助博士后的科研经费、设站单位自筹和获得赞助的科研经费，也很难满足新阶段

---

① 深圳市2021年博士后待遇整理［EB/OL］. https://zhuanlan.zhihu.com/p/392784173?ivk_sa=1024320u.

博士后创新创造创业的需求，这在很大程度上影响和制约了博士后高水平科研成果的产出。

（2）国家博士后科研经费资助的比例明显下降。从1985年到1989年，国家批准名额内的博士后科研经费资助比例为100%。1990年以后，博士后科研经费资助比例开始下降，1992年资助比例为90%以下，1994年资助比例为70%以下，1998年资助比例低于50%。从2002年开始，由于招收博士后人数迅速增加，但国家博士后科研经费投入总额并没有明显增加，致使资助比例一下降到27.51%。2007年以后，博士后科研经费资助比例一直维持在20%～30%之间。到了“十三五”期间，博士后科研经费资助总指标数占同期进站博士后总人数的1/4。2021年，中国博士后科学基金面上资助比例骤然下滑至20%以下。显而易见，国家博士后科研经费的资助比例呈下降趋势，覆盖面明显偏低。

（3）国家博士后科研经费资助的地区分布不均衡。仅以2020年1月—2021年10月为例，中国博士后科学基金第67批、第68批、第69批面上资助中，北京市有2 060人获得资助，占三批面上资助总人数的18.24%；广东省有1 745人获得资助，占三批面上资助总人数的15.45%，江苏省有1 188人获得资助，占三批面上资助总人数的10.52%，这3个省（市）合起来获资助人数占三批面上资助总人数的44.21%，而其他28个省份加起来获资助人数占三批面上资助总人数的比例只有55.79%，其中宁夏回族自治区获资助比例为“0”。中国博士后科学基金第2批、第3批特别资助（站前）中，北京市有198人获得资助，占两批资助总人数的25.03%，广东省有98人获得资助，占两批资助总人数的12.39%，上海市有89人获得资助，占两批资助总人数的11.25%，这3个省（市）合起来获资助人数占两批资助总人数的48.67%，而其他28个省份加起来获资助人数占两批资助总人数的比例仅为51.33%，其中山西省、广西壮族自治区、内蒙古自治区、贵州省、西藏自治区、宁夏回族自治区、甘肃省、青海省、新疆维吾尔自治区9个省份均无人获得资助。在第13批、第14批特别资助（站中）中，北京市有331人获得资助，占两批特别资助（站中）总人数的21.40%，广东省有155人获得资助，占两批特别资助（站中）总人数的10.02%，上海市和江苏省各有154人获得资助，分别占两批特别资助（站中）总人数的9.95%，这4个省（市）

合起来获资助人数占两批特别资助（站中）总人数的51.32%，而其他27个省份加起来获资助人数占两批特别资助（站中）总人数的比例仅为48.68%，其中广西壮族自治区、西藏自治区、青海省均无人获得资助。

（4）国家博士后科研经费资助的学科门类也不均衡。2020年1月—2021年10月，中国博士后科学基金第67批至第69批面上资助中，工学获资助人数为4 582人，占三批面上资助总人数的40.58%；理学获资助人数为2 865人，占三批面上资助总人数的25.37%；医学获资助人数为1 722人，占三批面上资助总人数的15.25%，这3个学科合计获得资助人数占三批面上资助总人数的81.20%。而其他10个学科门类加起来获资助人数只占三批面上资助总人数的18.80%。中国博士后科学基金第2批、第3批特别资助（站前）中，工学获资助392人，占两批特别资助（站前）总人数的49.56%，理学获资助227人，占两批特别资助（站前）总人数的28.70%，医学获资助152人，占两批特别资助（站前）总人数的19.22%，这3个学科合起来获资助人数占两批特别资助（站前）总人数的97.48%，其他学科门类获资助人数仅占两批特别资助（站前）总人数的2.52%，其中法学、文学、军事学均无人获得资助。在第13批、第14批特别资助（站中）中，获得资助名额最多的还是工学、理学和医学。其中，工学有674人获得资助，占两批特别资助（站中）总人数的43.57%，理学有334人获得资助，占两批特别资助（站中）总人数的21.59%，医学有239人获得资助，占两批特别资助（站中）总人数的15.45%，其他10个学科门类获资助人数加起来仅占两批特别资助（站中）总人数的19.39%。

虽然博士后科研经费不是普惠性资助，但如果每年资助的总额偏少、覆盖面不宽，势必会影响全国绝大多数博士后开展科研工作的积极性、主动性和创造性。博士后科研经费作为一种带有奖励性质的资助，虽然获资助的比例和金额有限，但它能够起到“风向标”和“指挥棒”的作用，如果获资助的地区分布和学科门类长期严重不均衡，势必会影响全国博士后研究人员的流向、流量以及各学科的均衡发展。

（三）建立博士后经费多元化投入保障机制的对策建议

1. 坚持政府财政投入为主的博士后经费保障政策。

强调建立博士后经费多元化投入保障机制，还要不要坚持中央和地方政府财政投入为主的博士后经费保障政策？答案应当是肯定的。有人把建立博士后经费多元化投入保障机制与坚持政府财政经费投入为主的政策对立起来，甚至认为外国博士后经费投入主要依靠培养单位及社会赞助，中央政府和地方政府基本上不投入经费。这完全是一种误解。最早建立博士后制度的美国的博士后经费来源包括三方面：一是博士后研究基金。一开始由政府相关部门设立全美竞争性博士后研究基金，后来有不少研究型大学也开始设置博士后研究基金，面对全美优秀博士后开放。博士后研究人员可以根据自己的爱好和具体情况，选择对其最有利和兴趣最适合的大学，申请得到博士后研究基金的资助，然后在导师的指导下，完成博士后创新研究工作。二是政府培训拨款。美国联邦政府有选择地给部分高水平大学和学科系拨款，为这些专业领域博士后培训提供资助。政府培训拨款与博士后研究基金的区别在于能够获得培训拨款的博士后是由大学自己来挑选的，而能够获得研究基金的博士后则由全国性机构进行选择。三是研究资助经费。经费来源包括政府、工业界、有关基金会、国外有关科研教育机构、私人捐赠等。目前该种形式的资助经费增长速度很快，是大多数博士后的主要经费来源。大学教授们在取得政府或企业研究项目和合同项目后，往往需要大批博士后作为研究助手，而这些博士后一般自己不能选择研究课题，他们的费用是从研究项目中支付的，并得到政府机构或合同方的认可。

1985 年，日本与我国博士后制度同步开展实行特别研究员制度。日本特别研究员（相当于我国博士后研究人员）共分为四类：特别研究员（一般）、特别研究员（癌）、海外特别研究员、外国人特别研究员。[①] 其中，特别研究员（一般）又分为博士毕业生（PD）和博士研究生（DC1、DC2）。特别研究员（DC1、DC2）录用期为 2 ~ 3 年，其间他们每月可以得到研究奖励金 20.5 万日元（折算成人民币约 1 万元）；特别研究员（PD）录用期为 3 年，其间他们每月可以得到研究奖励金 37.3 万日元（折算成人民币约 1.88 万元）。为支持科学研究工作，日本早在昭和七年（1932 年）就通过日本天皇赞助资金创立了日本学术振兴会，这是目前日本唯一的独立科研经费支援机构，并得到日本文部科学省的支持。日本学术振兴会分别设置了科学研究补助金、特别研究员奖励金。特别研究员每人每年可从日本学术振兴会得到 150 万日

① 日本特别研究员制度［EB/OL］. https://www.zsr.cc/Item/786077.aspx.

元（按照现行汇率折算成人民币约为 7.56 万元）的科学研究补助金并由个人自由支配。特别研究员奖励金则根据特别研究员是否博士毕业，资助金额有差异。比如，日本文部科学省的奖学金（MEXT）和国家公派留学奖学金（CSC）每月是 15 万日元左右（按照现行汇率折算成人民币约为 7 555 元）。此外，日本学术振兴会还根据科学研究实际需要，资助特别研究员在一定时期内到其所希望去的其他研究所（含外国研究机构）进行研究。日本的外国人特别研究员（相当于我国博士后国际交流计划中的引进项目），每人每月生活费 362 000 日元（按照现行汇率折算成人民币约为 1.83 万元），一般资助 12 ~ 24 个月，实际上都是 24 个月。另外还有临时费用（如安家费）定额为 200 000 日元（按照现行汇率折算成人民币约为 1 万元）。

德国一直非常重视高级人才培养，从政府到民间都对博士后人才培养投入了大量物力和财力。德国对博士后人才进行经费资助的机构主要有 3 个，即德意志研究联合会、德意志科学交流中心、洪堡基金会。德意志研究联合会是一家全国性独立科研管理机构，经费投入中有一半来源于德国联邦政府，一半来源于各州政府和社会捐赠。德意志研究联合会还创立了培训奖学金、研究奖学金和教授资格奖学金 3 类奖学金项目，专门资助已获得博士学位的德国年轻学者开展科学研究。德意志科学交流中心、洪堡基金会都是世界著名的对博士后进行资助的科研支持机构，只不过他们不仅限于对德国国内的博士后进行资助，很多是面向世界，吸引国外博士后人才来德国从事创新性研究。德意志科学交流中心、洪堡基金会的主要经费来源也是政府部门，如洪堡基金会 95% 的经费来源于政府各部门，社会赞助经费仅占 5%。①

综上所述，虽然世界发达国家对博士后经费投入的具体来源和渠道不同，但各国政府部门的经费投入从来都不缺位。多年来，我国国民经济总体呈持续快速增长趋势。2021 年国内生产总值（GDP）已达到 1 143 670 亿元，按照不变价格计算，相较 2020 年增长 8.1%。② 全年国内生产总值稳居全球第二，达到了美国 GDP 的 77.3%。随着国民经济的不断增长，中央和地方财政收入也在大幅增加，丰盈的财政收入为增加博士后经费总额创造了前提条件，中

① 韩东林．论构建以财政投入为主的博士后经费投入保障机制［J］．中国科技论坛，2008（5）．
② 2021 年中国 GDP 超 114 万亿元，同比增长 8.1%［EB/OL］．https://news.ifeng.com/c/8CsagJgL7Yg.

央和地方政府应当积极承担起博士后经费保障的主要责任。此外，深入贯彻落实2021年中央人才工作会议精神，加快建成世界重要人才中心和创新高地，为2035年基本实现社会主义现代化提供人才支撑，为2050年全面建成社会主义现代化强国打好人才基础，要求我们更加重视教育和科技事业发展，更加注重高层次创新型青年科技人才的自主培养，加快形成人才资源战略竞争优势。而大幅度增加教育和科技事业经费投入，理当包括持续增加中央和地方政府对博士后日常经费和科研经费的投入。

2. 在国家和地方重点科研项目中增设博士后专项。

在国家和地方重点科研项目中增设博士后专项，是建立博士后经费多元化投入保障机制的重要方面。近些年，我国在科技方面的经费投入力度不断加大，研究与试验发展（R&D）经费投入、国家财政科技支出均实现较快增长，研究与试验发展经费投入强度稳步提高，总量保持在世界第二位，与位列首位的美国的差距正逐步缩小。其中，2019年全国共投入研究与试验发展经费22 143.6亿元，比上年增加2 465.7亿元，增长12.5%；研究与试验发展经费投入强度（与国内生产总值之比）为2.23%，比上年提高0.09个百分点。按研究与试验发展人员全时工作量计算的人均经费为46.1万元，比上年增加1.2万元。① 国务院国资委在"十三五"期间投入研发经费达3.4万亿元。② 教育部在"十三五"期间，仅向全国100所应用型高校的投入就达100亿元。③ 为推动我国博士后事业的持续高效发展，在"十四五"期间，如果能将博士后经费投入纳入国家科技、教育经费投入的大盘子中统筹考虑，特别是在国家和地方重点科研项目中增设博士后专项，资助全国博士后研究人员积极参与关键核心技术与"卡脖子"领域研究，不仅可以充分发挥博士后研究人员和科研创新团队在科技创新中的生力军作用，推动全国博士后研究人员独立自主参与基础理论、应用理论和前沿性科学技术研究，而且有利于解决博士后科研资助金投入不足的问题。

---

① 2019年全国科技经费投入统计公报［EB/OL］. https://www.stats.gov.cn/sj/tjgb/rdpcgb/qgkjjftrtjgb/202302/t20230206_1902129.html.

② 国资委："十三五"期间央企研发投入达3.4万亿［EB/OL］. http://finance.sina.com.cn/roll/2021-02-23/doc-ikftpnny9292747.shtml.

③ 教育部："十三五"期间我国将向100所应用型高校投入100亿元［EB/OL］. http://www.ecorr.org.cn/news/industry /2019-02-21/171978.html.

3. 鼓励地方政府和各大单位设立博士后创投基金。

博士后人才的招收培养与使用不单是中央政府之责，更是地方政府和各大单位分内之事。早在2014年，中国科学院为实施“率先行动”计划，全面实现“四个率先”（即率先实现科学技术跨越发展，率先建成国家创新人才高地，率先建成国家高水平科技智库，率先建设国际一流科研机构），即与中国博士后科学基金会达成联合资助协议，每年资助优秀博士后50人，每人资助10万元，连续实施5年，共投入资助金2 500万元，开创了政府有关部门与大型单位联合资助博士后科研工作的先河。2015年，山东省设立博士后创新项目专项，用于资助全省在站博士后研究人员自主创新研究的启动经费，一等资助10万元、二等资助5万元、三等资助3万元。此外，山东省每年还择优遴选一定数量的应届或新近毕业的优秀博士，专项资助其从事博士后研究工作，给予每人两年40万元的资助，其中25万元为博士后日常生活经费，15万元为科研经费资助。[①] 2017年，广东省政府财政安排特支计划，每年资助博士和博士后200人，每人给予50万元生活补贴；每年资助100名优秀在站博士后到国（境）外高校、科研机构、企业的优势学科领域，合作开展博士后研究工作，派出时间一般为6 ~ 12个月，资助金额为每人40万元。广东省科技发展专项资金基础与应用基础研究方向项目，加大对博士和博士后的支持，其中在自由探索项目中安排30% ~ 50%的份额，专门面向未获得省部级以上科研项目资助的博士和博士后，并逐年扩大资助规模。[②] 2018年，江苏省在全国成立首家博士后创投中心，截至2021年每年为500人次的博士后等创新人才提供融资咨询、产业对接专业培训等服务，每年还为博士后等创新人才的创业项目提供优质融资方案100项以上，实现累计融资10亿元。[③] 中央和各地政府有关部门应当认真总结和大力推广这些成功经验做法，积极鼓励各地政府和大型单位设立博士后创投中心或者设立博士后特支（专项）基金，支持博士后创新、创造和创业，同时也能为国家分担博士后经费投入的部分压力。

---

① 山东省博士后创新项目专项资金管理办法（试行）［EB/OL］. http://rsc.sdnu.edu.cn/info/1050/1789.htm.

② 广东人才新政：在粤博士、博士后最高可获50万元生活补助［EB/OL］. https://www.thepaper.cn/newsDetail_forward_1894733.

③ 江苏成立首家博士后创投中心［EB/OL］. http://www.gov.cn/xinwen/2018-06/28/content_5301787.htm.

4. 支持和引导金融、风投机构及社会资本的投入。

支持和引导金融、风投机构（风险投资公司或风险投资基金）及社会资本[①]积极参与博士后经费投入，是国外特别是发达国家的普遍做法。近年来，我国各级政府博士后工作管理部门在这方面进行了一些有益探索，也取得了一定成效。根据有关部门对全国 224 家流动站设站单位以及 7 家博士后科研工作站的抽样调查，2019—2021 年金融、风投机构及社会资本对博士后经费投入累计达 16 410.6 万元，年均 5 470.2 万元。但从总体上讲，这条路子还没有真正走通，尚存在一些不容忽视的制约因素。一是宣传工作做得不好。许多金融行业机构、风投机构及慈善团体和民间机构对博士后经费投入缺乏兴趣和意愿。二是相关政策措施跟不上。一些有意愿的投资者担心经费投入后不但得不到应有的回报，还可能被戴上“乱投资”的帽子。三是少数地方政府的承诺不能兑现或者投资担保缺失。已在博士后人才培养使用上投入的一些金融行业机构、风投机构及慈善团体和民间机构出于资金安全方面的考虑，不愿意在博士后经费上加大投入力度。针对上述问题及原因，各级政府特别是博士后工作管理部门，要加大对博士后经费投入、融资、捐赠的宣传力度，进一步完善金融、风投机构及社会资本投资博士后事业的制度，推动博士后经费多元化投入和筹集资金的管理规范化、队伍专业化、作业流程化、核算独立化、风险分散化，尤其要完善博士后经费投入风险管理机制，让投资者消除担心并得到应有的回报，包括在名誉上的回报、税收上的优惠和利益上的实际好处。只有这样，才能真正拓展我国博士后经费多元化投入保障的渠道。

5. 不断深化改革增强博士后经费投入使用效益。

促进博士后事业高质量发展，一方面需要增加经费投入规模与比重；另一方面，则要不断增强博士后经费投入使用的效益。多年来，我国博士后经

---

① 按照世界银行社会资本协会（the World Bank's Social Capital Initiative）的界定，广义的社会资本是政府和市民社会为了一个组织的相互利益而采取的集体行动，该组织可小至一个家庭，大至一个国家。社会资本概念对我们探讨集群融资具有重要的启示。在产业集群发展的初级阶段，社会资本的信用机制表现为非正规金融的发展。尽管基于小团体范围内的社会资本不能完全适应大规模合作生产组织的体系，但是产生于社会资本的信用机制同样可以为正规金融机制所用，问题的关键是如何将这种信用机制通过正式的途径传递给外部金融机构，同时不降低对组织成员的制约作用。这就需要应用社会资本理论，进行组织和制度上的创新，设计新的中小企业集群融资模式。

费投入总成本与博士后研究人员的产出（包括科研成果数量和质量、成果转化率、项目转移后产生的经济社会效益等）基本上成正比。但不可否认的是，由于博士后人才评价指标体系不健全、对博士后站建设综合评估工作不太科学等原因，导致过分强调博士后学术论文产出数量和质量，而对博士后其他科研成果（著作、发明专利等）考核评估不够，博士后科研成果转化速度较慢、转化率较低，对博士后承担的科研项目转移后如何尽快投向市场、产生经济和社会效益的具体办法不多，直接影响了我国博士后经费投入使用效益的全面提升。现行博士后经费投入和管理使用相关制度规定也有许多值得改进和完善的地方。为此，应当不断深化改革创新，增强博士后经费的投入使用效益：一是坚持与全国实施人才分类评价同频共振，对博士后人才进行分类评价。进一步健全博士后人才评价指标体系，切实按照综合能力、科研实绩和实际贡献分类评价博士后人才，防止和避免单纯依靠（但不是不要）学术论著数量和被收录引用论文的影响因子来评判博士后人才的习惯性做法。二是合理设定博士后科研经费资助总额、强度和比例。随着国家高等教育、科研等经费投入的逐年增加，博士后科研经费投入总金额应保持每年 10% 以上增幅。根据国家规划，“十四五”期间全社会研发经费投入年均增长要达到 7%，博士后科研经费投入应当高于这一指标。在博士后经费资助总金额增加的情况下，是保持或适当降低资助比例，还是加大资助强度，我们认为应当选择后者。因为设立中国博士后科学基金的初衷是“鼓励和支持博士后研究人员中有科研潜力和杰出才能的年轻优秀人才顺利开展科研工作，迅速成长为高水平的人才”，而不是也不可能惠及所有博士后研究人员。在资助总金额增加的前提下，保持一定的资助比例（30% 以上），不断加大资助强度，提高资助标准，尤其是自然科学研究基金资助的标准，才能增强中国博士后科学基金资助的吸引力。三是免征博士后日常生活费和科研经费资助的税收。国家投入的博士后日常生活费和科研经费总金额本来就不多，分配到博士后研究人员身上的数额较少，如果再征收税金就会变得更少。美国、加拿大、日本等国家对在站博士后薪酬 3 年内实行免税制。德国、新加坡等国家规定，博士后在本国工作满一定时间的可以退税。借鉴外国这些做法，我国政府有关部门，特别是博士后主管部门应积极主动出面，通过与有关部门沟通协调，免征博士后日常生活费和科研经费资助的税收，或实行退税制，让博士后研究人员有更多的获得感。四是将站前、站中资助延伸至站后的奖励。目前设立的中国博士后科学基金特别资助（站前），主要是为了吸引新近毕业的国内外优秀博士生进站，在前沿领域从事博士后研究工作，特别资助（站中）是为了激励博士后在站期间增强科研创新能力，多产出高质量科研成果。但目前还没有充分考虑到博士后出站后深化开展科学研究和创新实践问题，设立的博士后优秀学术著作资助虽然属于站后，但实质上仍是对博士后在站期间产出成果的资助。建议由国家、地方财政及用人单位共同出资，并通过社会捐助资金等，对出站后继续从事前沿基础科学研究、重大科技创新工作取得突出成绩的优秀博士后给予奖励。全国范围内奖励人数每年可控制为 200 人左右，奖励标准为一等 80 万 ~ 100 万元、二等 30 万 ~ 50 万元。五是改进博士后经费管理使用办法。对一次拨付到位的博士后经费，由博士后设站单位代管是必要的，但具体开支建议无须各级领导或管理者层层审批。科研课题（项目）经费除必要的设备费外，其他科目费用的调剂权应当全部下放给承担课题（项目）的博士后或者科研创新团队负责人。资助经费支出应充分考虑博士后研究人员的智力成本，大幅提高间接经费（即劳务费，其中最重要的是博士后智力成本支出）的比例。自然科学研究课题（项目）的间接经费比例，建议资助总额 500 万元及以下的不超过 30%，资助总额 501 万 ~ 1 000 万元（含）的不超过 25%，资助总额 1 001 万元及以上的不超过 20%。社会科学研究课题（项目）的间接经费比例可控制在 30% 左右。间接经费可按照设定的比例直接划转给博士后科研创新团队或博士后研究人员使用，这样可以减少和避免博士后研究人员因经费报销而引起的各种烦恼，使他们可以把主要精力投入各项科研创新工作之中。

结　语

深入贯彻落实党的二十大会议精神，坚持面向世界科技前沿、面向经济主战场、面向国家重大需求、面向人民生命健康，加快实现高水平科技自立自强，关键在于培养造就大批具有国际竞争力的青年科技人才，而博士后正是可以塑造的大有希望的青年科技英才。坚持为党育人、为国育才，全面提高人才自主培养质量，着力造就拔尖创新人才，更好地发挥博士后人才群体作用，要求各级政府在现有博士后经费投入的基础上，不断提高博士后日常生活经费和科研经费投入规模和比重，同时动员一切可以调动的科技财力和金融资源，加紧构建以中央和地方财政投入为主的博士后经费多元化投入保障机制。真正做到这些，牵涉的面很广，要做的工作很多。本文提出的一些对策建议难免挂一漏万，有些建议只是一家之言。但我们坚信，在党中央、国务院的正确领导下，在各级政府相关部门特别是博士后主管部门的共同努力下，博士后经费多元化投入保障机制必将建立起来并不断健全，从而为我国博士后的生活和科研工作提供更加优越的条件，促使博士后科研流动站和工作站成为培养造就高层次青年科研人才的“摇篮”，成为推动国家科研创新和企业科技进步的“孵化器”，真正使博士后人才队伍成为世界重要人才中心和创新高地的一支中坚力量。这是推动我国博士后事业高质量发展的时代要求，也是全国广大博士后研究人员的殷切期盼！

参 考 文 献

[1] 王修来 . 中国博士后发展蓝皮书 [M]. 北京：中国人事出版社，2015.

[2] 王修来 . 中国博士后发展报告（2020）[M]. 南京：江苏人民出版社，2021.

[3] 王修来 . 中国博士后发展报告（2021）[M]. 北京：中国人事出版社，2022.

[4] 韩东林 . 论构建以财政投入为主的博士后经费投入保障机制 [J]. 中国科技论坛，2008（5）.

[5] 李倩，史万兵 . 我国博士后日常经费结构变化分析 [J]. 黑龙江教育学院学报，2009（10）.

[6] 姚云 . 中国博士后科学基金发展及资助政策改革设想 [J]. 教育学报，2013（2）.

[7] 樊威，刘文澜，杨芳娟，等 . 我国博士后基金促进青年人才成长绩效分析 [J]. 科学学研究，2013（8）.

[8] 宋赛赛，刘云，杨芳娟，等 . 德国洪堡基金与中国博士后科学基金资助产出比较：基于文献计量分析 [J]. 现代情报，2014（5）.

[9] 刘云，杨芳娟，陈颖，等 . 中国博士后科学基金绩效评估体系构建

及实证研究［J］. 科研管理，2017（10）.

［10］张娟 . 广东省自然科学基金项目的论文产出与影响力分析［J］. 科技管理研究，2018（6）.

［11］付新彦，张玉韬，王修来 . 中国博士后科学基金资助效益——基于 SCI 论文产出的文献计量学分析［J］. 科技管理研究，2020（2）.

［12］李倩 . 我国博士后经费投入政策存在的问题及改进建议［D］. 东北大学，2009.

三、构建具有博士后特色的企业创新联合体研究

摘要：构建具有博士后特色的企业创新联合体是时代发展的要求。具有博士后特色的企业创新联合体大致可分为政府引导型、盟主邀约型、联合参与型这三种模式，基本形态包括博士后产业技术研究院、博士后产业创新联盟、博士后创新工程中心、博士后创新工程实验室和技术中心等。加紧构建具有博士后特色的企业创新联合体，应按照“五个坚持”的运作要求，建立有效的组织管理方式，形成各主体相互协同创新的效应；明确创新成果界定和分享规则，形成市场化激励机制；在科研资金、税收激励、专利审查等方面给予定向政策支持；加大中长期科研资金投入支持，完善多元金融服务方式；营造能够促进具有博士后特色的企业创新联合体健康发展的良性生态。

关键词：企业博士后；创新联合体；建设模式；形态与要求

引　言

构建具有博士后特色的企业创新联合体，是贯彻落实习近平总书记重要指示精神，实现与国家组建企业创新联合决策部署有效对接的时代要求，是推动新阶段企业博士后工作高质量发展的内在需要，非常必要、势在必行。为贯彻落实 2021 年 9 月在北京市召开的中央人才工作会议精神，大力实施新时代人才强国战略，加快建设国家战略人才力量，培养具有国际竞争力的青年科技人才后备军，促进产学研深度融合，推进具有博士后特色的企业创新联合体建设，进一步发挥博士后制度在推动企业创新和科技进步中的重要作用，人力资源社会保障部、全国博士后管理委员会于 2021 年 11 月 8 日印发《关于进一步加强企业博士后科研工作站建设的通知》，明确提出支持博士后在企业从事关键核心技术和“卡脖子”领域研究，加强创新链、产业链、人才链融合，加快构建具有博士后特色的企业创新联合体，推动企业博士后工作高质量发展。

深入贯彻落实人力资源社会保障部通知精神，我们要充分认识构建具有博士后特色的企业创新联合体的必要性和可行性，明晰具有博士后特色的企业创新联合体的构建模式、形态与要求，及时解决具有博士后特色的企业创新联合体构建过程中出现的矛盾和问题，通过建立有效的组织管理方式，形成各主体相互协同创新效应；明确创新成果界定和分享规则，形成市场化激励机制；在科研资金、税收激励、专利审查等方面给予定向政策支持；加大中长期科研资金投入支持力度，完善多元金融服务方式；营造能够促进具有博士后特色的企业创新联合体健康发展的良性生态。

（一）构建具有博士后特色的企业创新联合体的必要性与可行性

1. 落实习近平总书记重要指示，与国家组建企业创新联合体有效对接的必然要求。

2018 年 7 月，习近平总书记主持召开中央财经委员会第二次会议。会议指出，要推进产学研用一体化，支持龙头企业整合科研院所、高等院校力量，建立创新联合体；形成关键核心技术攻坚体制，形成更有针对性科技创新的系统布局和科技创新平台的系统安排；鼓励科研院所和科研人员进入企业，加大高技术领域专业人才培养。落实习近平总书记重要指示精神，2020 年 11 月，《中共中央关于制定国民经济和社会发展第十四个五年规划和二〇三五年远景目标的建议》，着眼“提升企业技术创新能力”，作出了“支持企业牵头组建创新联合体”的重要决策。2021 年 5 月，针对我国原始创新能力还不强、创新体系整体效能还不高、科技创新资源整合还不够等问题，习近平总书记在中国科学院第二十次院士大会上进一步强调，要确立企业创新主体地位，发挥企业出题者作用，推进重点项目协同和研发活动一体化，加快构建龙头企业牵头、高校院所支撑、各创新主体相互协同的创新联合体，发展高效强大的共性技术供给体系，提高科技成果转移转化成效。贯彻落实习近平总书记重要指示和国家关于组建企业创新联合体的决策部署，部分省（区、市）紧密结合实际，积极探索建立具有博士后特色的企业创新联合体，以满足博士后研究人员创新、创造、创业的新需求。比如，江苏省聚焦量子通信、芯片、5G、人工智能、新材料等关键核心技术和人工智能、石墨烯、区块链等“卡脖子”领域的青年科技人才培养，支持鼓励博士后参与协同创新，为全力提升企业技术创新能力、促进产业转型升级提供了强大动能，这成为江苏省企业博士后工作的一张亮丽名片。2021年4月，由天津市人力资源和社会保障局、天津大学、滨海新区联合主办，举行了天津市新医科和生物医药产业博士后创新联合体成立大会。首批加入联合体的30家高校、科研院所和企业博士后设站单位及72家博士后科研流动站、工作站、创新实践基地强强联合、良性互动、协同发展，融合了人才链、产业链、创新链和价值链，初步形成了产学研用一体推进的创新生态体系，为发挥博士后在创新联合体中的生力军作用蹚出了一条新路。2022年5月，安徽省六安市政府在深入调研论证的基础上，正式印发《六安市乡村振兴博士后联合体建设工作实施方案》，全面展开乡村振兴博士后联合体建设工作，对于深化实施人才强市、科技兴农战略，全面推动六安市乡村振兴起到了积极的推动作用。实践表明，加快构建具有博士后特色的企业创新联合体，既契合国家关于组建企业创新联合体的总体决策部署，也符合博士后研究人员创新、创造、创业的强烈要求，不仅有助于加快推进政产学研用一体化，形成关键核心技术攻坚体制，形成更有针对性科技创新的系统布局和科技创新平台的系统安排，而且有利于领军企业、龙头企业联合培养使用青年科技管理人才，推动新阶段我国企业博士后工作的创新发展。

2. 促进产学研深度融合，推动新阶段企业博士后工作高质量发展的内在需要。

我国博士后制度自1985年创建实施以来，紧紧围绕国家和经济社会发展大局，坚持同国家科技创新发展战略紧密结合，与区域经济发展布局相互协调，不断改革创新、发展完善，取得了举世瞩目的成就。先后培养了一大批高水平青年英才，推动了我国科技创新和关键核心技术的突破；探索形成了产学研结合的有效模式，促进了企业技术进步和产业转型升级；形成了新的选人用人机制，为高校、科研院所补充了大批师资和科研人员。目前，博士后制度已成为具有中国特色的培养高层次创新型青年科技人才的重要制度，显示出强大的生命力和优越性。

在充分肯定取得成绩的同时，我们也要清醒地看到，面对世界百年未有之大变局，面对当前国际国内科技和人才竞争的新态势，博士后工作也遇到了一些新情况、新矛盾、新问题，突出表现在：一方面，博士后科技创新资源整合还不够，科研成果转化速度还不够快，科技项目与市场对接还不够顺畅；另一方面，支持和鼓励博士后参与关键核心技术和“卡脖子”领域研究的力度还不够大、办法也不多，企业特别是领军企业、龙头企业科研团队由博士后担当主力的局面尚未形成，不能适应“发展高效强大的共性技术供给体系，提高科技成果转移转化成效”的新要求。进入新发展阶段，要充分发挥中国博士后制度优势，力求在推动博士后工作创新发展上有新的思路，在博士后育用载体建设上有新的布局，在博士后科研成果转化上有新的平台，要加快构建具有博士后特色的企业创新联合体，引导广大博士后研究人员面向世界科技前沿、面向经济主战场、面向国家重大需求、面向人民生命健康，在关键核心技术创新上取得新突破，在解决“卡脖子”领域问题上有新的建树，推动博士后科研成果加速向现实生产力转化，为经济社会高质量发展贡献“博士后力量”。

3. 加快构建具有博士后特色的企业创新联合体的基础条件已经具备，势在必行。

（1）有保证博士后联合创新的组织体制和制度机制。经过多年的建设、改革与完善，现已在全国建立起国家、省级和设站单位为主体的三级管理体制，分级管理组织健全、职责清楚、分工明确。各级政府有关部门紧紧围绕博士后研究人员招收培养、科研项目立项、国际交流合作、科研成果转化转移，以及博士后日常管理和服务保障工作，先后出台了数百份政策文件、制度规章和实施细则，形成了比较完备的中国博士后政策制度和机制体系，为博士后参与联合创新提供了组织制度保障。

（2）有实现博士后联合创新的基础平台和有效载体。截至 2022 年，全国已在高校和科研院所设立博士后科研流动站 3 207 家（不含军队系统），研究范围涉及 13 个学科门类的 111 个一级学科；在企业、科研生产型事业单位及经济（实验）开发区、高新技术开发区、工业园区等特殊区域性机构内设立博士后科研工作站 4 408 家，研究领域覆盖了国民经济和社会发展的 20 多个大行业和产业群；建成了中国（河北）博士后创新实践基地、全国博士后创新（江门）示范中心、中国西部海外博士后创新示范中心和省级博士后创新实践基地 5 620 多家，为博士后参与联合创新搭建了坚实的基础平台和有效载体。

（3）有支持博士后联合创新需要的高水平青年人才。近 5 年来，全国博士后研究人员进站规模迅速扩大，年平均增长率在10%以上，平均进站年龄31岁。截至2021年年底，全国累计招收培养博士后研究人员28万多名，期满出站博士后超过16万人，一大批年轻、富有活力的博士后人才活跃在高校、科研院所和科研型企事业单位，他们中的绝大多数已成为领军人才、学科带头人和科研骨干，其中有博士后经历的中国科学院院士、中国工程院院士150人。博士后不仅成为高校、科研院所补充师资队伍和科研人才的重要来源，而且成为国家重点科研平台和重大科技创新团队的生力军。

（4）有推进博士后联合创新的成果积累和雄厚实力。据不完全统计，近5年在站博士后承担的国家级科研项目达9万余个，省部级科研项目有8万多个；以博士后为主申获国家级基金项目4.2万项，其中国家自然科学基金和青年科学基金项目1.2万余项，获国家级科技奖项539项；由企业博士后申获的授权专利总数约4.34万项；由博士后参与或者单独组建的科研创新团队，在“北斗导航”系统、5G通信技术、C919大型客机研制、新冠病毒快速检测等多个研究领域取得了丰硕的成果，有力地推动了科技创新和关键核心技术的突破，为提高企业技术创新能力和促进产业转型升级做出了积极贡献。

（二）具有博士后特色的企业创新联合体的构建模式、基本形态与运作要求

1. 具有博士后特色的企业创新联合体的建构模式。

近年来，学界和业界积极探索企业创新联合体的建构，提出了不少有创见性的设想。但由于全国数亿家企业的规模大小不等，性质种类繁多，具体情况千差万别，围绕企业创新和科技进步，它们对博士后人才的需求也有很大差别，所以目前还没有，也不可能形成统一的、普遍适用的企业创新联合体模式。根据多年来企业博士后工作实践及博士后创新、创造、创业的现实需求，我们设想，具有博士后特色的企业创新联合体大致可分为三种模式：

（1）政府引导型。政府引导型是坚持由政府有关部门引导，选择某家领军企业或者龙头企业牵头，以“双一流”大学和高端科研院所为支撑，吸收同类产业、共性企业和相关博士后科研流动站、工作站共同参与，各个主体的创新目标高度一致、力量资源优化融合，能实现相互协同创新的企业创新联合体。

（2）盟主邀约型。盟主邀约型可区分为两类：一是由“双一流”大学或

高端科研院所的博士后科研流动站设站单位作为盟主，邀约志趣相投、有创新意愿和需求的领军企业或者龙头企业等博士后科研工作站，以及科研型事业单位及经济（实验）开发区、高新技术开发区、产业园区的博士后科研工作站加盟的企业创新联合体。二是由领军企业或者龙头企业等博士后科研工作站设站单位作为盟主，邀约志趣相投、有创新意愿和需求的“双一流”大学和高端科研院所的博士后科研流动站，以及科研型事业单位及经济（实验）开发区、高新技术开发区、产业园区的博士后科研工作站加盟的企业创新联合体。

（3）联合参与型。由某个领军企业、龙头企业、优势产业、特色行业博士后科研工作站设站单位倡导发起，联合“双一流”大学和高端科研院所博士后设站单位，相关科研型事业单位及经济（实验）开发区、高新技术开发区、产业园区博士后科研工作站共同参与的企业创新联合体。

以上三种模式，都需要政府有关部门积极引导，充分发挥领军或龙头企业的主体作用，调动和激发博士后研究人员的创新活力，着眼推进政产学研用一体化，加快形成关键核心技术攻坚体制，形成更有针对性科技创新的系统布局和科技创新平台的系统安排，着力提高博士后科技成果转移转化的成效。否则，这就同一般的企业创新联合体无异，也背离了建构具有博士后特色的企业创新联合体的初衷。

2. 具有博士后特色的企业创新联合体的基本形态。

形态是指事物存在的样貌，或者在一定条件下的表现形式。通常情况下，形态是可以把握、可以感知和可以理解的。由这一基本定义出发，具有博士后特色的企业创新联合体主要呈现为以下四种形式：

（1）博士后产业技术研究院。博士后产业技术研究院是以“双一流”大学、高端科研院所等博士后科研流动站设站单位为主，联合领军企业或者龙头企业的博士后科研工作站设站单位共同组建而成，主要开展产业技术基础研究，包括产业的现实技术、产业一体化的复杂性技术、产业制度化技术、产业社会化技术、产业网络型技术、产业具有文化属性的技术、产业环境责任型技术、产业成本效益型技术、产业资源型技术等方面的研究，为具有博士后特色的企业创新联合体提供产业技术基础理论支持。

（2）博士后产业创新联盟。博士后产业创新联盟是由同一产业或交叉产业群，如生物医药、高端制造、AI 等产业联合组建的产业联盟，着重从事关键核心技术和“卡脖子”领域技术研究，在更广阔的空间下跨区域、跨产业、跨组织抢占关键核心技术的战略制高点，把握“卡脖子”领域技术发展的主动权。

（3）博士后创新工程中心。由大数据、芯片、面板等高度资本密集型行业或者企业共建的博士后创新工程中心，主要承担国家和省部级单位赋予的重大工程项目研究，推动项目成果转移、尽快投向市场，加快形成现实生产力，产生经济效益。

（4）博士后创新工程实验室和技术中心。博士后创新工程实验室和技术中心是在博士后创新联合体的统筹协调下，在重要基础理论、重大应用研究基础上，开展各种新技术、新成果、新工艺的试验和二次开发研究，推动国家和省部级重大科研成果、科技项目研究成果转化转移、落地生根，为相关企业和产业群进行跨界合作、创新生产模式提供新知识，为提升产业技术创新能力和企业技术进步搭建重要平台。

3. 具有博士后特色的企业创新联合体的运作要求。

（1）坚持政府引导与市场机制相结合。具有博士后特色的企业创新联合体的主要任务是为科技强国战略奠定前沿科技基础，为经济主战场提供科学技术支撑，为国家重大需求提供创新技术支持，为人民生命健康提供先进技术帮助。促进其科技创新资源的合理配置和其科技创新成果的全民共享，始终离不开政府的正确引导和科学指导。各级政府要明确自身角色和职能定位，合理界定相关部门的行为边界，打破部门壁垒，消除各自为政、各行其是的局面，实现政府部门间的相互衔接与协同联动，既为具有博士后特色的企业创新联合体提供充分有效的服务，又尽可能避免干涉其正常运营，防止发生“既当裁判员又当运动员”这类行为错位的情况。与此同时，要通过制定有效的政策制度引入市场竞争机制，加强对市场公平竞争和有序运行进行监管，提升具有博士后特色的企业创新联合体的运作效率。要通过政府购买服务、加大引导扶持力度，或者通过引入第三方运营机构共同负担等多种合作方式，以企业创新联合体的服务内容和运营绩效为重要考核指标，完善考核制度，搞好综合评估，实现优胜劣汰和有序进退。

（2）坚持推进产学研用一体化。推进产学研用一体化，是建构具有博士后特色的企业创新联合体的内在要求，是将博士后科技创新成果转化为现实生产力的必由之路。要建立以“用”为导向的科技创新要素融合新机制，进一步明确产学研用合作的重点和着力方向，拓展新技术、新产品市场应用空间，充分发挥市场在配置科技创新资源中的决定性作用。要充分借鉴发达国家经验，在产学研用合作中综合考虑各个区位特征、创新要素基础、产业结构等实际情况，在优势产业领域或者龙头企业共建实体研发机构，构建产学研用一体化战略联盟，实现全方位、高层次、网络化的产学研用协同创新，着力破解“政府不能做、高校不愿做、企业做不了”这一难题。

（3）坚持人才引进、培养与使用相结合。人才的引进、培养与使用是一个有机的整体。只有坚持培养与引进并举、精心培养与高效使用并重的原则，才能有效地培养人才、吸引人才、留住人才、用好人才，进而推动具有博士后特色的企业创新联合体的可持续发展，促进其竞争力的全面提升。要建立完善人才柔性引进机制，做到及时发现一批、引进一批、使用一批、储备一批优秀青年科技人才。建立完善的人才自主培养机制，有效整合高校、科研单位、领军企业和龙头企业的优势资源，加大博士后人才教育、培养力度。建立完善的竞争激励机制，最大限度地把博士后人才配置到最需要的创新岗位，努力营造开放、宽松、和谐的环境，促使博士后人才的现有实力和综合潜力得到充分发挥，激发博士后人才的创新意识，寻找企业创新联合体创新发展和个人成长的结合点。

（4）坚持各个创新主体协同共建。具有博士后特色的企业创新联合体由多个主体构成，实现各个创新主体间的相互协同共建，必须正确处理好多元主体的构成及主体之间的关系，探寻并形成多元主体间以“平等对话、良性竞争、善于妥协、合作治理、集体行动”为核心内容的协同机制，围绕多元主体间的权利、资源和责任行使等，健全联合创新的制度保障，采取协商和建立规则等方式，明确界定多元主体的权利，明晰多元主体资源配置方式以及多元主体责任处理方式。

（5）坚持责权利共担、共赢、共享。责任、权利与利益是相互影响和作用的，对三者进行科学界定和有效管理，是强化具有博士后特色的企业创新联合体管理运行实效的重要途径。在企业创新联合体的内部，要坚持“责”字当先，切实做到以责定权、责权一致、合作共赢、利益共享，充分调动和激发各个主体的积极性和创造性，防止和避免有责无权、有责无利或者有权无责、有利无责的现象。在企业创新联合体的外部，要深入推进科研人才分类评价机制改革，进一步健全相互协同创新机制、科研要素流动机制和中介服务体系、风险投资评估体系、知识产权保护法规政策体系，切实消除联合创新中的各种障碍，充分保证多元主体的合法利益。

（三）加紧构建具有博士后特色的企业创新联合体必须解决的几个问题

1. 建立有效的组织管理方式，形成各主体相互协同创新的效应。

一要由政府相关部门统一发布重要产业链短板以及关键性核心技术需求清单，以便具有博士后特色的企业创新联合体确定科研攻关的目标、把准科技创新的正确方向。二要借鉴德国政产学研用的分工模式，推动高校、科研院所、领军企业和龙头企业博士后科研创新团队以平等市场主体身份参与联合创新。三要探索多元化的组织方式，对确需物理集聚的联合创新项目，支持和鼓励具有博士后特色的企业创新联合体在国家技术创新中心、科技产业园、双创示范基地集聚落地；对于选择远程联合研发的企业创新联合体，鼓励其采用“互联网 +”“智能 +”“区块链 +”等开放式模式进行协同创新。

2. 明确创新成果界定和分享规则，形成市场化激励机制。

根据不同性质的科研投资资金，采用差异化的产权归属及利益分配机制。一是对政府全额支持的企业博士后基础性研究，相关成果可在平台内公开共享，提供公益性、普惠性、均等性服务。二是对政府、企业、社会共同出资的企业博士后创新成果，可签订债权投入或股权投资协议，其中政府专项资金的收益累积循环投入科技研发。三是对于企业、社会资金联合研发的科技项目，鼓励具有博士后特色的企业创新联合体以独立法人企业形式参与并申请专利，根据实际贡献约定专利共享比例。还要根据市场化运作规范，有序构建信用约束机制，对投机、毁约等行为，纳入社会公共诚信记录，增加违规成本。

3. 在科研资金、税收激励、专利审查等方面给予定向政策支持。

一要在中央和地方专项科研资金中，划出一定比例来支持具有博士后特色的企业创新联合体进行基础研发。二要充分发挥财税政策的激励作用，丰富财政补贴和税收减免形式，如对企业博士后研发费用采取税前加计扣除，对基础研发费用合理扩大加计扣除范围，对纳入政府重大攻关范围的研发项目可进行事前补贴、事中补贴和事后奖励等政策。三要建立快速审查、快速确权、快速维权的“绿色通道”，对具有博士后特色的企业创新联合体的有关专利优先审查，提高成果转化效率。

4. 加大中长期科研资金投入支持，完善多元金融服务方式。

一是充分利用好国家和地方设立的科创基金、创投基金等，为具有博士后特色的企业创新联合体提供长期稳定的资金支持，借鉴德国高新技术创业基金、丹麦增长基金等国际经验，以创新种子基金、创新驱动母基金和股权基金等形式，鼓励投小、投新、投早。二是发挥政府财政投入的杠杆作用，有效撬动企业博士后科研工作站设站单位、社会机构向科研投入更多资金，实现政府资金侧重基础研发，企业及社会资金积极参与，各方有序分工的长期资金支持体系。三是健全多层次投融资服务体系，利用产业基金、知识产权证券化、科创资金、创投基金、股债联动、政府增信、产业链融资等方式，完善综合金融服务方式。

5. 营造能够促进具有博士后特色的企业创新联合体健康发展的良性生态。

一要继续完善博士后领军人才、科研骨干和科技创新团队待遇的相关规定，鼓励高校、科研院所的专家在保留原单位职称、职级的基础上，到具有博士后特色的企业创新联合体进行协同技术攻关。二要加快组建各类科研成果、专业技术转移平台，完善企业博士后科技创新的配套专业服务体系。三要营造企业博士后研究人员协同创新的良性生态，由领军企业或者龙头企业牵头搭台、中小科技企业广泛参与，促进中小微企业和民营企业技术创新向“专、精、特、新”方向发展。四要大力推进中国标准与国际标准接轨，建立与国（境）外在专利申请上的互认通道，打破西方发达国家对国际标准话语权的垄断，为具有博士后特色的企业联合创新体的持续发展提供强有力的外部支持。

结　语

与其他企业创新联合体相比，具有博士后特色的企业创新联合体应有自己的鲜明特色。本文关于具有博士后特色的企业创新联合体的三种模式、四种形态及构建要求的论述只是一种初步构想，还要经过实践的充分检验。对于具有博士后特色的企业创新联合体这一新生事物，目前全国各地正在进行探索，在构建和实际运作过程中，除了本文提出要解决的一些问题外，还可能会出现其他新情况、新矛盾、新问题，需要各级政府有关部门及时出台具体措施和办法，协调各创新主体共同解决。其中，最为重要的是促使领军企业、龙头企业博士后人才引进、培养与使用相结合，引导和支持博士后研究人员在关键核心技术和“卡脖子”领域技术研究中取得新的重大突破，促进博士后科研成果加速向现实生产力转化。最为关键的是正确处理多元主体的有机构成及各个创新主体之间的关系，真正做到责任共担、合作共赢、利益共享。这样，具有博士后特色的企业创新联合体才能做到起步顺畅、行以致远、进而有为。

参考文献

[1] 人力资源社会保障部、全国博士后管理委员会关于进一步加强企业博士后科研工作站建设的通知 [Z]. 2021-11-08.

[2] 中共中央关于制定国民经济和社会发展第十四个五年规划和二〇三五年远景目标的建议 [Z]. 2020-11-03.

[3] 江苏省人力资源和社会保障厅 . 聚焦“卡脖子”技术突破　全力打造博士后人才集聚“强磁场”[R]. 中国博士后制度实施 35 周年座谈会, 2020-12-02.

[4] 天津首家博士后创新联合体成立 [EB/OL]. 光明网，https: //news.gmw.cn/2021-04/21/content_34779342.htm.

[5] 王修来 . 中国博士后发展报告（2020）[M]. 南京：江苏人民出版社，2021.

[6] 许艳华 . 政产学研用协同创新的德国模式与中国借鉴 [J]. 科技管理研究，2013（9）.

附录　博士后培养最新数据统计

1. 博士后科研流动站设站总数达 100 家以上的省（区、市）

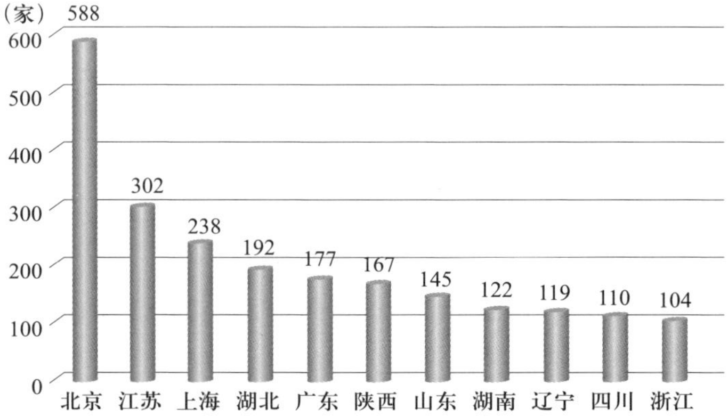

注：1. 本图以省（区、市）和中央直属机关为统计单位，不含军队系统；
2. 北京市含在京的中央直属机关所属院校、科研院所相关设站单位的博士后科研流动站；
3. 数据统计截至 2022 年 12 月。

2. 博士后科研工作站设站总数达 100 家以上的省（区、市）

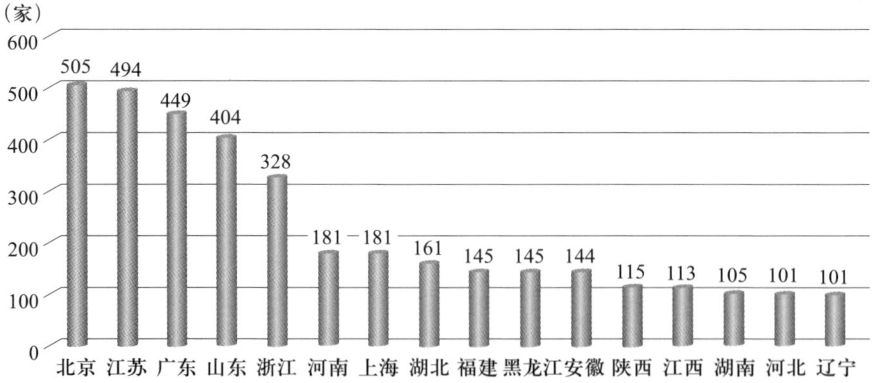

注：1. 本图以全国 31 个省（区、市）和中央直属机关为统计单位，不含军队系统；
2. 北京市含在京的中央直属机关相关设站单位的博士后科研工作站；
3. 数据统计截至 2022 年 12 月。

3. 进站博士后人数位居全国前 10 名的省（区、市）

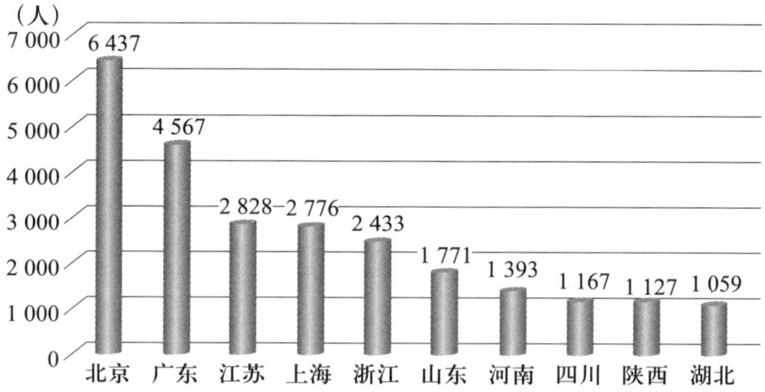

注：1. 本图以全国 31 个省（区、市）和中央直属机关为统计单位，不含军队系统；
2. 北京市进站博士后人数含在京的中央直属机关相关设站单位进站博士后人数；
3. 数据统计时间为 2021 年 11 月至 2022 年 12 月。

4. 进站博士后人数位居全国前 100 名的博士后科研流动站

排序	博士后科研流动站名称	进站人数 / 人
1	中山大学基础医学博士后科研流动站	250
2	浙江大学临床医学博士后科研流动站	207
3	中山大学临床医学博士后科研流动站	201
4	四川大学临床医学博士后科研流动站	195
5	中国科学院深圳先进技术研究院生物学博士后科研流动站	171
6	广州医科大学临床医学博士后科研流动站	141
7	中南大学临床医学博士后科研流动站	141
8	清华大学生物学博士后科研流动站	139
9	北京协和医学院临床医学博士后科研流动站	134
10	中国科学院深圳先进技术研究院计算机科学与技术博士后科研流动站	132
11	上海交通大学医学院临床医学博士后科研流动站	122
12	深圳大学光学工程博士后科研流动站	121
13	复旦大学临床医学博士后科研流动站	116
14	南方科技大学生物学博士后科研流动站	105
15	南方科技大学物理学博士后科研流动站	101

续表

排序	博士后科研流动站名称	进站人数 / 人
16	浙江大学基础医学博士后科研流动站	101
17	南方医科大学临床医学博士后科研流动站	100
18	同济大学临床医学博士后科研流动站	98
19	广东省心血管病研究所临床医学博士后科研流动站	97
20	首都医科大学临床医学博士后科研流动站	96
21	中国科学技术大学生物学博士后科研流动站	90
22	清华大学环境科学与工程博士后科研流动站	88
23	南方医科大学基础医学博士后科研流动站	79
24	重庆医科大学临床医学博士后科研流动站	79
25	浙江大学生物学博士后科研流动站	75
26	北京大学医学部临床医学博士后科研流动站	73
27	复旦大学生物学博士后科研流动站	66
28	中国科学技术大学化学博士后科研流动站	66
29	南方科技大学力学博士后科研流动站	61
30	中国科学院大连化学物理研究所化学博士后科研流动站	60
31	河南大学化学博士后科研流动站	59
32	清华大学机械工程博士后科研流动站	58
33	上海交通大学化学博士后科研流动站	58
34	清华大学化学博士后科研流动站	57
35	中国科学院金属研究所材料科学与工程博士后科研流动站	56
36	深圳大学生物医学工程博士后科研流动站	55
37	河南农业大学作物学博士后科研流动站	54
38	中国科学院宁波材料技术与工程研究所材料科学与工程博士后科研流动站	54
39	河南大学生物学博士后科研流动站	53
40	华东政法大学法学博士后科研流动站	53
41	广州大学统计学博士后科研流动站	52

续表

排序	博士后科研流动站名称	进站人数 / 人
42	清华大学控制科学与工程博士后科研流动站	52
43	上海交通大学医学院基础医学博士后科研流动站	51
44	北京大学材料科学与工程博士后科研流动站	50
45	清华大学材料科学与工程博士后科研流动站	50
46	中国科学院广州生物医药与健康研究院生物学博士后科研流动站	50
47	中国科学院海洋研究所海洋科学博士后科研流动站	50
48	中国科学院上海药物研究所药学博士后科研流动站	50
49	北京大学物理学博士后科研流动站	49
50	深圳大学土木工程博士后科研流动站	49
51	浙江大学化学工程与技术博士后科研流动站	49
52	清华大学计算机科学与技术博士后科研流动站	48
53	重庆医科大学基础医学博士后科研流动站	48
54	复旦大学基础医学博士后科研流动站	47
55	清华大学动力工程及工程热物理博士后科研流动站	47
56	中国科学技术大学材料科学与工程博士后科研流动站	47
57	中国科学院物理研究所物理学博士后科研流动站	47
58	中国农业科学院生物学博士后科研流动站	47
59	中国科学院分子细胞科学卓越创新中心生物学博士后科研流动站	46
60	中国科学院青岛生物能源与过程研究所化学工程与技术博士后科研流动站	46
61	天津大学化学工程与技术博士后科研流动站	45
62	浙江大学材料科学与工程博士后科研流动站	45
63	电子科技大学材料科学与工程博士后科研流动站	44
64	复旦大学化学博士后科研流动站	44
65	山东大学生物学博士后科研流动站	44
66	上海交通大学机械工程博士后科研流动站	44

续表

排序	博士后科研流动站名称	进站人数 / 人
67	中国科学院大学物理学博士后科研流动站	44
68	暨南大学临床医学博士后科研流动站	44
69	北京大学数学博士后科研流动站	43
70	山东中医药大学中西医结合博士后科研流动站	43
71	中国科学院上海有机化学研究所化学博士后科研流动站	43
72	广州大学土木工程博士后科研流动站	42
73	清华大学公共管理博士后科研流动站	42
74	清华大学土木工程博士后科研流动站	42
75	中国药科大学中药学博士后科研流动站	42
76	电子科技大学生物医学工程博士后科研流动站	41
77	华南理工大学材料科学与工程博士后科研流动站	41
78	郑州大学临床医学博士后科研流动站	41
79	北京大学化学博士后科研流动站	40
80	江苏大学环境科学与工程博士后科研流动站	40
81	清华大学电气工程博士后科研流动站	40
82	上海交通大学化学工程与技术博士后科研流动站	40
83	北京大学生物医学工程博士后科研流动站	39
84	河南大学地理学博士后科研流动站	39
85	南方科技大学数学博士后科研流动站	39
86	浙江大学化学博士后科研流动站	39
87	中国科学技术大学物理学博士后科研流动站	39
88	中国科学院合肥物质科学研究院物理学博士后科研流动站	39
89	中国科学院空天信息创新研究院信息与通信工程博士后科研流动站	39
90	重庆医科大学护理学博士后科研流动站	39
91	北京大学生物学博士后科研流动站	38
92	浙江大学电子科学与技术博士后科研流动站	38

续表

排序	博士后科研流动站名称	进站人数 / 人
93	中山大学生物学博士后科研流动站	38
94	北京大学医学部口腔医学博士后科研流动站	37
95	上海交通大学生物学博士后科研流动站	37
96	清华大学物理学博士后科研流动站	36
97	南京工业大学化学工程与技术博士后科研流动站	35
98	上海交通大学物理学博士后科研流动站	35
99	中国科学院化学研究所化学博士后科研流动站	35
100	北京大学力学博士后科研流动站	34

注：1. 本表不含军队系统设立的博士后科研流动站进站人数；
2. 进站人数相同的单位排名不分先后；
3. 数据统计时间为 2021 年 11 月至 2022 年 12 月。

5. 进站博士后人数位居全国前 100 名的博士后科研工作站

排序	博士后科研工作站名称	进站人数 / 人
1	之江实验室博士后科研工作站	142
2	浙江西湖高等研究院（西湖大学）博士后科研工作站	139
3	比亚迪汽车工业有限公司博士后科研工作站	103
4	中国科学院基础医学与肿瘤研究所（筹）博士后科研工作站	80
5	苏州工业园区人力资源开发有限公司博士后科研工作站	78
6	中国医科大学附属第一医院博士后科研工作站	74
7	南京大学医学院附属鼓楼医院博士后科研工作站	71
8	山东大学齐鲁医院博士后科研工作站	71
9	散裂中子源科学中心博士后科研工作站	65
10	广州实验室博士后科研工作站	56
11	中国农业科学院农业基因组研究所博士后科研工作站	56
12	深圳湾实验室博士后科研工作站	53
13	山东省医学科学院博士后科研工作站	53
14	华为技术有限公司博士后科研工作站	48
15	广州南沙资讯科技园有限公司博士后科研工作站	47

续表

排序	博士后科研工作站名称	进站人数 / 人
16	中国石化集团茂名石油化工公司博士后科研工作站	47
17	中国电建集团华东勘测设计研究院有限公司博士后科研工作站	41
18	深圳华大生命科学研究院博士后科研工作站	39
19	鹏城实验室博士后科研工作站	37
20	聊城市人民医院博士后科研工作站	37
21	广东省科学院博士后科研工作站	36
22	海信集团控股股份有限公司博士后科研工作站	36
23	重庆重邮信科通信技术有限公司博士后科研工作站	36
24	河南中医药大学第一附属医院博士后科研工作站	35
25	广州市妇女儿童医疗中心博士后科研工作站	33
26	重庆市中医院（重庆市中医研究院）博士后科研工作站	33
27	昌平实验室博士后科研工作站	32
28	山西白求恩医院（山西医学科学院）博士后科研工作站	32
29	海南省崖州湾种子实验室博士后科研工作站	31
30	中日友好医院博士后科研工作站	30
31	深圳市第二人民医院博士后科研工作站	30
32	松山湖材料实验室博士后科研工作站	30
33	美的集团有限公司博士后科研工作站	29
34	浙江省人民医院博士后科研工作站	29
35	华中科技大学同济医学院附属协和医院博士后科研工作站	27
36	中国科学院天津工业生物技术研究所博士后科研工作站	27
37	隆鑫工业有限公司博士后科研工作站	27
38	北京市农林科学院博士后科研工作站	26
39	深圳北京大学香港科技大学医学中心博士后科研工作站	26
40	杭州海康威视数字技术股份有限公司博士后科研工作站	25
41	北京雁栖湖应用数学研究院博士后科研工作站	24
42	深圳市人民医院（暨南大学第二临床医学院）博士后科研工作站	24
43	江苏省人民医院博士后科研工作站	24
44	中国环境科学研究院博士后科研工作站	23

续表

排序	博士后科研工作站名称	进站人数 / 人
45	江苏省农业科学院博士后科研工作站	23
46	临港实验室博士后科研工作站	23
47	深圳虚拟大学园博士后科研工作站	22
48	湖北省农业科学院博士后科研工作站	22
49	常州市第二人民医院博士后科研工作站	21
50	浙江新和成股份有限公司博士后科研工作站	21
51	中国广核集团博士后科研工作站	20
52	黄河勘测规划设计研究院有限公司博士后科研工作站	20
53	黄河水利委员会黄河水利科学研究院博士后科研工作站	20
54	泰安市中心医院博士后科研工作站	20
55	四川石油管理局有限公司西南油气田分公司博士后科研工作站	20
56	中国国家博物馆博士后科研工作站	19
57	南通大学附属医院博士后科研工作站	19
58	中国医科大学附属盛京医院博士后科研工作站	19
59	胜利石油管理局博士后科研工作站	19
60	天津医科大学总医院博士后科研工作站	19
61	中国计量科学研究院博士后科研工作站	18
62	浪潮集团博士后科研工作站	18
63	张江实验室博士后科研工作站	18
64	北京航空航天大学杭州创新研究院博士后科研工作站	18
65	佛山市第一人民医院（中山大学附属佛山医院）博士后科研工作站	17
66	苏州生物医学工程技术研究所博士后科研工作站	17
67	海尔集团博士后科研工作站	17
68	山东省立医院博士后科研工作站	17
69	中国电子科技集团公司第二十四研究所博士后科研工作站	17
70	珠海澳大科技研究院博士后科研工作站	16
71	黑龙江省农业科学院博士后科研工作站	16
72	南京市第一医院博士后科研工作站	16
73	济宁医学院附属医院博士后科研工作站	16

续表

排序	博士后科研工作站名称	进站人数 / 人
74	广东省农业科学院博士后科研工作站	15
75	深圳迈瑞生物医疗电子股份有限公司博士后科研工作站	15
76	山东省农业科学院博士后科研工作站	15
77	中国科学技术大学先进技术研究院博士后科研工作站	14
78	中国工商银行博士后科研工作站	14
79	TCL 华星光电技术有限公司博士后科研工作站	14
80	深圳市创新投资集团有限公司博士后科研工作站	14
81	河南省人民医院博士后科研工作站	14
82	江苏康缘药业股份有限公司博士后科研工作站	14
83	自然资源部第一海洋研究所博士后科研工作站	14
84	山西高等创新研究院博士后科研工作站	14
85	浙江省农业科学院博士后科研工作站	14
86	北京量子信息科学研究院博士后科研工作站	13
87	北京生命科学研究所博士后科研工作站	13
88	国家信息中心博士后科研工作站	13
89	中国石油化工股份有限公司石油勘探开发研究院博士后科研工作站	13
90	中国食品药品检定研究院博士后科研工作站	13
91	北京华为数字技术有限公司博士后科研工作站	12
92	北京脑科学与类脑研究中心博士后科研工作站	12
93	中国石化集团中原油田博士后科研工作站	12
94	中国水产科学研究院黄海水产研究所博士后科研工作站	12
95	山西医科大学第一医院博士后科研工作站	12
96	浙江大学杭州国际科创中心博士后科研工作站	12
97	合肥实验室博士后科研工作站	11
98	中国投资有限责任公司博士后科研工作站	11
99	中国有色工程有限公司博士后科研工作站	11
100	中央国债登记结算有限责任公司博士后科研工作站	11

注：1. 本表不含军队系统博士后科研工作站进站人数；
2. 进站人数相同的单位排名不分先后；
3. 数据统计时间为 2021 年 11 月至 2022 年 12 月。

6. 出站博士后人数位居全国前 10 名的省（区、市）

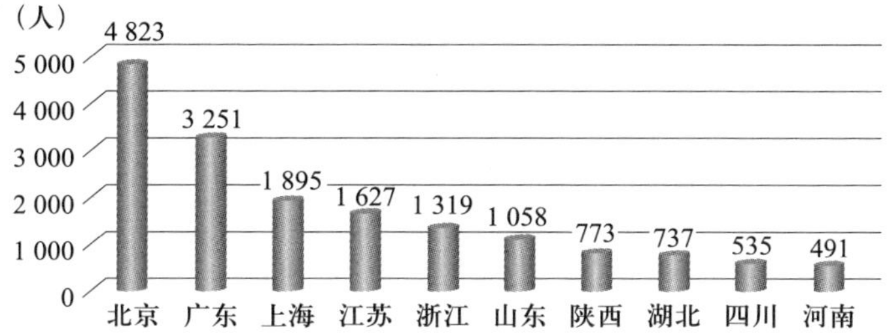

注：1. 本图以全国 31 个省（区、市）和中央直属机关为统计单位，不含军队系统；
2. 北京市出站博士后人数含在京的中央直属机关相关设站单位出站博士后人数；
3. 数据统计时间为 2021 年 11 月至 2022 年 12 月。

7. 出站博士后人数位居全国前 100 名的博士后科研流动站

排序	博士后科研流动站名称	出站人数 / 人
1	深圳大学光学工程博士后科研流动站	272
2	中山大学基础医学博士后科研流动站	172
3	中国科学院深圳先进技术研究院计算机科学与技术博士后科研流动站	161
4	中山大学临床医学博士后科研流动站	135
5	四川大学临床医学博士后科研流动站	114
6	清华大学生物学博士后科研流动站	107
7	南方科技大学生物学博士后科研流动站	91
8	北京大学化学博士后科研流动站	77
9	南方科技大学物理学博士后科研流动站	74
10	南方科技大学力学博士后科研流动站	73
11	浙江大学临床医学博士后科研流动站	71
12	中国科学院广州生物医药与健康研究院生物学博士后科研流动站	71
13	上海交通大学医学院基础医学博士后科研流动站	68
14	广州医科大学临床医学博士后科研流动站	64
15	中国科学技术大学化学博士后科研流动站	64
16	中国科学院深圳先进技术研究院生物学博士后科研流动站	63
17	暨南大学临床医学博士后科研流动站	58

续表

排序	博士后科研流动站名称	出站人数 / 人
18	复旦大学化学博士后科研流动站	57
19	清华大学材料科学与工程博士后科研流动站	57
20	南方医科大学临床医学博士后科研流动站	56
21	清华大学化学博士后科研流动站	55
22	复旦大学临床医学博士后科研流动站	54
23	清华大学环境科学与工程博士后科研流动站	53
24	中国科学院物理研究所物理学博士后科研流动站	53
25	中国科学院大连化学物理研究所化学博士后科研流动站	52
26	浙江大学基础医学博士后科研流动站	51
27	清华大学机械工程博士后科研流动站	49
28	上海交通大学医学院临床医学博士后科研流动站	48
29	首都医科大学临床医学博士后科研流动站	48
30	深圳大学信息与通信工程博士后科研流动站	47
31	山东大学生物学博士后科研流动站	43
32	深圳大学理论经济学博士后科研流动站	43
33	厦门大学化学博士后科研流动站	43
34	中国科学技术大学材料科学与工程博士后科研流动站	43
35	复旦大学生物学博士后科研流动站	42
36	中国科学技术大学生物学博士后科研流动站	41
37	北京大学生物学博士后科研流动站	39
38	浙江大学材料科学与工程博士后科研流动站	38
39	浙江大学化学博士后科研流动站	38
40	浙江大学生物学博士后科研流动站	38
41	中国科学院遗传与发育生物学研究所生物学博士后科研流动站	38
42	清华大学动力工程及工程热物理博士后科研流动站	36
43	北京大学物理学博士后科研流动站	35
44	北京大学应用经济学博士后科研流动站	35
45	浙江大学化学工程与技术博士后科研流动站	35
46	中国科学院分子细胞科学卓越创新中心生物学博士后科研流动站	35

续表

排序	博士后科研流动站名称	出站人数 / 人
47	中国农业科学院生物学博士后科研流动站	35
48	北京大学医学部基础医学博士后科研流动站	34
49	清华大学生物医学工程博士后科研流动站	34
50	西北工业大学材料科学与工程博士后科研流动站	34
51	中国科学院大学物理学博士后科研流动站	34
52	中国科学院宁波材料技术与工程研究所材料科学与工程博士后科研流动站	34
53	中国医科大学基础医学博士后科研流动站	34
54	北京大学力学博士后科研流动站	33
55	北京大学生态学博士后科研流动站	33
56	北京大学医学部临床医学博士后科研流动站	33
57	同济大学临床医学博士后科研流动站	33
58	中国科学院地理科学与资源研究所地理学博士后科研流动站	33
59	中国科学院化学研究所化学博士后科研流动站	33
60	中国科学院生物物理研究所生物学博士后科研流动站	33
61	清华大学公共管理博士后科研流动站	32
62	中国科学技术大学物理学博士后科研流动站	32
63	中国科学院大气物理研究所海洋科学博士后科研流动站	32
64	中国科学院分子植物科学卓越创新中心生物学博士后科研流动站	32
65	中南大学临床医学博士后科研流动站	32
66	复旦大学材料科学与工程博士后科研流动站	31
67	浙江大学机械工程博士后科研流动站	31
68	中国科学院生态环境研究中心环境科学与工程博士后科研流动站	31
69	清华大学控制科学与工程博士后科研流动站	30
70	上海交通大学化学博士后科研流动站	30
71	西北工业大学航空宇航科学与技术博士后科研流动站	30
72	郑州大学化学博士后科研流动站	30
73	中国科学院脑科学与智能技术卓越创新中心生物学博士后科研流动站	30
74	中山大学材料科学与工程博士后科研流动站	30

续表

排序	博士后科研流动站名称	出站人数 / 人
75	暨南大学生态学博士后科研流动站	30
76	清华大学计算机科学与技术博士后科研流动站	29
77	中国社会科学院应用经济学博士后科研流动站	29
78	华东政法大学法学博士后科研流动站	28
79	中国科学技术大学信息与通信工程博士后科研流动站	28
80	中国科学院数学与系统科学研究院数学博士后科研流动站	28
81	北京大学医学部药学博士后科研流动站	27
82	南方科技大学数学博士后科研流动站	27
83	南方医科大学生物学博士后科研流动站	27
84	南京工业大学材料科学与工程博士后科研流动站	27
85	青岛大学临床医学博士后科研流动站	27
86	清华大学物理学博士后科研流动站	27
87	中国科学院自动化研究所控制科学与工程博士后科研流动站	27
88	北京计算科学研究中心物理学博士后科研流动站	26
89	北京师范大学教育学博士后科研流动站	26
90	华南理工大学材料科学与工程博士后科研流动站	26
91	南方医科大学基础医学博士后科研流动站	26
92	南京大学材料科学与工程博士后科研流动站	26
93	清华大学土木工程博士后科研流动站	26
94	上海交通大学机械工程博士后科研流动站	26
95	西南政法大学法学博士后科研流动站	26
96	中国科学院上海药物研究所化学博士后科研流动站	26
97	中国科学院上海营养与健康研究所生物学博士后科研流动站	26
98	中国科学院上海有机化学研究所化学博士后科研流动站	26
99	电子科技大学材料科学与工程博士后科研流动站	25
100	哈尔滨医科大学生物学博士后科研流动站	25

注：1. 本表不含军队系统博士后科研流动站出站人数；

2. 出站人数相同的单位排名不分先后；

3. 数据统计时间为 2021 年 11 月至 2022 年 12 月。

8. 出站博士后人数位居全国前100名的博士后科研工作站

排序	博士后科研工作站名称	出站人数 / 人
1	浙江西湖高等研究院（西湖大学）博士后科研工作站	130
2	广东省科学院博士后科研工作站	54
3	之江实验室博士后科研工作站	49
4	深圳大学高新技术博士后科研工作站	38
5	北京航空航天大学杭州创新研究院博士后科研工作站	35
6	深圳市第二人民医院博士后科研工作站	30
7	北京量子信息科学研究院博士后科研工作站	26
8	鹏城实验室博士后科研工作站	25
9	苏州工业园区人力资源开发有限公司博士后科研工作站	25
10	中国环境科学研究院博士后科研工作站	22
11	深圳市欣旺达电子股份有限公司博士后科研工作站	20
12	北京市科学技术研究院博士后科研工作站	19
13	散裂中子源科学中心博士后科研工作站	19
14	南京大学医学院附属鼓楼医院博士后科研工作站	19
15	北京市农林科学院博士后科研工作站	18
16	中国国家博物馆博士后科研工作站	18
17	中国计量科学研究院博士后科研工作站	18
18	深圳虚拟大学园博士后科研工作站	18
19	中国电建集团华东勘测设计研究院有限公司博士后科研工作站	17
20	海信集团控股股份有限公司博士后科研工作站	16
21	中国科学院天津工业生物技术研究所博士后科研工作站	16
22	重庆银行股份有限公司博士后科研工作站	16
23	广州南沙资讯科技园有限公司博士后科研工作站	15
24	黑龙江省农业科学院博士后科研工作站	15
25	中国石油化工股份有限公司石油勘探开发研究院博士后科研工作站	14
26	河南省农业科学院博士后科研工作站	14
27	华中科技大学同济医学院附属协和医院博士后科研工作站	14

续表

排序	博士后科研工作站名称	出站人数 / 人
28	江苏省农业科学院博士后科研工作站	14
29	浙江省肿瘤医院博士后科研工作站	14
30	浙江新和成股份有限公司博士后科研工作站	14
31	同方威视技术股份有限公司博士后科研工作站	13
32	广州市妇女儿童医疗中心博士后科研工作站	13
33	深信服科技股份有限公司博士后科研工作站	13
34	中国农业银行博士后科研工作站	12
35	深圳北京大学香港科技大学医学中心博士后科研工作站	12
36	深圳证券交易所博士后科研工作站	12
37	胜利石油管理局博士后科研工作站	12
38	浙江恒逸集团有限公司博士后科研工作站	12
39	阿里巴巴云计算（北京）有限公司博士后科研工作站	11
40	广东省农业科学院博士后科研工作站	11
41	苏州生物医学工程技术研究所博士后科研工作站	11
42	中国科协创新战略研究院博士后科研工作站	10
43	江苏省肿瘤防治研究所博士后科研工作站	10
44	山东省医学科学院博士后科研工作站	10
45	四川石油管理局有限公司西南油气田分公司博士后科研工作站	10
46	浙江省农业科学院博士后科研工作站	10
47	合肥国轩高科动力能源有限公司博士后科研工作站	9
48	北京生命科学研究所博士后科研工作站	9
49	交通运输部公路科学研究所博士后科研工作站	9
50	中国有色工程有限公司博士后科研工作站	9
51	美的集团有限公司博士后科研工作站	9
52	深圳迈瑞生物医疗电子股份有限公司博士后科研工作站	9
53	河南省人民医院博士后科研工作站	9
54	常州市第二人民医院博士后科研工作站	9
55	南京医科大学附属儿童医院博士后科研工作站	9
56	大连大学附属中山医院博士后科研工作站	9
57	中国水产科学研究院黄海水产研究所博士后科研工作站	9

续表

排序	博士后科研工作站名称	出站人数 / 人
58	浙江大华技术股份有限公司博士后科研工作站	9
59	自然资源部第二海洋研究所博士后科研工作站	9
60	中国国际经济交流中心博士后科研工作站	8
61	中国国家画院博士后科研工作站	8
62	中海油研究总院有限责任公司博士后科研工作站	8
63	贵州省社会科学院博士后科研工作站	8
64	中国石化集团中原油田博士后科研工作站	8
65	黑龙江省中医药科学院博士后科研工作站	8
66	济宁高新区创业中心博士后科研工作站	8
67	北京北农企业管理有限公司博士后科研工作站	7
68	故宫博物院博士后科研工作站	7
69	人民教育出版社有限公司博士后科研工作站	7
70	应急管理部国家自然灾害防治研究院博士后科研工作站	7
71	中国出口信用保险公司博士后科研工作站	7
72	中国银行股份有限公司博士后科研工作站	7
73	中国银行保险监督管理委员会博士后科研工作站	7
74	中央国债登记结算有限责任公司博士后科研工作站	7
75	北京大学香港科技大学深圳研修院博士后科研工作站	7
76	南方医科大学顺德医院（佛山市顺德区第一人民医院）博士后科研工作站	7
77	深圳市创新投资集团有限公司博士后科研工作站	7
78	吉林省农业科学院博士后科研工作站	7
79	南通大学附属医院博士后科研工作站	7
80	大连赛姆生物工程技术有限公司博士后科研工作站	7
81	大连商品交易所博士后科研工作站	7
82	包商银行博士后科研工作站	7
83	山西建设投资集团有限公司博士后科研工作站	7
84	中国石油化工股份有限公司上海石油化工研究院博士后科研工作站	7
85	中国兵器工业集团科学研究院宁波分院博士后科研工作站	7

续表

排序	博士后科研工作站名称	出站人数 / 人
86	北京京信科高端信息产业技术研究院有限公司博士后科研工作站	6
87	北京医院博士后科研工作站	6
88	国家信息中心博士后科研工作站	6
89	微软（中国）有限公司博士后科研工作站	6
90	中国工商银行博士后科研工作站	6
91	中国旅游研究院（文化和旅游部数据中心）博士后科研工作站	6
92	深圳华大生命科学研究院博士后科研工作站	6
93	中国农业科学院农业基因组研究所博士后科研工作站	6
94	珠海大横琴科技发展有限公司博士后科研工作站	6
95	广西北部湾投资集团有限公司博士后科研工作站	6
96	东北石油大学应用技术研究院博士后科研工作站	6
97	南京中医药大学附属医院博士后科研工作站	6
98	聊城市人民医院博士后科研工作站	6
99	青岛海洋地质研究所博士后科研工作站	6
100	山东省科学院博士后科研工作站	6

注：1. 本表不含军队系统博士后科研工作站出站人数；
2. 出站人数相同的单位排名不分先后；
3. 数据统计时间为 2021 年 11 月至 2022 年 12 月。

9. 招收留学归国（境）博士进站人数位居全国前 10 名的省（区、市）

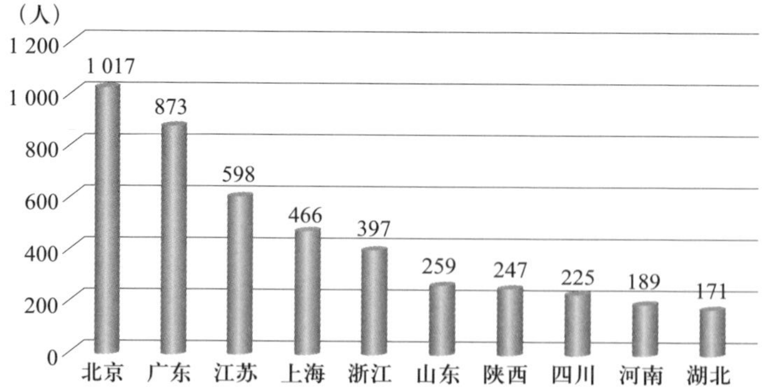

注：1. 本图以全国 31 个省（区、市）和中央直属机关为统计单位，不含军队系统；
2. 北京市招收博士后人数含在京的中央直属机关相关设站单位招收的人数；
3. 数据统计时间为 2021 年 11 月至 2022 年 12 月。

10. 招引外籍来华博士进站人数位居全国前 10 名的省（区、市）

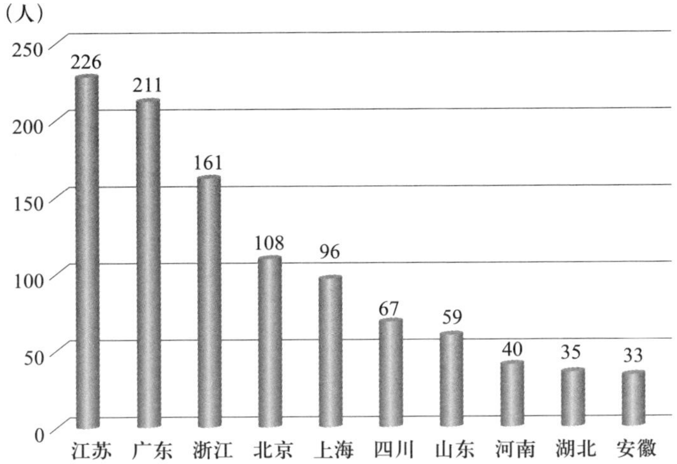

注：1. 本图以全国 31 个省（区、市）和中央直属机关为统计单位，不含军队系统；
2. 北京市招收博士后人数含在京的中央直属机关相关设站单位招收的人数；
3. 数据统计时间为 2021 年 11 月至 2022 年 12 月。

11. 获中国博士后科学基金资助人数位居全国前 10 名的省（区、市）

排序	省（区、市）	第 71 批面上资助 / 人	第 72 批面上资助 / 人	第 4 批特别资助（站前）/ 人	第 15 批特别资助（站中）/ 人	小计 / 人次
1	北京	636	707	76	153	1 572
2	广东	480	516	27	80	1 103
3	上海	382	383	40	83	888
4	江苏	368	353	31	64	816
5	浙江	177	215	22	34	448
6	湖北	169	181	18	54	422
7	山东	199	172	12	22	405
8	河南	148	126	35	27	336
9	陕西	150	129	14	31	324
10	四川	136	124	12	29	301

注：1. 本表以全国 31 个省（区、市）和中央直属机关为统计单位，不含军队、国防科工等系统；
2. 北京市获资助人数含在京的中央直属机关相关设站单位获资助人数；
3. 数据统计时间为 2022 年 1 月至 2022 年 12 月。

12. 获中国博士后科学基金资助人数位居全国前 100 名的设站单位

排名	设站单位名称	面上一等资助 / 人	面上二等资助 / 人	特别资助 / 人	小计 / 人次
1	清华大学	15	272	52	339
2	上海交通大学	14	207	42	263
3	中山大学	7	214	29	250
4	北京大学	13	191	43	247
5	浙江大学	14	193	34	241
6	复旦大学	6	195	36	237
7	郑州大学	4	111	44	159
8	中国科学技术大学	6	110	30	146
9	四川大学	6	120	17	143
10	西安交通大学	9	114	18	141
11	山东大学	8	98	15	121
12	武汉大学	1	84	25	110
13	南方医科大学	5	94	10	109
14	同济大学	4	81	8	93
15	中南大学	4	69	17	90
16	重庆大学	3	74	9	86
17	华中科技大学	4	63	16	83
18	南方科技大学	1	67	10	78
19	北京师范大学	3	61	13	77
20	南京大学	2	59	15	76
21	吉林大学	3	49	23	75
22	天津大学	2	58	9	69
23	东南大学	3	48	14	65
24	中国农业大学	3	54	6	63
25	电子科技大学	3	44	14	61
26	河南大学	4	50	6	60

续表

排名	设站单位名称	面上一等资助/人	面上二等资助/人	特别资助/人	小计/人次
27	中国科学院深圳先进技术研究院	7	47	6	60
28	湖南大学	5	46	7	58
29	深圳大学	3	44	10	57
30	中国农业科学院	4	43	10	57
31	华东师范大学	0	51	5	56
32	中国地质大学	7	40	9	56
33	南开大学	2	49	4	55
34	苏州大学	3	46	6	55
35	暨南大学	2	44	8	54
36	江苏大学	3	44	7	54
37	厦门大学	4	39	8	51
38	中国海洋大学	1	46	4	51
39	河海大学	3	42	4	49
40	中国矿业大学	1	45	3	49
41	华南理工大学	1	42	4	47
42	北京工业大学	3	42	1	46
43	北京科技大学	2	36	7	45
44	中国科学院大学	1	41	3	45
45	南京农业大学	1	37	5	43
46	大连理工大学	1	32	9	42
47	广州大学	2	39	0	41
48	华中农业大学	1	33	7	41
49	西北大学	1	36	3	40
50	扬州大学	2	36	1	39
51	重庆医科大学	0	30	7	37
52	广州医科大学	1	35	0	36

续表

排名	设站单位名称	面上一等资助 / 人	面上二等资助 / 人	特别资助 / 人	小计 / 人次
53	华东理工大学	4	26	4	34
54	江南大学	2	27	5	34
55	西北农林科技大学	2	28	4	34
56	南京工业大学	2	27	3	32
57	山东大学齐鲁医院	2	24	6	32
58	浙江西湖高等研究院（西湖大学）	2	26	4	32
59	之江实验室	1	26	5	32
60	华南师范大学	1	29	1	31
61	东北大学	3	24	3	30
62	广东工业大学	1	21	8	30
63	南京大学医学院附属鼓楼医院	0	26	4	30
64	华南农业大学	1	23	4	28
65	西安电子科技大学	0	18	10	28
66	青岛大学	0	24	3	27
67	中国药科大学	1	21	5	27
68	大连海事大学	2	22	2	26
69	兰州大学	2	23	1	26
70	上海大学	2	20	4	26
71	江苏省人民医院	0	21	4	25
72	北京交通大学	1	20	3	24
73	河南农业大学	1	21	2	24
74	陕西师范大学	2	20	2	24
75	中国科学院生态环境研究中心	1	21	2	24
76	东北师范大学	0	19	4	23
77	中国科学院大连化学物理研究所	0	21	2	23
78	中国人民大学	0	20	3	23

续表

排名	设站单位名称	面上一等资助 / 人	面上二等资助 / 人	特别资助 / 人	小计 / 人次
79	长安大学	2	17	3	22
80	东北林业大学	1	18	2	21
81	西南交通大学	0	19	2	21
82	中国科学院宁波材料技术与工程研究所	3	14	4	21
83	北京协和医学院	0	14	6	20
84	南京医科大学	0	16	4	20
85	南京邮电大学	1	19	0	20
86	苏州工业园区人力资源开发有限公司	2	15	3	20
87	中国科学院数学与系统科学研究院	2	13	5	20
88	北京化工大学	1	16	2	19
89	河南师范大学	0	19	0	19
90	中国科学院广州生物医药与健康研究院	2	16	1	19
91	华中师范大学	0	17	1	18
92	首都医科大学	1	16	1	18
93	中国科学院金属研究所	0	15	3	18
94	中国科学院遗传与发育生物学研究所	4	12	2	18
95	西南大学	1	13	3	17
96	中国科学院分子细胞科学卓越创新中心	2	12	3	17
97	中国科学院基础医学与肿瘤研究所（筹）	3	9	5	17
98	中国科学院物理研究所	0	11	6	17
99	中国社会科学院	1	12	4	17
100	中国科学院分子植物科学卓越创新中心	0	13	3	16

注：1. 本表不含军队、国防科工等系统获基金资助的设站单位；

2. 获资助人数相同的设站单位排名不分先后；

3. 数据统计时间为 2022 年 1 月至 2022 年 12 月。

13. 获“博新计划”累计资助人数位居全国前10名的设站单位

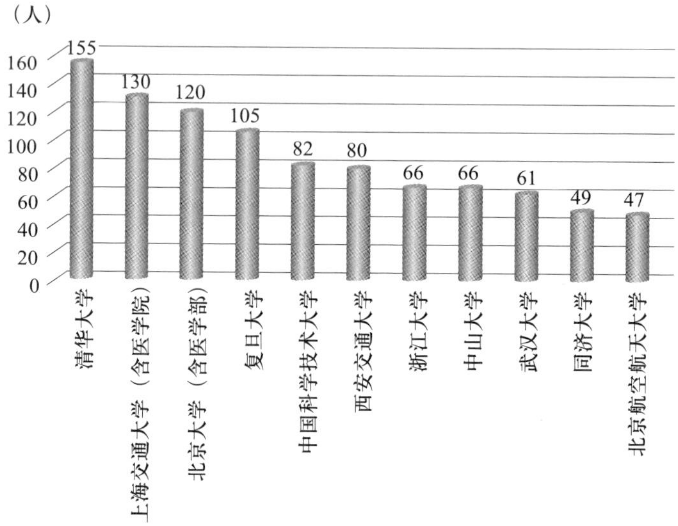

注：1. 获资助人数相同的设站单位排名不分先后；
2. 数据统计时间为2016年至2022年。

14.“香江学者计划”资助推荐单位和获资助人数

排序	推荐单位	获资助人数 / 人
1	湖南大学	3
2	南京航空航天大学	3
3	天津大学	3
4	西北工业大学	3
5	电子科技大学	2
6	华南师范大学	2
7	同济大学	2
8	西南交通大学	2
9	北京大学	1
10	北京航空航天大学	1
11	北京科技大学	1
12	北京邮电大学	1
13	大连理工大学	1

续表

排序	推荐单位	获资助人数 / 人
14	广东工业大学	1
15	贵州大学	1
16	哈尔滨工程大学	1
17	哈尔滨医科大学	1
18	河北工业大学	1
19	湖南中医药大学	1
20	华中科技大学	1
21	江苏大学	1
22	江西省科学院	1
23	解放军总医院	1
24	南京工业大学	1
25	南京理工大学	1
26	南京信息工程大学	1
27	南京邮电大学	1
28	青岛大学	1
29	山东大学	1
30	上海交通大学	1
31	四川农业大学	1
32	苏州大学	1
33	同济大学建筑设计研究院（集团）有限公司	1
34	武汉大学	1
35	扬州大学	1
36	郑州大学	1
37	中国科学院数学与系统科学研究院	1
38	中国药科大学	1

注：1. 获资助人数相同的推荐单位排名不分先后；

2. 数据统计时间为 2021 年 11 月至 2022 年 12 月。

15.“澳门青年学者计划”资助推荐单位和获资助人数

排名	推荐单位	获资助人数 / 人
1	江苏大学	3
2	北京科技大学	1
3	电子科技大学	1
4	广东工业大学	1
5	广西医科大学	1
6	广州医科大学	1
7	国防科技大学	1
8	哈尔滨工程大学	1
9	河北大学	1
10	湖南大学	1
11	华南农业大学	1
12	华中师范大学	1
13	南昌大学	1
14	南京信息工程大学	1
15	山东理工大学	1
16	陕西师范大学	1
17	苏州大学	1
18	同济大学	1
19	武汉科技大学	1
20	西北农林科技大学	1
21	浙江西湖高等研究院（西湖大学）	1
22	中国地质大学	1
23	重庆医科大学	1

注：1. 获资助人数相同的推荐单位排名不分先后；
　　2. 数据统计时间为 2021 年 11 月至 2022 年 12 月。

16. 全国博士后揭榜领题优秀方案评选获奖名单

序号	项目编号	揭榜方案 / 技术成果名称	所属领域	所在地区	负责人姓名	团队成员姓名	获得奖项
1	JS102	多智能体协同的应急搜救平台研究	新一代信息技术	江苏省	张玉韬	姜峰、王俊、王业甫、程准、王奕凡	金奖
2	JS107	生物基可降解复合材料高性能化与功能化	新材料	江苏省	徐欢	/	金奖
3	JS109	基于影像大数据的癫痫“病变－症状映像”学研究	生物医药与大健康	江苏省	张志强	杨昉、许强、李姝萌、纪祥军、凌彤	金奖
4	CG026	陆相页岩油高效改造技术	新能源（新能源汽车）	江苏省	裴宇昕	周凯、汪世凯、何岩峰、马松琛、窦祥骥、徐慧、邓嵩、白金美、汪相	金奖
5	JS123	基于 ARM-FPGA 架构的智能工业相机平台	高端装备制造	安徽省	袁建辉	曹贵平、邵云峰、张光宇、王中天、马愿	银奖
6	JS114	应用可持续航空燃料的缩比涡扇航空发动机	高端装备制造	浙江省	徐征	陈龙飞、于振鸿、周煜、朱美印、潘康、张斌、钟生辉	银奖
7	JS090	扩展光束式水下光纤连接器耦合设计及其特性研究	高端装备制造	吉林省	郎昌鹏	/	银奖
8	JS248	特种防鼠阻燃电缆护套材料的开发	新材料	安徽省	王学超	丁运生	银奖
9	JS130	射频芯片 3D 封装的 TGV	新材料	安徽省	李山	陈池来、刘友江	银奖
10	JS026	滨海湿地石油污染土壤低碳微生物修复技术研发	节能环保	天津市	李田	周启星、张晓林、李瑞祥、汪国良	银奖
11	JS251	功能性食品加工关键技术研究与产创制	生物医药与大健康	江西省	董欢欢	陈丽华、陈晓凡、李哲、涂亮星、王晓雅	银奖

续表

序号	项目编号	揭榜方案 / 技术成果名称	所属领域	所在地区	负责人姓名	团队成员姓名	获得奖项
12	JS139	加工型甜瓜新品种的选育	现代农业与食品	安徽省	张慧君	/	银奖
13	JS067	水产养殖过程中有毒有害物的检测技术开发	现代农业与食品	天津市	李诗洁	樊丹采、陈赜、张顺扬、聂临清	银奖
14	CG028	碳包覆氧化亚铜空心纳米胶囊用于高效癌症化学动力学治疗	生物医药与大健康	安徽省	孟祥福	石心怡	银奖
15	CG032	半导体废料中稀有战略金属镓的回收利用关键技术	节能环保	安徽省	徐亮	赵卓、华中胜、张楷、田勇攀、杨成	银奖
16	CG011	食品安全风险因子智能化快速检测技术及应用	现代农业与食品	天津市	李诗洁	陈赜、张顺扬、聂临清	银奖
17	JS191	FBAR 射频滤波器芯片	新一代信息技术	湖北省	刘炎	蔡耀、曲远航、杨婷婷、许秉乾、谷曦宇、魏民、丁嘉祺	铜奖
18	JS125	高精度高可靠性红外成像系统	高端装备制造	安徽省	殷亚祥	杨晨飞、罗来富、刘若琳、韦浩然	铜奖
19	JS118	基于线激光的三维测量系统	高端装备制造	安徽省	潘姜	杨晨飞、罗来富、刘若琳、韦浩然	铜奖
20	JS119	基于多分棱镜的多光谱成像系统	高端装备制造	安徽省	罗来富	杨晨飞、邵云峰、唐俊峰、殷亚祥、夏云鹏	铜奖
21	JS017	基于数字孪生的承压设备增材修复及其实践	新一代信息技术	天津市	刘争	陈旭、王东坡、梁行、武少杰、孙兴悦、胡佳其、靳鹏飞	铜奖

续表

序号	项目编号	揭榜方案 / 技术成果名称	所属领域	所在地区	负责人姓名	团队成员姓名	获得奖项
22	JS197	龟甲胶改善男性不育症的实验和临床研究	其他行业	湖南省	胡宗仁	/	铜奖
23	JS070	面向城市地下空间的基于激光 SLAM 与 GNSS 的高精语义三维重构与联合定位	其他行业	辽宁省	曹风魁	何国建、王非	铜奖
24	JS074	新型水合物法废气 CO_2 高效提纯 – 污水处理一体化技术及工艺研究	节能环保	辽宁省	陈兵兵	杨明军、蒋兰兰、于涛、孙慧茹、李科瀚、武明宇、杨紫铭	铜奖
25	JS155	抗氧剂 Sumilizer GP 绿色工艺研发	新材料	山东省	王程宇	/	铜奖
26	JS170	甲醇发动机专用纳米节能润滑油关键技术与产业化	节能环保	河南省	孙天华	张晟卯、马静毅、张玉娟、杨光彬	铜奖
27	JS219	基于生物传感器芯片的病毒检测数据安全技术研发揭榜方案	新材料	贵州省	孙逊	彭长根、杨玉龙、何允	铜奖
28	JS145	尼克松访华 50 周年纪念瓷设计与制作开发	文化创意	江西省	周志雯	/	铜奖
29	JS244	特种表面性质的大尺寸碟式陶瓷膜制备与应用关机技术研究	节能环保	江西省	常启兵	胡学兵、张小珍	铜奖
30	JS098	耐盐碱大豆新品种研发	现代农业与食品	吉林省	王跃强	/	铜奖
31	JS053	基于前药设计的小分子自组装纳米晶的技术开发及应用	生物医药与大健康	天津市	段晓川	张烜、段宏泉、王银松、倪天雯	铜奖

续表

序号	项目编号	揭榜方案 / 技术成果名称	所属领域	所在地区	负责人姓名	团队成员姓名	获得奖项
32	JS185	花生产地干燥装备的研发及干后品质变化研究	现代农业与食品	河南省	陈鹏枭	蒋萌蒙、王殿轩、朱文学、陈亮、渠琛玲、白春启	铜奖
33	JS149	药用覆盆子中降血糖活性组分的高效绿色制备、鉴定及促吸收转化体系构建	生物医药与大健康	江西省	张露	涂宗财、袁涛、邹立强、谢星、高洪霞、彭春彦、贾晓燕	铜奖
34	JS093	新型鼻喷流感纳米疫苗的临床前评价	生物医药与大健康	吉林省	韩浩博	单亚明、聂娇娇	铜奖
35	JS134	氧化不对称［3+2］环加成构建手性杂环和茚虫威手性茚环骨架	生物医药与大健康	安徽省	吴祥	/	铜奖
36	CG001	液相糖自动化合成仪	生物医药与大健康	北京市	姚文龙	叶新山、熊德彩	铜奖
37	CG042	矿井智能通风按需优化调控决策支持系统	新一代信息技术	湖南省	钟德云	毕林、王李管、贾明涛	铜奖
38	CG007	新型提锂技术	新材料	天津市	郭亚飞	余晓平、胡佳音、赵凯宇、李珑、邓天龙、王士强、马驰	铜奖
39	CG018	先进成像与智能处理终端研制及产业化	高端装备制造	吉林省	曹景太	张恒、袁瑛、张宇航、赵运哲、张文强、王子旗、李云鹏、潘红梅	铜奖
40	CG024	第四代铂类抗肿瘤药物的研发	生物医药与大健康	江苏省	张树人	王秀秀	铜奖
41	CG031	萃取 – 热分离高盐水浓缩技术	节能环保	安徽省	王浩戎	陈守法、王浩威、范小旺、王冰	铜奖

注：1. 本表数据信息源自《2022 年全国博士后揭榜领题优秀方案评选获奖名单通知》；

2. 先后顺序按获得奖项等次排列；

3. 统计时间为 2022 年 12 月。